想 象 之 外 · 品 质 文 字

北京领读文化传媒有限责任公司　　出品

EXCEL 带你玩转财务职场

刘洋 —— 著

北京时代华文书局

图书在版编目（CIP）数据

EXCEL 带你玩转财务职场 / 刘洋著 . —北京：北京时代华文书局 , 2017.8
ISBN 978-7-5699-1703-1

Ⅰ．①E… Ⅱ．①刘… Ⅲ．①表处理软件－应用－财务管理 Ⅳ．①F275-39

中国版本图书馆 CIP 数据核字 (2017) 第 154007 号

EXCEL 带 你 玩 转 财 务 职 场

EXCEL DAI NI WANZHUAN CAIWU ZHICHANG

著　者 | 刘　洋

出 版 人 | 王训海
选题策划 | 领读文化
责任编辑 | 孟繁强
装帧设计 | 领读文化
责任印制 | 刘　银

出版发行 | 北京时代华文书局 http://www.bjsdsj.com.cn
　　　　　北京市东城区安定门外大街 136 号皇城国际大厦 A 座 8 楼
　　　　　邮编： 100011　电话： 010 - 64267955　64267677
印　　刷 | 北京金特印刷有限责任公司
　　　　　（如发现印装质量问题，请与印刷厂联系调换）

开　　本 | 710mm×1000mm　1/16　印　张 | 25　字　数 | 460 千字
版　　次 | 2017 年 8 月第 1 版　印　次 | 2018 年 4 月第 2 次印刷
书　　号 | ISBN 978-7-5699-1703-1
定　　价 | 56.00 元

序　言

在我多年的财务职场中，接触过很多财务人员。感触最深的是，大部分财务人员在从事会计核算、财务对账、财务结账、报表编制、财务分析、全面预算编制等工作时，都会面临没完没了的加班，以及对财务工作的各种困惑。要不然就不会有"垂死病前惊坐起，今天还没做报表"这样的恶搞诗句流传在网络了。主要原因是95%的财务人员只掌握了Excel软件5%的功能，所以在面对海量数据时，就只能选择加班应对了。

为什么这么多年，都没有一个盖世英雄出现，编制一个Excel财务工作模板，可以涵盖一切财务工作，我们只需要点点鼠标，所有想要的东西就自动生成？因为会计分录是标准化的，但是企业的具体行业、实际业务却是千差万别的。正是这样，实际工作中没有模板可以用，真的拿到了一个所谓的通用模板也不知道怎么改造成自己想要的样子，所以就看到了我们刚才所说的景象，一到月末，万千的财务人员都在忙于基础工作，在没完没了的加班和苦于没有办法改进工作流程及工作质量中痛苦万分。

我是从基础会计核算工作做起的，在10多年从"小会计"变成财务管理者的实践中，总结了一套Excel财务职场工作心法。这套心法作用还算实用，使用以后，让我原来需要"7天"才能完工的工作缩短到"1天"完成，让我从繁重的会计基础工作中解脱出来，把时间放到了更加重要的事情上，我相信，你在看完这本书后，会系统地掌握怎么用Excel打造一条高效的财务作业链条。你不仅会从本书中找到提升工作效率的捷径，还会在财务分析、全面预算编制等工作质量方面有显著提高。

本书主要分为八个部分，也就是财务工作最常见中的八大场景，这八个方面可以浓缩成四个维度即高效办公、数据处理及模板的搭建、财务分析及决策支持还有数据视觉化展现。

总之，本书是从财务角度结合Excel技术设计的一本财务职场实战工具书，让你用一本书把财务工作中最常用的高效工作技能一网打尽，让你从此工作不加班，升职加薪指日可待!

　　本书支持媒体为财务经理人网,感谢财务经理人网几个创始人的全力支持,以及出版单位在本书编写中的指导。这里特别感谢一下我的三位导师:武学东、王宪德以及徐光。我的前 10 年职场生涯是在他们的一场又一场培训中慢慢提高的,希望更多的人能够在财务经理人网学习并受益。另外,感谢编辑老师的信任,指导我整个写书的过程,让我信心满满,顺利完成本书的写作。

作　者

目　　　录

＋———————————— 第三章　1 分钟轻松核对、筛选数据

＋———————————— 第四章　瞬间完成海量数据统计分析工作

+ ──────────────── 第五章   财务职场精粹函数全掌握

+──────────────────── 第六章　轻松搞定财务报告合并

第一章 懂得设计表格，让你效率提高 10 倍

第 1 节　血泪案例：10 年老会计把表格做死了

我是从基础会计干起的，从出纳、记账会计、审核会计、资金管理、报表编制、财务分析、预算编制到制度建设等财务岗位，我基本都轮了一遍。在我的职场生涯中，遇到过很多基层财务和财务管理人员，他们普遍工作效率低，天天加班，唉声叹气，慢慢的，眼睛也花了，头发也白了，却全然不知原因：使用 Excel 的姿势不对。

你也许会想，不就是 Excel 吗？我用了十多年了，从大学的时候就用，有什么用得对不对的，会输入进去数字，会公式不就得了吗？我只能说"同志，你的想法很危险！"

在财务的实际工作中，很多财务人员由于没有一个完整和科学的 Excel 使用理念，导致工作效率低，错误频出的事情时有发生。我们先看第一个案例（如图 1 - 1），这是一个玩具批发商的财务人员做的表格，这个表格的意思是这样的：表格的横向标题是产品名称，竖向为客户名称，该批发商的客户大部分为个人，所以全部为姓名。中间的数据统计的是，产品的入库、出库和结存数量。设计这张表格的初衷是为了方便客户，客户拿货的时候会一次性付款，但是由于客户往往没有地方放这些玩具，批发商就会允许客户分次提货，然后帮助客户制成该表，结存的意思是每个客户已经购买但是没有提走的商品数量。

客户	入门无人机			儿童读书机			智能旺旺狗			玩具挖掘机		
	入库	出库	结存	入库	出库	结存	入库	出库	结存	入库	出库	结存
刘宇浩	12900	13300	8月1日发出5000件 8月15日发出2000件（有800件没有送到，又退回）	11862	21532	29446	6044	4436	28447	6078	1059
沈梦晨	20373	15138		3654	9639	5714	20863	9411	2533	1766	24662
吴学斌	21114	11502	28002	672	1673	9549	2865	24317	6751	15124	23064	29660
莉莉	18422	15140	25225	12051	15020	5349	17800	28805	2819	20351	7484	27697
安妮	27894	13117	20786	23946	5675	20660	16982	17135	6996	17990	7787	6022
尼坤	13076	5404	21402	14646	27857	3839	15654	14992	10349	22342	14687	10786
安晓旭	23496	8661	27135	18137	17585	28020	21400	13666	16897	15822	25619	13535
王泽源	14472	3463	21156	27798	8583	27796	3815	20782	17486	18069	28431	7497
徐浩	18331	14101	25512	3636	2889	14869	17300	10165	7705	10656	25048	5475
王五	14204	11261	20547	10361	17825	27256	11652	28968	12986	15511	13378	4302
勾丽丽	13412	1007	15960	6038	23852	28063	15732	18727	3826	5754	14596	12942

图 1 - 1　玩具批发商销售及库存业务统计表

　　由于表格设计得有缺陷，无法统计客户每次购买货物和提取货物的明细，所以，你会发现，这个表格的很多单元格的右上角有小红点，这些小红点就是批注。这家企业的财务人员为了记录入库和出库明细，就加了很多批注上去。老板想看哪个客户的出入库明细，这家企业的财务人员就得把批注一个一个点开，然后用计算器重新加一遍，算出一个数字给老板看。如果老板想看 50 个客户的明细，财务就得用计算器算 50 次，工作效率之低可想而知。

　　如果这家企业的财务懂得如何设计表格，那么老板想要所有客户的交易明细，那他只需要用 Excel 的数据透视功能，1 分钟就可以给老板想要的数据。而不是加一个晚上的班，饿着肚子做出来，还得反复检查，生怕数据出错。

　　这家企业的财务人员工作已经有十来年的时间了，业务水平可以说还是可以的，一般的账务处理工作都能应付，美中不足的地方就是不善于总结和学习新的事物，导致经常加班，却又不能给老板提供有用的数据，所以其职场生涯始终平平庸庸，无法有大的能力提升，因为时间都被基础工作占用了。

第 2 节　财务工作中的两大类表格：上报表格和自用表格

上个例子只是财务职场工作中的不善使用软件工具导致工作效率不高，职场发展受阻案例的"冰山一角"。其原因是没有搞清楚表格的分类，所以从一开始设计表格时，架构就错了，导致后期工作受阻。

实际上，财务职场中的表格主要分为两大类，第一类是上报表格，第二类是自用表格。

上报表格

首先说下上报表格，它的特征是格式固定，不能更改。例如企业要对外报送的资产负债表、利润表、现金流量表等等，还有税务局、国资委、统计局等要求下属企业统计的数据，集团公司要求下属分子公司填报的数据等等。这些表格的格式都是固定的，不能更改。因为这些表格要不就是有一些规范要求，要不就是上级组织收到表格后要进行汇总，所以必须先按照要求和规定填报，格式不能更改。

自用表格

再说一下自用表格，自用表格的特征是风格各异，每个企业，每个财务人员根据企业规模、所处行业、业务性质以及个人的表格习惯、思维习惯等等会有不同的设计。例如企业中的职工薪酬台账、商业合同登记台账、部门费用预算执行情况表等等，都是自用表格的一部分。

自用表格的来源主要有三个：ERP 系统导出的表格、自己设计的表格以及别人给的表格，具体如下：

（1）ERP 系统导出的表格。ERP 系统是企业资源计划（Enterprise Resource Planning）的简称，是指建立在信息技术基础上，以系统化的管理思想，为企业决策层及员工提供决策运行手段的管理平台。ERP 系统包括很多个模块，例如财务管理模块、人力资源管理模块、采购管理模块、供应管理模块、制造管理模块等等。本书主要聚焦与财务紧密沾边的部分模块，所以以下部分，我会将 ERP 系统叫做财务 ERP 系统。

目前市面上比较流行的财务 ERP 系统有 ORACEL、SAP、金蝶、用友等等，尽管每个系统都很成熟，但是还是有很多财务基础和财务分析的工作需要用 Excel 进行对接和二次处理。这是难免的，财务 ERP 系统对海量数据的大批量操作有其优越性，而 Excel 对个性化的表单定制和日常灵活多变的财务分析却有着其内在的优势。我建议结合起来使用，财务 ERP 系统是大菜刀，就像切菜一样，用来大批量快速处理数据，而 Excel 是万能刀，有很多灵活的功能，可以用来做雕工，非常实用。

需要注意的是，ERP 导出来的数据，如果想要用 Excel 进行处理，就需要用 Excel 的规则，拿 ORACLE 系统举例，从 ORACLE 系统导出的数据，一般是 TXT 格式的，用 Excel 处理时，需要进行数据引入，还要把不同字段的数据进行分列。

（2）自己设计的表格。自己设计的表格往往使用起来是比较靠谱的，但是前提是你掌握了本书的技巧，还要掌握领导的需求，比如，领导让你设计一个合同台账，其实是想通过表格掌握哪些合同快要到期续签，哪些合同需要催收相关款项或者需要及时支付货款，以防断货。如果你仅仅是统计了合同名称、签订合同时间还有往来方名称这几个字段，那说明你的功力还需要加强。

（3）别人给的表格。别人给的表格就不那么好应付了，由于你作为数据汇总者或者作为工作承接者使命巨大，往往意味着你需要花很多时间和精力去核对和处理别人给的表格。比如，你作为集团年度财务决算的负责人，下属有十多家子公司，要想合并报表出具正确，首先你要检查确认下属公司上报上来的表格数据是正确的，要不就会产生天大的错误。而作为工作交接必备的电子台账，别人做过的工作你也要心里有数，要不时间长了，信息遗忘，可能会给公司造成损失。

第 3 节　如何设计高效的财务工作表格

刚才说了低效表格的危害和财务职场中的表格分类，现在说说如何设计高效的财务工作表格。

高效的财务工作表格实际上就是高效工作流程的体现。根据刚才说的表格分类，财务工作表格可以分为两大类：上报表格和自用表格，其中，上报表格是格式固定，不能更改的；自用表格就比较灵活，但是也需要把握设计规律，要不就成了低效表格，变成了刚才的血泪会计加班史。

上报表格就不用说了，格式不能更改，也不用谈什么自己设计了，按照要求上报才是正事。自用表格我们就还是得聊聊。自用表格目的主要是生成上报表格或者是统计某些数据上报给领导等等。不管是什么样的目的，设计的原则总是要设计成一维的数据格式，还有设计的思路就是：确定主角 + 讲个故事。

第一个问题：什么是一维数据?

要知道什么是一维数据，首先要弄清楚什么是二维数据，典型的二维数据就是我们财务常见的利润表，如图 1 - 2，想知道某公司利润表中的“本年营业收入”，需

	A	B	C	D
1	利润表			
2	编制单位：XYZ公司　　报表时间：2017年9月		单位：万元	
3	项　　目	行次	本年累计数	上年累计数
4	一、营业收入	1	3,628	4,182
5	减：营业成本	2	1,324	1,283
6	营业税金及附加	3	218	251
7	销售费用	4	545	899
8	管理费用	5	80	90
9	其中：业务招待费	6		
10	财务费用	7	50	60
11	资产减值损失	8		
12	投资收益（损失以"-"号填列）	10		
13	二、营业利润（亏损以"-"号填列）	12	1,411	1,599
14	加：营业外收入	13		-
15	其中：非流动资产处置利得	14		
16	减：营业外支出	18		-
17	其中：非流动资产处置损失	19		
18	三、利润总额（亏损总额以"-"号填列）	22	1,411	1,599
19	减：所得税费用	23		
20	四、净利润（净亏损以"-"号填列）	24	1,411	1,599
21	减：少数股东损益	25		
22	五、归属于母公司所有者的净利润	26	1,411	1,599

图 1 - 2　利润表 - 典型的二维数据表

要通过横向和纵向两个标题来确定，首先要找到横向标题中的"本年累计数"，再找到纵向标题中的"营业收入"，两个标题找到后，就可以确定"本年营业收入"为3628万元。这种需要读取两个标题确定一个数据的表格就是二维表格。说白了就是两个标题决定一个数据的内容。

接下来，我们再看看什么是一维表格，如图1-3，这是一个普通美发店的消费登记表，假如我想看这个月有哪些客户消费，那我只需要找到字段标题"客户"，就可以查看，如果我想知道这个月的营业情况，那我只需要找到字段标题"消费金额"，就可以查看。一维数据，说白了就是一个标题决定下面所有数据的内容。

日期	客户	师傅	消费项目	消费金额（元）	提成金额（元）
2017年10月20日	陈先生	2号	店长级理发	120	36
2017年10月21日	王女士	3号	经理级理发	100	30
2017年10月22日	刘先生	1号	普通理发	80	24
2017年10月23日	孙女士	3号	普通理发	80	24
2017年10月24日	孟先生	4号	店长级理发	120	36
2017年10月25日	郑女士	5号	洗发	50	15
2017年10月26日	张先生	2号	洗发	50	15
2017年10月27日	张女士	5号	韩式烫发	1200	360
2017年10月28日	蔡先生	4号	韩式染发	800	240
2017年10月29日	程先生	1号	经理级理发	100	30
2017年10月30日	勾女士	5号	韩式烫发	1200	360
2017年10月31日	刘女士	3号	韩式染发	800	240

图1-3　一维表格

第二个问题：如何设计高效自用表格？

高效的自用表格，首先要保证结构：一维数据结构。然后，使用"确定主角+讲个故事"的设计原则设计字段标题及内容，选择有效和符合实际要求的字段是财务实务中非常重要的事情，而确定字段的过程，实际上就是一项业务的流程梳理。

还拿刚才的图1-3一维数据表格举例，这个表格需求是这样的：店长想统计每个月的营业情况，然后从中可以判断，哪项服务比较畅销，哪项服务需求少，找出原因，再看看如何改进服务产品。另外，也可以统计出，哪些理发师的客户比较多，可以考虑进行奖励，哪些理发师业绩较差，找出原因从而进行提升。

然后，我们再梳理一下业务流程，从业务流程来看，业务的起始点是顾客进入理发店，然后迎宾员引领顾客，并询问顾客需要什么服务。顾客选择相应的服务，并选择为其服务的理发师，理发师为其提供理发、染发或烫发等服务，服务交付后，顾客在前台买单付款，整个流程结束。然后每个月的月末，店长根据每个理发师的业绩情况，计算相应的提成金额，并支付绩效工资。

从整个流程来看，我们需要"确定主角＋讲个故事"的设计原则。首先，我们要确定主角，主角实际上就是整个流程的开始触发事项（或者人），从这个流程看，哪个事项是引发整个流程开始的事项呢？也就是说，哪个事项不发生，整个流程就不会启动呢？答案当然是：客户。那这里就可以确定，客户为整个流程的"主角"。因为没有客户进店消费，就不会有后面的理发师提供服务、付款结算等等事项。

主角确定了。接下来，我们"讲个故事"，"讲个故事"就是根据流程设计每个字段。从上述的流程看，顾客进入店面消费，需要统计日期，也就是哪天来消费的，这个过程可以确定一个字段"日期"；接下来，理发师提供服务，可以确定两个字段，即哪个理发师提供的服务，可以确定"理发师"编号字段，提供的什么服务，可以确定"消费项目"字段；最后，服务结束，顾客买单，可以确定"消费金额"字段；月末，店长计算绩效提供奖金，可以确定"提成金额字段"。

这样，我们通过"确定主角＋讲个故事"的设计原则，一共确定了 6 个字段，分别为"日期""客户""理发师""消费项目""消费金额""提成金额"。这个时候，你也许会问：我是设计好了，不过有什么用呢？最后，我不是还得通过筛选，设置公式，一个一个算出来店长上述的需求吗？其实，你完全不必担心……因为，之所以要这么设计表格，就是要为我们后面的"一秒钟生成你想要的数据"做好基础准备。

比如，店长想让你分别统计这个月的客户消费情况、服务产品销售情况以及理发师业绩情况（如图 1-4，图 1-5，图 1-6），你只需要用 Excel 的数据透视表功能，几秒钟搞定。（数据透视表的具体操作方法见本书第四章，此处不再赘述）。是不是很神奇？

客户	消费金额（元）
张女士	1200
勾女士	1200
蔡先生	800
刘女士	800
陈先生	120
孟先生	120
程先生	100
王女士	100
孙女士	80
刘先生	80
郑女士	50
张先生	50
总计	4700

图 1-4　客户消费情况统计

消费项目	消费金额（元）
韩式烫发	2400
韩式染发	1600
店长级理发	240
经理级理发	200
普通理发	160
洗发	100
总计	4700

图 1-5　服务产品销售情况统计

师傅	消费金额（元）	提成金额（元）
5号	2450	735
3号	980	294
4号	920	276
1号	180	54
2号	170	51
总计	4700	1410

图 1-6　理发师傅业绩情况统计

第4节 基础数据 "十宗罪"

说完了表格的分类，以及如何设计表格，我们接下来聊聊基础数据的 "十宗罪"。基础数据的 "十宗罪" 分别是：

（1）合并单元格；

（2）二维标题；

（3）空白单元格；

（4）空白行/列（有时是用于分隔好看）；

（5）数值和单位记录到一起（220 元）；

（6）小计行；

（7）文本型数值（如用于计算就是罪）；

（8）不合规日期；

（9）记录不完整（王某某记录为小王）；

（10）同一记录描述不统一（人力资源部记录为人力部、人事部、人力资源部，HR）。

如果你的基础数据表格中，出现上述描述的 10 种情况，那么恭喜你！你即将或者已经进入整天加班的行列……上述 "十宗罪" 会让你计算错误，筛选无效，数据透视表无法使用。之所以要把基础数据的 "十宗罪" 描述出来，就是为了要避免上述错误，从而不让基础数据 "十宗罪" 阻碍你的数据处理效率。

	日期	关键词	点击次数	点击率	展现次数	交易金额
		2016年7-11月线上业务数据统计表				
4	2016-9-20	资生堂	8496	1%	2,474	668元
5	2016-9-21	欧兰雅	1159	70%	27453+222	322元
14	2016-9-30	资生堂	4567	59%	29,532	91元
15	2016.9.30	欧 兰雅	4653	66%	35,884	275元
16						956元
17	2016 10 20	沙宣	5436	14%	36,885	288元
18	2016 10 21	海飞丝	7660	59%	2,318	912元
27	2016 10 30	多芬	8523	19%	33,740	446元
28	2016 10 31	潘婷	1447	18%	33,036	316元
29						349元
30	2016-11-20	施华蔻	5551	64%	15,179	738元
31	2016-11-21	威露士	9927	5%	34,435	680元
32	2016-11-22	清扬	7338	85%	22,405	578元
41	2016-11-30	资生堂	7650	11%	35,084	89元
42						424元
56	2016-7-20	潘婷	4375	31%	9,941	948元
57	2016-7-21	威露士	8806	18%	11,182	877元
65	2016-7-27	清扬	7564	96%	20,034	589元
66	2016-7-30	伊卡璐	5228	13%	20,519	671元
67	2016-7-31	沙宣	5555	26%	5,991	986元
68	合计		0	30.79	1295142	0

图1-7 线上业务数据统计表

我们看如图 1－7 线上业务数据统计表，这个案例就综合了数据"十宗罪"的所有错误。我们可以看到，整个表格看起来杂乱无章，虽然是一维数据结构，但是却多了很多黄色的空白单元格横插进去，日期字段下面的格式有些是错误的，每个点击次数单元格数据的左上角都有绿色的小三角，说明这列数据的格式是文本格式，这种格式的数据往往是由于网络下载所致，如果不转换成真正的数字，会导致计算错误。另外，展现次数字段第二行有两个数字相加的情况出现，会导致整理数据计算失效。还有交易金额，把实际金额加上了单位一同列示，会导致计算失效。错误有很多，都是我们财务职场中常见的不规范数据，今天我们在这个案例中都遇到了，那我们就一次性解决吧……

不规范情况 1：标题出现合并单元格

处理思路：将标题写在工作表标签上，这样既可以区分数据，又可以防止利用数据透视表处理数据发生错误的情况出现。

具体操作：鼠标选中第一行，点击鼠标右键－选择【删除】，删除第一行，然后将标题"2016 年 7－11 月线上业务数据统计表"写在工作表标签上，也就是 Excel 界面左下角 Sheet1 处。具体操作如图 1－8，图 1－9。

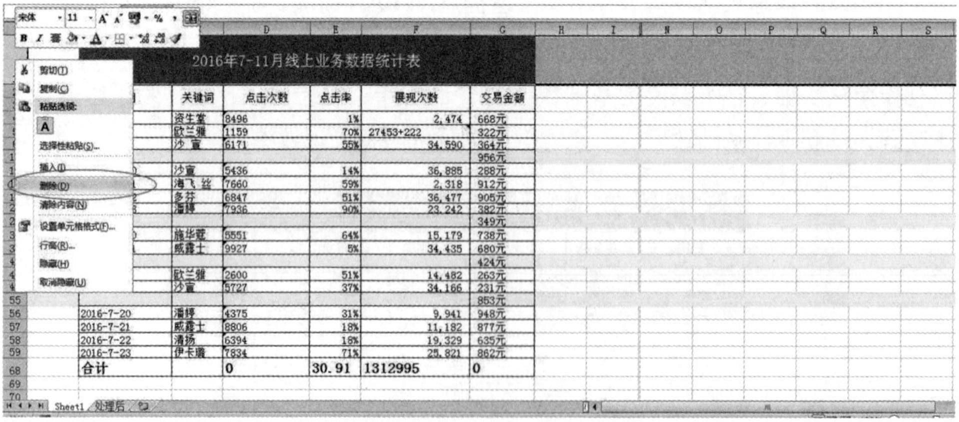

图 1－8　删除表格标题

	A	B	C	D	E	F	G	H	I
1		日期	关键词	点击次数	点击率	展现次数	交易金额		
2									
3		2016-9-20	资生堂	8496	1%	2,474	668元		
4		2016-9-21	欧兰雅	1159	70%	27453+222	322元		
5		2016-9-22	沙宣	6171	55%	34,590	364元		
15							956元		
16		2016 10 20	沙宣	5436	14%	36,885	288元		
17		2016 10 21	海飞丝	7660	59%	2,318	912元		
18		2016 10 22	多芬	6847	51%	36,477	905元		
19		2016 10 23	潘婷	7936	90%	23,242	382元		
28							349元		
29		2016-11-20	施华蔻	5551	64%	15,179	738元		
30		2016-11-21	威露士	9927	5%	34,435	680元		
41							424元		
42		2016-8-20	欧兰雅	2600	51%	14,482	263元		
43		2016-8-21	沙宣	5727	37%	34,166	231元		
54							853元		
55		2016-7-20	潘婷	4375	31%	9,941	948元		
56		2016-7-21	威露士	8806	18%	11,182	877元		
57		2016-7-22	清扬	6394	18%	19,329	635元		
58		2016-7-23	伊卡璐	7834	71%	25,821	862元		
67		合计		0	31.4	1327179	0		

2016年7-11月线上业务数据统计表 处理后

图1-9 将表格标题写在工作表标签处

不规范情况2：表格中有很多空行

处理思路：之所以有的财务人员会在表格中加入空行或者空列，有的是为了分辨不同类别的数据，或者区分不同的数据处理区域。但是，这样的空行或者空列出现后，Excel强大的数据透视表功能就被废止了，因为一旦透视就会发生错误，所以，必须把空行或者空列去掉。对付空行或空列的，主要是用定位功能，准确定位后，批量删除。

具体操作：用鼠标选中B列，然后同时按下键盘上的CTRL和G（以下简称【CTRL＋G】），或者按下键盘数字键上的【F5】，之后，会出现定位对话框。点击【定位条件】，选择【空值】，点击【确定】。这样，表格上所有的空行就被选择中了，然后，点击鼠标右键，选择【删除】，再选择【整行】，所有的空行就被删除了。具体操作如图1-10，图1-11，图1-12，图1-13。最后处理完的效果，如图1-14所示。

	A	E	C	D	E	F	G
1		日期	关键词	点击次数	点击率	展现次数	交易金额
2							
3		2016-9-20	资生堂	8496	1%	2,474	668元
4		2016-9-21	欧			222	322元
5		2016-9-22	沙			34,590	364元
15							956元
16		2016 10 20	沙			36,885	288元
17		2016 10 21	海			2,318	912元
18		2016 10 22	多			36,477	905元
19		2016 10 23	潘			23,242	382元
28							349元
29		2016-11-20	施			15,179	738元
30		2016-11-21	威			34,435	680元
41							424元
42		2016-8-20	欧			14,482	263元
43		2016-8-21	沙			34,166	231元
54							853元
55		2016-7-20	潘			9,941	948元
56		2016-7-21	威露士	8806	18%	11,182	877元
57		2016-7-22	清扬	6394	18%	19,329	635元
58		2016-7-23	伊卡璐	7834	71%	25,821	862元
67		合计		0	31.4	1327179	0

图 1-10　定位空行

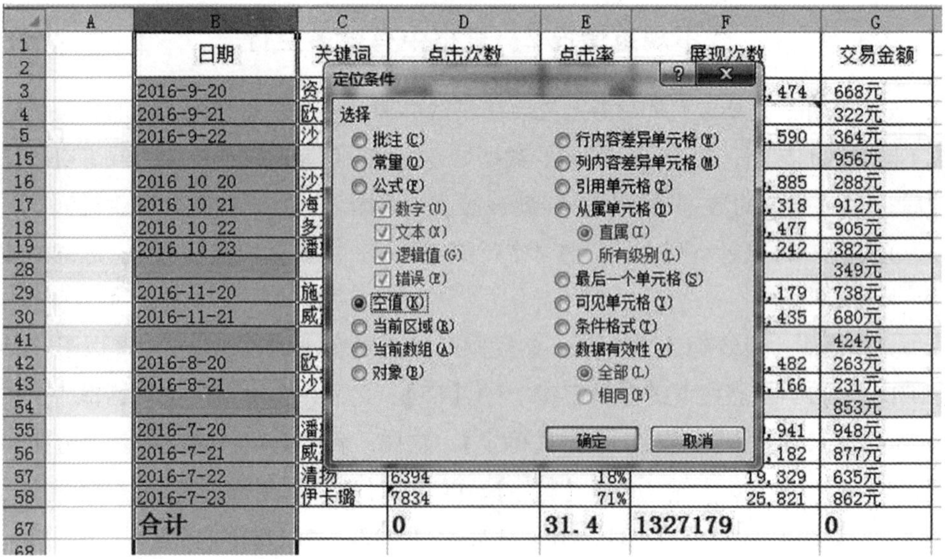

图 1-11　定位条件为【空值】

	A	B	C	D	E	F	G
1		日期				展现次数	交易金额
2							
3		2016-9-20			1%	2,474	668元
4		2016-9-21			70%	27453+222	322元
5		2016-9-22	沙宣 6171		55%	34,590	364元
15							956元
16		2016 10 20			14%	36,885	288元
17		2016 10 21			59%	2,318	912元
18		2016 10 22			51%	36,477	905元
19		2016 10 23			90%	23,242	382元
28							349元
29		2016-11-20			64%	15,179	738元
30		2016-11-21			5%	34,435	680元
41							424元
42		2016-8-20			51%	14,482	263元
43		2016-8-21			37%	34,166	231元
54							853元
55		2016-7-20			31%	9,941	948元
56		2016-7-21			18%	11,182	877元
57		2016-7-22			18%	19,329	635元
58		2016-7-23			71%	25,821	862元
67		合计			31.4	1327179	0
68							
69							

右键菜单：剪切(T)、复制(C)、粘贴选项、选择性粘贴(S)...、插入(I)...、删除(D)...、清除内容(N)、筛选(E)、排序(O)、插入批注(M)、删除批注(M)、设置单元格格式(F)...

图 1-12　批量删除空行

	A	B	C	D	E	F	G
1		日期	关键词	点击次数	点击率	展现次数	交易金额
2							
3		2016-9-20	资生堂	8496	1%	2,474	668元
4		2016-9-21	欧兰雅	1159	70%	27453+222	322元
5		2016-9-22	沙宣	6171	55%	34,590	364元
15							956元
16		2016 10 20	沙		14%	36,885	288元
17		2016 10 21	海		59%	2,318	912元
18		2016 10 22	多		51%	36,477	905元
19		2016 10 23	潘		90%	23,242	382元
28							349元
29		2016-11-20	施		64%	15,179	738元
30		2016-11-21	威		5%	34,435	680元
41							424元
42		2016-8-20	欧		51%	14,482	263元
43		2016-8-21	沙宣	5727	37%	34,166	231元
54							853元
55		2016-7-20	潘婷	4375	31%	9,941	948元
56		2016-7-21	威露士	8806	18%	11,182	877元
57		2016-7-22	清扬	6394	18%	19,329	635元
58		2016-7-23	伊卡璐	7834	71%	25,821	862元
67		合计		0	30.88	1316718	0
68							

删除对话框：删除　○右侧单元格左移(L)　○下方单元格上移(U)　●整行(R)　○整列(C)　确定　取消

图 1-13　选择"整行"删除

	A	B	C	D	E	F
1 2	日期	关键词	点击次数	点击率	展现次数	交易金额
3	2016-9-20	资生堂	8496	1%	2,474	668元
4	2016-9-21	欧兰雅	1159	70%	27453+222	322元
5	2016-9-22	沙宣	6171	55%	34,590	364元
15	2016 10 20	沙宣	5436	14%	36,885	288元
16	2016 10 21	海飞丝	7660	59%	2,318	912元
17	2016 10 22	多芬	6847	51%	36,477	905元
18	2016 10 23	潘婷	7936	90%	23,242	382元
27	2016-11-20	施华蔻	5551	64%	15,179	738元
28	2016-11-21	威露士	9927	5%	34,435	680元
39	2016-8-20	欧兰雅	2600	51%	14,482	263元
40	2016-8-21	沙宣	5727	37%	34,166	231元
51	2016-7-20	潘婷	4375	31%	9,941	948元
52	2016-7-21	威露士	8806	18%	11,182	877元
53	2016-7-22	清扬	6394	18%	19,329	635元
54	2016-7-23	伊卡璐	7834	71%	25,821	862元
63	合计		0	31.43	1301956	0
64						

图 1 - 14　处理后的表格

这里需要说明一下的是，【定位】的功能相当于告诉 Excel 根据什么样的需求，快速批量地选中单元格，【定位】功能可以选择"空值""公式""常量""可见单元格""批注""条件格式""数据有效性"等等。有点类似轰炸机投射导弹前，需要先锁定打击目标，然后再精准投放。【定位】功能可以根据需要锁定符合条件的单元格，然后批量进行操作，非常适合大批量错误数据处理。

不规范情况 3：错误的日期格式

错误的日期形式，会导致 Excel 把日期当成文本，无法计算。比如，你想统计合同是否到期时，需要拿合同到期日和合同签订日期相减，从而计算出合同还有多少天到期，但是，如果你的日期格式错误了，这个是否到期就计算不出来了，你的基础数据就白做了。所以，在审阅基础数据时，务必看下日期格式是否正确。

处理思路：要处理错误的日期，首先要知道什么是正确的日期格式。正确的日期格式有 4 种，分别是：

（1）用短横线" - "分隔的日期，例如"2017 - 7 - 7"或"2017 - 7"。

（2）用斜杠"/"分隔的日期，例如"2017/7/7"或"2017/7"。

（3）用中文直接录入日期，例如"2017 年 7 月 7 日"或"2017 年 7 月"。

（4）用英文直接录入日期，例如"7 - JUL - 17"或"JUL - 17"。

这里需要说明的是，若填写年和月份，没有输入具体哪天，则 Excel 默认输入的日期为 1 日，例如"2017 – 7"，Excel 默认为 2017 年 7 月 1 日。

错误的日期格式，最常见的是用"."或者空格分隔日期，例如"2017.7.7"或者"20170707"。之所以有很多财务人员这么输入，就是为了图省事，结果反倒耽误了大事。比较快速的处理方法用 Excel 自带的【分列】功能。

具体操作：

STEP1：选中 A 列日期列，然后点击【数据】菜单，选择功能【分列】，进入第 1 个步骤：选择分列方式，这里有两个选项：【分隔符号】和【固定宽度】，这个步骤的意思是，你想用什么方法把这列数据分成多列数据，如果选择【分隔符号】，就意味着你是要用符号进行分列，比如逗号，句号，空格，斜杠等等，将一列数据分成多列。如果选择【固定宽度】，简单来讲就是手工插线进行分列，想在哪里分列就用鼠标左键点击一下，插入分列线即可。这里我们是想改变日期格式，不想对日期列进行分列，所以直接点击【下一步】。

STEP2：进入【分隔符号】选项，就是我们刚才说的，Excel 问你用什么符号分列，这里还是一样，我们是想改变日期格式，不想对日期列进行分列，所以直接点击【下一步】。

STEP3：进入【列数据格式】选项，这里可以对列数据直接进行格式改变，这个功能很强大，可以将文本型格式转换成数字，也可以将数字型格式转换成文本，还可以将不规范的日期格式转换为正确的日期格式。这个步骤，我们是为了将不规范的日期格式转换为正确的日期格式，所以我们选择【日期】，后面我们选择【YMD】，也就是年月日的顺序排列。最后，点击【完成】。是不是发现之前用空格分隔的日期已经按照正确的格式显示了。具体操作如图 1 – 15，图 1 – 16，图 1 – 17，图 1 – 18，图 1 – 19。

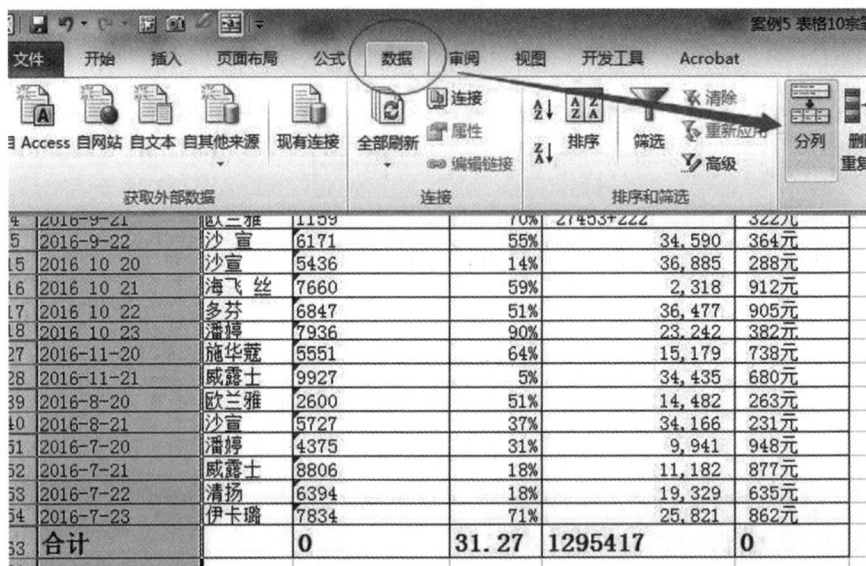

图 1-15　选中日期列，【数据】-【分类】

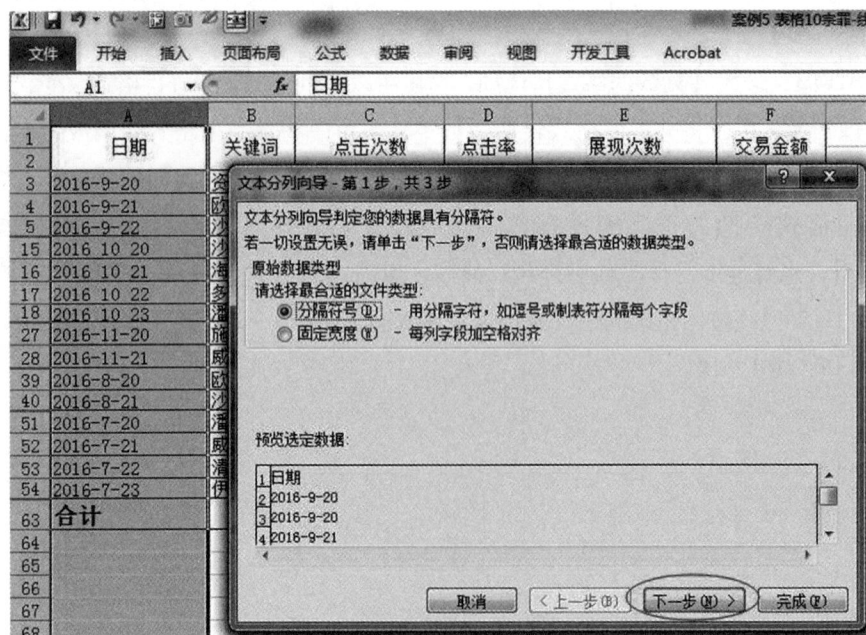

图 1-16　默认选项，点击【下一步】

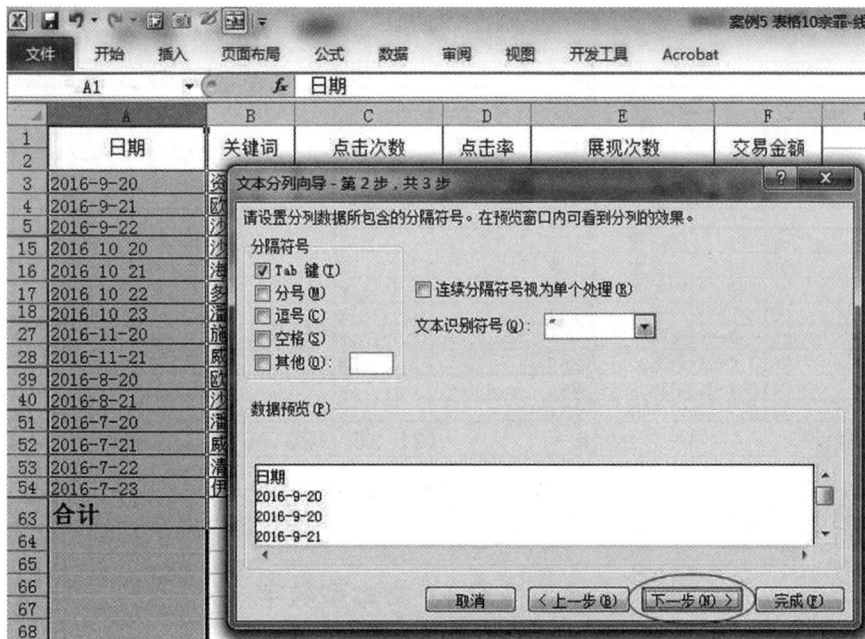

图 1-17 默认选项，点击【下一步】

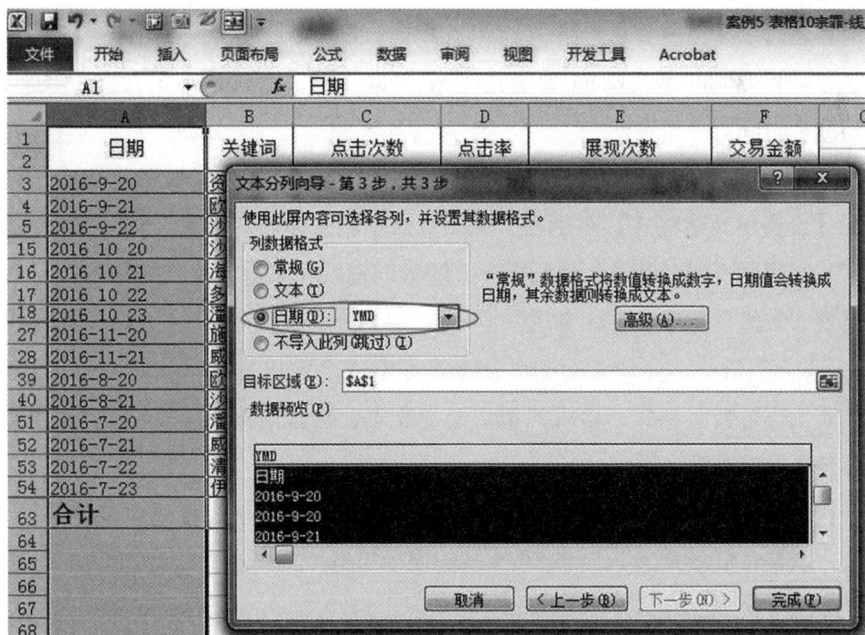

图 1-18 【列数据格式】中选择【日期】，格式选择 YMD（年月日），点击【完成】

日期	关键词	点击次数	点击率	展现次数	交易金额
2016-9-20	资生堂	8496	1%	2,474	668元
2016-9-21	欧兰雅	1159	70%	27453+222	322元
2016-9-22	沙 宣	6171	55%	34,590	364元
2016-10-20	沙宣	5436	14%	36,885	288元
2016-10-21	海飞 丝	7660	59%	2,318	912元
2016-10-22	多芬	6847	51%	36,477	905元
2016-10-23	潘婷	7936	90%	23,242	382元
2016-11-20	施华蔻	5551	64%	15,179	738元
2016-11-21	威露士	9927	5%	34,435	680元
2016-8-20	欧兰雅	2600	51%	14,482	263元
2016-8-21	沙宣	5727	37%	34,166	231元
2016-7-20	潘婷	4375	31%	9,941	948元
2016-7-21	威露士	8806	18%	11,182	877元
2016-7-22	清扬	6394	18%	19,329	635元
2016-7-23	伊卡璐	7834	71%	25,821	862元
合计		0	31.36	1291597	0

图 1 - 19　转换后的效果

不规范情况4：文本型数字

处理思路：文本型数字的产生，很多情况下是由于财务系统或者网络银行下载表单后，没有进行处理，导致出现文本型数字，文本型数字是不能够进行计算的，一旦对其进行求和，就会发生错误，所以必须修改为正确的数字格式。

这里需要说明的是，Excel 的格式问题，Excel 中，格式分为 3 大类：数字；文本；日期及时间。

不信你可以试试，随便找一个单元格，点击右键，选择【设置单元格格式】，就会出现【设置单元格格式】对话框，里面有很多格式分类，但是，你仔细观察就会发现，其实我们可以对其进一步归类，方便我们理解和掌握。格式的第一类是数字，包括常规、数值、货币、会计专用、百分比、分数、科学计数（特殊和自定义暂不考虑），实际上货币、会计专用、百分比等等格式选项只是数字让其以不同形式显示，本质上还是数字格式；格式的第二类是文本；格式的第三类是日期和时间。这样归类是不是好理解多了？

一般而言，文本格式转换为数字格式有三种快速的方法，都可以秒杀转换，三种方法分别是：批量乘以 1；利用系统智能提示转换；分列。

具体操作：

方法一：批量乘以 1。

STEP1：首先在任意一个单元格，输入一个数字 1，然后复制，选中要转换格式的单元格区域，点击鼠标右键，选择【选择性粘贴】。

STEP2：在这个选择性粘贴菜单中选择【乘】，这样你选中的每个单元格就都批量乘以了一个1。相当于对每个单元格的文本都做了一次乘法的运算。这样就使原来的文本格式转换为数字格式了。具体操作如图1-20，图1-21。

图1-20　选中区域，点击鼠标右键-选择【选择性粘贴】

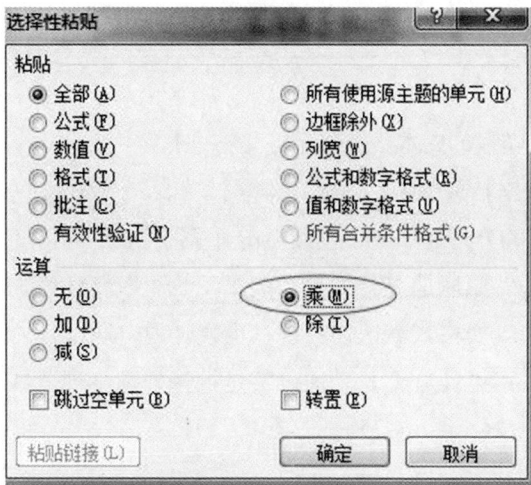

图1-21　选择【乘】

方法二：利用系统智能提示转换。

STEP1：选中要转换的文本格式单元格区域，这个时候会出现一个黄色的感叹号标签，点击一下【感叹号标签】，进入选择菜单。

STEP2：选择【转换为数字】，这样原来文本型的格式就一下转换为数字格式了。具体操作如图 1-22。

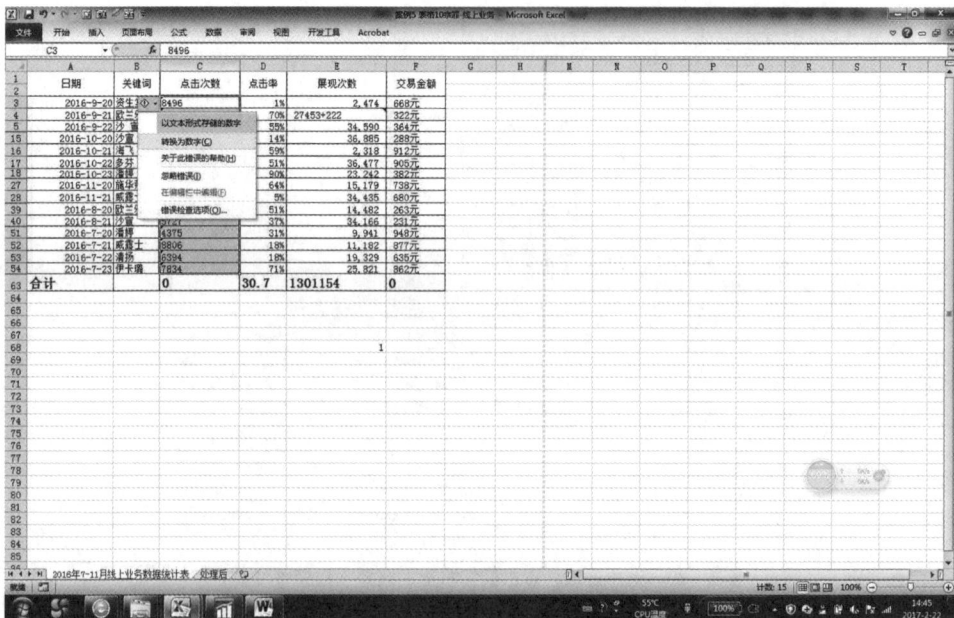

图 1-22　选中转换区域，点击黄色【感叹号标签】，选择【转换为数字】

方法三：分列。

STEP1：选中要转换的文本格式单元格【整列】。

STEP2：在【数据】菜单中，选择【分列】功能。

STEP3：在出现的分列选项中，直接点击【完成】，这样就完成了转换。这个方法是不是简单又快速？原理是【分列】功能第三步可以转换格式，我们上面的内容有说过，这个第三步转换格式默认为常规，也就是说，通过分列直接把文本格式转为常规的数字格式。可见【分列】功能确实是批量处理不规范数据的神器。具体操作如图 1-23，图 1-24，图 1-25。

4	2016-9-21	欧兰雅	1159	70%	21453+222	322元
5	2016-9-22	沙宣	6171	55%	34,590	364元
15	2016-10-20	沙宣	5436	14%	36,885	288元
16	2016-10-21	海飞丝	7660	59%	2,318	912元
17	2016-10-22	多芬	6847	51%	36,477	905元
18	2016-10-23	潘婷	7936	90%	23,242	382元
27	2016-11-20	施华蔻	5551	64%	15,179	738元
28	2016-11-21	威露士	9927	5%	34,435	680元
39	2016-8-20	欧兰雅	2600	51%	14,482	263元
40	2016-8-21	沙宣	5727	37%	34,166	231元
51	2016-7-20	潘婷	4375	31%	9,941	948元
52	2016-7-21	威露士	8806	18%	11,182	877元
53	2016-7-22	清扬	6394	18%	19,329	635元
54	2016-7-23	伊卡璐	7834	71%	25,821	862元
63	合计		0	30.58	1292170	0

图1-23 选中要转换文本格式的整列数据，并选择【分列】

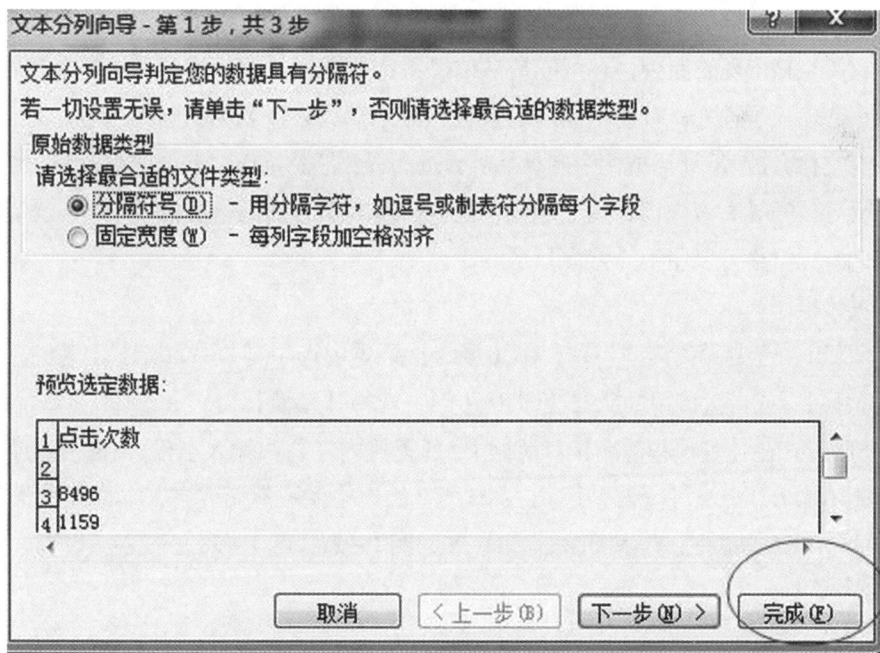

图1-24 直接点击【完成】

日期	关键词	点击次数	点击率	展现次数	交易金额
2016-9-20	资生堂	8496	1%	2,474	668元
2016-9-21	欧兰雅	1159	70%	27453+222	322元
2016-9-22	沙 宣	6171	55%	34,590	364元
2016-10-20	沙宣	5436	14%	36,885	288元
2016-10-21	海飞 丝	7660	59%	2,318	912元
2016-10-22	多芬	6847	51%	36,477	905元
2016-10-23	潘婷	7936	90%	23,242	382元
2016-11-20	施华蔻	5551	64%	15,179	738元
2016-11-21	威露士	9927	5%	34,435	680元
2016-8-21	欧兰雅	2600	51%	14,482	263元
2016-8-21	沙宣	5727	37%	34,166	231元
2016-7-20	潘婷	4375	31%	9,941	948元
2016-7-21	威露士	8806	18%	11,182	877元
2016-7-22	清扬	6394	18%	19,329	635元
2016-7-23	伊卡璐	7834	71%	25,821	862元
合计		315576	31.12	1299817	0

图 1 - 25　转换成功后

不规范情况 5：数据内容空格

处理思路：仔细观察，你会发现商品关键词字段里面的商品名称描述有空格出现，这种空格出现的原因，有可能是从信息系统导出时就有，也有可能是手工输入时不小心输入了进去。有空格出现的数据在汇总计算时，名称相同的内容，有空格和没有空格会被 Excel 当成两个商品品类，进而导致汇总错误。错误的数据呈报给领导，会导致领导决策失误，这个问题，我们一定要十分注意，加倍小心。批量清除字段内容的空格可以使用【替换】功能。

具体操作：

STEP1：选中"关键词"列，在【开始】菜单中选中【查找和选择】功能，选择【替换】，或者直接用快捷键【CTRL + F】，选择【替换】。

STEP2：在【查找和替换】对话框中，【查找内容】中输入空格，【替换为】中什么也不输入，点击【全部替换】。这样所有的空格就被替换成空，空格就消失了。我们的任务轻松完成。具体操作如图 1 - 26，图 1 - 27，图 1 - 28。

图1-26 选中列，【开始】菜单选择【查找和选择】，选择【替换】

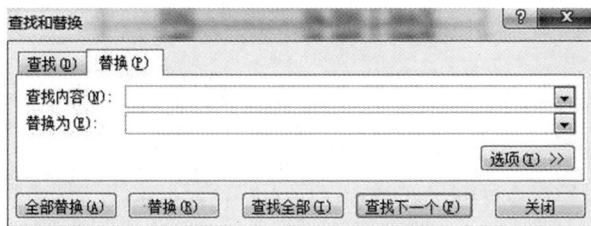

图1-27 【查找内容】中输入空格，【替换为】中什么也不输入，点击【全部替换】

日期	关键词	点击次数	点击率	展现次数	交易金额
2016-9-20	资生堂	8496	1%	2,474	668元
2016-9-21	欧兰雅	1159	70%	27453+222	322元
2016-9-22	沙宣	6171	55%	34,590	364元
2016-10-20	沙宣	5436	14%	36,885	288元
2016-10-21	海飞丝	7660	59%	2,318	912元
2016-10-22	多芬	6847	51%	36,477	905元
2016-10-23	潘婷	7936	90%	23,242	382元
2016-11-20	施华蔻	5551	64%	15,179	738元
2016-11-21	威露士	9927	5%	34,435	680元
2016-8-20	欧兰雅	2600	51%	14,482	263元
2016-8-21	沙宣	5727	37%	34,166	231元
2016-7-20	潘婷	4375	31%	9,941	948元
2016-7-21	威露士	8806	18%	11,182	877元
2016-7-22	清扬	6394	18%	19,329	635元
2016-7-23	伊卡璐	7834	71%	25,821	862元
合计		315576	30.58	1301671	0

图1-28 替换后空格全部消失

不规范情况6：备注方式错误

处理思路：查看"展现次数"字段可以看到，第二行数字中，内容显示"27453 + 222"，这是一种备注的形式，这里的"222"实际上是制表人员标注某些需要特殊注意的数字而标注的，起到提醒作用。但是，这样的备注形式会导致整列数字汇总错误。所以，在备注时，我们要采取更为科学的方式。一般来讲，可以采取两种形式，第一种，我们可以在数据的最后边加一列，字段名称取名"备注"，里面输入需要备注的内容；还有一种，可以在需要备注的单元格点击鼠标右键，选择【插入批注】，然后在批注中写明备注内容。

对于这种备注方式错误，因为内容不多，我们采取手工纠正的方式进行即可。

具体操作：

STEP1：选中需要修正的单元格，鼠标点击【编辑栏】，在需要纠正数字的前面输入等号，回车即可。

STEP2：点击需要备注的单元格，点击鼠标右键，选择【插入批注】，输入相应的备注。具体操作如图 1 – 29，图 1 – 30。

| | MATCH | ▼ | × ✓ ƒx | =27453+222 | |
	A	B	C	D	E	F
1 2	日期	关键词	点击次数	点击率	展现次数	交易金额
3	2016-9-20	资生堂	8496	1%	2,474	668元
4	2016-9-21	欧兰雅	1159	70%	=27453+222	322元
5	2016-9-22	沙宣	6171	55%	34,590	364元
15	2016-10-20	沙宣	5436	14%	36,885	288元
16	2016-10-21	海飞丝	7660	59%	2,318	912元
17	2016-10-22	多芬	6847	51%	36,477	905元
18	2016-10-23	潘婷	7936	90%	23,242	382元
27	2016-11-20	施华蔻	5551	64%	15,179	738元
28	2016-11-21	威露士	9927	5%	34,435	680元
39	2016-8-20	欧兰雅	2600	51%	14,482	263元
40	2016-8-21	沙宣	5727	37%	34,166	231元
51	2016-7-20	潘婷	4375	31%	9,941	948元
52	2016-7-21	威露士	8806	18%	11,182	877元
53	2016-7-22	清扬	6394	18%	19,329	635元
54	2016-7-23	伊卡璐	7834	71%	25,821	862元
63	合计		315576	30.58	1301671	0

图 1 – 29　点击【编辑栏】，在需要纠正数字的前面输入等号

日期	关键词	点击次数	点击率	展现次数	交易金额
2016-9-20	资生堂	8496	1%	2,474	668元
2016-9-21	欧兰雅	1159	70%	27,675	322元
2016-9-22	沙宣	6171	55%	34,599	364元
2016-10-20	沙宣	5436	14%		
2016-10-21	海飞丝	7660	59%		
2016-10-22	多芬	6847	51%		
2016-10-23	潘婷	7936	90%		
2016-11-20	施华蔻	5551	64%		
2016-11-21	威露士	9927	5%	34,435	680元
2016-8-20	欧兰雅	2600	51%	14,482	263元
2016-8-21	沙宣	5727	37%	34,166	231元
2016-7-20	潘婷	4375	31%	9,941	948元
2016-7-21	威露士	8806	18%	11,182	877元
2016-7-22	清扬	6394	18%	19,329	635元
2016-7-23	伊卡璐	7834	71%	25,821	862元
合计		315576	30.54	1323498	0

（备注框：222为数据补录）

图 1-30　点击鼠标右键，选择【插入批注】，输入备注内容

不规范情况 7：数字和单位写在一起

处理思路：查看"交易金额"字段，我们会发现，里面所有的数字都是自带单位"元"的，也就是说，这个字段的数据把数字和单位写在了一起。这样会导致汇总时计算错误。正确的处理方法是，单元格中只输入数字，数字的单位写在字段名称中备注，即将字段名称改写成"交易金额（元）"。

对于这种错误，我们可以采取批量替换的方法进行。

具体操作：

STEP1：选中"交易金额"字段整列，用快捷键【CTRL + F】调出【查找和替换】对话框，然后在【查找内容】中输入"元"，在【替换为】中什么也不输入，点击【全部替换】，之后，所有的"元"就被替换掉了。

STEP2：在"交易金额"字段标题中加入"（元）"，这样金额和单位就分开了，我们的汇总计算也就不会发生错误了。具体操作如图 1-31，图 1-32。

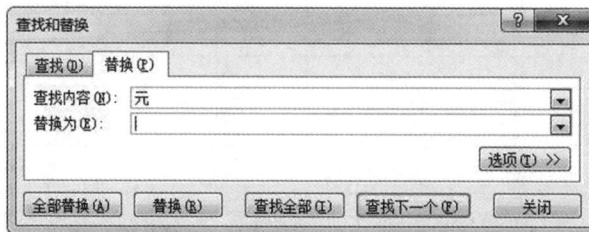

图 1-31　【查找内容】中输入"元"，在【替换为】中什么也不输入

	A	B	C	D	E	F
1	日期	关键词	点击次数	点击率	展现次数	交易金额（元）
2						
3	2016-9-20	资生堂	8496	1%	2,474	668
4	2016-9-21	欧兰雅	1159	70%	27,675	322
5	2016-9-22	沙宣	6171	55%	34,590	364
15	2016-10-20	沙宣	5436	14%	36,885	288
16	2016-10-21	海飞丝	7660	59%	2,318	912
17	2016-10-22	多芬	6847	51%	36,477	905
18	2016-10-23	潘婷	7936	90%	23,242	382
27	2016-11-20	施华蔻	5551	64%	15,179	738
28	2016-11-21	威露士	9927	5%	34,435	680
39	2016-8-20	欧兰雅	2600	51%	14,482	263
40	2016-8-21	沙宣	5727	37%	34,166	231
51	2016-7-20	潘婷	4375	31%	9,941	948
52	2016-7-21	威露士	8806	18%	11,182	877
53	2016-7-22	清扬	6394	18%	19,329	635
54	2016-7-23	伊卡璐	7834	71%	25,821	862
63	合计		315576	30.87	1322934	34180

图1-32 在"交易金额"字段标题中加入"（元）"

不规范情况8：基础数据表出现小计行

处理思路：对于自用表格中的基础数据，我们只需要按照类似"流水账"的形式逐行记录数据就可以了，没有必要加入"合计"行，因为加入"合计"行后，之后的数据补充就会变得困难，打乱了数据结构。事实上，在我们掌握了数据透视表以后，各种加减乘除等计算，利用基础数据表几秒钟就可以搞定，所以，一般情况下，我们不加入小计行。

具体操作：

选中"合计"行，点击鼠标右键，选中【删除】即可。

图1-33 选中"合计"行，点击鼠标右键，【删除】

好了，到了这里，我们就基本上把这个表格的各种错误处理好了，在对这个表格的处理过程中，我们也学会了怎么应付基础数据表格中出现的"十宗罪"。另外，要说明的是，如果基础数据表中出现了记录不完整，例如将王某某记录为小王，或者出现了同一记录描述不统一，例如将人力资源部写成人力部、人事部、人力资源部、HR 等，这两种情况下，就需要手工进行更正了。简写或者描述不统一会造成数据在统计汇总时发生错误，Excel 会将人力资源部、人力部、人事部、人力资源部、HR 这个五个字段当成五个不同部门，分别进行统计，那交给领导的数据就是天大的错误了。这个我们在平时做基础数据时是一定要注意的。

第 5 节　集团公司下发给子公司的表格如何保证统计准确

有时因为业务需要，集团公司会下发表格给子公司进行填报，然后集团公司收集后进行汇总，但是，有的子公司经办人员会改动表格结构，或者对需要填报的内容不了解，错误地填报了内容，进而导致集团公司无法汇总信息或者汇总的信息发生错误。

与集团公司下发表格类似，你在做公司各个部门信息收集的时候，也会有其他部门或者下属人员错报的情况发生。比如，你在做经营分析会的信息收集或者进行全面预算编报时，会统计公司各个部门的信息，这个时候，如果有几个部门错报了信息，就会导致你整个的工作效率低效，甚至会导致你整个工作的失误。

以上两种情况都是需要下发表格，所以，你在设计表格的时候，就要考虑到周全，一般要做足以下工作：认真写好通知，写清楚填报口径和填报说明；设计好下发表格，确保表格按照你的要求填报。

有的人会问，第一项工作倒是容易，但是第二项工作就难了，谁能保证你的表格人家不会随便插一列进去或者随便填个数据上来呢？其实是有办法的，下面我用一个案例来说明。再说案例前，我先要说明一下制表的流程。

首先，要明确表格的分类。前面说了财务职场中表格就分为两大类：上报表格和自用表格，上报表格是给人家看的，格式不能修改，但是自用表格我们可以按照我们的需求设计。这个刚才我只解释了一半，其实自用表格还是可以往下再分类的。

另外，要明确制表流程。自用表格按照制表的流程，可以分为基础数据表、参数表以及辅助运算表。具体解释如下。

（1）基础数据表：就是刚才我们练习的"2016 年 7 – 11 月线上业务数据统计表"案例最后的结果，它是一个标准的一维数据表格，它是相当简练的，没有多余的信息，按照列罗列字段，每个字段标题下面第二行就是相应的数据。

（2）参数表：实际上是为基础数据表服务的，另外还有备忘录的功能，有些数据需要说明的记不住，可以记录在这里，这样就不会影响到基础数据表的功能。

（3）辅助运算表：是基础数据表过渡到上报表格的过渡表，因为上报表格是给领导或者外部人士看的，所以格式是固定的不能改动，但是基础数据表的计算不一定一步就生成上报表格，所以上报表格的数据来源，就是辅助运算表。

整个制表流程就是基础数据表→辅助运算表→上报表格，参数表作为基础数据表辅助。

下面我用一个案例进行操作说明。

这个案例的背景是这样的，有一家集团公司，ORACLE 财务系统上线已经很多年了，近些年，集团公司成立和注销了很多分子公司，所以下属公司的财务人员也新增和调整了很多，为了规范 ORACLE 财务系统的用户职责，集团公司通知下属公司上报各自的用户和需求的职责，集团汇总后，对财务系统的用户职责进行清理。

好吧，这个需求很简单，但是，问题来了，如果你负责这项工作，你可能会碰到几种情形：财务系统的用户名填报错误；用户职责填报错误，或者没有按照要求填报，包括简写或者漏写；当你想统计该人员的系统职责是否保留时，有些人可能不一定会回答你想要的两种答案：是或者否，而是填报一些其他信息，例如：留不留都行或者你看着办吧等等。

说到这里，你是不是已经开始头疼了，那我告诉你，目前说的只是一家子公司的情形，你可以设想一下，如果这个集团公司下属 30 多家公司都报上来，而且都是错误连篇的话，你的汇总工作估计 1 个月都干不完，唯一的办法就是打电话，逐个表格询问并进行手工完善，说到这里，你明白了吧？错误的表格设计，不要钱，但是要命。是不是有种一口老血喷键盘的冲动？

明白了表格设计的重要性，那么我们开始设计表格和工作流程。

STEP1：新建两张表格，分别是：基础数据表和参数表。

STEP2：根据需要，基础数据表设计了 4 个字段标题，分别是姓名、公司、现有财务职责、是否保留。如图 1 – 34。

STEP3：参数表中，我们将基础数据表的 4 个字段需要填报的内容，进行罗列，"财务人员名单"字段可以从人力系统取数据，或者从公司花名册直接取姓名过来；"职责"字段输入 ORACLE 财务系统的现有职责；"公司"字段输入集团下属公司的名称；"是否保留"字段输入是和否。如图 1 – 35。

STEP4：对参数表的各字段定义名称。选中参数表中有数据的区域，点击菜单【公式】，选中功能【根据所选内容创建】，在本步骤中选中【首行】，这样就可以快速定义"财务人员名单""职责""公司""是否保留"四个名称。如图 1 – 36。

STEP5：对基础数据表的每一列设置【数据有效性】。拿第 1 列举例，选中 A 列，点击【数据】菜单，选中【数据有效性】功能，【允许】选项选中【序列】，接下来，在【来源】选项输入"＝"，然后点击键盘数字键上方的"F3"键，调出【粘贴名称框】，选择名称【财务人员名单】，这个时候，点击基础数据表中的"姓名字段"下面的任意单元格，你会发现，单元格出现一个选择框，里面就是刚才"参数表"中定义过的财务人员名单，你可以根据需要自由选择姓名了，再也不用手工输入了。如图1－37，图1－38，图1－39，图1－40。

STEP6：按照上个步骤，把剩下的"职责""公司""是否保留"三个字段，都设置【数据有效性】，这样，集团公司下发给下属子公司的ORACLE职责统计名单就可以让子公司经办人员直接在表格上选择填报了，不会发生这样那样的填报错误了。

	A	B	C	D
1	姓名	公司	现有财务系统职责	是否保留
2				
3				
4				
5				
6				
7				
8				
9				
10				
11				
12				
13				
14				
15				
16				
17				

图1－34　基础数据表

	A	B	D	E
1	财务人员名单	职责	公司	是否保留
2	丁1	物资系统管理员	A公司	是
3	丁2	GL记账岗位	B公司	否
4	丁3	GL总账岗位	C公司	
5	丁4	GL报表会计	D公司	
6	丁5	GL报表岗位	E公司	
7	丁6	GL出纳岗位	F公司	
8	丁7	GL预算管理	G公司	
9	丁8	GL调整会计	H公司	
10	丁9	GL汇总会计	I公司	
11	丁10	GL合并会计	J公司	
12	丁11	CFS系统管理	K公司	
13	丁12	AR录入会计	L公司	
14	丁13	AR客户管理	M公司	
15	丁14	AR审核会计	A公司	
16	丁15	AR业务主管	B公司	
17	丁16	AR收款岗位	C公司	
18	丁17	AP记账会计	D公司	
19	丁18	AP总账会计		
20	丁19	AP出纳岗位		
21	丁20	FA业务主管		
22	丁21	FA卡片管理		
23	丁22	MED财务职责		
24	丁23	预算管理		
25	丁24			
26	丁25			

图1－35　参数表

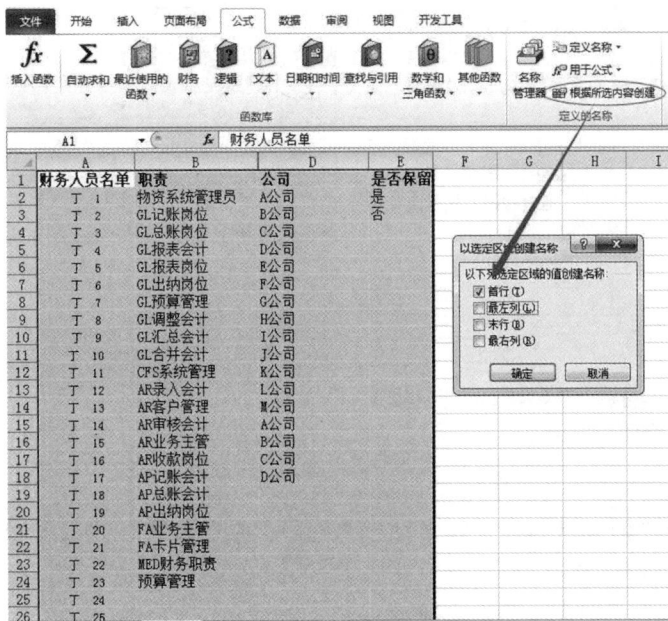

图1-36　批量定义名称

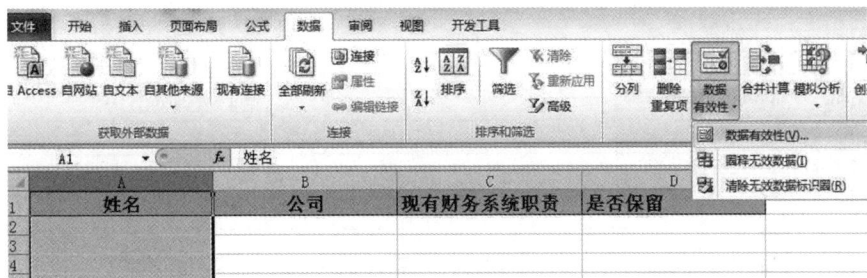

图1-37　选中A列，点击【数据】菜单，选中【数据有效性】功能

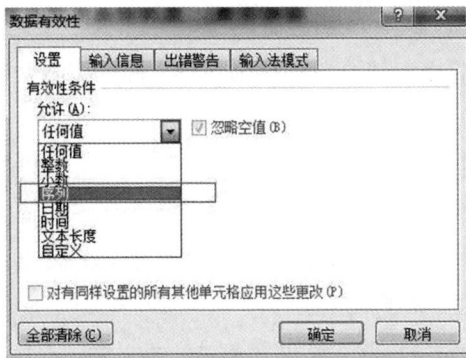

图1-38　【允许】选项选中【序列】

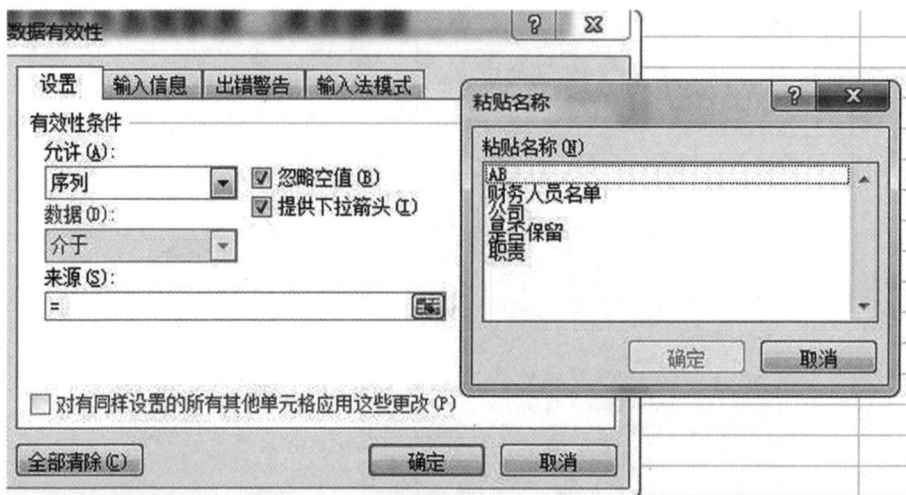

图1-39 【来源】选项输入"=",然后按下数字键上方的"F3"键,调出【粘贴名称框】,选择名称【财务人员名单】

图1-40 设置好【数据有效性】后,就可以在表格选择框中,选择填报了

需要说明的是什么是"名称"。名称说白了就是代号,人有名字,表格也有名字,比如所有的表格第一个单元格都叫 A1 单元格,意思是这个单元格位置在第一行,第 A 列,A1 单元格就是这个单元格的坐标,通过这个坐标,Excel 可以快速地对这个单元格取数和汇总。

另外,除了可以对一个单元格起"名称"外,还可以对单元格区域起"名称",比如,我可以把单元格 A1 到 A9,这 9 个单元格取个名称叫做"九个单元格",然后每次用公式进行汇总时,我用名称"九个单元格"代替单元格区域"A1:A9"就可以了,这样做对于公式计算非常方便。

对单元格或者单元格区域起名称非常简单,第 1 种是直接在【名称框】中写入名称，第 2 种是用【名称管理器】输入名称。

具体操作：

方法一：直接在【名称框】中写入名称。

STEP1：选中 A1 到 A9 单元格。

SETP2：在【名称框】中输入"九个单元格"。【名称框】在哪里呢？【编辑栏】的左边还有一个输入框，【名称框】就在这里了。具体操作如图 1 - 41。

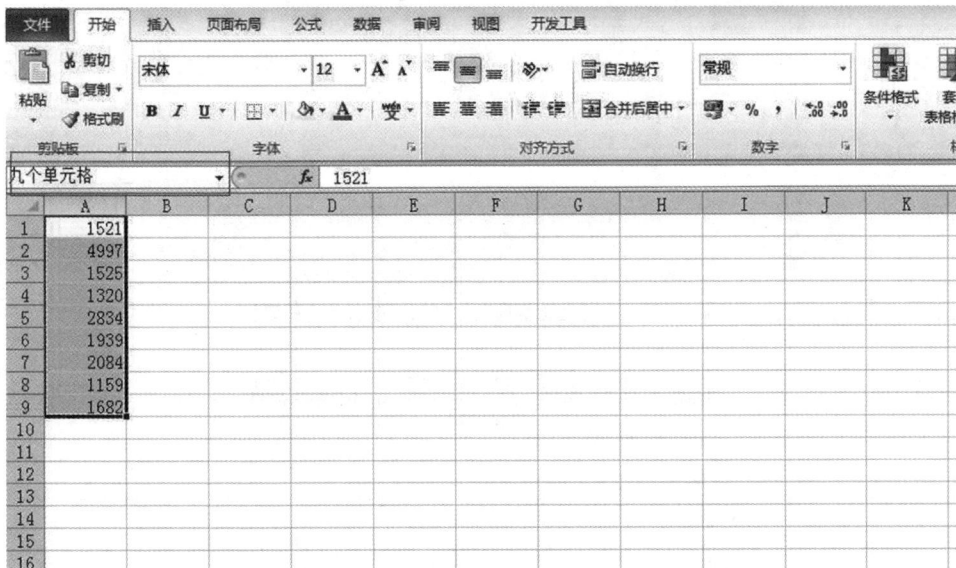

图 1 - 41　选中 A1：A9 单元格区域，在【名称框】中输入"九个单元格"

方法二：用【名称管理器】输入名称。

STEP1：选中 A1 到 A9 单元格。

STEP2：在菜单【公式】中点击【名称管理器】功能，在【名称管理器】对话框中点击【新建】。

STEP3：在【新建名称】对话框，【名称】中输入"九个单元格"，同时确认【引用位置】是否正确，点击【确定】。

STEP4：最后在【名称管理器】中检查【名称】和【引用位置】是否正确。具体操作如图 1 - 42，图 1 - 43，图 1 - 44。

需要说明的是，名称也是不能乱起的，跟人的名字一样，起名的时候也是有些忌讳的，名称如果起得不对，比如我们刚才起名不叫"九个单元格"而是起名"9个单元格"，Excel 就会提示"输入名称无效"。名称的具体规则如下。

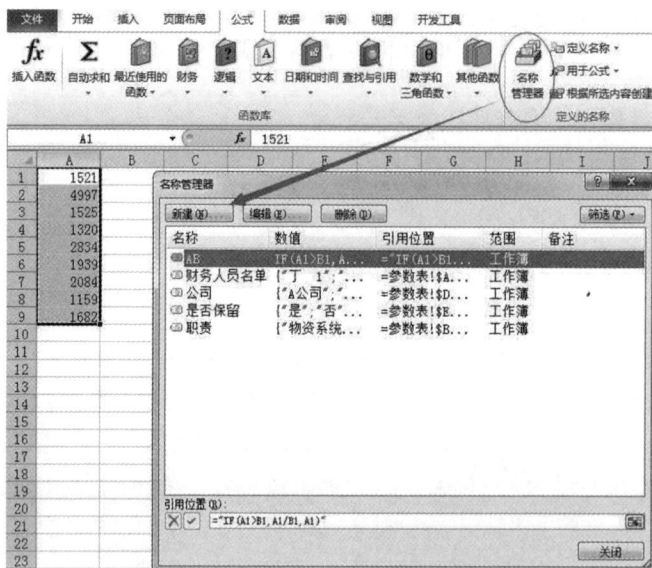

图 1-42 在【名称管理器】对话框中点击【新建】

图 1-43 在【新建名称】对话框,【名称】中输入"九个单元格",同时确认【引用位置】是否正确,点击【确定】

(1)名称可以是任意字符与数字的组合,但不能以数字开头(如 9 个单元格),更不能以单纯的数字作为名称,也不能与单元格地址相同(如 A1),如果要以数字开头,可以在前面加上下划线,如_ 9 个单元格。

(2)不能以字母 R、C、r、c 作为名称,因为他们在引用中表示工作表的行、列。

(3)名称中不能包含空格,可以用下划线或点号代替。

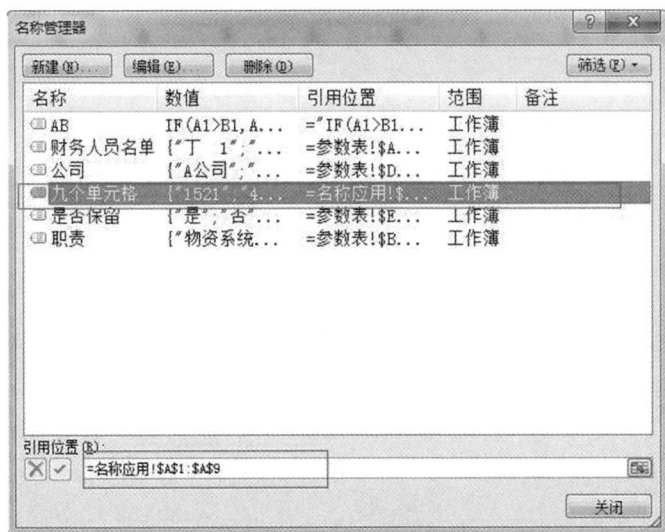

图 1-44　最后在【名称管理器】中检查【名称】和【引用位置】是否正确

（4）不能使用除了下划线、点号和反斜线以外的其他符号，允许使用问号，但不能作为名称的开头。

（5）名称中的字母不区分大小写。

第二章 与财务 ERP 系统对接

第 1 节 如何引入 ERP 数据进行二次处理

一般来讲，从财务 ERP 系统中引出的数据有两种格式，一种是纯 Excel 格式的，这种国产软件常见，还有一种是 TXT 或者 CSV 格式的，ORACLE 等国外软件导出的文件一般是这种类型。Excel 类型的文件就不用说了，直接用 Excel 软件打开即可。比较头疼的是 TXT 和 CSV 格式的文件。我们下面来说说这个。

将文本型财务 ERP 系统文件数据导入 Excel 有两种方法，第一种方法是利用【数据】菜单中的【自文本】功能，第二种方法是用打开文件功能。第一种方法可以自动更新，随着数据源的变化，Excel 文件也可以实现数据的自动更新。第二种方法不能实现自动更新。

方法 1：利用【数据】菜单功能

第一种方法是利用利用【数据】菜单中的【自文本】功能导入数据。

具体操作：

STEP1：选择【数据】菜单，点击【自文本】。

STEP2：在【导入文本文件】对话框中选择要导入的"管理费用表"文件。

STEP3：【文本导入向导】对话框第 1 步中，选择【固定列宽】。

STEP4：【文本导入向导】对话框第 2 步中，分别在三个字段分隔处点击鼠标左键，插入分割线。

STEP5：【文本导入向导】对话框第 3 步中，点击【完成】。

STEP6：在【导入数据】对话框，选择【新工作表】。

STEP7：TXT 文件已经成功导入 Excel 中。

具体操作如图 2 - 1，图 2 - 2，图 2 - 3，图 2 - 4，图 2 - 5，图 2 - 6，图 2 - 7。

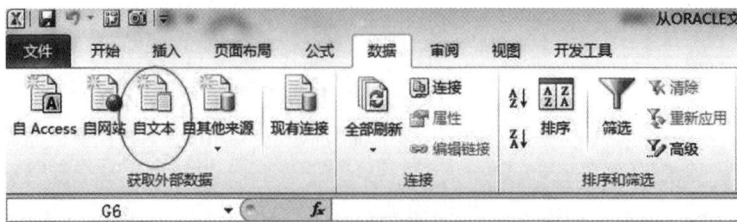

图 2-1　选择【数据】菜单，点击【自文本】

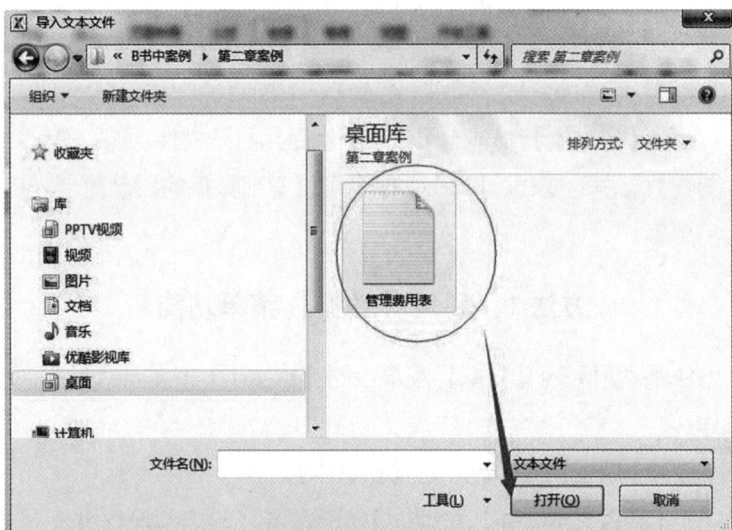

图 2-2　在【导入文本文件】对话框中选择要导入的"管理费用表"文件

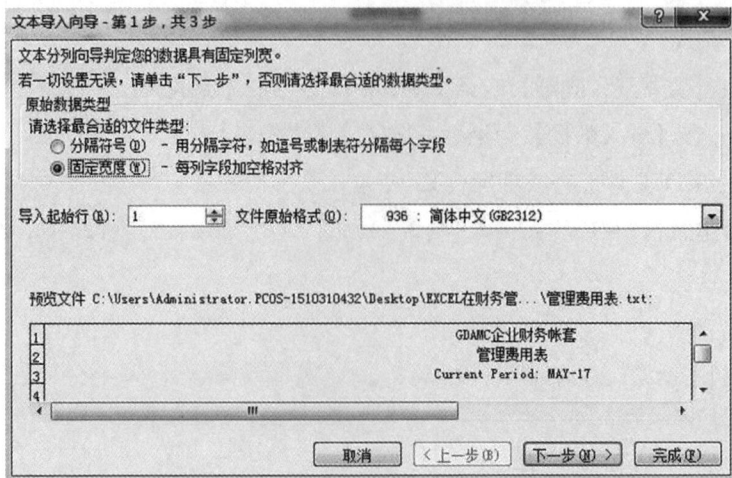

图 2-3　【文本导入向导】对话框第 1 步中，选择【固定列宽】

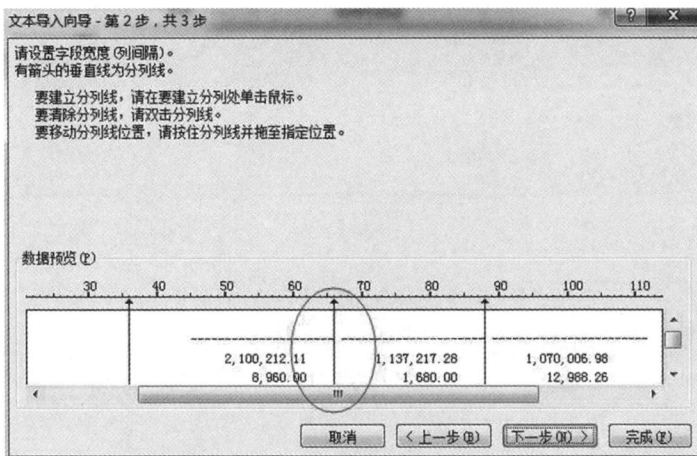

图 2 - 4　【文本导入向导】对话框第 2 步中，分别在三个字段分隔处点击鼠标左键插入分割线

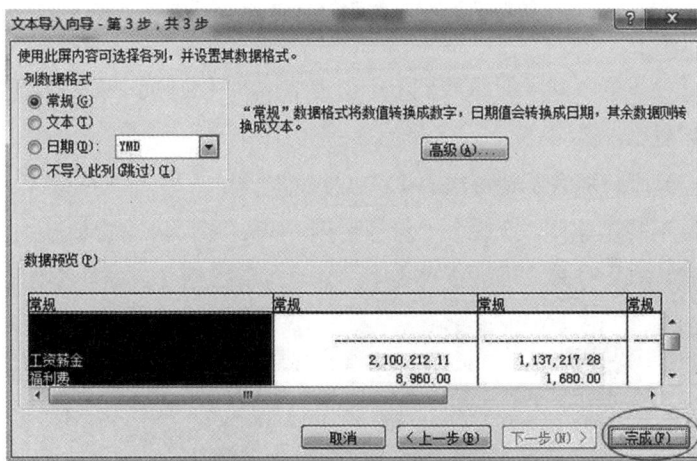

图 2 - 5　【文本导入向导】对话框第 3 步中，点击完成

图 2 - 6　在【导入数据】对话框，选择【新工作表】

	A	B	C	D
1		GDAMC企业	财务帐套	Date:
2		管理费	用表	Page:　1
3		Current Per	iod: MAY-17	
4				
5	Currency: RMB			
6	公司=			
7		上年同期数	本月实际数	本年累计
8				
9		——————	——————	——————
10	工资薪金	2,100,212.11	1,137,217.28	1,070,006.98
11	福利费	8,960.00	1,680.00	12,988.26
12	辞退福利	0	0	0
13	制服费	0	13	13
71	技术转让费	0	0	0
72	技术开发费	0	0	0
73	无形资产摊销	11,111,170.01	1,171,113.16	11,317,611.80
74	存货盘亏（盘盈）、毁损和报废	0	0	0
75	住房公积金	2,901,823.90	1,078,101.20	1,381,111.20
76	住房补贴	119,110.00	31,610.00	162,170.00
77	综合服务费	0	0	0
78	开办费	0	0	0
79	广告费	3,082.00	38,008.67	28,311.67
80	公告费	0	0	0
81	其他管理费用	0	0	0
82	合　　　　计:	31,132,929.19	7,118,311.39	90000000000

图 2-7　TXT 文件已经成功导入 Excel 中

　　这里的【文本导入向导】跟我们上一个章节讲的【分列】界面和功能是一样的，具体解释请参见第一章。

　　有的人会问了，那我不是每次用 TXT 文档都要导入一次，太麻烦了。不要着急，如果每月统计都需要导入一次这个"管理费用"表，那你只需要将新月份的"管理费用表"放在你刚才处理文件的文件夹中。然后进行数据【刷新】操作即可。

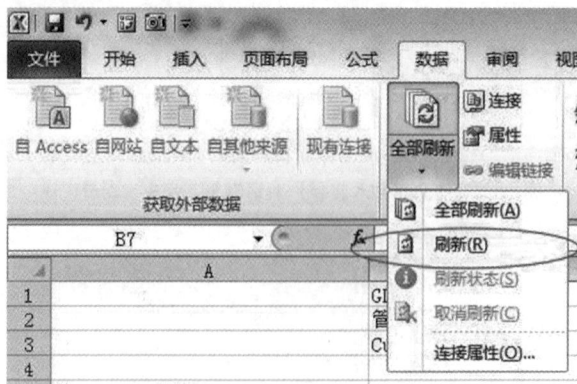

图 2-8　点击【数据】菜单，选择【全部刷新】中的【刷新】功能

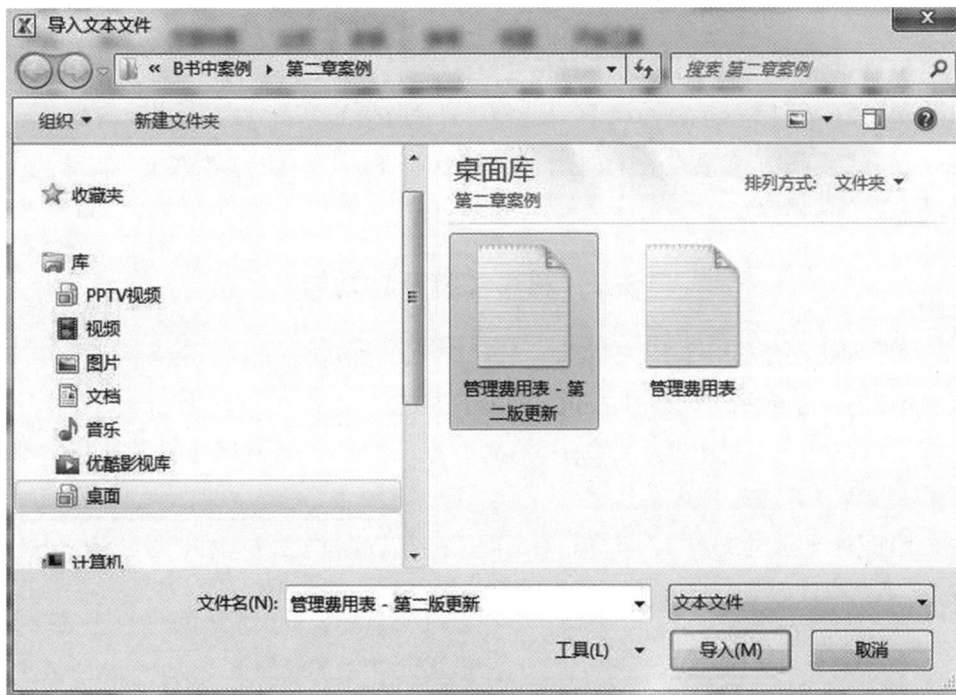

图 2-9 在【导入文本文件】对话框中，选择要更新的 TXT 文件

	A	B	C	D
1		GDAMC企业	财务帐套	Date:
2		管理费	用表	Page: 1
3		Current Per	iod: MAY-17	
4				
5	Currency: RMB			
6	公司=			
7		上年同期数	本月实际数	本年累计
8				
9		————————————	————————————	————————————
10	工资薪金	2,100,212.11	1,137,217.28	1,070,006.98
11	福利费	8,960.00	1,680.00	12,988.26
12	辞退福利	0	0	0
13	制服费	0	13	13
71	技术转让费	0	0	0
72	技术开发费	0	0	0
73	无形资产摊销	11,111,170.01	1,171,113.16	11,317,611.80
74	存货盘亏（盘盈）、毁损和报废	0	0	0
75	住房公积金	2,901,823.90	1,078,101.20	1,381,111.20
76	住房补贴	119,110.00	31,610.00	162,170.00
77	综合服务费	0	0	0
78	开办费	0	0	0
79	广告费	3,082.00	38,008.67	28,311.67
80	公告费	0	0	0
81	其他管理费用	0	0	0
82	合　　　计:	31,132,929.19	7,118,311.39	88888888

图 2-10 Excel 文件随着 TXT 文件实现了自动更新

具体操作：

STEP1：点击【数据】菜单，选择【全部刷新】中的【刷新】功能。

STEP2：在【导入文本文件】对话框中，选择要更新的 TXT 文件"管理费用表 – 第二版更新"，然后点击【导入】，这个时候，Excel 文件随着 TXT 文件实现了自动更新。具体操作如图 2 – 8，图 2 – 9，图 2 – 10。

方法 2：利用【打开】功能

第二种方法是利用【文件】菜单中的【打开】功能。

STEP1：选择菜单【文件】中的【打开】功能。

STEP2：在对话框中选择文件所在的文件夹，文件类型要选择【所有文件】，然后找到文件"管理费用表"。

STEP3：进入【文本导入向导】对话框，三个步骤与方法 1 一样，最后点击【完成】。具体操作如图 2 – 11，图 2 – 12，图 2 – 13。

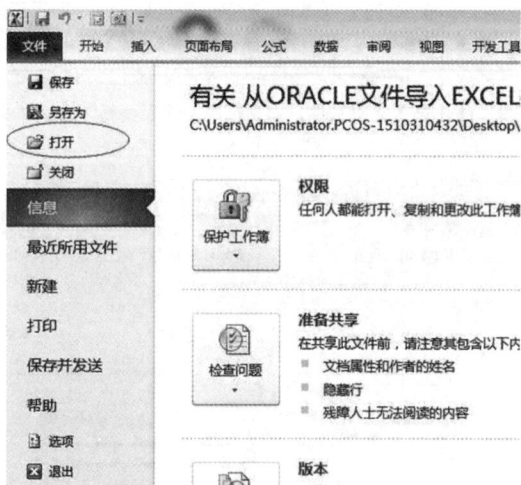

图 2 – 11　选择菜单【文件】中的【打开】功能

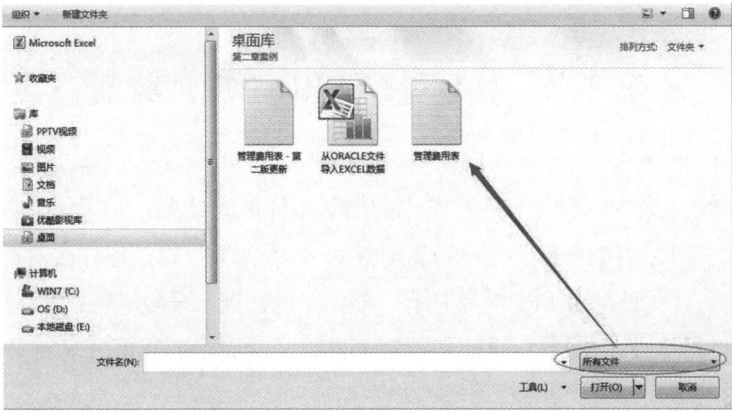

图 2 – 12　在对话框中选择文件所在的文件夹，文件类型要选择【所有文件】

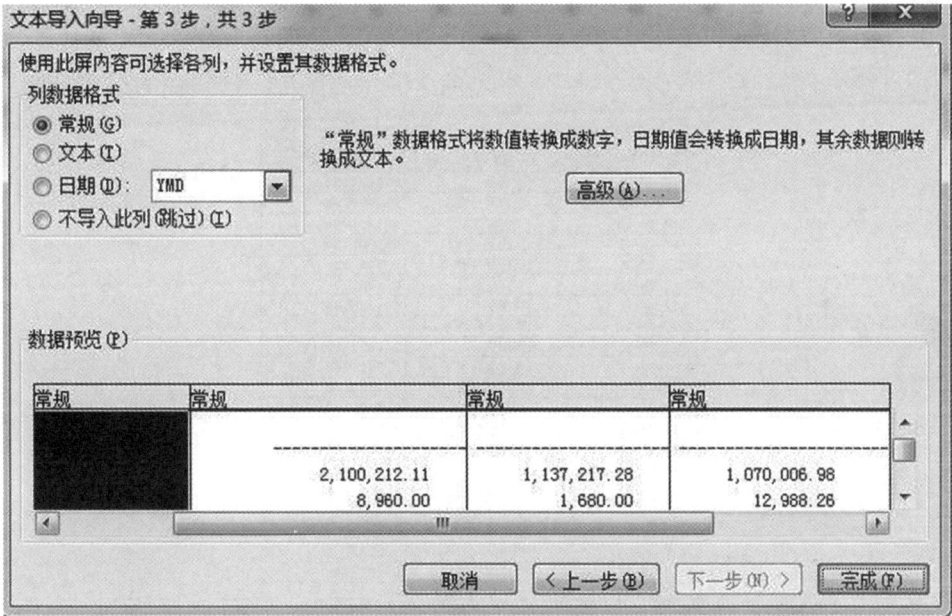

图 2 – 13　【文本导入向导】对话框，三个步骤见方法 1，最后点击【完成】

　　这两种导入 TXT 文档的方法都是比较常用的，第二种比较好理解，操作也容易。需要注意的是在选择文件的时候，文件类型要选择【所有文件】，要不 TXT 文件不会显示出来。第一种方法繁琐一些，但是如果每个月的 TXT 文档结构一样，只是数字每月变化，那只需要使用【刷新】功能，就可以快速实现数据的自动更新，专业会大幅地提高数据处理效率，不用每个月手工更新。

第 2 节　如何处理 ERP 不规范数据

财务 ERP 系统中的数据有的时候也会出现不规范的情况，为了保证数据实现高效处理，我们可以用第一章中提到的基础数据"10 宗罪"的处理方法对错误的数据格式进行修正。另外财务 ERP 系统还有一些自带的错误，导致汇总或其他计算失效，比如特殊字符，数据中间有空格或者重复项目等。这里我们说说针对财务 ERP 系统导出的表格数据错误怎样处理。

不规范情况 1：特殊字符

如图 2 – 14 所示，表格中的金额合计项无法计算，原因是从财务 ERP 导出的数据中有特殊字符存在。我们需要将所有的特殊字符全部消除，合计项才能正确计算。

日期	摘要	金额
2017-08-06	购用品	55,454.56
2017-08-07	支付服务费	22,970.56
2017-08-09	支付往来款	49,451.06
2017-08-10	购用品	61,381.39
2017-08-11	支付服务费	7,566.12
2017-08-12	支付往来款	7,485.80
2017-08-13	购用品	99,006.80
2017-08-14	支付服务费	9,451.06
2017-08-15	购用品	24,433.58
2017-08-16	支付服务费	1,381.39
2017-08-18	支付往来款	55,454.56
2017-08-19	购用品	9,258.19-
2017-08-21	支付服务费	2,245.89
2017-08-30	支付往来款	266.90
2017-09-06	购用品	6,882.41
2017-09-07	支付服务费	4,419.92-
2017-09-08	支付往来款	4,228.83-
2017-09-09	支付往来款	51,694.18-
2017-09-10	购用品	0.01-
2017-09-11	支付服务费	1,381.39
合计		0

图 2 – 14　"合计"设置了求和公式，却没有求和结果显示

具体操作：

STEP1：查看"合计"项单元格，"合计"设置了正确的求和公式，却没有求和结果显示。如图 2 – 14。

STEP2：选中"金额"列数据，选择【开始】菜单，在【字体】功能中选择【Symbol】字体，这个时候"金额"字段中的特殊字符显示出来了。如图 2 – 15，图

2 – 16 所示。

STEP3：选中"金额"列数据中的特殊字符，按下【CTRL＋C】快捷键进行复制，按下【CTRL＋F】快捷键调出【查找与替换】对话框，将复制的特殊字符粘贴在【查找内容】中，【替换为】对话框中什么也不输入，点击【全部替换】。这时，"合计"项的计算结果恢复正常了。如图 2 – 17，图 2 – 18，图 2 – 19。

图 2 – 15　选择【开始】菜单，在【字体】功能中选择【Symbol】字体

日期	摘要	金额
2017-08-06	购用品	55,454.56□□□□□
2017-08-07	支付服务费	22,970.56□□□□□
2017-08-09	支付往来款	49,451.06□□□□□
2017-08-10	购用品	61,381.39□□□□□
2017-08-11	支付服务费	7,566.12□□□□□
2017-08-12	支付往来款	7,485.80□□□□□
2017-08-13	购用品	99,006.80□□□□□
2017-08-14	支付服务费	9,451.06□□□□□
2017-08-15	购用品	24,433.58□□□□□
2017-08-16	支付服务费	1,381.39□□□□□
2017-08-18	支付往来款	55,454.56□□□□□
2017-08-19	购用品	9,258.19−□□□□
2017-08-21	支付服务费	2,245.89□□□□□
2017-08-30	支付往来款	266.90□□□□□
2017-09-06	购用品	6,882.41□□□□□
2017-09-07	支付服务费	4,419.92−□□□□
2017-09-08	支付往来款	4,228.83−□□□□
2017-09-09	支付往来款	51,694.18−□□
2017-09-10	购用品	0.01−□□□□□□□□□
2017-09-11	支付服务费	1,381.39□□□□□
	合计	0

图 2 – 16　"金额"列字段中的特殊字符显示出来了

日期	摘要	金额
2017-08-06	购用品	55,454.56□□□□□
2017-08-07	支付服务费	22,970.56□□□□□□
2017-08-09	支付往来款	49,451.06□□□□□
2017-08-10	购用品	61,381.39□□□□□
2017-08-11	支付服务费	7,566.12□□□□□
2017-08-12	支付往来款	7,485.80□□□□□
2017-08-13	购用品	99,006.80□□□□□
2017-08-14	支付服务费	9,451.06□□□□□
2017-08-15	购用品	24,433.58□□□□□
2017-08-16	支付服务费	1,381.39□□□□□
2017-08-18	支付往来款	55,454.56□□□□□
2017-08-19	购用品	9,258.19−□□□□
2017-08-21	支付服务费	2,245.89□□□□□
2017-08-30	支付往来款	266.90□□□□□
2017-09-06	购用品	6,882.41□□□□□
2017-09-07	支付服务费	4,419.92−□□□□
2017-09-08	支付往来款	4,228.83−□□□□□
2017-09-09	支付往来款	51,694.18−□□
2017-09-10	购用品	0.01−□□□□□□□□□□
2017-09-11	支付服务费	1,381.39□□□□□
合计		0

2-17 选中一个特殊字符，按下【CTRL＋C】快捷键进行复制

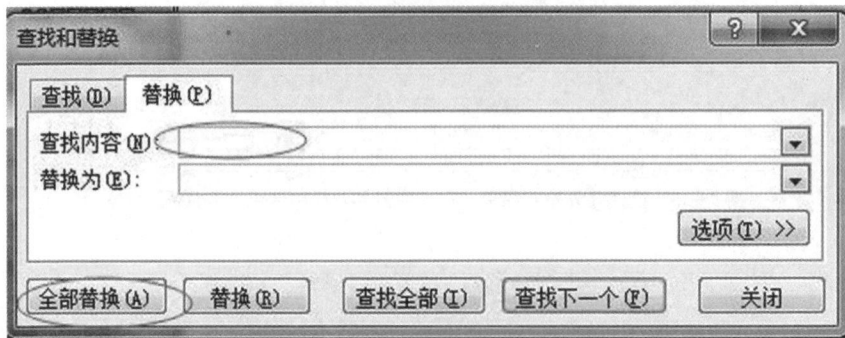

图2-18 按下【CTRL＋F】快捷键调出【查找与替换】对话框，将复制的特殊字符粘贴在【查找内容】中，【替换为】对话框中什么也不输入，点击【全部替换】

日期	摘要	金额
2017-08-06	购用品	55,454.56
2017-08-07	支付服务费	22,970.56
2017-08-09	支付往来款	49,451.06
2017-08-10	购用品	61,381.39
2017-08-11	支付服务费	7,566.12
2017-08-12	支付往来款	7,485.80
2017-08-13	购用品	99,006.80
2017-08-14	支付服务费	9,451.06
2017-08-15	购用品	24,433.58
2017-08-16	支付服务费	1,381.39
2017-08-18	支付往来款	55,454.56
2017-08-19	购用品	9,258.19–
2017-08-21	支付服务费	2,245.89
2017-08-30	支付往来款	266.9
2017-09-06	购用品	6,882.41
2017-09-07	支付服务费	4,419.92–
2017-09-08	支付往来款	4,228.83–
2017-09-09	支付往来款	51,694.18–
2017-09-10	购用品	0.01–
2017-09-11	支付服务费	1,381.39
合计		404813.47

图 2 – 19 "合计"项的计算结果恢复正常了

不规范情况 2：数据中间出现空格

有的时候，财务 ERP 系统导出来的表格，我们需要提取里面的数据，转换格式并进行报送。最典型的就是企业在做年度企业所得税申报的时候，需要按照税务局规定的样式填报各种表格，这个时候，如果你还是采用手工加眼睛，一个一个查找并填报数据的方法，就实在是效率太低了。我们可以把税务局要求报送的报表和财务 ERP 系统导出的报表放在一个工作簿，然后设置函数，相关的数据就可以自动取数了，这样不但可以保证准确性，还可以大幅提高工作效率。

但是，有些财务 ERP 系统导出来的表格数据，除了会有特殊字符出现，还会有首尾空格出现，比如正常的"差旅费"，财务 ERP 系统导出来的却是"空格 + 差旅费"，首尾都有空格，这个时候，我们设置函数进行查找，就会发生错误，因为"差旅费"和"空格 + 差旅费"会被认为是两个不同的项目。除了我们在第一章学习的，可以用【替换】功能把"空格"替换成"空"外，我们还可以针对这种情况用函数【TRIM】解决。

具体操作：

STEP1：【复制】，并【粘贴】"规定上报样式的管理费用表"至工作簿。

STEP2：【复制】，并【粘贴】"财务 ERP 系统导出的管理费用表"至工作簿。

STEP3：在"本年累计数"下面第一个单元格中输入"= VLOOKUP（）"，并按下快捷键【CTRL + A】，调出【函数参数】对话框。

STEP4：【函数参数】对话框中输入相关参数。

这里要说明一下【VLOOKUP】函数的用法，这个函数一共有四个参数：

【第一个参数】是找谁，我们要找的第一个数据是"工资薪金"的本年累计数，所以【第一个参数】输入"A4"即"工资薪金"；

【第二个参数】是在哪个区域里面找，那我们是想从"财务 ERP 系统导出的管理费用表"取数到"规定上报样式的管理费用表"，所以要这里要输入"财务 ERP 系统导出的管理费用表"中的数据区域，即"A10：D23"；

【第三个参数】是返回第几列，这个比较抽象一点，其实简单点说，就是找到"财务 ERP 系统导出的管理费用表"中"工资薪金"字段后，你要提取的是工资薪金的"上年同期数""本月实际数"还是"本年累计数"。这三个数据的列数分别在我们刚才选择的数据区域"A10：D23"的第 2 列、第 3 列和第 4 列，要提取"本年累计数"，我们就在【第三个参数】中输入"4"；

【第四个参数】是精确查找还是模糊查找，一般 90% 的情况我们都输入"0"即精确查找。模糊查找主要应用于应收账款账龄分析和个人所得税的计算，我们后面会涉及。

STEP5：在财务 ERP 导出的"管理费用表"第一列前面插入一列，并输入函数"= TRIM（要去掉空格的单元格地址）"。

【TRIM】函数是用于清除单元格数据的首尾行用的，用法是在单元格输入"= TRIM（要去掉空格的单元格地址）"，这里我们在"工资薪金"字段的左边输入"= TRIM（B10）"。

STEP6：复制"TRIM"函数生成的新区域，按下【CTRL + C】进行【复制】，将点击鼠标右键，选择【选择性粘贴】，再选择【数值】功能，将其粘贴至原有区域，这样原有区域的字段内容空格就被清除了。

STEP7：用【VLOOKUP】函数生成的数据可能会因为取数表格中没有相应的字段产生错误，导致汇总失效，这个时候，可以在【VLOOKUP】的外围增加一个【IF-ERROR】函数，消除错误结果。

【IFERROR】函数是财务职场中经常使用的函数，它有两个参数，【第一个参数】是让你输入如果计算的值正确，显示什么内容；【第二个参数】是让你输入如果计算值出现错误，显示什么内容。这里，我们在【第一个参数】中保留刚才"VLOOKUP"函数处理的内容，即"财务 ERP 系统导出的管理费用表"找到的数据，在【第二个参数】中输入""（一个英文状态下的双引号），这个双引号的意思是空，也就是什么都不显示。这样的处理，可以让数据提取出现错误时，让其显示空值，进而不影响整列数据的汇总计算。

具体操作如图 2 – 20，图 2 – 21，图 2 – 22，图 2 – 23，图 2 – 24，图 2 – 25，图 2 – 26，图 2 – 27。

管理费用表

编制单位：XYZ公司	报表时间：2017年5月		单位：元
项　　　目	行次	本年累计数	上年累计数
工资薪金	1		
福利费	2		
制服费	3		
燃料及动力	4		
水电费	6		
折旧费	7		
物料消耗	18		
书刊音像制品	19		
办公服务费	20		
通讯费	21		
印刷费	22		
劳务费	23		
差旅费	24		
宣传费	30		
税金	35		
咨询费	43		
无形资产摊销	50		
存货盘亏（盘溢）、毁损和报废	51		
管理费用合计	62	—	—

图 2 – 20　【复制】，并【粘贴】规定上报样式的"管理费用表"至工作簿

	GDAMC企业财务	帐套	
	管理费用表		
	Current Period:	11-May	
Currency: RMB			
公司=			
	上年同期数	本月实际数	本年累计
	————————	————————	————————
工资薪金	2,100,212.11	1,137,217.28	1,070,006.98
福利费	8,960.00	1,680.00	12,988.26
燃料及动力	19,166.12	1,986.00	6,886.00
折旧费	362,001.10	78,080.10	383,100.11
维修费	1,130.76	0	177
物料消耗	139,801.27	86,172.82	311,338.90
书刊音像制品	3,191.10	2,767.70	11,881.70
办公服务费	121,999.66	16,111.71	29,769.91
通讯费	31,872.91	1,793.89	10,137.83
劳务费	13,131.00	9,118.00	11,133.00
差旅费	116,878.00	86,063.10	120,212.17
无形资产摊销	11,111,170.01	1,171,113.16	11,317,611.80
存货盘亏（盘溢）、毁损和报废			
合　　　　计：	14,029,514.04	2,592,103.76	13,305,243.66

图 2 – 21　【复制】，并【粘贴】财务 ERP 系统导出的"管理费用表"至工作簿

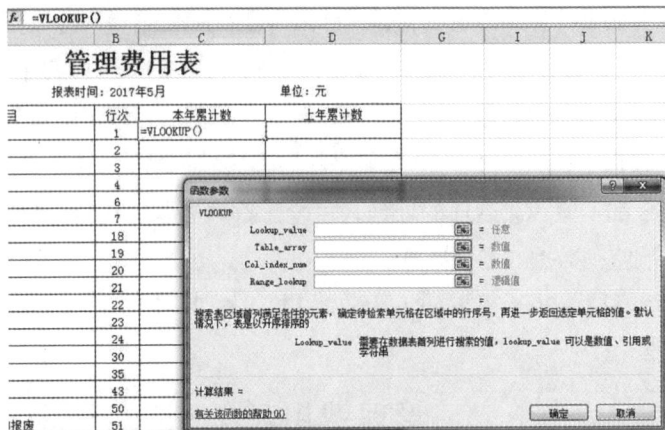

图 2－22　在"本年累计数"下面第一个单元格中输入"＝VLOOKUP（）"，并按下快捷键【CTRL＋A】调出【函数参数】对话框

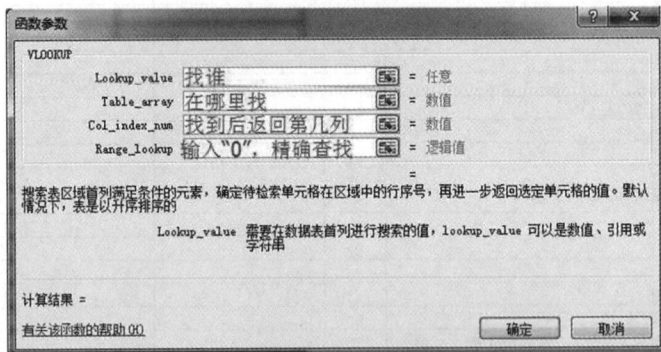

图 2－23　【函数参数】对话框中四个参数说明

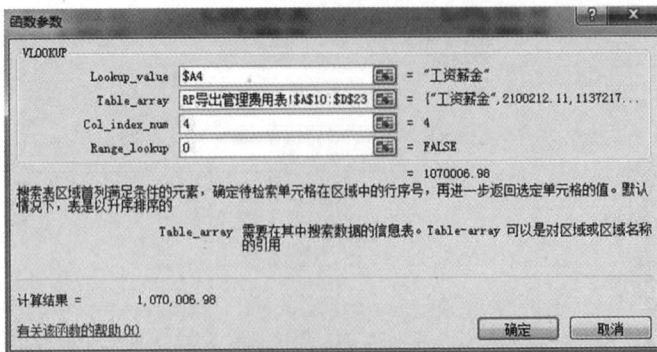

图 2－24　【函数参数】对话框中输入相关参数

图2-25　在财务 ERP 导出的"管理费用表"第一列前面插入一列，并输入函数"=TRIM（要去掉空格的单元格地址）"

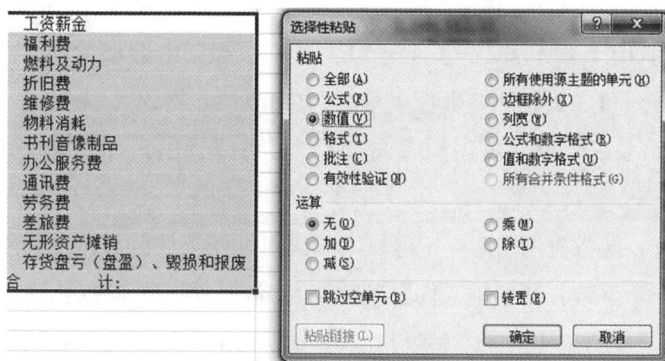

图2-26　复制"TRIM"函数生成的新区域，按下【CTRL＋C】进行【复制】，将其选择性粘贴，选择【数值】，粘贴至原有区域，这样原有区域的字段中空格就被清除了

图2-27　在【VLOOKUP】的外围新增一个【IFERROR】，消除错误结果

不规范情况 3：出现重复项目

企业在进行信息系统建设的时候，初始化没做好，或者是后期缺乏维护人员，有时会导致某些项目的编码出现重复，如果这种重复出现，会最终影响汇总数据的准确性。

Excel 较新的版本，都自带了直接删除重复项功能，用起来非常方便。

具体操作：

STEP1：原始数据看不出编码是否重复的，所以，我们首先要判断该列数据是否存成重复数据。在该列数据右边插入一列，命名为"重复次数"，在 B2 单元格输入函数" = COUNTIF（ $ A $ 2： $ A $ 21，A2)"，判断各数据重复的次数。如果函数返回的结果大于 1，则说明有数据重复了。在 B2 单元格输入函数后，鼠标双击 B2 单元格右下角，公式会自动覆盖到底部。这时，可以看出，有两个数据重复了，一个重复 6 次，一个重复 2 次。

【COUNTIF】函数是用来对一定区域内的满足某些条件的数据计数用的。它有两个参数，【第一个参数】是要输入你要判断的区域，【第二个参数】输入你要判断的条件。在这里，我们在【第一个参数】中输入" $ A $ 2： $ A $ 21"也就是我们要判断是否有重复值的区域。【第二个参数】我们输入"A2"，意思是在" $ A $ 2： $ A $ 21"这个区域中，判断"A2"出现的次数。如果返回结果大于 1，则说明"A1"单元格中的商品编号不止出现 1 次，意味着这个商品编号重复了。

STEP2：在菜单【数据】中选择【删除重复项】功能，在【删除重复警告】对话框中点击【删除重复项】，之后在【删除重复项】对话框中点击【确定】。对话框显示删除的重复值数量。

STEP3：查看被处理的数据区域，你会发现数据中重复的项目已经被去掉了。具体操作如图 2 - 28，图 2 - 29，图 2 - 30，图 2 - 31，图 2 - 32，图 2 - 33，图 2 - 34，图 2 - 35。

	A
1	编号
2	SP823780
3	SP799382
4	SP234442
5	SP888024
6	SP274389
7	SP333322
8	SP333322
9	SP333322
10	SP433883
11	SP370888
12	SP992779
13	SP333322
14	SP333322
15	SP333322
16	SP777282
17	SP849887
18	SP220394
19	SP220393
20	SP220398
21	SP220393

图 2 – 28　原始数据看不出编码是否重复

MATCH ▼ (× ✓ *fx* =COUNTIF($A$2:$A$21, A2)

	A	B	C	D	E
1	编号	重复次数			
2	SP823780	$A$21, A2)			
3	SP799382	1			
4	SP234442	1			
5	SP888024	1			
6	SP274389	1			
7	SP333322	6			
8	SP333322	6			
9	SP333322	6			
10	SP433883	1			
11	SP370888	1			
12	SP992779	1			
13	SP333322	6			
14	SP333322	6			
15	SP333322	6			
16	SP777282	1			
17	SP849887	1			
18	SP220394	1			
19	SP220393	2			
20	SP220398	1			
21	SP220393	2			

图 2 – 29　插入一列"重复次数"，在 B2 单元格输入函数"＝COUNTIF（＄A＄2：＄A＄21，A2）"，判断各数据重复的次数

	A	B
1	编号	重复次数
2	SP925780	1
3	SP777392	1
4	SP238882	1
5	SP989028	1
6	SP278587	1
7	SP535522	6
8	SP535522	6
9	SP535522	6
10	SP835993	1
11	SP370888	1
12	SP772777	1
13	SP535522	6
14	SP535522	6
15	SP535522	6
16	SP777292	1
17	SP887997	1
18	SP220378	1
19	SP220375	2
20	SP220379	1
21	SP220375	2

图 2-30　可以看出，有两个编号重复了，一个重复 6 次，一个重复 2 次

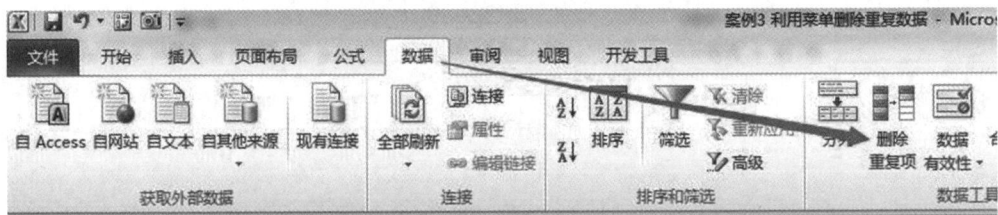

图 2-31　在菜单【数据】中选择【删除重复项】功能

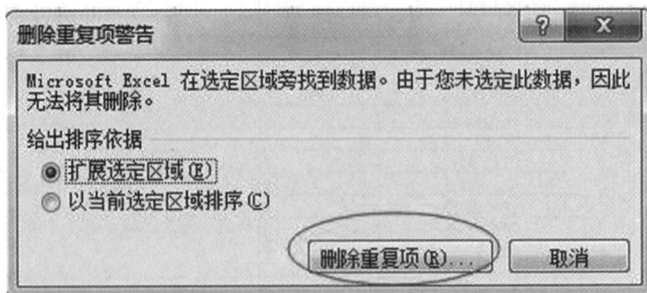

图 2-32　在【删除重复警告】对话框中点击【删除重复项】

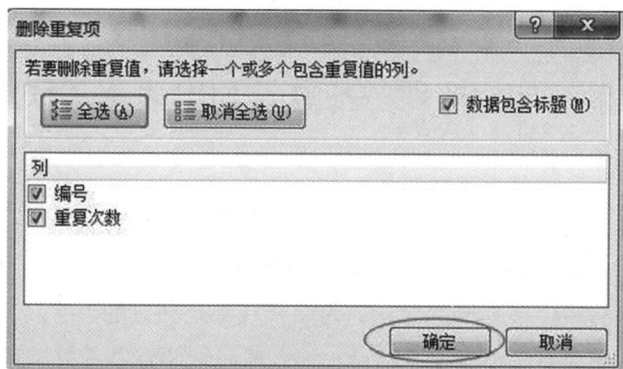

图2-33 在【删除重复项】对话框中点击【确定】

图2-34 对话框显示删除的重复值数量

	A	B
1	编号	重复次数
2	SP823780	1
3	SP799382	1
4	SP234442	1
5	SP888024	1
6	SP274389	1
7	SP333322	1
8	SP433883	1
9	SP370888	1
10	SP992779	1
11	SP777282	1
12	SP849887	1
13	SP220394	1
14	SP220393	1
15	SP220398	1

图2-35 数据中重复的项目已去掉

第 3 节　如何实现多张财务 ERP 表格关联查询

有企业财务实务经历的人都知道，有的时候财务 ERP 实施后，会有很多的小系统模块同时存在，比如 ORACLE 里面有 AP 应付模块、AR 应收模块、FA 固定资产模块、GL 总账模块等等，在信息系统中，每个模块都是独立的，所以，有的时候，你想统计一个你认为很简单的数据表格时，却发现异常的复杂。有的时候要从几张表格中同时取数，这个时候，公式和数据透视表就不灵了，往往财务人员会选择手工筛选的方法，把要提取的数据一个一个复制粘贴，为了做出一张表格，昼夜加班对财务人员来讲是家常便饭。

其实，Excel 数据统计的功能是非常强大的，你需要的统计工具一直都在，只是你没有去关注它，Excel 中有一个功能就非常强大，就是【QUERY】查询统计功能。下面我们举例进行说明。

多表联动案例背景

公司的财务 ERP 系统有总账和银行日记账模块，在系统外，财务人员还会用 Excel 制作一个"重要合同登记表"，到了年终，财务人员会依据财务 ERP 系统和合同登记表，制作一个"重要合同付款情况统计表"，对合同的执行和付款情况进行统计。

本来以为是一个挺简单的工作，刚一统计就发现这个工作是个很繁琐的工作。首先，我们现在手头有三张基础表格，分别是从总账模块导出的"表 1 – 成本费用明细表"、从银行日记账模块导出的"表 2 – 银行日记账"以及财务人员手工统计的"表 3 – 重要合同"，而我们想要的"重要合同付款情况统计表"的数据要分别从这三张表上取数。目标表格如图 2 – 36，三张基础表格如图 2 – 37，图 2 – 38，图 2 – 39。

目标表格有四个数据需要统计，其中"合同总金额"数据要从"表 3 – 重要合同"取数；"已付款金额""付款日期"数据要从"表 2 – 银行日记账"取数；"凭证编号"要从"表 1 – 成本费用明细表"取数。函数、数据透视表对付这种情况变得异常困难。

QUERY 实现多表联动查询

具体操作：

STEP1：先熟悉一下我们的几张表。首先，我们的目标表格是"重要合同付款情况统计表"（图 2 – 36），手头的几张基础表格分别是"表 1 – 成本费用明细表"（图 2 – 37）、"表 2 – 银行日记账"（图 2 – 38）、"表 3 – 重要合同"（图 2 – 39）。

STEP2：选择菜单【数据】，点击功能【自其他来源】中【来自 Microsoft Query】，在【选择数据源】对话框中选择【ExcelFiles】，点击【确定】。

STEP3：在【选择工作簿】中【驱动器】和【目录】查找文件所在的位置，在【数据库名】选择我们需要处理的文件，点击【确定】。

STEP4：添加需要的字段。在【查询向导】对话框中，在"表 1 – 成本费用明细表"中选择"凭证编号"字段，点击对话框中的【 > 】按钮，接下来按照同样方法添加"成本费用摘要"；添加"表 2 – 银行日记账"中的"付款日期""摘要""金额"三个字段到【查询结果中的列】；最后，添加"表 3 – 重要合同"中的"编号""合同名称""合同总金额"三个字段到【查询结果中的列】。最终在【查询结果中的列】有 8 个字段。

STEP5：点击【下一步】，在出现的提示对话框中，点击【确定】。

STEP6：建立三张表件的字段对应关系。用鼠标拖动"表 1 – 成本费用明细表"中的"成本费用摘要"字段至"表 2 – 银行日记账"的"摘要"字段，同样，用鼠标拖动"表 2 – 银行日记账"中的"摘要"字段至"表 3 – 重要合同"中的"合同名称"字段。

STEP7：在【Microsoft Query】对话框中的菜单【文件】中选择【将数据返回到 Microsoft Excel】。

STEP8：在【导入数据】对话框中，【请选择该数据在工作簿中的显示方式】中选择【表】，【数据的放置位置】选择【新工作表】，点击【确定】，数据已被输出至 Excel 新工作表中。

STEP9：整理表格。删除无用的字段，按照目标表格调整字段顺序。目标表格完成。

具体操作如图 2 – 36，图 2 – 37，图 2 – 38，图 2 – 39，图 2 – 40，图 2 – 41，图 2 – 42，图 2 – 43，图 2 – 44，图 2 – 45，图 2 – 46，图 2 – 47，图 2 – 48，图 2 – 49，图 2 – 50，图 2 – 51，图 2 – 52。

图 2 - 36　重要合同付款情况统计表

	A	B	C	D	E	F
1	日期	凭证编号	过帐状态	成本费用摘要	成本费用金额	部门
2	2017年3月31日	184993	已过帐	购办公用品	16,384.00	采购部
3	2017年9月27日	167795	已过帐	XX出差报差旅费	8,577.00	销售部
4	2017年8月16日	167795	已过帐	业务拓展费	9,828.00	采购部
5	2017年7月28日	167795	已过帐	报维修费	44,929.00	销售部
6	2017年6月21日	167795	已过帐	购办公用品	46,386.00	财务部
7	2017年5月31日	167795	已过帐	XX出差报差旅费	12,757.00	人力资源部
8	2017年4月30日	167795	已过帐	业务拓展费	23,897.00	研发部
9	2017年3月31日	169465	已过帐	报维修费	49,490.00	采购部
10	2017年3月31日	169806	已过帐	水电费	3,415.00	销售部
11	2017年3月31日	169806	已过帐	业务招待费	38,656.00	财务部
12	2017年3月31日	169806	已过帐	车辆加油费	35,459.00	人力资源部
13	2017年3月31日	169806	已过帐	水电费	37,209.00	研发部
14	2017年5月31日	169806	已过帐	业务招待费	7,360.00	市场部
15	2017年9月27日	171909	已过帐	车辆加油费	9,787.00	策划部
16	2017年8月16日	171909	已过帐	购办公用品	45,802.00	人力资源部
17	2017年7月28日	171909	已过帐	XX出差报差旅费	15,358.00	研发部
18	2017年6月21日	171909	已过帐	业务拓展费	30,226.00	采购部
19	2017年5月31日	171909	已过帐	报维修费	3,907.00	销售部
20	2017年4月30日	169806	已过帐	水电费	28,228.00	财务部
21	2017年3月31日	171909	已过帐	业务招待费	4,667.00	人力资源部
22	2017年9月27日	174122	已过帐	车辆加油费	3,590.00	研发部
23	2017年8月16日	169756	已过帐	购办公用品	12,802.00	市场部

图 2 - 37　表 1 - 成本费用明细表

	A	B	C
1	付款日期	摘要	金额
2	2017年3月31日	水电费	3,415.00
3	2017年3月31日	车辆加油费	35,459.00
4	2017年5月31日	业务招待费	7,360.00
5	2017年9月27日	车辆加油费	9,787.00
6	2017年6月21日	业务拓展费	30,226.00
7	2017年5月31日	报维修费	3,907.00
8	2017年4月30日	购办公用品	44,857.00
9	2017年6月30日	报维修费	10,290.00
10	2017年8月16日	车辆加油费	33,787.00
11	2017年1月31日	购办公用品	1,705.00
12	2017年9月30日	XX出差报差旅费	16,233.00
13	2017年6月18日	业务拓展费	36,465.00
14	2017年5月29日	XX出差报差旅费	33,196.00
15	2017年7月28日	XX出差报差旅费	15,358.00
16	2017年3月31日	业务招待费	4,667.00
17	2017年8月16日	购办公用品	12,802.00
18	2017年7月28日	XX出差报差旅费	45,538.00
19	2017年6月21日	业务拓展费	49,777.00
20	2017年5月31日	报维修费	44,638.00

图 2 - 38　表 2 - 银行日记账

	A	B	C
1	编号	合同名称	合同总金额
2	HT2017001	《阿米巴模式落地咨询》	1,000,000.00
3	HT2017002	《新三板挂牌咨询》	200,000.00
4	HT2017003	《EXCEL&PPT培训》	30,000.00
5	HT2017004	《公司主楼改造工程》	1,500,000.00
6	HT2017005	《二号生产线自动化改造工程》	8,000,000.00

图 2 - 39　表 3 - 重要合同

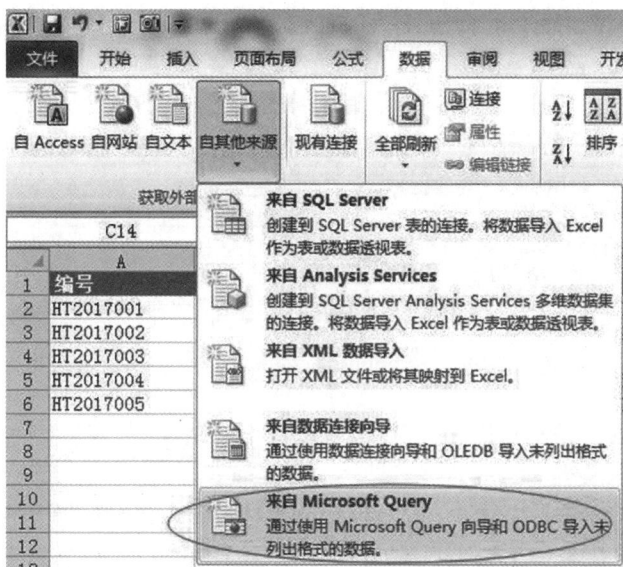

图 2 - 40　选择菜单【数据】，点击功能【自其他来源】中【来自 MicrosoftQuery】

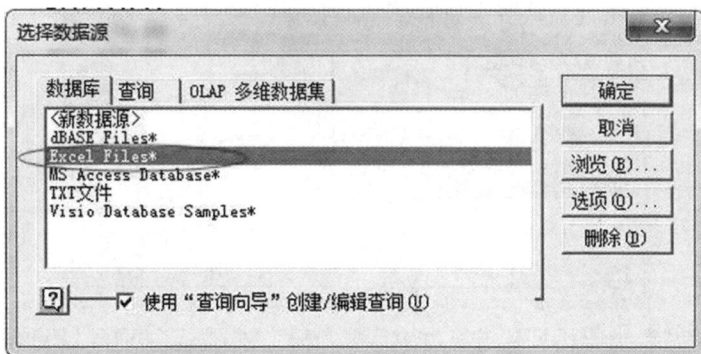

图 2 - 41　在【选择数据源】对话框中选择【ExcelFiles ＊】，点击【确定】

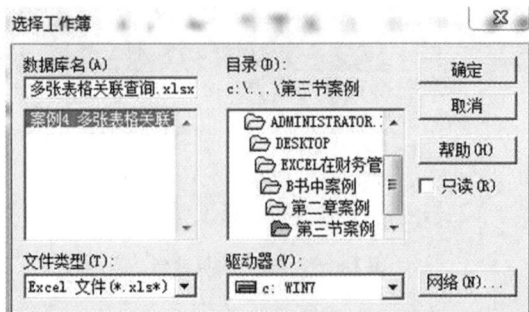

图2-42　在【选择工作簿】中【驱动器】和【目录】查找文件所在的位置，在【数据库名】选择我们需要处理的文件，点击【确定】

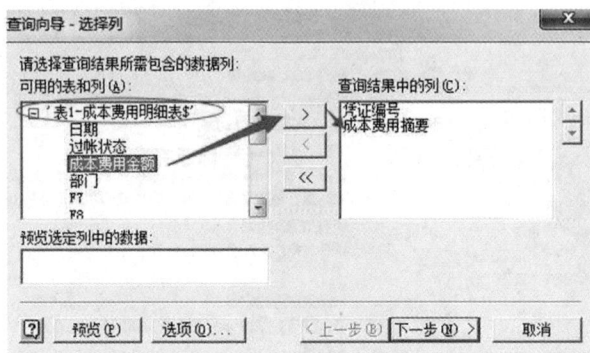

图2-43　在【查询向导】对话框中，在"表1-成本费用明细表"中选择"凭证编号"字段，点击对话框中的【＞】按钮，接下来按照同样方法添加"成本费用摘要"

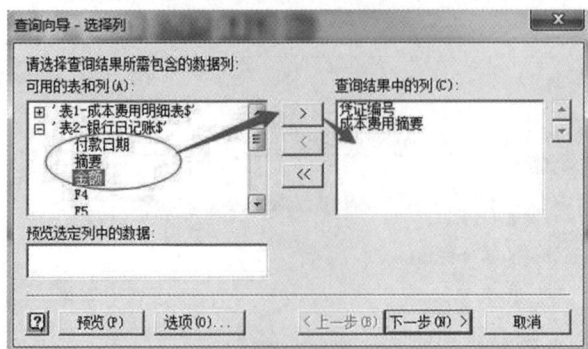

图2-44　添加"表2-银行日记账"中的"付款日期""摘要""金额"三个字段到【查询结果中的列】

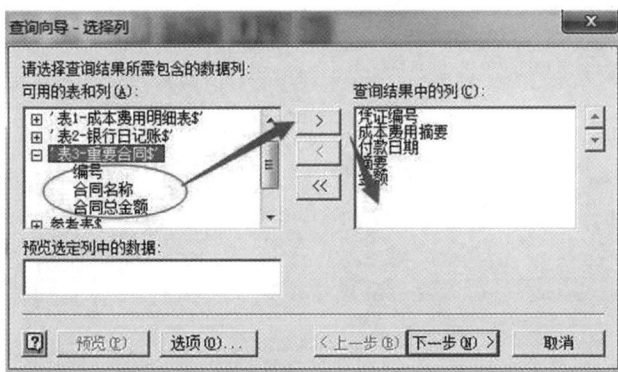

图2-45　添加"表3-重要合同"中的"编号""合同名称""合同总金额"三个字段到【查询结果中的列】

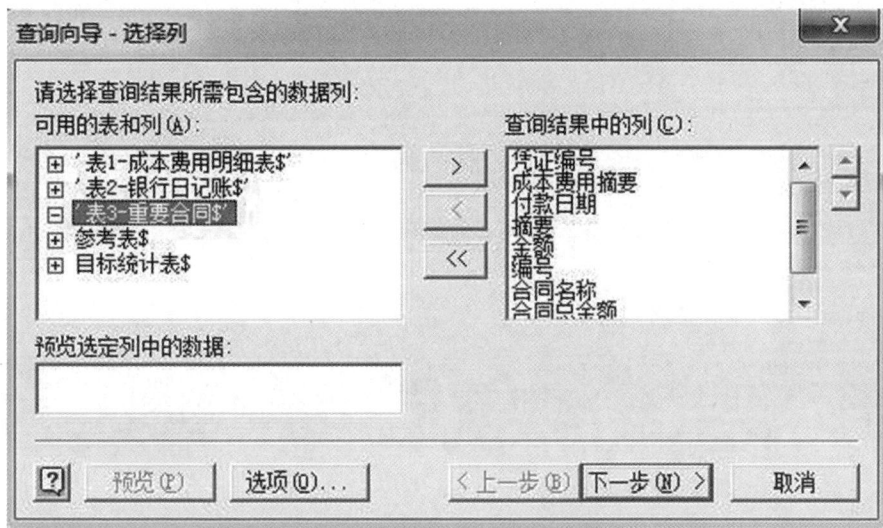

图2-46　最终在【查询结果中的列】有8个字段

图2-47　本步骤会出现提示，点击【确定】

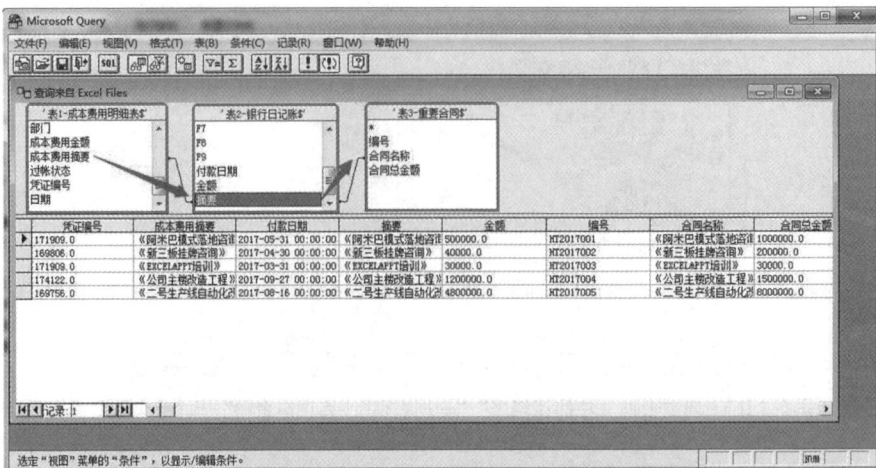

图 2-48 用鼠标拖动"表 1-成本费用明细表"中的"成本费用摘要"字段至"表 2-银行日记账"的 "摘要"字段,同样,用鼠标拖动"表 2-银行日记账"中的"摘要"字段至"表 3-重要合同"中的 "合同名称"字段

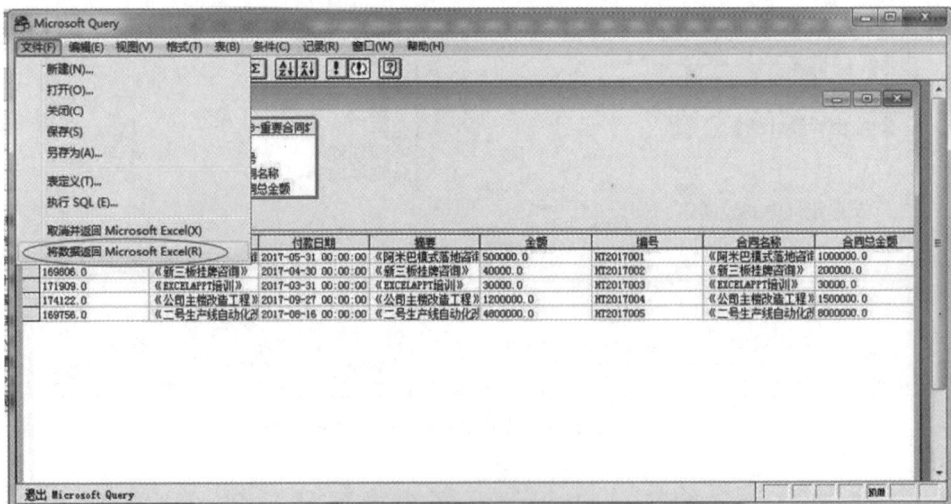

图 2-49 在【Microsoft Query】对话框中的菜单【文件】中选择【将数据返回到 Microsoft Excel】

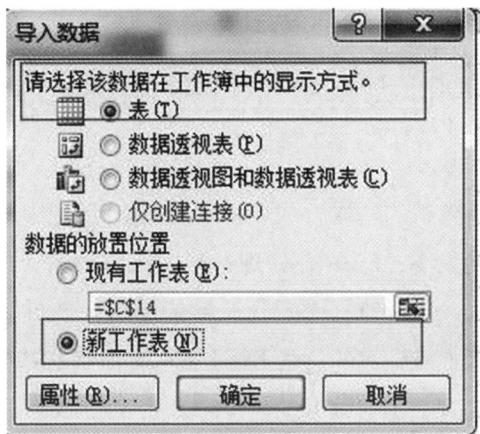

图 2-50　在【导入数据】对话框中，【请选择该数据在工作簿中的显示方式】中选择
【表】，【数据的放置位置】选择【新工作表】，点击【确定】

图 2-51　数据已被筛选查询至 Excel 新工作表中

图 2-52　删除无用的字段，按照目标表格调整字段顺序，目标表格完成

第 4 节　ERP 文件太大？　不打开文件也可以做数据分析

在做连续几年数据分析的时候，我们从财务 ERP 系统中导出的文件是比较大的，有的甚至有几百兆大小，Excel 在处理这样的大文件时，速度和响应时间都会变得非常慢，有时点击一下计算，需要几分钟的时间才能计算结束，甚至直接就死机给你看。原因是我们做计算的这张 Excel 表格有海量的基础数据，还有我们提取的数据以及设置的公式，这些数据加在一起必然导致 Excel 的计算速度被拖慢。

可不可以不打开基础数据文件，直接从里面提取我们想要的数据进行计算呢？如果可以这样的话，那我们的计算速度就会变得飞快。答案是可以的。现在我们举一个实例进行练习。

三年销售数据案例背景

公司是一家电商企业，每月都要做经营分析报告。现在到了 2017 年的第三季，我们想做一个三年的同比销售情况分析。但是现在公司的三年销售数据基础表格数据量较大，每次打开就已经逼近死机了，更别说用 Excel 计算了。有没有办法不打开 Excel 工作簿，直接提取里面的历年第三季度数据直接进行分析呢？

QUERY 实现不打开工作簿直接提取数据

具体操作：

STEP1：首先查看手头的资料，我们有"公司近三年线上销售业务业绩统计表"，这个表格里面的数据有几万行，打开的速度比较慢，我们将其关闭。然后打开一张 Excel 新表留作一会儿提取数据用。如图 2 – 53。

STEP2：准备使用 QUERY 功能。点击菜单【数据】，选择【自其他来源】中的【来自 Microsoft Query】功能；在【选择数据源】对话框中选择【ExcelFiles】，然后点击【确定】。

STEP3：选择需要提取数据的文件。在【选择工作簿】菜单中，分别在【驱动器】和【目录】中选择要处理文件所在的地址，在【数据库名】中选中要处理的文件。

STEP4：选择我们要分析的字段，这里，我们只对三个字段进行分析，分别是"年份""月份""交易金额"。在【查询向导】对话框中，分别选择"年份""月份""交易金额"三个字段到【查询结果中的列】，方法是双击字段名称，或者选择字段后，点击【>】按钮。在【查询向导】的【查询结果中的列】中，已呈现出我们要的三个字段，之后点击【下一步】。

STEP5：对提取的数据设置范围，我们一会儿是要分析历年第三季度数据，所以年份不需要进行范围限定，但是月份需要限定在"7 - 9 月"。在【查询向导 - 筛选数据】对话框中，对"月份"字段进行条件设置。

STEP6：在【查询向导 - 完成】对话框选择【将数据返回 Microsoft Excel】，然后点击完成。

STEP7：在【导入数据】对话框中分别选择【表】和【新工作表】选项，然后点击【确定】。这时，近三年第三季度的数据已经导入到 Excel 新表中，我们还可以对其用数据透视功能做进一步的深入分析（具体操作方法见第四章）。

具体操作如图 2 - 53，图 2 - 54，图 2 - 55，图 2 - 56，图 2 - 57，图 2 - 58，图 2 - 59，图 2 - 60，图 2 - 61，图 2 - 62，图 2 - 63，图 2 - 64，图 2 - 65，图 2 - 66，图 2 - 67，图 2 - 68，图 2 - 69。

	A 年份	B 月份	C 点击次数	D 点击率	E 交易金额
2	2017	4	16484	74%	5633
3	2017	1	10593	61%	9062
4	2017	5	6797	44%	930
5	2017	7	6364	26%	6759
6	2017	12	6655	51%	8783
7	2017	8	5330	28%	8777
8	2017	12	14330	89%	10164
9	2017	12	9835	9%	7542
10	2017	4	2377	37%	979
11	2017	4	10467	52%	7748
12	2017	6	10018	89%	14148
13	2017	6	13347	90%	14587
14	2017	8	10800	45%	6687
15	2017	6	6472	13%	7259
16	2017	6	17724	88%	8724
17	2017	10	15560	95%	3798
18	2017	10	6079	36%	6705
19	2017	11	11540	15%	7043
20	2017	12	16402	51%	2322

图 2 - 53 公司近三年线上销售业务业绩统计表

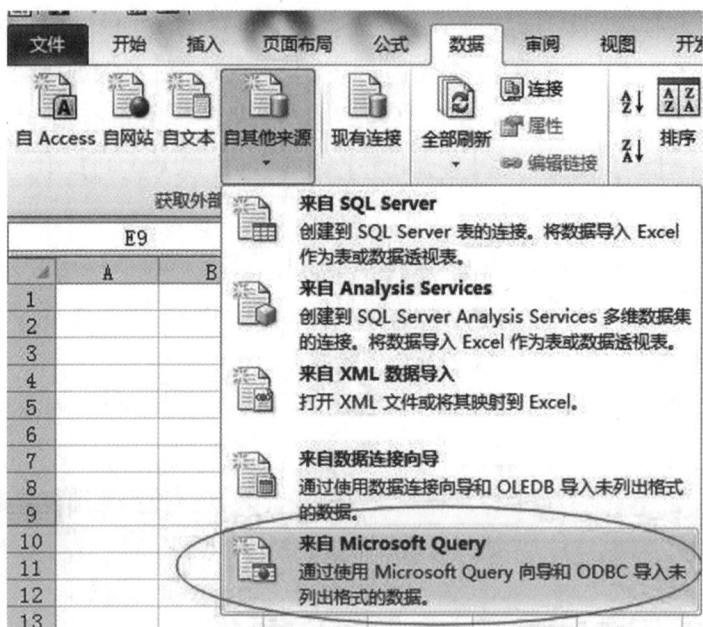

图 2 – 54　点击菜单【数据】，选择【自其他来源】中的【来自 MicrosoftQuery】功能

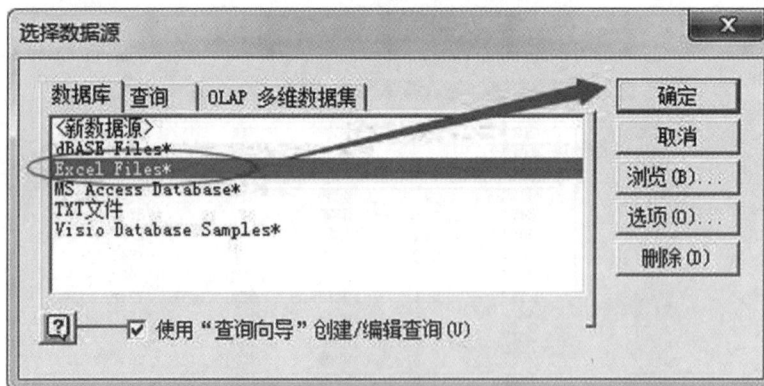

图 2 – 55　在【选择数据源】对话框中选择【ExcelFiles ＊】，然后点击【确定】

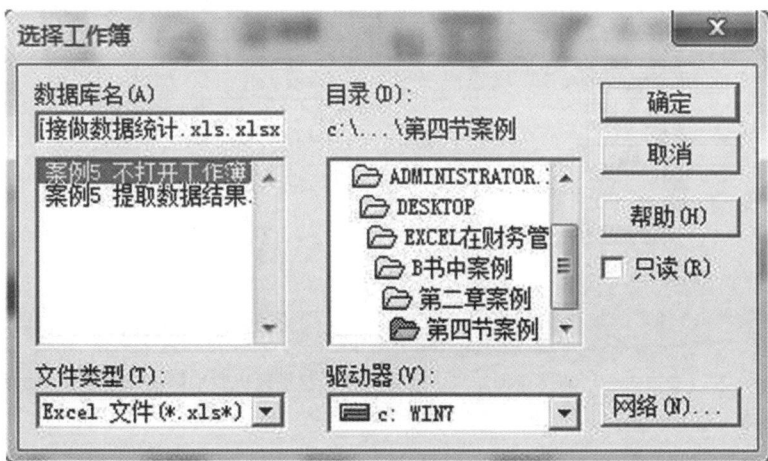

图 2-56 在【选择工作簿】菜单中，分别在【驱动器】和【目录】中选择要处理文件所在的地址，在【数据库名】中选中要处理的文件

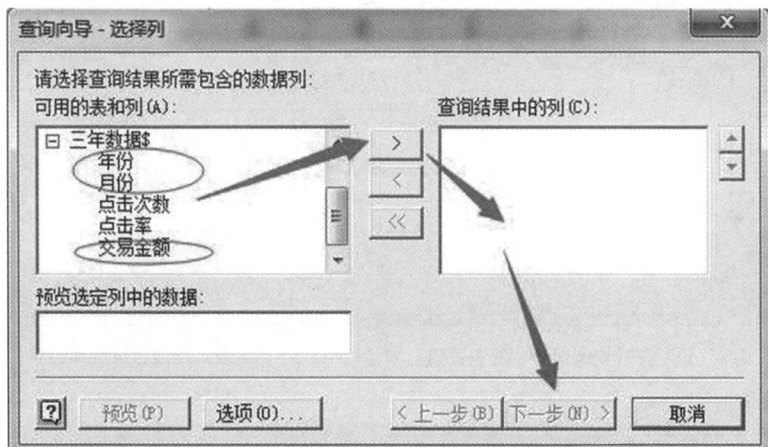

图 2-57 在【查询向导】对话框中，分别选择"年份""月份""交易金额"三个字段到【查询结果中的列】，方法是双击字段名称，或者选择字段后，点击【 > 】按钮

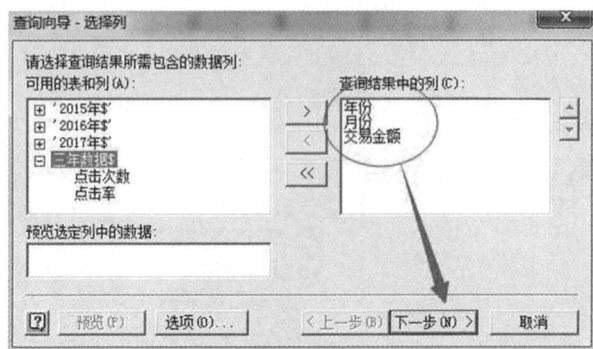

图 2 - 58 在【查询向导】的【查询结果中的列】中，已呈现出我们要的三个字段，之后点击【下一步】

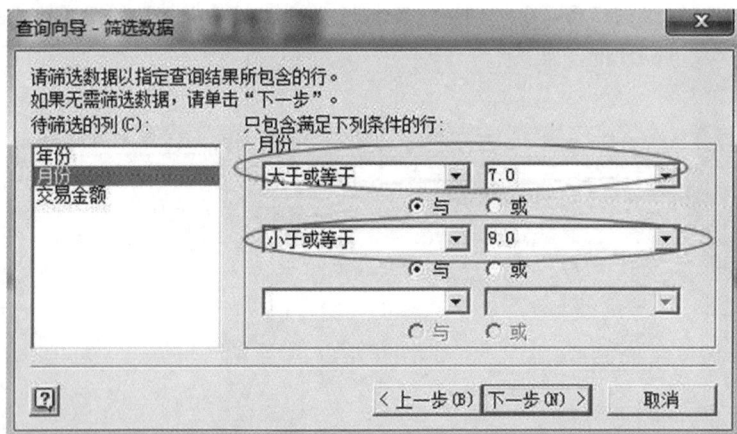

图 2 - 59 在【查询向导 - 筛选数据】对话框中，对"月份"字段进行条件设置

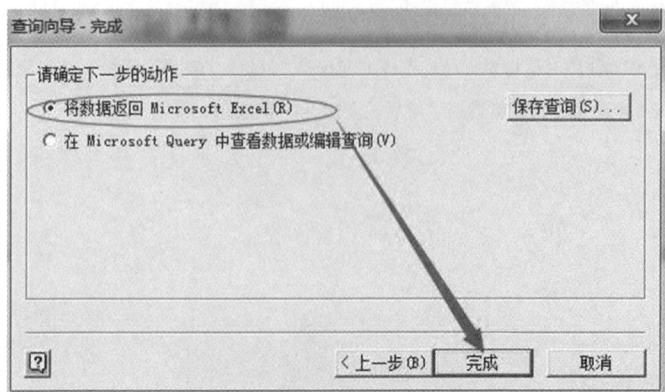

图 2 - 60 在【查询向导 - 完成】对话框选择【将数据返回 MicrosoftExcel】，然后点击完成

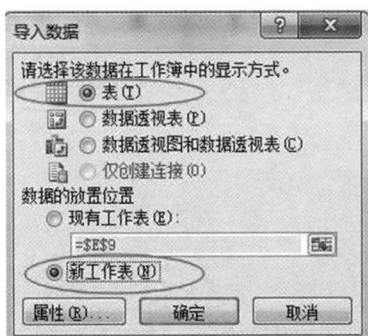

图2-61　在【导入数据】对话框中分别选择【表】和【新工作表】选项，然后点击【确定】

	A 年份	B 月份	C 交易金额
2	2017	7	6759
3	2017	8	8777
4	2017	8	6687
5	2017	9	1468
6	2017	9	1558
7	2017	8	5732
8	2017	8	7837
9	2017	7	10553
10	2017	8	8058
11	2017	9	12750
12	2017	9	12406
13	2017	9	8744
14	2017	9	6651
15	2017	9	2749
16	2017	9	2426
17	2017	9	3614
18	2017	9	6995
19	2017	9	14475
20	2017	8	1484
21	2017	9	3520
22	2017	9	2397
23	2017	8	6414
24	2017	7	3612
25	2017	9	12448
26	2017	8	4604

图2-62　近三年第三季度的数据已经导入到 Excel 新表中

年份	月份 7	8	9	趋势情况
2015	14,074,641	14,220,699	15,131,181	
2016	14,372,085	14,309,300	14,138,318	
2017	14,646,719	14,566,040	14,071,313	

图2-63　我们可以对其用数据透视功能深入分析（具体操作方法见第四章）

第三章　1分钟轻松核对、筛选数据

第 1 节　快速核对数据大法

合并计算法快速核对数据

案例 1：库存商品数据核对 – 数据顺序相同

该公司财务人员每月月末需要对自己的手工登记库存表（库存表 1）与财务 ERP 系统导出的库存表格（库存表 2）进行核对，怎样对手头的两份表格快速进行核对呢？

处理思路：现在手头的两份表格的登记顺序是一样的，可以考虑使用 Excel 中的【合并计算】功能，该功能可以把多份结构相同表格进行各种合并计算，包括求和、最大值、最小值、标准差等，然后将合并计算结果呈现在一个表格中。这里需要注意的是，几张表格在【合并计算】前，一定要确保"字段名"是一模一样的，否则【合并计算】会按照标题内容，将数据罗列出来，而不是进行运算（见案例 2）。

具体操作：

STEP1：检查数据。分别检查库存表 1 和库存表 2 的数据格式，查看两列数据的标题是否相同，数据横向排列顺序是否相同。

STEP2：用选择性粘贴乘以 – 1。找一个空白单元格，在空白单元格中输入" – 1"，选择" – 1"所在的单元格，用快捷键【CTRL + C】复制，然后选中"库存表 2"中的数据区域，点击鼠标右键，选择【选择性粘贴】功能。在【选择性粘贴】对话框中，选择【乘】，这时"库存表 2"中的数据前面就都加了一个负号，变为负值。

这个步骤是为了下一步合并计算打基础，因为一会儿我们要把两个库存表的"数量"字段进行求和，两列数据一正一负，相加后如果不为 0 的位置就是不相同的数据。

STEP3：合并计算。点击菜单栏中的【数据】，然后选择【合并计算功能】。

这里要说明的是，【合并计算】功能对话框有四个地方进行输入，分别是【函数】、【引用位置】、【所有引用位置】和【标签位置】。

【函数】即合并计算的方法，这里可以选择求和、计数、平均值、最大值、最小值、标准偏差、方差等。这个案例中，我们是要把"库存表1"和"库存表2"两组正负数据加起来，所以我们选择【求和】。

【引用位置】即要合并计算的表格区域，这里，我们选择"库存表1"的"A3：B20"区域和"库存表2"的"E3：F19"区域，分别把两个表格的占用区域的单元格地址全部添加进去。

【标签位置】是选择用哪个标题进行多个表格的合并计算，我们是要使用【商品名称】中的明细项目标题对其对应的库存数合并计算，所以这里选择【最左列】。

注意：在合并计算前，你需要任意点击表格中的一个单元格。这个单元格就是合并计算结果的呈现起始位置。这里我们在进行合并计算前，点击的单元格为"I15"。

STEP4：查看差异。差异项目最终被展现出来，数据为0的该行数据核对相符，数据不为0，则该行数据核对不相符。具体操作如图3-1，图3-2，图3-3，图3-4，图3-5，图3-6，图3-7，图3-8，图3-9。

商品名称	库存数
纸箱	2718
5号电池	3753
A4复印纸	1673
大号文件夹	4494
中号文件夹	2464
小号文件夹	2105
包装袋	4418
节能灯	1478
镇流器	1881
电排插座（5座）	2988
电排插座（7座）	4851
继电器	4207
空气开关	843
户外配电箱	3371
直流电流器	930
配电箱（8位）	1328
开关走轨	3190

图3-1　库存表1：自己登记的手工台账

案例2：库存商品数据核对－数据顺序不同

该案例是上一个案例的延伸练习，如果现在财务人员在月末对账时，发现自己登记的手工台账（库存表1）和财务ERP系统导出的库存表（库存表2）两张表格的顺序不同了，而且数据还增加了一列"存放地点"，这个时候该如何快速地进行核对呢？

处理思路：这个案例中，两张表格的数据顺序不一样，如果直接像上个案例那

商品名称	账面数
电排插座（5座）	2988
5号电池	3753
A4复印纸	1673
大号文件夹	4494
中号文件夹	2464
小号文件夹	2000
户外配电箱	3371
直流电流器	913
包装袋	4418
节能灯	1478
镇流器	1881
继电器	4207
空气开关	843
配电箱（8位）	1328
开关走轨	3190
纸箱	2718

图 3 – 2　库存表 2：财务 ERP 系统导出的库存表

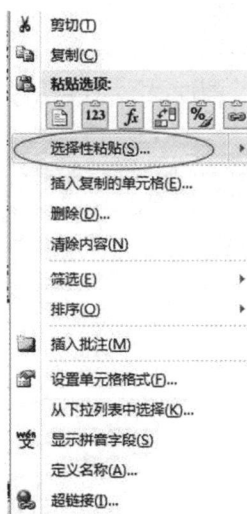

图 3 – 3　在空白单元格输入"– 1"，选择 – 1 所在单元格，用快捷键【CTRL + C】复制，然后选中"库存表 2"中的数据区域，点击鼠标右键，选择【选择性粘贴】功能

样进行正负数的合并计算，会导致核对错误。这里我们需要让两张表格的计算实现按照"商品名称"中的每种商品名称对两个表格的对应的商品数量做减法，进而达到核对的目的。所以，这里，我们在【合并计算】功能中的【函数】中要选择【标准偏差】，意思让两列数据做减法。

STEP1：检查两张表格数据是否完整。分别查看表格自己登记的手工台账（库存表 1）、财务 ERP 系统导出的库存表（库存表 2）。

STEP2：进行合并计算。选择菜单【数据】，在【合并计算】功能中，【函数】

商品名称	数量
电排插座（5座）	2988
5号电池	3753
A4复印纸	1673
大号文件夹	4494
中号文件夹	2464
小号文件夹	2000
户外配电箱	3371
直流电流器	913
包装袋	4418
节能灯	1478
镇流器	1881
继电器	4207
空气开关	843
配电箱（8位）	1328
开关走轨	3190
纸箱	2718

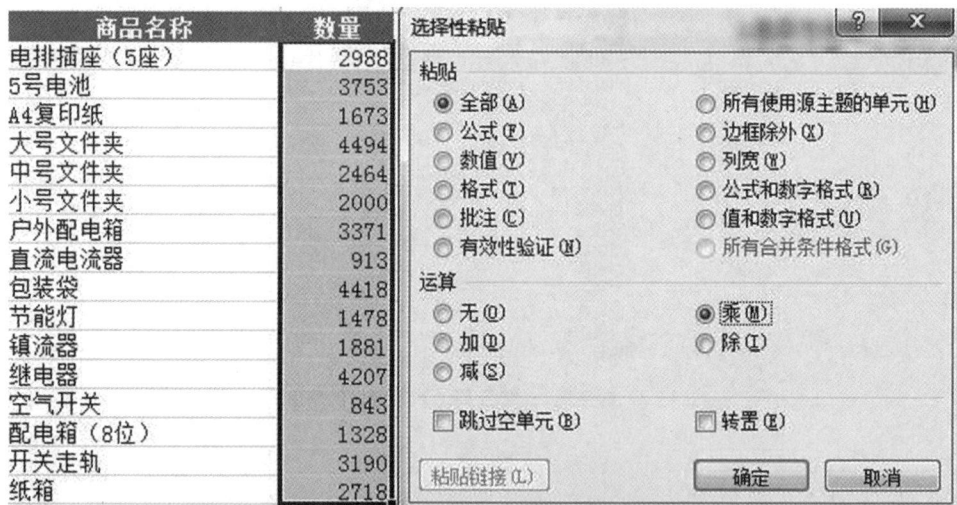

图 3 - 4 在【选择性粘贴】对话框中，选择【乘】

商品名称	数量
电排插座（5座）	-2988
5号电池	-3753
A4复印纸	-1673
大号文件夹	-4494
中号文件夹	-2464
小号文件夹	-2000
户外配电箱	-3371
直流电流器	-913
包装袋	-4418
节能灯	-1478
镇流器	-1881
继电器	-4207
空气开关	-843
配电箱（8位）	-1328
开关走轨	-3190
纸箱	-2718

图 3 - 5 这时"库存表 2"中的数据前面就都加了一个负号，变为负值

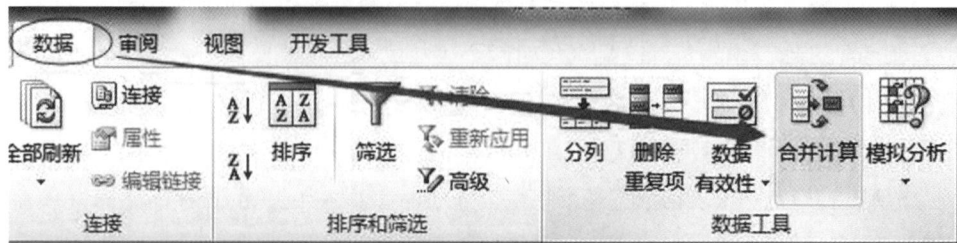

图 3 - 6 点击菜单栏中的【数据】，然后选择【合并计算功能】

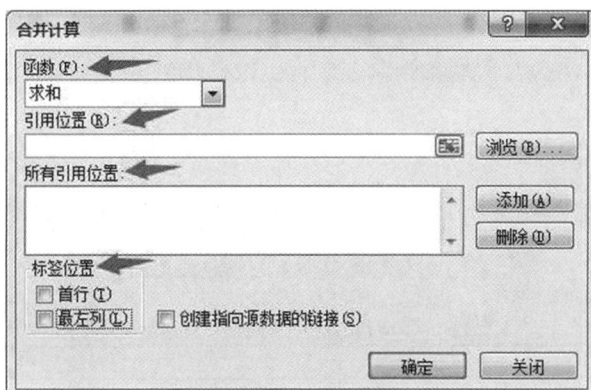

图 3 - 7 【合并计算】功能对话框有四个地方进行输入

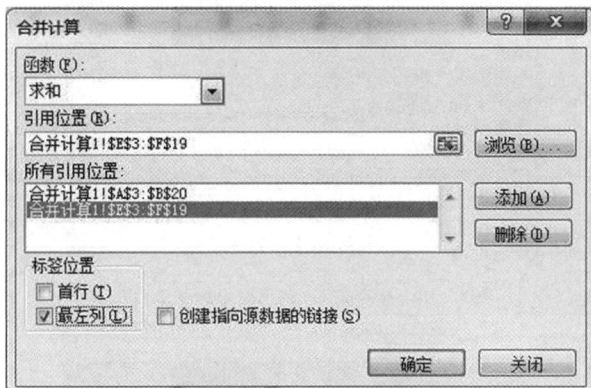

图 3 - 8 【函数】选择【求和】，点击【引用位置】，选择要合并的库存表数据区域，点击【添加】，这时【所有引用位置】中就会出现要合并计算的表格。【标签位置】勾选【最左列】

商品名称	核对结果
商品名称	
纸箱	0
5号电池	0
A4复印纸	0
大号文件夹	0
中号文件夹	0
小号文件夹	105
包装袋	0
节能灯	0
镇流器	0
电排插座（5座）	0
电排插座（7座）	4851
继电器	0
空气开关	0
户外配电箱	0
直流电流器	17
配电箱（8位）	0
开关走轨	0

图 3 - 9 差异项目最终被展现出来

选择【标准偏差】，引用位置分别选择库存表1和库存表2两个表格的数据区域，即库存表1的"A2：C19"区域和库存表2的"F2：H17"，【标签位置】选择【最左列】。

STEP3：查看差异。合并计算后，显示核对结果，数据不为"0"的则数据不一致，要进一步查看差异原因。具体操作如图3-10，图3-11，图3-12，图3-13。

产品名称	存放地点	库存数
纸箱	仓库1	2718
5号电池	仓库2	3753
A4复印纸	仓库2	1673
大号文件夹	仓库1	4494
中号文件夹	仓库1	2464
小号文件夹	仓库1	2105
包装袋	仓库3	4418
节能灯	仓库1	1478
镇流器	仓库1	1881
电排插座（5座）	仓库1	2988
电排插座（7座）	仓库1	4851
继电器	仓库2	4207
空气开关	仓库1	843
户外配电箱	仓库4	3371
直流电流器	仓库1	930
配电箱（8位）	仓库5	1328
开关走轨	仓库1	3190

图3-10 库存表1：自己登记的手工台账

产品名称	存放地点	库存数
5号电池	仓库2	3000
大号文件夹	仓库1	4494
A4复印纸	仓库2	1673
纸箱	仓库1	2718
中号文件夹	仓库1	4000
小号文件夹	仓库1	2105
包装袋	仓库3	4418
镇流器	仓库3	2000
电排插座（5座）	仓库1	2988
电排插座（7座）	仓库1	4851
继电器	仓库5	4207
空气开关	仓库1	843
户外配电箱	仓库4	3371
直流电流器	仓库1	930
节能灯	仓库1	1478

图3-11 库存表2：财务ERP系统导出的库存表

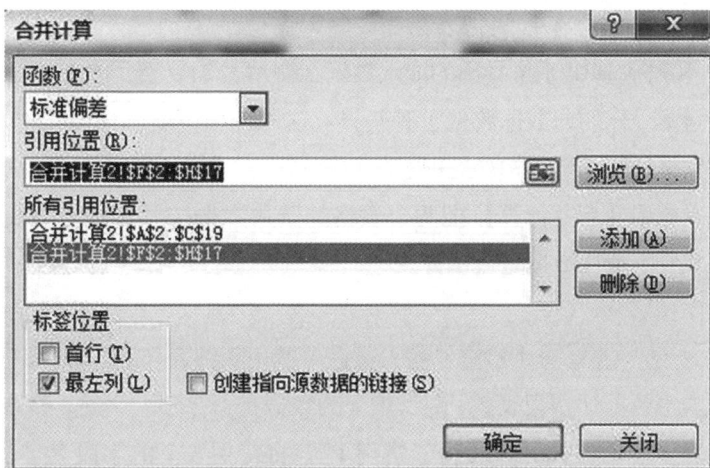

图 3-12 选择菜单【数据】，在【合并计算】功能中，【函数】选择【标准偏差】，引用位置分别选择库存表 1 和库存表 2 两个表格的数据区域，【标签位置】选择【最左列】

产品名称	数据是否相符
纸箱	0
5号电池	532.4514062
A4复印纸	0
大号文件夹	0
中号文件夹	1086.116016
小号文件夹	0
包装袋	0
节能灯	0
镇流器	84.14570696
电排插座（5座）	0
电排插座（7座）	0
继电器	0
空气开关	0
户外配电箱	0
直流电流器	0
配电箱（8位）	#DIV/0!
开关走轨	#DIV/0!

图 3-13 合并计算后，显示核对结果，数据不为"0"的则数据不一致

案例 3：销售数据核对 - 数据顺序相同

公司做数据统计很细致，会统计每个订单产生的收入和付出的费用，然后到月末进行对比，进而找出哪些类型的订单盈利高，哪些低，为公司下一步的业务拓展提供数据支撑。每月月末，公司销售部的员工报送自己统计的订单费用明细表到公司财务部，财务部用财务 ERP 系统导出的流水数据进行核对。主要是统计订单有没有遗漏录入，另外也要检查两张表格的费用是否一致。

处理思路：我们现在有两张表格需要核对，分别为销售人员订单费用明细表（费用表1）和财务 ERP 系统导出的流水数据（费用表2），费用表1 和费用表2 的数据排列顺序是不一样的，数据数量也有差异。这种情况下就不能像案例1 那样，简单地把两列数据进行正负值相加处理了。

我们可以先用【合并计算】把两个表格的费用数据按照订单号分别排成两排，然后设置公式判断费用数据是否相符。

具体操作：

STEP1：检查数据。分别检查销售人员订单费用明细表（费用表1）和财务 ERP 系统导出的流水数据（费用表2）两张表上的数据是否完整。之后，修改字段名称，将费用表1 的字段名"费用"改为"费用1"，将费用表2 的字段名"费用"改为"费用2"。

这一步是为下面的合并计算打基础，如果不改字段名，两个表格的"费用"字段名称一致，则在进行合并计算时，两个表格的费用数据会按照"订单号"进行相加，而我们是想把两个表格的费用数据按照订单号分别排成两排，然后设置公式判断费用数据是否相符。所以，这个步骤的修改字段名称非常重要。

STEP2：对两张表格进行合并计算。在菜单【数据】中选择【合并计算】功能，在【合并计算】对话框的【函数】中选择【求和】；【引用位置】中，将两个表格区域添加进去，即分别添加费用表1 的"A2：B21"区域和费用表2 的"D2：E18"；在【标题位置】勾选【首行】、【最左列】，意思是按照首行字段和最左列字段两个字段进行合并计算。

STEP3：加入公式。合并计算后，每个订单号呈现销售人员订单费用明细表和财务 ERP 系统导出的流水数据两列数据。这个表格的呈现，是为了进行下一步的数据核对，判断两列数据是否一致。

我们在合并计算结果的区域的右侧新增一列单元格，字段名起名为"是否相符"，输入公式" = IF（I3 = J3，"相符"，"不符合"）"，然后双击单元格的右下角，这时整列数据的公式就设置好了。"是否相符"字段中的公式结果显示"相符"则证明两个表格的数据一致，否则则数据不同，需要查找数据不同的原因。具体操作如图3 - 14，图3 - 15，图3 - 16，图3 - 17，图3 - 18。

订单号	费用1
D146950	41502
D766898	10410
D704834	22030
D772100	43668
D128089	14502
D618570	14677
D157359	33507
D483476	36083
D879839	27908
D592696	39255
D497568	14431
D141851	3732
D842180	35137
D644749	40522
D879292	11041
D282481	39852
D246189	38328
D794231	14337
D443197	2566

图 3 - 14　费用表 1：销售人员订单费用明细表

订单号	费用2
D879839	27908
D592696	39255
D497568	14431
D141851	3732
D842180	35137
D146950	41502
D766898	12000
D704834	22030
D772100	45000
D128089	14502
D618570	14677
D157359	33507
D483476	38000
D644749	40522
D879292	11041
D282481	39852

图 3 - 15　费用表 2：财务 ERP 系统导出的流水数据

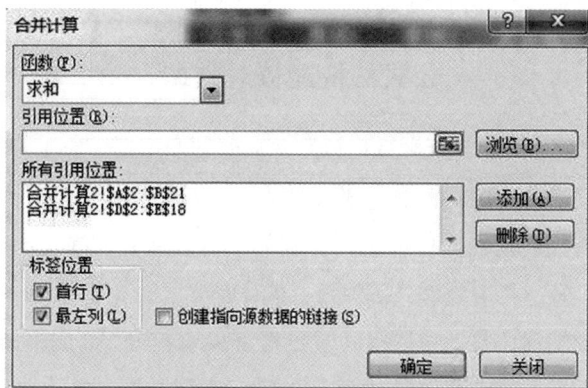

图 3 - 16　在【合并计算】对话框中将两个表格区域添加进去，并勾选【首行】、【最左列】

订单号	费用1	费用2
D146950	41502	41502
D766898	10410	12000
D704834	22030	22030
D772100	43668	45000
D128089	14502	14502
D618570	14677	14677
D157359	33507	33507
D483476	36083	38000
D879839	27908	27908
D592696	39255	39255
D497568	14431	14431
D141851	3732	3732
D842180	35137	35137
D644749	40522	40522
D879292	11041	11041
D282481	39852	39852
D246189	38328	
D794231	14337	
D443197	2566	

图 3-17　合并计算后，每个订单号呈现销售人员订单费用明细表和财务 ERP 系统导出的流水数据两列数据

订单号	费用1	费用2	是否相符
D146950	41502	41502	=IF(I3=J3,"相符","不符合")
D766898	10410	12000	不符合
D704834	22030	22030	相符
D772100	43668	45000	不符合
D128089	14502	14502	相符
D618570	14677	14677	相符
D157359	33507	33507	相符
D483476	36083	38000	不符合
D879839	27908	27908	相符
D592696	39255	39255	相符
D497568	14431	14431	相符
D141851	3732	3732	相符
D842180	35137	35137	相符
D644749	40522	40522	相符
D879292	11041	11041	相符
D282481	39852	39852	相符
D246189	38328		不符合
D794231	14337		不符合
D443197	2566		不符合

图 3-18　结果数据右侧新增一列，输入公式，判断两列数据是否一致

公式法快速核对数据

案例 1：库存商品实物与账面数据核对 – 数据顺序相同

月末，公司资产管理部门和财务部门按照财务 ERP 系统导出的仓库库存账面数，对仓库实物进行盘点，盘点后，编制库存商品实物盘点表，标注出差异项目，对差异原因进行调查，做出相应处理，确保每月的库存商品账实相符。

处理思路：我们现在有一张表格，需要将每种库存商品的账面数和实存数进行对比，并对差异项目标注出颜色，以重点关注。由于数据都在一张表上，每种库存商品的账面数和实存数只需要判断是否相等即可，然后利用筛选功能将不相等的数

据筛选出来，之后再标上颜色，取消筛选后即可完成差异数据的标注。

具体操作：

STEP1：检查数据。检查"存商品实物盘点表"数据是否完整，格式是否规范。

STEP2：加入判断公式。在"存商品实物盘点表"右侧增加一列，输入判断公式"=B3=C3"，意思是判断 B2 单元格是否等于 C3 单元格数据，如果是则返回结果"TRUE"，不是则返回结果"FALSE"。

STEP3：筛选差异数据。选中"存商品实物盘点表"数据区域标题行，选中【数据】菜单，选择【筛选功能】，在字段"公式"筛选器中，选择【FALSE】，点击【确定】。

这时，有差异的数据项目已经被列示出来。

STEP4：标注差异数据。选中刚刚筛选出的差异数据，在【开始】菜单点击【填充颜色】功能，选择一个蓝色。在字段"公式"筛选器中，选择【全选】，点击【确定】。

最后，差异数据已被标注出。具体操作如图3-19，图3-20，图3-21，图3-22，图3-23，图3-24，图3-25，图3-26。

商品名称	库存数	账面数
纸箱	2718	2718
5号电池	3753	3753
A4复印纸	1673	1673
大号文件夹	4494	4494
中号文件夹	2464	2464
小号文件夹	2105	2000
包装袋	4418	4418
节能灯	1478	1478
镇流器	1881	1881
电排插座（5座）	2988	2988
电排插座（7座）	4851	4000
继电器	4207	4207
空气开关	843	843
户外配电箱	3371	3371
直流电流器	930	913
配电箱（8位）	1328	1328
开关走轨	3190	3190
铜芯线	4581	4200
平行线	2214	2214
电源电缆	1132	1132
软线	4637	4637
水线	1570	1490

图 3-19 库存商品实物盘点表

案例2：员工期初和期末名单核对－数据顺序不相同

公司要对员工新进和离职员工情况进行统计。现在财务人员手头有两张表，分别是期初员工名单和期末员工名单，需要对期初和期末员工名单进行核对，以发现

商品名称	库存数	账面数	公式
纸箱	2718	2718	=B3=C3
5号电池	3753	3753	TRUE
A4复印纸	1673	1673	TRUE
大号文件夹	4494	4494	TRUE
中号文件夹	2464	2464	TRUE
小号文件夹	2105	2000	FALSE
包装袋	4418	4418	TRUE
节能灯	1478	1478	TRUE
镇流器	1881	1881	TRUE
电排插座（5座）	2988	2988	TRUE
电排插座（7座）	4851	4000	FALSE
继电器	4207	4207	TRUE
空气开关	843	843	TRUE
户外配电箱	3371	3371	TRUE
直流电流器	930	913	FALSE
配电箱（8位）	1328	1328	TRUE
开关走轨	3190	3190	TRUE
铜芯线	4581	4200	FALSE
平行线	2214	2214	TRUE
电源电缆	1132	1132	TRUE
软线	4637	4637	TRUE
水线	1570	1490	FALSE

图3-20　右侧加入一列，输入判断公式

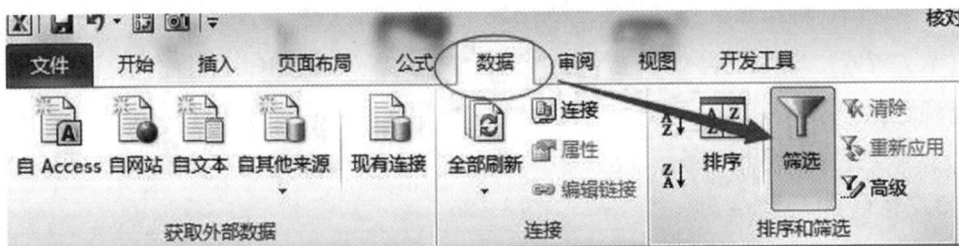

图3-21　选中数据区域标题行，选中【数据】菜单，选择【筛选功能】

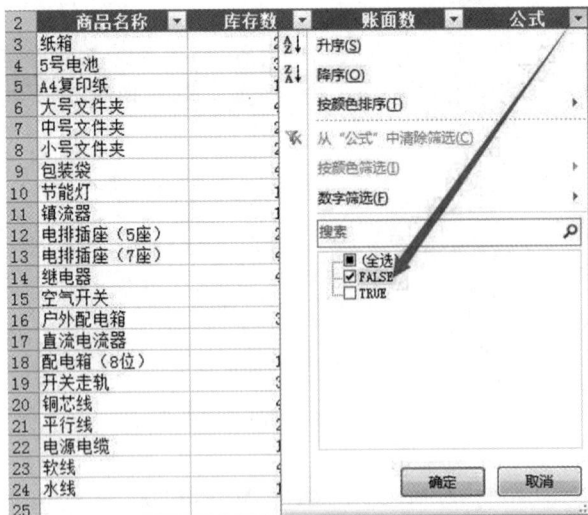

3-22　在字段"公式"筛选器中，选择【FALSE】，点击【确定】

商品名称 ▼	库存数 ▼	账面数 ▼	公式 ▼
小号文件夹	2105	2000	FALSE
电排插座（7座）	4851	4000	FALSE
直流电流器	930	913	FALSE
铜芯线	4581	4200	FALSE
水线	1570	1490	FALSE

图 3－23　有差异的数据项目已经被列示出来

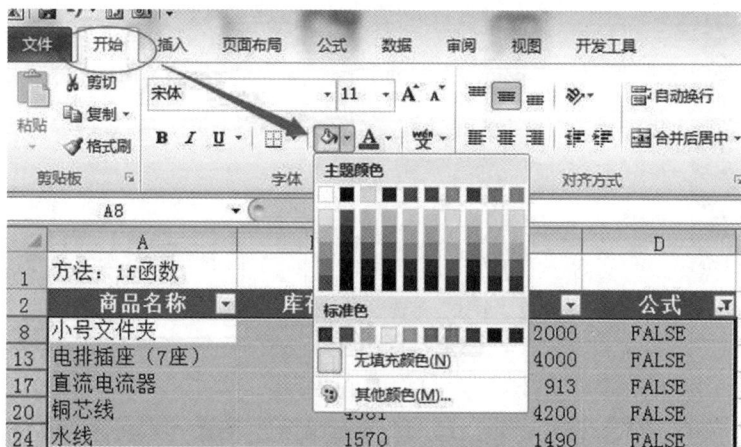

3－24　选中差异数据，在【开始】菜单点击【填充颜色】功能，选择一个蓝色

员工是否为新入职或离职，最后对人力情况进行总体摸查。

处理思路：

我们可以先对"期初员工名单表"加入公式，与"期末员工名单表"进行核对，看公司期初的员工名单是否在期末名单内，如果员工还在期末名单，说明员工没有离职。

接下来再对"期末员工名单表"加入公式，与"期初员工名单表"进行核对，看公司期末的员工名单是否在期初名单内，如果员工在期初名单有体现，说明员工不是本年招录的，如果在期初名单没有体现，说明员工为本年新招录的。

具体操作：

STEP1：检查数据。检查"期初员工名单表"和"期末员工名单表"数据是否完整，格式是否规范。

STEP2：在"期初员工名单表"加入核对公式。公式为"＝IF（COUNTIF（$D$3：$D$21，A3）>0，"相同"，"不同"）"，然后用鼠标双击输入公式的单元格

2	商品名称 ▼	库存数 ▼	账面数 ▼	公式 ▼
8	小号文件夹	2105		
13	电排插座（7座）	4851		
17	直流电流器	930		
20	铜芯线	4581		
24	水线	1570		
25				
26				
27				
28				
29				
30				
31				
32				
33				
34				
35				
36				
37				
38				

右侧菜单：
- 升序(S)
- 降序(O)
- 按颜色排序(T) ▶
- 从 "公式" 中清除筛选(C)
- 按颜色筛选(I) ▶
- 数字筛选(F) ▶
- 搜索 🔍
  - ☑（全选）
  - ☑ FALSE
  - ☑ TRUE
- 【确定】 【取消】

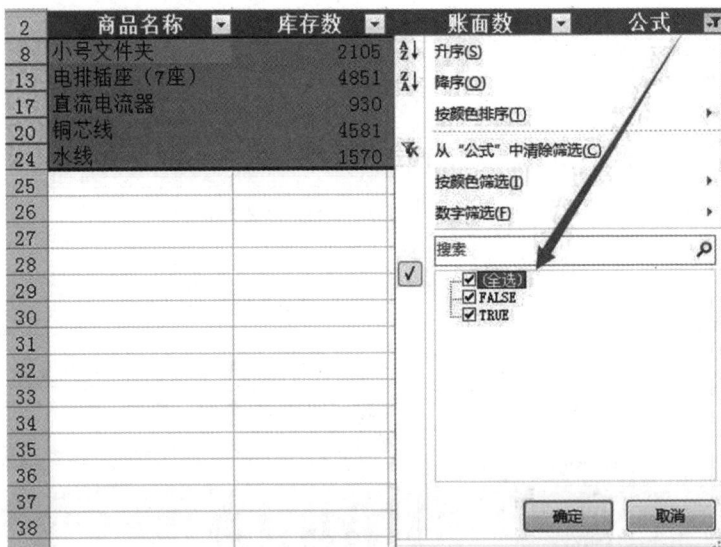

图 3-25　在字段 "公式" 筛选器中，选择【全选】，点击【确定】

商品名称 ▼	库存数 ▼	账面数 ▼	公式 ▼
纸箱	2718	2718	TRUE
5号电池	3753	3753	TRUE
A4复印纸	1673	1673	TRUE
大号文件夹	4494	4494	TRUE
中号文件夹	2464	2464	TRUE
小号文件夹	2105	2000	FALSE
包装袋	4418	4418	TRUE
节能灯	1478	1478	TRUE
镇流器	1881	1881	TRUE
电排插座（5座）	2988	2988	TRUE
电排插座（7座）	4851	4000	FALSE
继电器	4207	4207	TRUE
空气开关	843	843	TRUE
户外配电箱	3371	3371	TRUE
直流电流器	930	913	FALSE
配电箱（8位）	1328	1328	TRUE
开关走轨	3190	3190	TRUE
铜芯线	4581	4200	FALSE
平行线	2214	2214	TRUE
电源电缆	1132	1132	TRUE
软线	4637	4637	TRUE

图 3-26　差异数据已被标注出

右下角，将公式自动填充到下面所有有数据的行。

该公式是对"期初员工名单表"中员工姓名与"期末员工名单表"中所有姓名进行核对，如果期末名单包含该姓名，则公式输出结果为"相同"，如果不包含该姓名，则公式输出结果为"不同"。

公式解释：

（1）countif 是计算一个区域内（＄D＄3：＄D＄21），根据条件（等于 A3 的值）计算相同内容的个数，该例公式意思是在＄D＄3：＄D＄21 单元格区域内（即期末员工人数清单）计算"王存庭"的个数。如果大于 0，说明"王存庭"这个姓名在"期末员工名单表"中。

（2）IF 是判断条件（COUNTIF（＄D＄3：＄D＄21，A3）＞0）是否成立，如果成立就是返回第 1 个参数的值（"相同"），不成立就返回第二个参数的值（"不同"）

STEP3：在"期末员工名单表"加入核对公式。公式为"＝IF（COUNTIF（＄A＄3：＄A＄18，D3）＞0，"相同"，"不同"）"，然后用鼠标双击输入公式的单元格右下角，将公式自动填充到下面所有有数据的行。

最后，查看结果，谢飞、谢娜没有在"期末员工名单"中，说明两人今年已离职。

李云飞、黄晓璐、郭琳琳、王晓丹、赵璐没有在"期初员工名单"中，说明五人为新入职人员。具体操作如图 3 – 27，图 3 – 28，图 3 – 29，图 3 – 30。

期初员工姓名
王存庭
谢飞
高云强
申建国
刘守焱
刁兆国
周军
阮树明
王卫东
谢娜
王家柳
韩美瑷
杨文彬
夏寅奇
李玉庆
李宝山

图 3 – 27　期初员工名单表

期末员工姓名
王存庭
李云飞
高云强
申建国
刘守焱
刁兆国
周军
阮树明
王卫东
黄晓璐
王家柳
韩美瑷
杨文彬
夏寅奇
李玉庆
李宝山
郭琳琳
王晓丹
赵璐

图 3 – 28　期末员工名单表

期初员工姓名	核对
王存庭	=IF(COUNTIF($D$3:$D$21,A3)>0,"相同","不同")
谢飞	不同
高云强	相同
申建国	相同
刘守焱	相同
刁兆国	相同
周军	相同
阮树明	相同
王卫东	相同
谢娜	不同
王家柳	相同
韩美瑗	相同
杨文彬	相同
夏寅奇	相同
李玉庆	相同
李宝山	相同

图 3 - 29 对"期初员工名单表"加入核对公式

期末员工姓名	核对
王存庭	=IF(COUNTIF($A$3:$A$18,D3)>0,"相同","不同")
李云飞	不同
高云强	相同
申建国	相同
刘守焱	相同
刁兆国	相同
周军	相同
阮树明	相同
王卫东	相同
黄晓璐	不同
王家柳	相同
韩美瑗	相同
杨文彬	相同
夏寅奇	相同
李玉庆	相同
李宝山	相同
郭琳琳	不同
王晓丹	不同
赵璐	不同

图 3 - 30 对"期末员工名单表"加入核对公式

快捷键法快速核对数据

案例：库存盘点表核对 - 数据顺序相同

公司资产管理部门和财务部门按照财务 ERP 系统导出的仓库库存账面数，对仓库实物进行盘点，盘点后，编制库存商品实物盘点表，但是，现在问题来了，财务人员和资产管理人员同时盘点的商品库存数有的相同，有的不同，原本简单的账面数与盘点数核对，变成了账面数、资产管理人员的盘点数和财务人员的盘点数三列数据核对。难度持续升级。领导脸色已经变了，你能否快速判断出差异在哪里？

处理思路：现在要对账面数、资产管理人员的盘点数和财务人员的盘点数三列数据核对，好在三列数据是按照"商品名称"字段的顺序进行统计的，数据比较规整，可以用 Excel 中的【CTRL + \】快捷键进行差异数据的定位。该快捷键的意思是定位行差异单元格。下面让我们用 2 秒钟搞定这个数据核对。

具体操作：

STEP1：检查数据。检查"库存盘点表"数据是否完整，格式是否规范。

STEP2：选中数据。选中数据区域"B2：D23"，即账面数、资产管理人员的盘点数和财务人员的盘点数三列数据区域。

STEP3：用快捷键定位差异数据。按下快捷键【CTRL + \】，定位差异数据。

STEP4：对差异数据填充颜色，标识差异。在【开始】菜单中，点击【填充颜色】功能，选择一个颜色对差异数据进行标注。

所有的数据已被标注出来，核对完毕。具体操作如图 3 – 31，图 3 – 32，图 3 – 33，图 3 – 34。

商品名称	库存数	盘点数1	盘点数2
纸箱	2718	2718	2718
5号电池	3753	3753	3753
A4复印纸	1673	1673	1673
大号文件夹	4494	4494	4200
中号文件夹	2464	2464	2464
小号文件夹	2105	2000	2105
包装袋	4418	4418	4418
节能灯	1478	1478	1478
镇流器	1881	1881	1881
电排插座（5座）	2988	2988	2988
电排插座（7座）	4851	4000	4851
继电器	4207	4207	4207
空气开关	843	843	800
户外配电箱	3371	3371	3371
直流电流器	930	913	930
配电箱（8位）	1328	1328	1328
开关走轨	3190	3190	3190
铜芯线	4581	4200	4581
平行线	2214	2214	2214
电源电缆	1132	1132	1132
软线	4637	4637	4637
水线	1570	1490	1570

图 3 – 31　库存盘点表

商品名称	库存数	盘点数1	盘点数2
纸箱	2718	2718	2718
5号电池	3753	3753	3753
A4复印纸	1673	1673	1673
大号文件夹	4494	4494	4200
中号文件夹	2464	2464	2464
小号文件夹	2105	2000	2105
包装袋	4418	4418	4418
节能灯	1478	1478	1478
镇流器	1881	1881	1881
电排插座（5座）	2988	2988	2988
电排插座（7座）	4851	4000	4851
继电器	4207	4207	4207
空气开关	843	843	800
户外配电箱	3371	3371	3371
直流电流器	930	913	930
配电箱（8位）	1328	1328	1328
开关走轨	3190	3190	3190
铜芯线	4581	4200	4581
平行线	2214	2214	2214
电源电缆	1132	1132	1132
软线	4637	4637	4637
水线	1570	1490	1570

图 3 – 32　选中数据区域，按下快捷键【CTRL + \ 】，定位差异数据

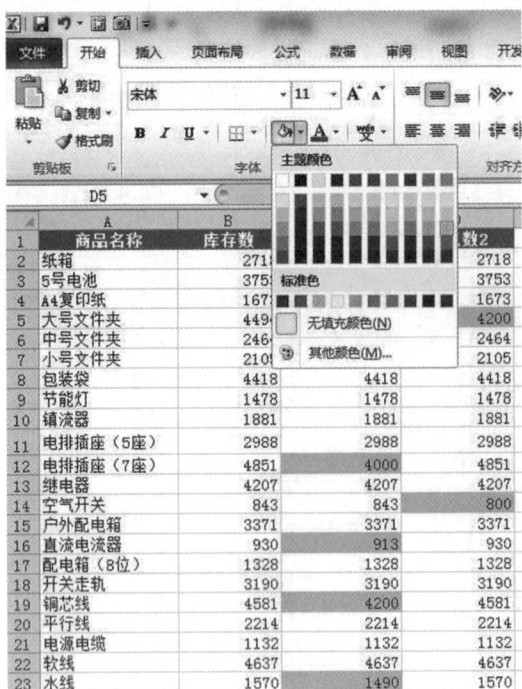

图 3 – 33　在【开始】菜单中，点击【填充颜色】功能，选择一个颜色对差异数据进行标注

商品名称	库存数	盘点数1	盘点数2
纸箱	2718	2718	2718
5号电池	3753	3753	3753
A4复印纸	1673	1673	1673
大号文件夹	4494	4494	4200
中号文件夹	2464	2464	2464
小号文件夹	2105	2000	2105
包装袋	4418	4418	4418
节能灯	1478	1478	1478
镇流器	1881	1881	1881
电排插座（5座）	2988	2988	2988
电排插座（7座）	4851	4000	4851
继电器	4207	4207	4207
空气开关	843	843	800
户外配电箱	3371	3371	3371
直流电流器	930	913	930
配电箱（8位）	1328	1328	1328
开关走轨	3190	3190	3190
铜芯线	4581	4200	4581
平行线	2214	2214	2214
电源电缆	1132	1132	1132
软线	4637	4637	4637
水线	1570	1490	1570

图 3 - 34　所有的数据已被标注出来，核对完毕

选择性粘贴法快速核对

案例：员工工资明细表核对 - 数据顺序相同

每月，公司财务部按照人力资源部编制的员工工资明细表录入的财务 ERP 系统中进行账务处理。因为财务部的数据全部来自人力资源部，所以财务部的经办人员在录入信息时并没有仔细检查。到了年末的时候，人力资源部进行人工成本清算，发现财务 ERP 系统的工资数据和人力资源部的工资数据并不一致。

这下，财务经办人员可慌了，那么多的数据，怎么能快速查出差异呢？一行一行核对？不会吧，那今天晚上岂不是又要通宵了？看我们怎么用 Excel 把一晚上的工作几秒钟搞定。

处理思路：我们现在手头有两份表格，一份是"人力资源部编制的员工工资明细表"（表1），还有一份是"财务 ERP 系统导出的员工工资明细表"（表2），两份表格结构和顺序一致，现在只需要核对出差异数据即可。

由于两张表格多列数据结构和顺序完全一致，可以将两张表格上的所有数据进行相减计算，首先复制一张表上的所有数据，然后用【选择性粘贴】功能做对另一张表做减法，这样，结果不是"0"处的单元格数据就是差异数据。

具体操作：

STEP1：检查"人力资源部编制的员工工资明细表"（表1）和"财务 ERP 系统

导出的员工工资明细表"（表2）两张表的完整性和规范性。

STEP2：复制表2数据。选择表2中的"K2：P17"数据区域，敲击快捷键
【CTRL + C】进行复制。

STEP3：用选择性粘贴功能对两张表格进行详见处理。选中表1"B2：G17"数
据区域，点击鼠标右键，选择【选择性粘贴】功能。【选择性粘贴】对话框中，在
【运算】功能中选择【减】。

STEP4：数据核对完毕。此时，表1中数据为"0"的单元格数据表示两张表的
数据一致，不为"0"单元格数据为核对不相符的差异值。之后人力资源部和财务部
要对差异数据进行校对，发现差异原因。具体操作如图3 - 35，图3 - 36，图3 - 37，
图3 - 38，图3 - 39。

员工姓名	1月	2月	3月	4月	5月	6月
王存庭	11593	9250	8210	10798	11532	11107
谢飞	9471	7853	7192	10478	9921	7829
高云强	11744	11293	11213	8480	7732	11196
申建国	9673	10956	10907	11330	11687	10581
刘守焱	8058	7749	8494	10997	8688	10529
刁兆国	11849	10506	7707	7331	11525	11257
周军	8305	9107	8718	8232	8158	10282
阮树明	7430	11638	7650	10089	9787	10637
王卫东	7554	7156	8465	9123	7527	7703
谢娜	9364	7277	9944	7049	10063	7249
王家柳	8429	9397	7925	9340	11986	8751
韩美瑷	7981	10098	8449	10097	10599	11814
杨文彬	9202	11046	8644	7074	9485	9491
夏寅奇	8124	7561	8003	7313	7080	9731
李玉庆	10472	7271	8725	7258	11508	10083
李宝山	11656	8317	11534	8888	10161	10317

图3 - 35　人力资源部编制的员工工资明细表（表1）

员工姓名	1月	2月	3月	4月	5月	6月
王存庭	11593	9250	8210	10798	11532	11107
谢飞	9471	7853	7192	10478	9921	7829
高云强	11744	11293	11213	8480	7732	11196
申建国	9673	10956	10907	11330	11687	10581
刘守焱	8058	7749	8494	10997	8688	10529
刁兆国	11849	10506	7707	7331	11000	11257
周军	8305	10000	8718	8232	8158	10282
阮树明	7430	11638	7650	10089	9787	10637
王卫东	7554	7156	8465	9123	7527	7703
谢娜	9364	7277	9944	8000	10063	7249
王家柳	8429	9397	7925	9340	11986	7800
韩美瑷	7981	10098	8449	10097	10599	11814
杨文彬	9202	11046	8644	7074	9485	9491
夏寅奇	8124	7561	8003	7313	7080	9731
李玉庆	10472	7271	8725	7258	11508	10083
李宝山	11656	8317	11534	8888	10161	9900

图3 - 36　财务 ERP 系统导出的员工工资明细表（表2）

图 3-37　复制表 2 数据，之后，选中表 1 数据区域，点击鼠标右键，选择【选择性粘贴】功能

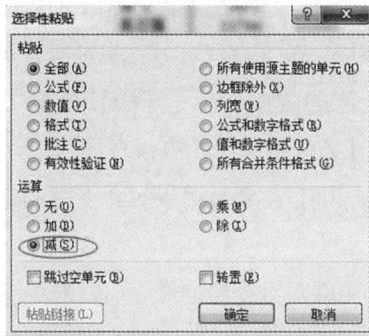

图 3-38　【选择性粘贴】对话框中，【运算】中选择【减】

员工姓名	1月	2月	3月	4月	5月	6月
王存庭	0	0	0	0	0	0
谢飞	0	0	0	0	0	0
高云强	0	0	0	0	0	0
申建国	0	0	0	0	0	0
刘守焱	0	0	0	0	0	0
刁兆国	0	0	0	0	525	0
周军	0	-893	0	0	0	0
阮树明	0	0	0	0	0	0
王卫东	0	0	0	0	0	0
谢娜	0	0	0	-951	0	0
王家柳	0	0	0	0	0	951
韩美瑗	0	0	0	0	0	0
杨文彬	0	0	0	0	0	0
夏寅奇	0	0	0	0	0	0
李玉庆	0	0	0	0	0	0
李宝山	0	0	0	0	0	417

图 3-39　数据核对完毕

第 2 节　如何一眼看出需要关注的数据

财务人员每天接触的数据是非常多的，所以在面对如此多的数据时，往往都是头昏眼花的，在跟领导汇报的时候，有时也是很难通过语言表达或者单纯的一张表格把情况汇报清楚。如何能够一眼识别出需要关注的或者异常的数据？如何快速的让自己和领导读懂数据？这里，我们介绍一个 Excel 中非常强大的数据标识工具：【条件格式】。

条件格式入门

【条件格式】主要是通过设定公式或者功能菜单筛选出我们需要关注的数据，然后再通过颜色填充、色阶渐进、改变字体等方式来进行重点突出。

使用方法是，选择要标注的数据，在【开始】菜单中找到【条件格式】功能，然后在其选项中进行设置。【条件格式】中有很多选项，具体解释如下：

（1）【突出显示单元格规则】主要是可以对介于指定范围的数字、文本、日期等重点标注。

（2）【项目选取规则】可以对数据中的最大值、最小值、平均值进行重点标注。

（3）【数据条】和【色阶功能】类似，主要是按照数据大小对数据进行条形图展示，从而对数据大小清晰标注。

（4）【图标集】主要是按照色彩和图形对介于某个大小区间的数据进行标注。

下面我们分别举例进行说明。

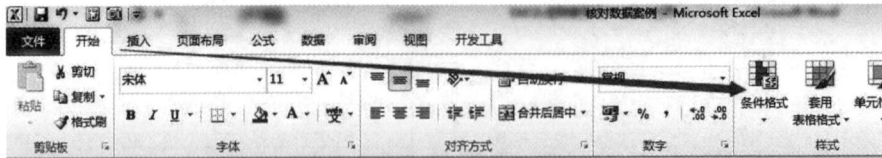

图 3-40　【条件格式】功能在菜单【开始中】

图3-41　【条件格式】功能选择界面

条件格式案例1：销售情况统计表视觉改善

现在我们已经统计出了一张"销售情况统计表"，但是老板非常不满意，因为他看不出哪些销售人员业绩好，哪些业绩不好，哪些销售员完成了业绩指标，哪些没有完成。这样的表格只是做了统计，没有进行分析，可以说只是罗列了数据。现在我们的任务是要对其进行深入分析，怎样用【条件格式】功能快速完成这个任务呢?这里，我们假设公司每个销售员一年的销售目标为200万元。

处理思路：刚才已经介绍了【条件格式】的基本功能，现在我们逐个尝试一下，看看哪种效果比较好，然后逐步改善，使数据分析既能满足老板的眼睛，又能满足老板的决策需求。

具体操作：

（1）【突出显示单元格规则】运用：突出显示实际业绩超过销售目标的销售员。

STEP1：选中要突出的数据区域。选中"销售情况统计表中"的年度合计数据区域，即"G2：G19"单元格区域。

STEP2：在【条件格式】功能中选择【突出显示单元格规则】中的【大于】，在【为大于以下值的单元格设置格式】中输入"2000000"（200万销售业绩），【设置为】中选择【浅红色填充】。

这时，超额完成200万销售业绩的销售员已经被标注出来了。具体操作如图3-42，图3-43，图3-44，图3-45。

销售员	第一季度	第二季度	第三季度	第四季度	合计
李云飞	316,230	126,802	318,217	615,227	1,376,476
高云强	87,874	997,664	773,309	359,758	2,218,605
申建国	979,560	869,094	490,421	606,216	2,945,291
刘守焱	809,392	812,107	517,843	470,770	2,610,112
刁兆国	50,203	747,373	61,132	270,986	1,129,694
周军	120,307	994,090	956,756	154,001	2,225,154
阮树明	84,328	963,817	540,031	162,630	1,750,806
王卫东	913,582	829,882	740,857	220,945	2,705,266
黄晓璐	555,829	360,699	543,999	620,515	2,081,042
王家柳	357,856	931,439	252,985	311,956	1,854,236
韩美瑗	438,428	613,787	121,749	560,137	1,734,101
杨文彬	829,165	886,601	309,929	380,445	2,406,140
夏寅奇	165,088	802,251	707,905	645,220	2,320,464
李玉庆	710,879	337,108	482,833	556,563	2,087,383
李宝山	788,001	204,483	535,183	368,502	1,896,169
郭琳琳	738,956	501,460	746,339	760,955	2,747,710
王晓丹	248,854	988,775	827,429	190,747	2,255,805
赵璐	332,727	370,304	853,962	780,742	2,337,735

图 3-42 销售情况统计表

图 3-43 在【条件格式】功能中选择【突出显示单元格规则】中的【大于】

（2）【项目选取规则】运用：突出显示排名前 5 名的销售员。

STEP1：清除之前设置的条件格式。选中上个练习中已经设置条件格式的"G2：G19"单元格区域。在【条件格式】功能中选择【清除规则】中的【清除所选单元格的规则】。这时，刚才设置的条件格式就被清除了。

STEP2：选择数据区域。用鼠标选中"销售情况统计表中"的年度合计数据区域，即"G2：G19"单元格区域。

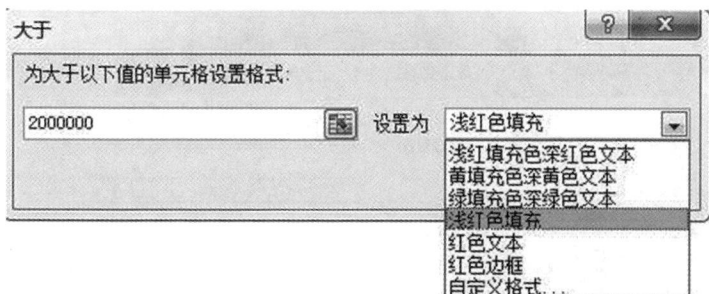

图 3-44　在【为大于以下值的单元格设置格式】中输入"2000000"，【设置为】中选择【浅红色填充】

销售员	第一季度	第二季度	第三季度	第四季度	合计
李云飞	316,230	126,802	318,217	615,227	1,376,476
高云强	87,874	997,664	773,309	359,758	2,218,605
申建国	979,560	869,094	490,421	606,216	2,945,291
刘守焱	809,392	812,107	517,843	470,770	2,610,112
刁兆国	50,203	747,373	61,132	270,986	1,129,694
周军	120,307	994,090	956,756	154,001	2,225,154
阮树明	84,328	963,817	540,031	162,630	1,750,806
王卫东	913,582	829,882	740,857	220,945	2,705,266
黄晓璐	555,829	360,699	543,999	620,515	2,081,042
王家柳	357,856	931,439	252,985	311,956	1,854,236
韩美瑗	438,428	613,787	121,749	560,137	1,734,101
杨文彬	829,165	886,601	309,929	380,445	2,406,140
夏寅奇	165,088	802,251	707,905	645,220	2,320,464
李玉庆	710,879	337,108	482,833	556,563	2,087,383
李宝山	788,001	204,483	535,183	368,502	1,896,169
郭琳琳	738,956	501,460	746,339	760,955	2,747,710
王晓丹	248,854	988,775	827,429	190,747	2,255,805
赵璐	332,727	370,304	853,962	780,742	2,337,735

图 3-45　超额完成销售业绩的销售员已经被标注出来了

STEP3：突出显示排名前 5 名的销售员。在【条件格式】功能中选择【项目选取规则】中的【值最大的 10 项】，在【值最大的 10 项】对话框中，将"10"改为"5"，即仅突出显示前 5 个最大值项目，【设置为】中的填充颜色选择默认的即可。

这时，业绩排名前 5 名的销售员数据被突出显示了。具体操作如图 3-46，图 3-47，图 3-48，图 3-49。

（3）【数据条】运用：查看各销售员的业绩情况。

STEP1：清除之前设置的条件格式。选中上个练习中已经设置条件格式的"G2：G19"单元格区域。在【条件格式】功能中选择【清除规则】中的【清除所选单元

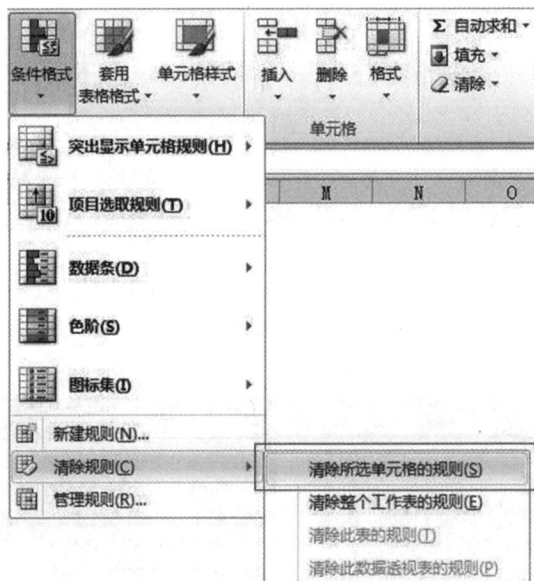

图 3-46 清除之前设置的【条件格式】设置的条件格式规则

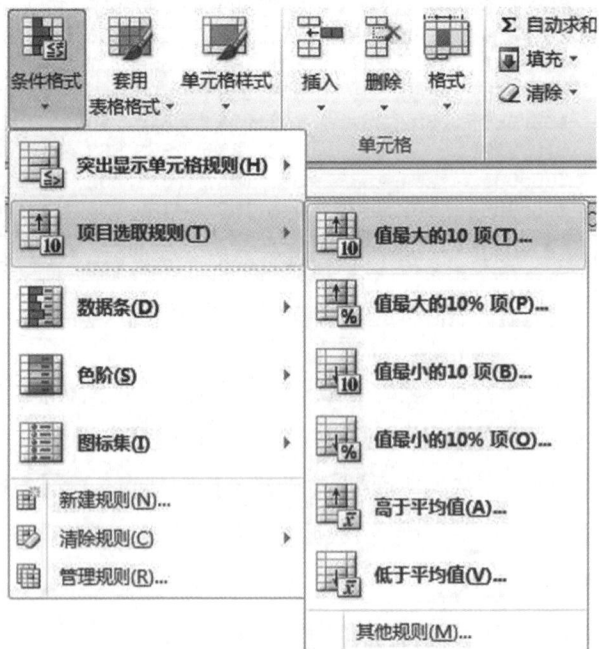

图 3-47 在【项目选取规则】中选择【值最大的 10 项目】

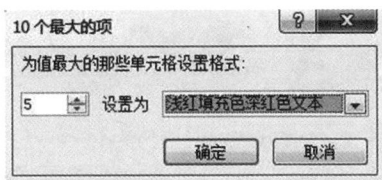

图3–48　在【10个最大的项】对话框中，将"10"改为"5"，即仅突出显示前5个最大值项目

销售员	第一季度	第二季度	第三季度	第四季度	合计
李云飞	316,230	126,802	318,217	615,227	1,376,476
高云强	87,874	997,664	773,309	359,758	2,218,605
申建国	979,560	869,094	490,421	606,216	2,945,291
刘守焱	809,392	812,107	517,843	470,770	2,610,112
刁兆国	50,203	747,373	61,132	270,986	1,129,694
周军	120,307	994,090	956,756	154,001	2,225,154
阮树明	84,328	963,817	540,031	162,630	1,750,806
王卫东	913,582	829,882	740,857	220,945	2,705,266
黄晓璐	555,829	360,699	543,999	620,515	2,081,042
王家柳	357,856	931,439	252,985	311,956	1,854,236
韩美瑗	438,428	613,787	121,749	560,137	1,734,101
杨文彬	829,165	886,601	309,929	380,445	2,406,140
夏寅奇	165,088	802,251	707,905	645,220	2,320,464
李玉庆	710,879	337,108	482,833	556,563	2,087,383
李宝山	788,001	204,483	535,183	368,502	1,896,169
郭琳琳	738,956	501,460	746,339	760,955	2,747,710
王晓丹	248,854	988,775	827,429	190,747	2,255,805
赵璐	332,727	370,304	853,962	780,742	2,337,735

图3–49　业绩排名前5名的销售员数据被突出显示了

格的规则】。这时，刚才设置的条件格式就被清除了。

STEP2：选择数据区域。用鼠标选中"销售情况统计表中"的年度合计数据区域，即"G2：G19"单元格区域。

STEP3：将各销售员的销售业绩用条形图展现。在【条件格式】功能中选择【数据条】，然后在【渐变填充】中选择【紫色数据条】。

这时，各销售员的业绩已经用条形图标注出，业绩多少一眼便能辨识出。具体操作如图3–50，图3–51。

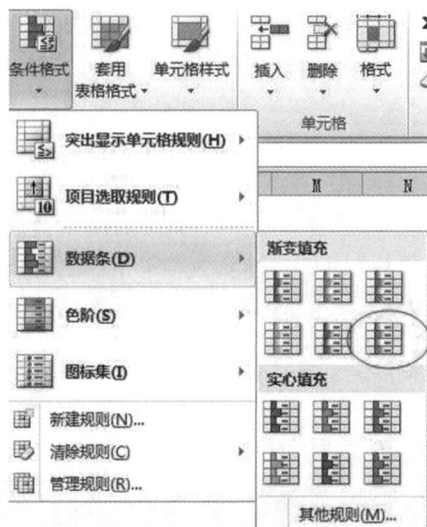

图3-50 【数据条】中选择【渐变填充】，再选择【紫色数据条】

销售员	第一季度	第二季度	第三季度	第四季度	合计
李云飞	316,230	126,802	318,217	615,227	1,376,476
高云强	87,874	997,664	773,309	359,758	2,218,605
申建国	979,560	869,094	490,421	606,216	2,945,291
刘守焱	809,392	812,107	517,843	470,770	2,610,112
刁兆国	50,203	747,373	61,132	270,986	1,129,694
周军	120,307	994,090	956,756	154,001	2,225,154
阮树明	84,328	963,817	540,031	162,630	1,750,806
王卫东	913,582	829,882	740,857	220,945	2,705,266
黄晓璐	555,829	360,699	543,999	620,515	2,081,042
王家柳	357,856	931,439	252,985	311,956	1,854,236
韩美瑗	438,428	613,787	121,749	560,137	1,734,101
杨文彬	829,165	886,601	309,929	380,445	2,406,140
夏寅奇	165,208	802,251	707,905	645,220	2,320,464
李玉庆	710,879	337,108	482,833	556,563	2,087,383
李宝山	788,001	204,483	535,183	368,502	1,896,169
郭琳琳	738,956	501,460	746,339	760,955	2,747,710
王晓丹	248,854	988,775	827,429	190,747	2,255,805
赵璐	332,727	370,304	853,962	780,742	2,337,735

图3-51 各销售员的业绩已经用条形图标注出

（4）【图标集】运用：查看各销售员年度目标完成情况。

STEP1：清除之前设置的条件格式。选中上个练习中已经设置条件格式的"G2：G19"单元格区域。在【条件格式】功能中选择【清除规则】中的【清除所选单元格的规则】。这时，刚才设置的条件格式就被清除了。

STEP2：新增一列"预算完成率"。在"H2"单元格中输入公式"=G2/

2000000"，即实际销售业绩除以销售员年度业绩目标200万元，若公式大于100%，则说明销售员完成了业绩，否则就是没有完成。

STEP3：选择数据区域。用鼠标选中"销售情况统计表中"的预算完成率区域，即"H2：H19"单元格区域。

STEP4：将各销售员的销售业完成情况用图标标注。在【条件格式】功能中选择【图标集】，然后选择【其他规则】，在【编辑格式规则】对话框中，【图标样式】指定一个样式。这里我们选择"对、错、感叹号"图标集。

STEP5：设置图标显示数值区间。这里，我们要对预算完成率大于等于100%的数据打一个对号（√），强调已经完成预算；对于预算完成率小于100%的数据打一个叉号（×），强调没有完成预算。

所以，我们只需要保留两个图标，并设置相应的数值区间对应值即可。将第三个图标样式选择为【无单元格图标】，将第二个图标样式选择为【×】。

值区域中【＞=】区域输入"1"，下面的【＞】区域输入"0"，【类型】均选择【数字】。

这时，预算是否完成已经被条件格式清晰地标注出了。具体操作如图3－52，图3－53，图3－54，图3－55，图3－56，图3－57，图3－58。

销售员	第一季度	第二季度	第三季度	第四季度	合计	预算完成率
李云飞	316,230	126,802	318,217	615,227	1,376,476	69%
高云强	87,874	997,664	773,309	359,758	2,218,605	111%
申建国	979,560	869,094	490,421	606,216	2,945,291	147%
刘守焱	809,392	812,107	517,843	470,770	2,610,112	131%
刁兆国	50,203	747,373	61,132	270,986	1,129,694	56%
周军	120,307	994,090	956,756	154,001	2,225,154	111%
阮树明	84,328	963,817	540,031	162,630	1,750,806	88%
王卫东	913,582	829,882	740,857	220,945	2,705,266	135%
黄晓璐	555,829	360,699	543,999	620,515	2,081,042	104%
王家柳	357,856	931,439	252,985	311,956	1,854,236	93%
韩美瑗	438,428	613,787	121,749	560,137	1,734,101	87%
杨文彬	829,165	886,601	309,929	380,445	2,406,140	120%
夏寅奇	165,088	802,251	707,905	645,220	2,320,464	116%
李玉庆	710,879	337,108	482,833	556,563	2,087,383	104%
李宝山	788,001	204,483	535,183	368,502	1,896,169	95%
郭琳琳	738,956	501,460	746,339	760,955	2,747,710	137%
王晓丹	248,854	988,775	827,429	190,747	2,255,805	113%
赵璐	332,727	370,304	853,962	780,742	2,337,735	117%

图3－52 新增一列"预算完成率"

图 3 – 53 　【图标集】中选择【其他规则】

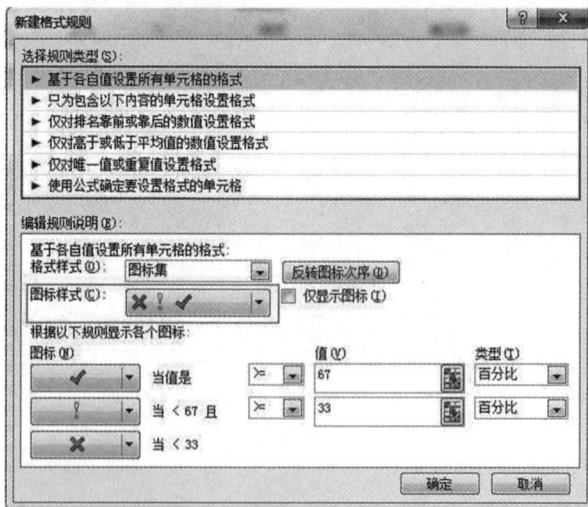

图 3 – 54 　【编辑格式规则】对话框中，【图标样式】选择一个样式

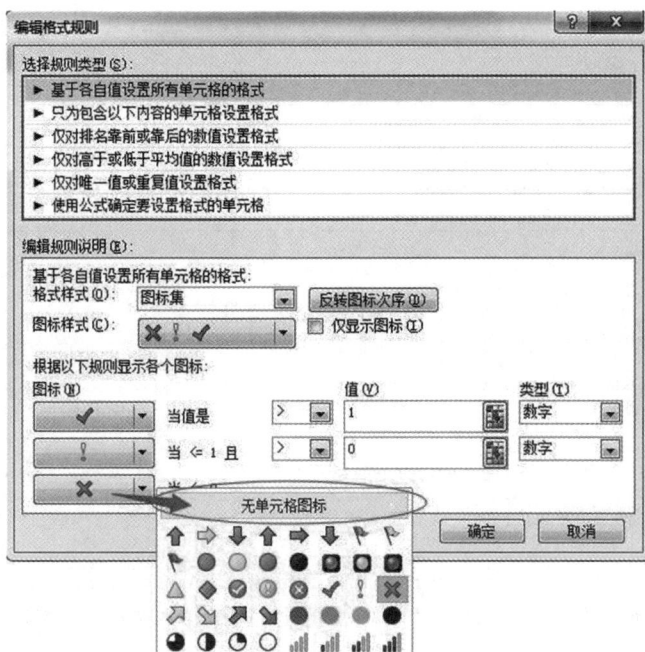

图 3 – 55　第三个图标样式选择为【无单元格图标】

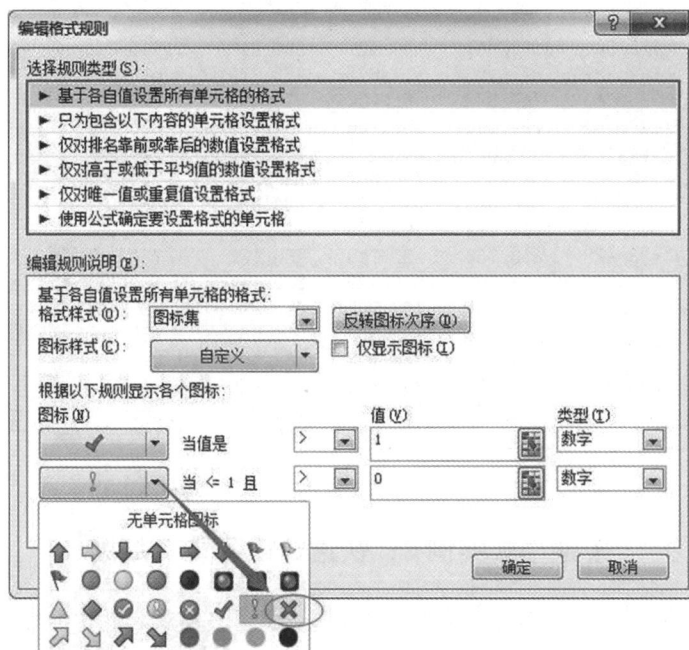

图 3 – 56　第二个图标样式选择为【×】

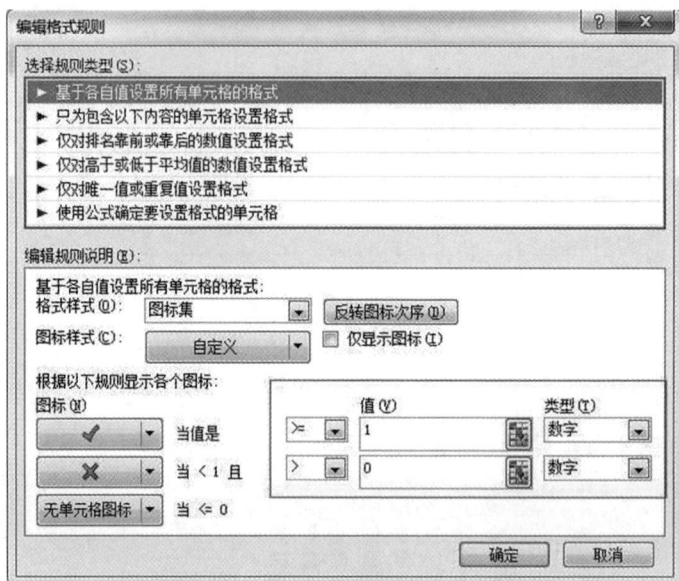

图 3 - 57　值区域中【 > = 】区域输入 "1"，下面的【 > 】区域输入 "0"，【类型】均选择【数字】

销售员	第一季度	第二季度	第三季度	第四季度	合 计	预算完成率	
李云飞	316,230	126,802	318,217	615,227	1,376,476	✗	69%
高云强	87,874	997,664	773,309	359,758	2,218,605	✔	111%
申建国	979,560	869,094	490,421	606,216	2,945,291	✔	147%
刘守焱	809,392	812,107	517,843	470,770	2,610,112	✔	131%
刁兆国	50,203	747,373	61,132	270,986	1,129,694	✗	56%
周军	120,307	994,090	956,756	154,001	2,225,154	✔	111%
阮树明	84,328	963,817	540,031	162,630	1,750,806	✗	88%
王卫东	913,582	829,882	740,857	220,945	2,705,266	✔	135%
黄晓璐	555,829	360,699	543,999	620,515	2,081,042	✔	104%
王家柳	357,856	931,439	252,985	311,956	1,854,236	✗	93%
韩美瑷	438,428	613,787	121,749	560,137	1,734,101	✗	87%
杨文彬	829,165	886,601	309,929	380,445	2,406,140	✔	120%
夏寅奇	165,088	802,251	707,905	645,220	2,320,464	✔	116%
李玉庆	710,879	337,108	482,833	556,563	2,087,383	✔	104%
李宝山	788,001	204,483	535,183	368,502	1,896,169	✗	95%
郭琳琳	738,956	501,460	746,339	760,955	2,747,710	✔	137%
王晓丹	248,854	988,775	827,429	190,747	2,255,805	✔	113%
赵璐	332,727	370,304	853,962	780,742	2,337,735	✔	117%

图 3 - 58　预算是否完成已经被条件格式清晰地标注出了

条件格式案例 2：快速标识不重复数据

条件格式除了可以直接使用功能菜单选择，还可以更加个性化地加入函数公式，让数据表现方式更加生动。比如，这个案例中，有两列数据需要核对，我们需要让其标识出重复的数据。那么，用【条件格式 + 公式】怎么解决呢？

现在我们手头有两份表格，均为商品订单明细，但是，一张表格是来自手工记录的表格，一张表格是来自电商平台，我们想分析一下，自己手工记录的台账数据中，有哪些还没有在电商平台收到款项，所以我们需要将自己的手工台账与电商平台数据进行核对，并标出与电商平台不重复的数据。

具体操作：

STEP1：检查数据。检查"手工订单台账"（订单表 1）和"电商平台数据"（订单表 2）两张表格的数据是否完整，格式是否规范。

STEP2：选择数据区域。用鼠标选中"订单表 1"的数据区域，即"A2：A21"单元格区域。

STEP4：将电商平台未记录的数据标示出来。【条件格式】功能中选择【新建规则】，选择【使用公式确定要设置格式的单元格】，在对话框中输入公式"=COUN-TIF（$C$3：$C$18，$A3）=0"，该公式的意思是在"订单表 2"数据区域判断"订单表 1"中的"A3"单元格中的订单号是否不存在，如果不存在则用条件格式进行标注。接下来，我们在【格式】中选择一个填充颜色。具体操作如图 3 – 59，图 3 – 60，图 3 – 61，图 3 – 62，图 3 – 63。

订单号		订单号
D146950		D146950
D766898		D766898
D704834		D704834
D772100		D772101
D128089		D128089
D618570		D618570
D157359		D157359
D483476		D483475
D879839		D879839
D592696		D592696
D497568		D497568
D141851		D141854
D842180		D842180
D644749		D644749
D879292		D879292
D282481		D282481
D246189		
D794231		
D443197		

图 3 – 59　"手工订单台账"（订单表 1）　　　　图 3 – 60　"电商平台数据"（订单表 2）

图 3 – 61 【条件格式】功能中选择【新建规则】

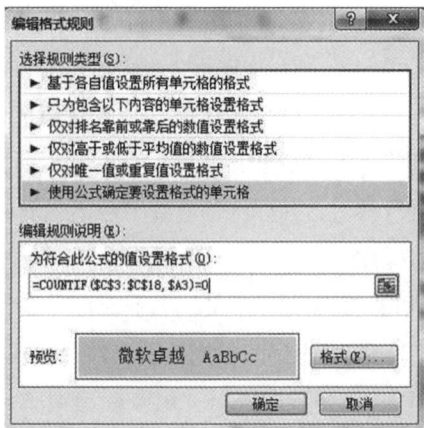

图 3 – 62 选择【使用公式确定要设置格式的单元格】，在对话框中输入公式

图 3 – 63 订单表 1 数据与订单表 2 数据的不重复值已经被标注出

这时，订单表 1 数据与订单表 2 数据的不重复值已经被标注出。也就是说，被标识出的数据就是我们刚才要找的还没有在电商平台收到款项的订单号，属于在途订单，需要跟进。

第 3 节　快速筛选数据，看这个就够了

数据的筛选是数据计算之前要进行的一个关键步骤，因为现代企业的数据都是数以万计的，如何在海量数据中，筛选出我们要的数据，是一项非常重要的工作。

数据筛选在企业财务实务中是比较常见的。比如，在计算个人所得税时，我们需要把应纳税所得额超过一定金额单独申报的人员信息筛选出来，通知其进行单独报税；在开经营分析会的时候，我们会统计各个大区的销售情况，与上年和预算目标比较，看看各大区的实际业绩与预期是否一致；在做成本分析的时候，我们会把某些异常变动的成本费用数据筛选出来，查看其异常变动原因等等，以上类似的场景，很多财务人员可能每天都要面对。所以，除了本章第一节所说的，核对数据要快速，减少加班时间，我们在做数据筛选工作的时候，实际上也是有很多技巧的，需要我们深入掌握，从而大幅提高工作效率。

Excel 中的常用数据筛选功能有两种：【自动筛选】和【高级筛选】，下面，我们分别进行讲解。

销售部门发来一份"销售情况统计表"，公司马上就要开经营分析会了，我们要对其进行深入分析，以发现经营管理过程中需要提升的内容。让我们分别用【自动筛选】和【高级筛选】对其做精准数据提取和分析吧。

自动筛选的 8 个实用技法

【自动筛选】可以快捷定位需要查找的信息，并过滤掉不需要的数据将其隐藏。筛选只是显示出你想要的数据，并不会改变当前数据库的内容。

使用方法是，在标题行中，点击一个单元格或者选中一整行，然后点击【数据】菜单中的【筛选】功能，这时，我们可以看到，标题行的每个单元格都会出现三角形选项按键，点击，会依次显出来【升序排列】【将序排列】【按颜色排序】【文本筛选】【搜索框】等。具体操作如图 3 - 64，图 3 - 65，图 3 - 66。

城市	类别	品牌	单价	数量	金额	销售人员	销售日期
北京	电脑	戴尔	5,406	152	821,712	孙辉煌	2015-2-3
北京	电脑	戴尔	6,950	62	430,869	金雪花	2015-2-26
北京	电脑	戴尔	4,869	78	379,782	李建杰	2015-3-4
北京	电脑	戴尔	4,983	197	981,651	刘敬业	2015-3-11
北京	电脑	戴尔	3,803	106	403,065	孙英豪	2015-6-2
北京	电脑	戴尔	5,033	173	870,623	刘敬业	2015-9-2
北京	电脑	戴尔	5,840	195	1,138,703	李建杰	2015-10-15
北京	电脑	戴尔	6,473	103	666,668	刘英玫	2015-12-16
北京	电脑	戴尔	5,850	59	345,150	孙辉煌	2014-2-3
北京	电脑	戴尔	3,093	94	290,742	金雪花	2014-2-26
北京	电脑	戴尔	4,770	165	787,050	李建杰	2014-3-4
北京	电脑	戴尔	4,868	90	438,075	刘敬业	2014-3-11
北京	电脑	戴尔	3,507	103	361,221	孙英豪	2014-6-2
北京	电脑	戴尔	7,358	172	1,265,490	刘英玫	2014-7-11
北京	电脑	戴尔	4,476	65	290,940	张颖	2014-8-1
北京	电脑	戴尔	7,236	121	875,556	张颖	2014-9-10
北京	电脑	戴尔	7,307	75	547,988	孙辉煌	2014-10-21
北京	电脑	戴尔	7,211	162	1,168,101	赵军	2014-10-22
北京	电脑	戴尔	3,324	124	412,176	刘敬业	2014-11-3
北京	电脑	戴尔	7,470	138	1,030,860	李建杰	2014-11-26

图 3 - 64　销售情况统计表

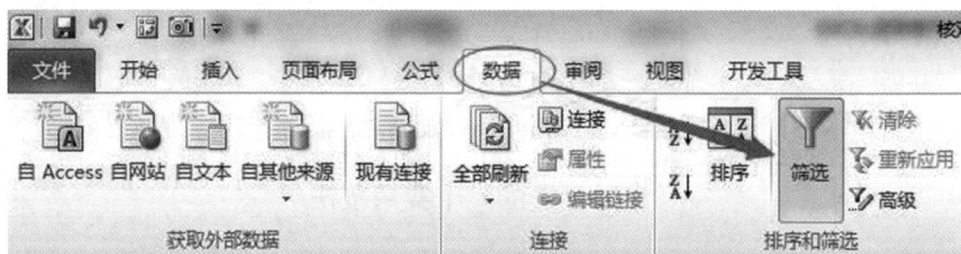

图 3 - 65　在【数据】菜单中选择【筛选】功能

城市 ▼	类别 ▼	品牌 ▼	单价 ▼	数量 ▼	金额 ▼	销售人员 ▼	销售日期 ▼
			5,406	152	821,712	孙辉煌	2015-2-3
			6,950	62	430,869	金雪花	2015-2-26
			4,869	78	379,782	李建杰	2015-3-4
			4,983	197	981,651	刘敬业	2015-3-11
			3,803	106	403,065	孙英豪	2015-6-2
			5,033	173	870,623	刘敬业	2015-9-2
			5,840	195	1,138,703	李建杰	2015-10-15
			6,473	103	666,668	刘英玫	2015-12-16
			5,850	59	345,150	孙辉煌	2014-2-3
			3,093	94	290,742	金雪花	2014-2-26
			4,770	165	787,050	李建杰	2014-3-4
			4,868	90	438,075	刘敬业	2014-3-11
			3,507	103	361,221	孙英豪	2014-6-2
			7,358	172	1,265,490	刘英玫	2014-7-11
			4,476	65	290,940	张颖	2014-8-1
			7,236	121	875,556	张颖	2014-9-10
			7,307	75	547,988	孙辉煌	2014-10-21
			7,211	162	1,168,101	赵军	2014-10-22
北京	电脑	戴尔	3,324	124	412,176	刘敬业	2014-11-3
北京	电脑	戴尔	7,470	138	1,030,860	李建杰	2014-11-26

左上角弹出菜单内容：
升序(S)
降序(O)
按颜色排序(T)　▶
从"城市"中清除筛选(C)
按颜色筛选(I)　▶
文本筛选(F)　▶
搜索
☑ (全选)
☑ 北京
☑ 上海
☑ 天津
☑ 重庆
确定　取消

图 3-66　【自动筛选】对话框

用法 1：普通排序。

如果我们想对任意一个标题字段进行排序，使数据看起来更规整，那我们可以使用【筛选】中的排序功能。

具体操作：

这里我们让"销售情况统计表"按照销售金额从大到小排序，可以点击标题字段"金额"处的三角选项按钮，然后选择【降序】。这时，会发现，销售数据已经按照销售金额排序了。

图 3 – 67　点击标题字段"金额"处的三角选项按钮，然后选择【降序】

城市	类别	品牌	单价	数量	金额	销售人员	销售日期
重庆	类别	美的	7,460	200	1,491,900	刘敬业	2016-5-5
北京	类别	海信	7,377	197	1,453,269	金雪花	2015-10-22
北京	类别	海信	7,235	193	1,396,259	孙辉煌	2016-11-28
天津	类别	海信	7,115	191	1,358,870	金雪花	2014-4-22
天津	类别	戴尔	7,310	184	1,344,948	孙英豪	2016-8-19
天津	类别	戴尔	6,920	194	1,342,383	张颖	2016-10-2
天津	空调	美的	6,873	194	1,333,362	李建杰	2015-1-3
重庆	空调	戴尔	6,854	194	1,329,579	孙辉煌	2015-2-5
北京	空调	戴尔	6,879	193	1,327,647	李建杰	2016-11-26
天津	空调	戴尔	7,071	186	1,315,206	孙英豪	2015-4-28
天津	空调	美的	6,636	196	1,300,656	孙英豪	2015-3-28
天津	空调	美的	6,734	192	1,292,832	孙英豪	2014-3-28
北京	空调	美的	6,476	199	1,288,625	孙英豪	2015-2-7
天津	空调	海信	7,313	174	1,272,375	金雪花	2016-1-7
北京	空调	联想	6,986	182	1,271,361	刘敬业	2015-11-4
天津	空调	海信	6,533	194	1,267,305	张雪眉	2014-10-15
北京	空调	戴尔	7,358	172	1,265,490	刘英玫	2014-7-11
重庆	空调	美的	6,327	195	1,233,765	赵军	2016-11-5
天津	空调	志高	6,647	185	1,229,603	金雪花	2016-7-1
重庆	空调	戴尔	6,413	189	1,211,963	孙辉煌	2014-2-5

图 3 – 68　销售数据已按照金额从大到小排列

用法2：按照颜色筛选。

我们查看数据的时候，有时会把一些要重点关注的数据用填充颜色的方式标注出来，但是，由于这些数据都是隔行标注的，所以我们没办法将其进行汇总计算，能不能一次性把填充一个颜色的数据都筛选出来，然后进行计算？【自动筛选功能】可以！

具体操作：

这里我们想把已经被颜色填充的"销售情况统计表"中的重点数据筛选出来。

点击任意标题字段处的三角选项按钮，在弹出的对话框中，点击【按颜色筛选】，选择已经被我们刚才设置的填充色。这时，我们要的数据已经被筛选出来。

需要说明的是，如果需要清除筛选结果，可以点击【筛选】旁边的【清除】按钮，数据即可恢复没有被筛选时的样子。

城市	类别	品牌	单价	数量	金额	销售人员	销售日期
北京	电脑	戴尔	5,406	152	821,712	孙辉煌	2015-2-3
北京	电脑	戴尔	6,950	62	430,869	金雪花	2015-2-26
北京	电脑	戴尔	4,869	78	379,782	李建杰	2015-3-4
北京	电脑	戴尔	4,983	197	981,651	刘敬业	2015-3-11
北京	电脑	戴尔	3,803	106	403,065	孙英豪	2015-6-2
北京	电脑	戴尔	5,033	173	870,623	刘敬业	2015-9-2
北京	电脑	戴尔	5,840	195	1,138,703	李建杰	2015-10-15
北京	电脑	戴尔	6,473	103	666,668	刘英玫	2015-12-16
北京	电脑	戴尔	5,850	59	345,150	孙辉煌	2014-2-3
北京	电脑	戴尔	3,093	94	290,742	金雪花	2014-2-26
北京	电脑	戴尔	4,770	165	787,050	李建杰	2014-3-4
北京	电脑	戴尔	4,868	90	438,075	刘敬业	2014-3-11
北京	电脑	戴尔	3,507	103	361,221	孙英豪	2014-6-2
北京	电脑	戴尔	7,358	172	1,265,490	刘英玫	2014-7-11
北京	电脑	戴尔	4,476	65	290,940	张颖	2014-8-1
北京	电脑	戴尔	7,236	121	875,556	张颖	2014-9-10
北京	电脑	戴尔	7,307	75	547,988	孙辉煌	2014-10-21
北京	电脑	戴尔	7,211	162	1,168,101	赵军	2014-10-22
北京	电脑	戴尔	3,324	124	412,176	刘敬业	2014-11-3
北京	电脑	戴尔	7,470	138	1,030,860	李建杰	2014-11-26

图 3-69　将需要关注的数据用颜色填充进行标注

图 3-70　点击【按颜色筛选】，选择已经被我们刚才设置的填充色

图 3-71　数据已经被筛选出来

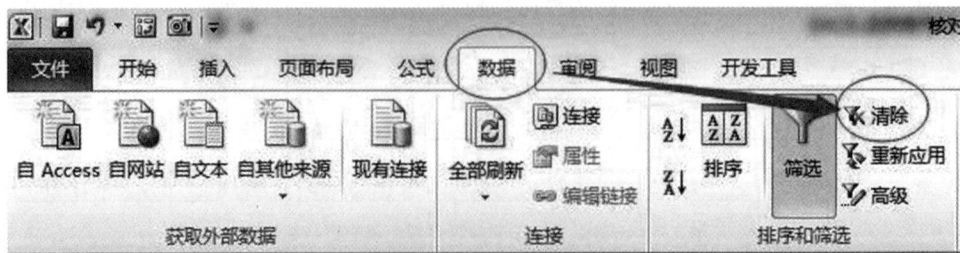

图 3-72　清除筛选结果，可以点击【筛选】旁边的【清除】按钮

用法 3：筛选"包含某个值"的数据。

具体操作：

如果我们只想把"销售情况统计表"中所有姓"张"的业务员业绩筛选出来，

那么我们只需要找到对应的标题字段"姓名",点击三角选项按钮,在弹出的对话框中,输入"张"。这时,所有姓"张"的业务员业绩情况明细就被筛选出来了。

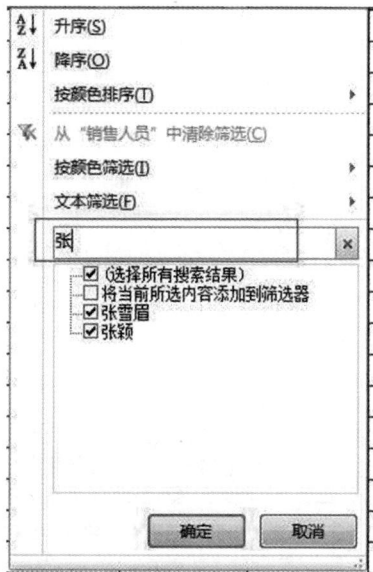

图 3-73 在弹出的对话框中,输入"张"

用法 4:筛选"以某个值开头"的数据。

具体操作:

如果我们只想把"销售情况统计表"中,所有商品单价"以 5 开头"的销售数据筛选出来,那么我们只需要找到对应的标题字段"单价",点击三角选项按钮,在弹出的对话框中,输入"5*"。这时,所有商品单价"以 5 开头"的销售数据就被筛选出来了。

注意,在 Excel 中,"*"代表任意多个任意字符,"?"代表任意一个字符。这里的"5*"就是一种模糊搜索形式,意思是以 5 开头的任意数据内容。

用法 5:筛选"以某个值结尾"的数据。

如果我们只想把"销售情况统计表"中,所有商品单价"以 5 结尾"的销售数据筛选出来,那么我们只需要找到对应的标题字段"单价",点击三角选项按钮,在弹出的对话框中,输入"*5"。这时,所有商品单价"以 5 结尾"的销售数据就被筛选出来了。

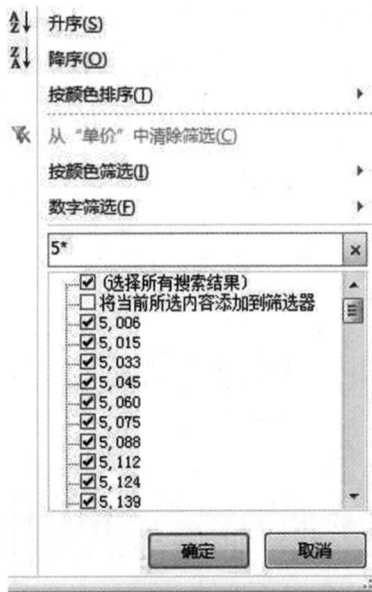

图 3 - 74　在弹出的对话框中，输入"5 *"

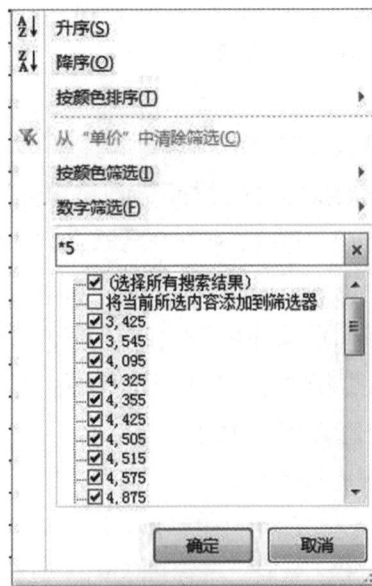

图 3 - 75　在弹出的对话框中，输入" * 5"

用法6：筛选"几位数字"的数据。

如果我们只想把"销售情况统计表"中，所有商品数量为"3 位数"的销售数据筛选出来，那么我们只需要找到对应的标题字段"数量"，点击三角选项按钮，在弹出的对话框中，输入"???"。这时，所有商品数量为"3 位数"的销售数据就被筛选出来了。

注意，这里输入"?"时，要确保是英文输入法下的问号，中文状态下输入的问号是不行的。

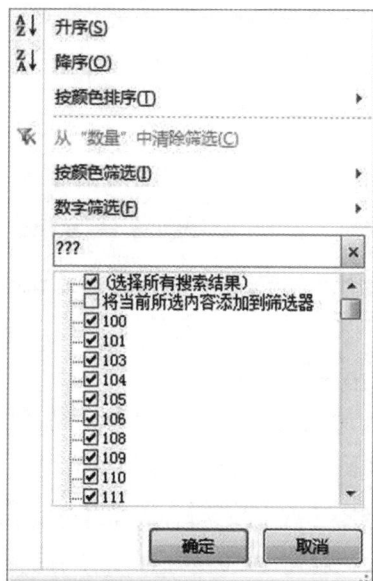

图 3－76 在弹出的对话框中，输入"???"

用法7：精确查找"包含某值"的数据。

如果我们只想把"销售情况统计表"中，所有商品数量刚好为"65"的销售数据筛选出来，那么我们只需要找到对应的标题字段"数量"，点击三角选项按钮，在弹出的对话框中，输入"65"。这时，所有商品数量为"65"的销售数据就被筛选出来了。

注意，想实现精确查找时，只要对其加英文状态下的双引号，搜索即可。

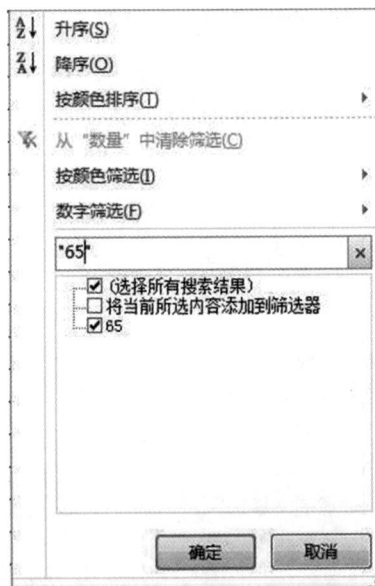

图 3 – 77　在弹出的对话框中，输入 "65"

用法 8：查找 "在某个区间" 的数据。

如果我们只想把 "销售情况统计表" 中，所有商品数量区间为 "100 – 150" 的销售数据筛选出来，那么我们只需要找到对应的标题字段 "数量"，点击三角选项按钮，在弹出的对话框中，选择【数字筛选】，选择【介于】，在【大于或等于】中输入 "100"，【小于或等于】中输入 "150"。这时，所有商品数量区间为 "100 – 150" 的销售数据就被筛选出来了。

注意，这里的商品数量属于数字类型字段，如果我们选择的是商品名称等文字型的字段，则在做筛选时，出现的是【文字筛选】对话框，原理是一样的，按照我们上述的方法进行相应操作即可。

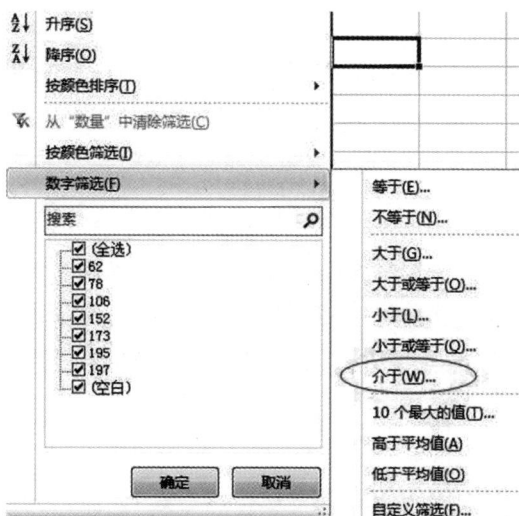

图 3-78　选择【数字筛选】，选择【介于】

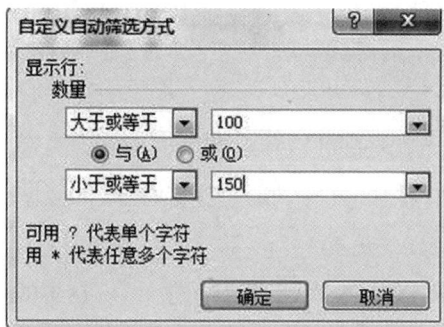

图 3-79　在【大于或等于】中输入"100"，【小于或等于】中输入"150"

高级筛选的 7 个高能玩法

刚才我们已经把自动筛选的基本玩法介绍完了，现在我们说说高级筛选。既然我们已经学会了一个筛选数据的方法，那不就够了吗？为什么还要学高级筛选？高级筛选高级在哪里啊？别急，且听我慢慢道来。

自动筛选适用于比较简单的数据处理，一旦遇到多次筛选的情况就会比较麻烦。

比如，我们在刚才自动筛选案例中，想统计"上海地区高于 5000 元售价的美的空调销售情况"，我们需要先在"城市"字段中筛选"上海"，然后在"类别"字段中筛选"空调"，之后在"单价"字段中筛选"大于 5000"，这个数据经过三次筛选才会被统计出来。这时，用自动筛选的话，第一是很容易出错，因为一旦选错一个条件就前功尽弃了；第二是当你再接着做下一次的筛选时，如果忘记清除所有的数据筛选条件，你筛选出来的数据就会是错误的，因为你这次的筛选范围变成了在你第一次的筛选结果中取数，而不是在所有的数据中取数。

高级筛选的优势主要有以下几点：可以直观地按照多条件进行查询；可以把筛选出的结果直接复制到其他数据区域或表中；可以快速进行数据去重处理，即保留唯一值；可以设置函数完成较复杂的筛选；可以完成多列联动筛选，比如再做多个业务员业绩完成情况监控时，可以将业绩目标与实际业绩两列数据进行比较，之后将筛选结果输出。

【高级筛选】的使用规则：

【高级筛选】对话框中有三个必须要输入的内容，分别是：将筛选结果在鼠标点击处显示还是输出到其他位置、列表区域、条件区域。

其中，需要说明的是：

（1）列表区域就是原始数据区域，这里我们的原始数据区域就是"销售情况统计表"。

（2）条件区域实际上就是把"以什么条件进行筛选"写出来，通常会在原始数据区域的下面或者右面，添加一个区域，专门放置条件区域。这样可以防止筛选出的数据覆盖原始数据区域。

（3）条件区域的基本格式是"表头标题＋条件"，这里的"表头标题"必须与原始数据区域的表头标题内容一致，所以，通常我们可以直接复制原始数据区域的标题。

（4）如果筛选的条件是两个时，条件区域就需要两个。他们的位置不一定非要跟原始数据表的标题排列顺序一致。但必须保证表头标题内容一样，比如，原始数据区域里的表头标题叫"城市"，那么条件区域的表头标题也必须写"城市"，不能写成"区域"或者其他，否则会无法完成筛选。

（5）如果是两个或以上条件进行筛选时，把条件写在同一行，几个条件是"与"的关系，意思就是既要满足这个条件也要同时满足那个条件；如果把条件写在一列，几个条件就是"或"的关系，意思是满足其中一个条件就可以。

下面，我们用实战案例进行说明。

用法1：单一条件。

我们想统计"销售情况统计表"中销售员"刘敬业"的销售明细。这里就只有一个筛选条件。

STEP1：创建条件区域。即在"销售情况统计表"数据区域的右侧找两个单元格（"K1：K2"）作为条件区域。接下来，我们复制"销售情况统计表"的表头标题"销售人员"至"K1"单元格，然后我们再按照我们的需求，在"K2"单元格中输入"刘敬业"。这样条件区域我们就创建好了。

SETP2：填写【高级筛选】对话框。我们用鼠标点击【数据】菜单，选择其中的【筛选】功能旁边的【高级】，调出【高级筛选】对话框，然后勾选【将结果复制到其他位置】；【列表区域】选择整个"销售情况统计表"区域，即"A1：H367"；【条件区域】选择我们刚才创建的条件区域，即"K1：K2"；【将结果复制到】选择"K4"单元格，即将筛选出的结果从"K4"单元格起头，依次向下和向右排列。

这时，销售员刘敬业的所有销售记录就被筛选出来了。

注意，如果不勾选【将结果复制到其他位置】，而是选择了【在原有区域显示筛选结果】，则筛选结果会在原始数据表即"销售情况统计表"的位置显示出。在这种情况下，如果已经完成筛选，要清除筛选结果，可以点击【筛选】功能旁的【清除】。

城市	类别	品牌	单价	数量	金额	销售人员	销售日期			销售人员
北京	电脑	戴尔	5,406	152	821,712	孙辉煌	2015-2-3			刘敬业
北京	电脑	戴尔	6,950	62	430,869	金雪花	2015-2-26			
北京	电脑	戴尔	4,869	78	379,782	李建杰	2015-3-4			
北京	电脑	戴尔	4,983	197	981,651	刘敬业	2015-3-11			
北京	电脑	戴尔	3,803	106	403,065	孙英豪	2015-6-2			
北京	电脑	戴尔	5,033	173	870,623	刘敬业	2015-9-2			
北京	电脑	戴尔	5,840	195	1,138,703	李建杰	2015-10-15			
北京	电脑	戴尔	6,473	103	666,668	刘英玫	2015-12-16			
北京	电脑	戴尔	5,850	59	345,150	孙辉煌	2014-2-3			
北京	电脑	戴尔	3,093	94	290,742	金雪花	2014-2-26			
北京	电脑	戴尔	4,770	165	787,050	李建杰	2014-3-4			
北京	电脑	戴尔	4,868	90	438,075	刘敬业	2014-3-11			
北京	电脑	戴尔	3,507	103	361,221	孙英豪	2014-6-2			
北京	电脑	戴尔	7,358	172	1,265,490	刘英玫	2014-7-11			
北京	电脑	戴尔	4,476	65	290,940	张颖	2014-8-1			
北京	电脑	戴尔	7,236	121	875,556	张颖	2014-9-10			
北京	电脑	戴尔	7,307	75	547,988	孙辉煌	2014-10-21			
北京	电脑	戴尔	7,211	162	1,168,101	赵军	2014-10-22			
北京	电脑	戴尔	3,324	124	412,176	刘敬业	2014-11-3			

图 3 - 80　在"销售情况统计表"的右侧空白区域，输入条件区域

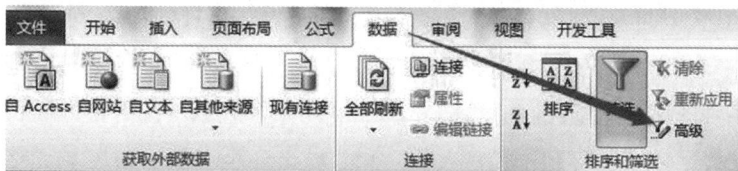

图 3 - 81　在【数据】菜单中选择【高级筛选】功能

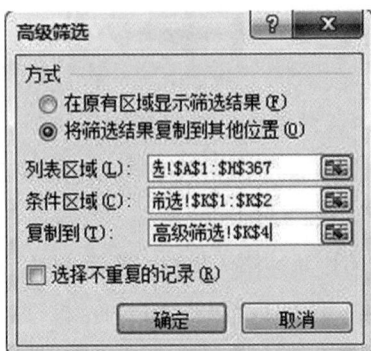

图 3-82　在对话框中输入相应内容

城市	类别	品牌	单价	数量	金额	销售人员	销售日期
						销售人员	
						刘敬业	
城市	类别	品牌	单价	数量	金额	销售人员	销售日期
北京	电脑	戴尔	4,983	197	981,651	刘敬业	2015-3-11
北京	电脑	戴尔	5,033	173	870,623	刘敬业	2015-9-2
北京	电脑	戴尔	4,868	90	438,075	刘敬业	2014-3-11
北京	电脑	戴尔	3,324	124	412,176	刘敬业	2014-11-3
北京	电脑	戴尔	3,696	156	576,576	刘敬业	2016-11-3
北京	电脑	联想	6,986	182	1,271,361	刘敬业	2015-11-4
北京	空调	美的	6,240	185	1,154,400	刘敬业	2015-4-23
北京	空调	美的	4,304	151	649,829	刘敬业	2015-5-30
北京	空调	美的	5,780	151	872,705	刘敬业	2014-4-23
北京	空调	美的	6,386	139	887,585	刘敬业	2014-5-30
北京	洗衣机	海信	6,849	163	1,116,387	刘敬业	2016-4-27
北京	洗衣机	松下	4,968	111	551,448	刘敬业	2015-5-30
北京	洗衣机	松下	3,597	161	579,117	刘敬业	2014-5-30
上海	电脑	戴尔	6,179	130	803,205	刘敬业	2014-9-4
上海	电脑	戴尔	6,987	139	971,193	刘敬业	2016-9-4
上海	电脑	联想	3,066	163	499,758	刘敬业	2016-4-9
上海	空调	志高	3,767	193	726,935	刘敬业	2014-9-4

图 3-83　数据被筛选出来

用法 2：并列条件。

我们想统计"销售情况统计表"中销售员"刘敬业"在"上海"地区的销售明细。这里就变成了两个筛选条件，一个是销售员为"刘敬业"，另一个是城市为"上海"，这两个条件是需要同时满足的，是"与"的关系，所以两个条件区域写在同一行。

STEP1：创建条件区域。即在"销售情况统计表"数据区域的右侧找地方，分别设置两个条件区域。这里我们将"K1：L2"作为条件区域。接下来，我们复制"销售情况统计表"的表头标题"销售人员"和"城市"至"K1：L1"单元格，然后我们再按照我们的需求，在条件区域表头标题的下面分别输入条件值"刘敬业"和"上海"。这样条件区域我们就创建好了。

SETP2：填写【高级筛选】对话框。我们用鼠标点击【数据】菜单，选择其中的

【筛选】功能旁边的【高级】，调出【高级筛选】对话框，然后勾选【将结果复制到其他位置】；【列表区域】选择整个"销售情况统计表"区域，即"A1：H367"；【条件区域】选择我们刚才创建的条件区域，即"K1：L2"；【将结果复制到】选择"K4"单元格，即将筛选出的结果从"K4"单元格起头，依次向下和向右排列。

这时，销售员"刘敬业"在"上海"地区的所有销售记录就被筛选出来了。

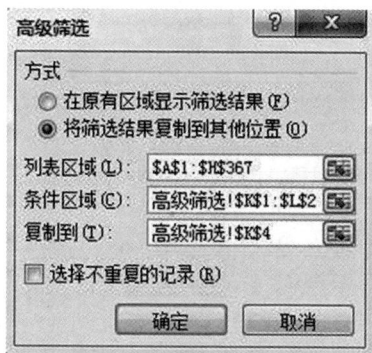

图 3 - 84　在对话框中输入相应内容

销售人员	城市						
刘敬业	上海						
城市	类别	品牌	单价	数量	金额	销售人员	销售日期
上海	电脑	戴尔	6,179	130	803,205	刘敬业	2014-9-4
上海	电脑	戴尔	6,987	139	971,193	刘敬业	2016-9-4
上海	电脑	联想	3,066	163	499,758	刘敬业	2016-4-9
上海	空调	志高	3,767	193	726,935	刘敬业	2014-9-4
上海	空调	志高	3,123	88	274,824	刘敬业	2016-9-4
上海	洗衣机	松下	5,045	54	272,403	刘敬业	2016-5-5

图 3 - 85　数据被筛选出来

用法 3：或者条件。

我们想统计"销售情况统计表"中销售员"刘敬业"和"孙英豪"这一组两个人的销售情况。这里我们有两个筛选条件，分别是销售员"刘敬业"和销售员"孙英豪"，这两个条件是满足一个即可，即"或"的关系，所以两个条件区域写在同一列。

STEP1：创建条件区域。在"销售情况统计表"数据区域的右侧找地方，设置条件区域。这里我们将"K1：K3"作为条件区域。接下来，我们复制"销售情况统计表"的表头标题"销售人员"至"K1"单元格，然后再按照我们的需求，在条件区域表头标题的下面分别输入两个销售员姓名"刘敬业"和"孙英豪"。

SETP2：填写【高级筛选】对话框。我们用鼠标点击【数据】菜单，选择其中的

【筛选】功能旁边的【高级】，调出【高级筛选】对话框，然后勾选【将结果复制到其他位置】；【列表区域】选择整个"销售情况统计表"区域，即"A1：H367"；【条件区域】选择我们刚才创建的条件区域，即"K1：K3"；【将结果复制到】选择"K5"单元格，即将筛选出的结果从"K5"单元格起头，依次向下和向右排列。

这时，销售员"刘敬业"和"孙英豪"这一组两个人的所有销售记录就被筛选出来了。

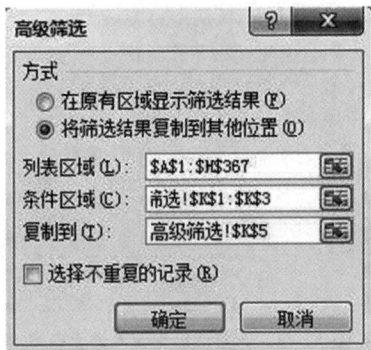

图 3 - 86　在对话框中输入相应内容

销售人员							
刘敬业							
孙英豪							
城市	类别	品牌	单价	数量	金额	销售人员	销售日期
北京	电脑	戴尔	4,983	197	981,651	刘敬业	2015-3-11
北京	电脑	戴尔	3,803	106	403,065	孙英豪	2015-6-2
北京	电脑	戴尔	5,033	173	870,623	刘敬业	2015-9-2
北京	电脑	戴尔	4,868	90	438,075	刘敬业	2014-3-11
北京	电脑	戴尔	3,507	103	361,221	孙英豪	2014-6-2
北京	电脑	戴尔	3,324	124	412,176	刘敬业	2014-11-3
北京	电脑	戴尔	6,036	73	440,628	孙英豪	2016-3-12
北京	电脑	戴尔	5,729	61	349,439	孙英豪	2016-6-2
北京	电脑	戴尔	3,696	156	576,576	刘敬业	2016-11-3
北京	电脑	联想	6,986	182	1,271,361	刘敬业	2015-11-4
北京	空调	美的	6,476	199	1,288,625	孙英豪	2015-2-7
北京	空调	美的	6,240	185	1,154,400	刘敬业	2015-4-23
北京	空调	美的	4,304	151	649,829	刘敬业	2015-5-30
北京	空调	美的	3,869	161	622,829	孙英豪	2014-2-7
北京	空调	美的	5,780	151	872,705	刘敬业	2014-4-23
北京	空调	美的	6,386	139	887,585	刘敬业	2014-5-30

图 3 - 87　数据被筛选出来

用法4：模糊条件。

我们想统计"销售情况统计表"中所有姓刘的销售员的业绩情况，因为我们也不清楚姓刘的销售员到底有多少个，不可能手工一个一个地将姓刘的销售员输入到条件区域。所以，我们需要启用模糊搜索。怎样进行模糊搜索呢？前面我们讲过，在 Excel 中，"＊"代表任意多个任意字符，所以，姓刘这个条件可以转化为"刘＊"，即姓名中所有以"刘"开头的，我们都作为筛选条件。

STEP1：创建条件区域。即在"销售情况统计表"数据区域的右侧，"K1：K2"设置为条件区域。接下来，我们复制"销售情况统计表"的表头标题"销售人员"至"K1"单元格，然后在条件区域表头标题的下面输入条件值"刘＊"。

SETP2：填写【高级筛选】对话框。我们用鼠标点击【数据】菜单，选择其中的【筛选】功能旁边的【高级】，调出【高级筛选】对话框，然后勾选【将结果复制到其他位置】；【列表区域】选择整个"销售情况统计表"区域，即"A1：H367"；【条件区域】选择我们刚才创建的条件区域，即"K1：K2"；【将结果复制到】选择"K4"单元格，即将筛选出的结果从"K4"单元格起头，依次向下和向右排列。

这时，所有姓刘的销售员的销售记录就被筛选出来了。

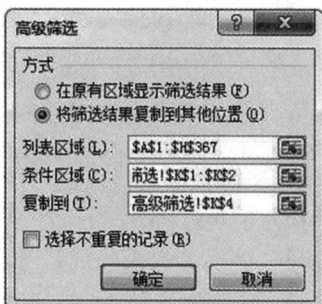

图 3-88　在对话框中输入相应内容

城市	类别	品牌	单价	数量	金额	销售人员	销售日期
北京	电脑	戴尔	4,983	197	981,651	刘敬业	2015-3-11
北京	电脑	戴尔	5,033	173	870,623	刘敬业	2015-9-2
北京	电脑	戴尔	6,473	103	666,668	刘英玫	2015-12-16
北京	电脑	戴尔	4,868	90	438,075	刘敬业	2014-3-11
北京	电脑	戴尔	7,358	172	1,265,490	刘英玫	2014-7-11
北京	电脑	戴尔	3,324	124	412,176	刘敬业	2014-11-3
北京	电脑	戴尔	3,812	150	571,725	刘敬业	2016-7-11
北京	电脑	戴尔	3,696	156	576,576	刘敬业	2016-11-3
北京	电脑	联想	6,986	182	1,271,361	刘敬业	2015-11-4
北京	空调	美的	6,240	185	1,154,400	刘敬业	2015-4-23
北京	空调	美的	4,304	151	649,829	刘敬业	2015-5-30
北京	空调	美的	5,780	151	872,705	刘敬业	2014-4-23
北京	空调	美的	6,386	139	887,585	刘敬业	2014-5-30
北京	空调	奥克斯	3,425	169	578,741	刘英玫	2015-1-8
北京	空调	奥克斯	7,323	122	893,406	刘英玫	2014-1-8
北京	空调	格力	3,399	93	316,107	刘英玫	2016-1-28
北京	洗衣机	海信	6,849	163	1,116,387	刘敬业	2016-4-27

图 3-89　数据被筛选出来

用法5：普通公式筛选。

这里的普通公式，是对原始数据表的字段标题用公式设置一个筛选条件，比如单价大于5000元的电脑销售情况，2017年第一季度的销售情况等等。而下面的高级公式，是指用逻辑值判断函数对数据进行筛选，与普通函数不同的是，高级公式筛选由于设置的函数不是针对某个原始数据表的字段标题，所以其条件区域表头标题是空白的，或者按照需要随便写一个。但是需要提醒注意的是，即使条件区域的表头标题空着，什么也没写，设置高级筛选对话框时，也要将这个空白表头标题和条件都选进条件区域中，否则高级筛选会筛选失败。

这么说比较抽象，下面我们用实例进行说明。

现在我们想统计"销售情况统计表"中所有单价大于5000元的商品销售情况，这个时候，我们首先要对"单价"设置一个条件，即单价大于5000元。设置的方法是在条件区域标题"单价"下的单元格直接输入"＞5000"。

STEP1：创建条件区域。即在"销售情况统计表"数据区域的右侧，"K1：K2"设置为条件区域。接下来，我们复制"销售情况统计表"的表头标题"单价"至"K1"单元格，然后在条件区域表头标题的下面输入条件值"＞5000"。

SETP2：填写【高级筛选】对话框。我们用鼠标点击【数据】菜单，选择其中的【筛选】功能旁边的【高级】，调出【高级筛选】对话框，然后勾选【将结果复制到其他位置】；【列表区域】选择整个"销售情况统计表"区域，即"A1：H367"；【条件区域】选择我们刚才创建的条件区域，即"K1：K2"；【将结果复制到】选择"K4"单元格，即将筛选出的结果从"K4"单元格起头，依次向下和向右排列。

这时，所有单价大于5000元的商品销售明细就被筛选出来了。

这里再延伸一下，如果我想取2016年一整年的销售明细，怎么办？那我们需要设置两个条件，第一个条件是销售日期大于2015年12月31日，第二个条件是销售日期小于2017年1月1日。然后两个销售日期条件是要同时满足的，所以他们是"与"的关系。两个条件横着写就可以了，与并列条件的高级筛选用法一样。只是条件区域的第一个销售日期表头下面的条件要输入"＞2015－12－31"，第二个销售日期表头下面的条件输入"＜2017－01－01"，意思是取2016年一整年的数据。如果取销售额在80万以上、100万元以下的销售明细，你也会了吧？自己动手练习一下吧。

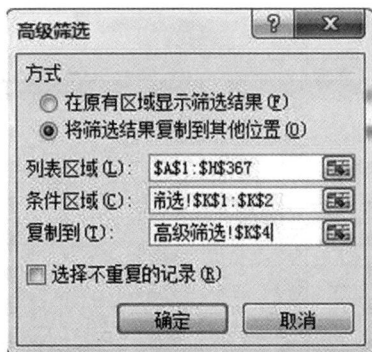

图 3 - 90 在对话框中输入相应内容

城市	类别	品牌	单价	数量	金额	销售人员	销售日期
			单价				
			>5000				
北京	电脑	戴尔	5,406	152	821,712	孙辉煜	2015-2-3
北京	电脑	戴尔	6,950	62	430,869	金雪花	2015-2-26
北京	电脑	戴尔	5,033	173	870,623	刘敬业	2015-9-2
北京	电脑	戴尔	5,840	195	1,138,703	李建杰	2015-10-15
北京	电脑	戴尔	6,473	103	666,668	刘英玫	2015-12-16
北京	电脑	戴尔	5,850	59	345,150	孙辉煜	2014-2-3
北京	电脑	戴尔	7,358	172	1,265,490	刘英玫	2014-7-11
北京	电脑	戴尔	7,236	121	875,556	张颖	2014-9-10
北京	电脑	戴尔	7,307	75	547,988	孙辉煜	2014-10-21
北京	电脑	戴尔	7,211	162	1,168,101	赵军	2014-10-22
北京	电脑	戴尔	7,470	138	1,030,860	李建杰	2014-11-26
北京	电脑	戴尔	6,036	73	440,628	孙英豪	2016-3-12
北京	电脑	戴尔	5,729	61	349,439	孙英豪	2016-6-2
北京	电脑	戴尔	7,410	143	1,059,630	张颖	2016-8-1
北京	电脑	戴尔	7,007	137	959,891	张颖	2016-9-10
北京	电脑	戴尔	5,381	103	554,192	孙辉煜	2016-10-21
北京	电脑	戴尔	6,879	193	1,327,647	李建杰	2016-11-26

图 3 - 91 数据被筛选出

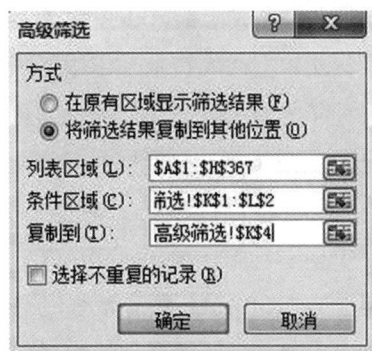

图 3 - 92 在对话框中输入

销售日期 >2015-12-31	销售日期 <2017-1-1						
城市	类别	品牌	单价	数量	金额	销售人员	销售日期
北京	电脑	戴尔	6,036	73	440,628	孙英豪	2016-3-12
北京	电脑	戴尔	5,729	61	349,439	孙英豪	2016-6-2
北京	电脑	戴尔	3,812	150	571,725	刘英玫	2016-7-11
北京	电脑	戴尔	7,410	143	1,059,630	张颖	2016-8-1
北京	电脑	戴尔	7,007	137	959,891	张颖	2016-9-10
北京	电脑	戴尔	5,381	103	554,192	孙辉煌	2016-10-21
北京	电脑	戴尔	4,467	62	276,954	赵军	2016-10-22
北京	电脑	戴尔	3,696	156	576,576	刘敬业	2016-11-3
北京	电脑	戴尔	6,879	193	1,327,647	李建杰	2016-11-26
北京	电脑	联想	7,148	133	950,618	孙辉煌	2016-8-8
北京	电脑	联想	4,067	155	630,308	张颖	2016-12-15
北京	空调	美的	6,170	149	919,256	张颖	2016-3-30
北京	空调	美的	4,719	50	235,950	金雪花	2016-5-6
北京	空调	美的	7,142	125	892,688	孙辉煌	2016-6-18
北京	空调	美的	7,256	51	370,031	孙辉煌	2016-12-16
北京	空调	志高	6,453	174	1,122,822	张雪眉	2016-1-16
北京	空调	志高	7,332	148	1,085,136	李建杰	2016-2-6

图 3 - 93　数据被筛选出

用法6：高级公式筛选。

这里介绍的高级公式筛选案例，可以看作是本章第一节的一个延伸，它也是快速核对数据的一种方法，只是稍微复杂一点，但是现在我们有了高级筛选的基础，再说这个就比较容易吸收了。

这是财务实战中一个典型的案例。案例的背景是这样的，集团公司要上线资金系统，建立集团资金中心，也就是我们所说的资金池，所有下属分子公司实行收支两条线，分别建立收入账户和支出账户，收入账户只收营业款项，收到款项后，当天上划到集团公司总账户，支出账户进行日常开支。在集团上线资金系统前，需要下属各公司将银行账户和往来客户信息报给集团公司，然后集团公司的系统工程师将信息录入到资金系统中去，录入后，凡是对公的往来款均要通过银行直接划转，所以银行账户的信息录入是否准确、完整非常重要。

现在，集团的系统工程师已经完成了银行账户的录入工作，需要你对目前财务ERP 系统中的银行账户信息与即将上线的资金系统银行账户信息进行核对。银行账户很多，本来有好几百个，为了方便练习，我们简化为几十个。现在已经下午 2 点了，晚上下班前要将核对结果上报集团。你能按时交作业吗？下面，我们看看能否用高级筛选功能 2 分钟搞定这个核对工作。

在这个案例中，我们要实现三种筛选结果：ORACLE 账务系统有，资金系统没有的银行账户清单；资金系统有，ORACLE 账务系统没有的银行账户清单；两个系统都有的银行账户清单。所以，我们不能像前面的高级筛选案例一样，只复制一个表头标题，然后下面输入筛选条件了，我们需要输入公式，让高级筛选帮助我们进行判断。

筛选条件 1：ORACLE 账务系统有，资金系统没有的银行账户清单。

STEP1：创建条件区域。这里的条件区域，因为要设置逻辑判断公式，表头标题与原始数据表头标题没有关系，所以不用与其一致，可以按照我们自己的需要取名，这里我们取名条件区域的表头标题为"ORACLE 有资金系统没有"，然后在其下面的单元格输入逻辑判断函数，这里输入的函数为" = ISERROR（MATCH（A2，$ B $ 2：$ B $ 34，0））"。

两个函数嵌套在一起叫做复合函数，在解读复合函数时，我们可以从外至内进行解读。最外面的函数为" = ISERROR（×××）"，"ISERROR"是两个英文单词组成，分别是"IS"和"ERROR"，组合在一起的意思是判断括号里面的内容是不是错误的，如果结果正确，公式就会输出结果"TRUE"，结果错误会输出"FALSE"。

里面的函数是"MATCH（A2，$ B $ 2：$ B $ 34，0）"，MATCH 函数的作用是在一行或一列中判断一个数据内容在这一行中是在第几列或在这一列中的第几行。比如，公司进行运动会，跑步比赛中，小明、小李、小王分别是比赛的前三名，假如我们将三个获奖者姓名排成一列，用 MATCH 判断小王在哪里，MATCH 输出的结果会是 3，意思是小王在这一列名单中的第三行。MATCH 的用法为 MATCH（找谁，在哪里找，0），【找谁】一般是直接链接单元格，这样就把要找的单元格内的数据取出来了；【在哪里找】是用鼠标选中一列（行）数据；【第三参数】比较简单，财务职场中 90% 的情况都是输入"0"。

"MATCH（A2，$ B $ 2：$ B $ 34，0）"在这里的意思是查找 ORACLE 系统银行账户明细表中"A2"银行账户是否在资金系统银行账户清单中（$ B $ 2：$ B $ 34）。填写高级筛选对话框，将公式选入条件区域，高级筛选会对列表区域的每个单元格（A2，A3，A4……A38）逐个用公式在"$ B $ 2：$ B $ 34"区域进行判断，然后将符合条件的数据筛选出来。

SETP2：填写【高级筛选】对话框。我们用鼠标点击【数据】菜单，选择其中的【筛选】功能旁边的【高级】，调出【高级筛选】对话框，然后勾选【将结果复制到其他位置】；【列表区域】选择整个"ORACLE 系统银行账户"区域，即"A2：A39"；【条件区域】选择我们刚才创建的条件区域，即"D1：D2"；【将结果复制到】选择"J2"单元格，即将筛选出的结果从"J2"单元格起头，依次向下和向右排列。

这时，ORACLE 账务系统有，资金系统没有的银行账户清单被筛选出来了。

ORACEL系统银行账户	浪潮资金系统银行账户
2898452682302095415	8934533623105568440
6701595910244661800	6710316231711593858
1736343657415979785	1736343657415979785
1888621221763563754	1888621221763563754
6805723014631857864	6805723014631857864
5516509725833784588	5516509725833784588
4934804674115090567	4934804674115090567
2197274718424742559	2197274718424742559
3854855336202085250	3854855336202085250
7399209076097271287	7399209076092903465
6910598940642195770	6910598940643743139
2407721622588024863	2407721622581230127
4707517110893055542	4707517110896996399
7399209076092903465	8829708381071327223
6910598940643743139	3466774813448474660
2407721622581230127	1114666788453613743
4707517110896996399	7354492459698208555
8829708381071327223	2798362654611226363
3466774813448474660	2692821168972999122

图 3-94　账务系统和资金系统的银行账户清单

ORACEL有资金系统没有
=ISERROR(MATCH(A2,$B$2:$B$34,0))

图 3-95　输入条件区域

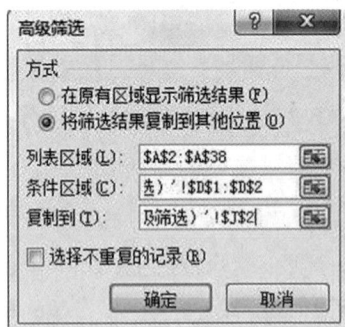

高级筛选

方式
- ○ 在原有区域显示筛选结果(F)
- ● 将筛选结果复制到其他位置(O)

列表区域(L): $A$2:$A$38
条件区域(C): 击)'!$D$1:$D$2
复制到(T): 及筛选)'!$J$2

□ 选择不重复的记录(R)

确定　取消

图 3-96　填写高级筛选对话框

ORACEL有资金系统没有
2898452682302095415
6701595910244661800
1736343657415979785
6910598940642195770
2407721622588024863
4707517110893055542
7399209076092903465
1114666788451186641
6304592636868634665
1114666788451186641
5984140011286440681

图 3-97　数据按照条件被筛选出

筛选条件 2：ORACLE 账务系统没有，资金系统有的银行账户清单。

STEP1：创建条件区域。与"筛选条件 1"一样，这里也是用公式设置条件区域，不同之处在于要用资金系统账户清单中的银行账户逐个在账务系统账户中进行判断，判断其是否在清单中。所以这里的函数，我们输入为" = ISERROR（MATCH（B2，＄A＄2：＄A＄38，0））"。

SETP2：填写【高级筛选】对话框。我们用鼠标点击【数据】菜单，选择其中的【筛选】功能旁边的【高级】，调出【高级筛选】对话框，然后勾选【将结果复制到其他位置】；【列表区域】选择整个"浪潮资金系统银行账户"区域，即"B2：B34"；【条件区域】选择我们刚才创建的条件区域，即"F1：F2"；【将结果复制到】选择"L2"单元格，即将筛选出的结果从"L2"单元格起头，依次向下和向右排列。

这时，ORACLE 账务系统没有，资金系统有的银行账户清单被筛选出来了。

图 3 - 98　输入条件区域

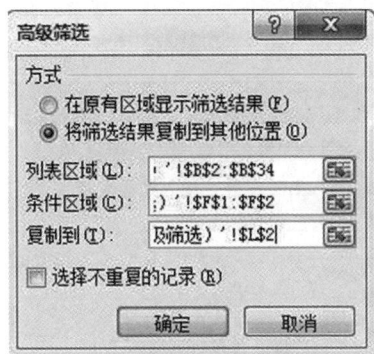

图 3 - 99　填写高级筛选对话框

筛选条件 3：ORACLE 账务系统和资金系统都有的银行账户清单。

STEP1：创建条件区域。这里的条件区域公式，我们设置为" = ISNUMBER（MATCH（A2，＄B＄2：＄B＄34，0））"。这里的 ISNUMBER 函数是判断引用的参数或指定单元格中的值是否为数字，是数字返回 TRUE，不是数字返回 FALSE。而 MATCH 函数是判断要查找的数据在一列（行）中的第几行（列），返回的结果为数字。所以如果 MATCH 函数找到的是数字，ISUNUMER 就会返回 TRUE，高级筛选会

资金系统有ORACEL系统没有

8934533623105568440

6710316231711593858

1736343657415979785

2692821168972999122

6304592636868634665

4632705613785873398

5984140011286440681

图 3 - 100 数据按照条件被筛选出

将对应的数据筛选出来；如果没有找到对应的数据，就会显示错误，由于结果不是数字，那么 ISNUMBER 就会返回 FALSE，高级筛选就不把这条数据筛选出来。

　　SETP2：填写【高级筛选】对话框。我们用鼠标点击【数据】菜单，选择其中的【筛选】功能旁边的【高级】，调出【高级筛选】对话框，然后勾选【将结果复制到其他位置】；【列表区域】选择整个 "ORACLE 系统银行账户" 区域，即 "A2：A38"；【条件区域】选择我们刚才创建的条件区域，即 "H1：H2"；【将结果复制到】选择 "N2" 单元格，即将筛选出的结果从 "N2" 单元格起头，依次向下和向右排列。

　　这时，ORACLE 账务系统和资金系统都有的银行账户清单被筛选出来了。

两个系统都有

=ISNUMBER(MATCH(A2,$B$2:$B$34,0))

图 3 - 101 输入条件区域

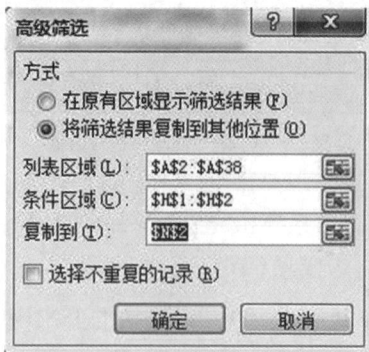

高级筛选

方式

○ 在原有区域显示筛选结果 (F)

● 将筛选结果复制到其他位置 (O)

列表区域 (L)：　$A$2:$A$38

条件区域 (C)：　$H$1:$H$2

复制到 (T)：　　$N$2

□ 选择不重复的记录 (R)

确定　　取消

图 3 - 102 填写高级筛选对话框

两个系统都有
2898452682302095415
1888621221763563754
6805723014631857864
5516509725833784588
4934804674115090567
2197274718424742559
3854855336202085250
7399209076097271287
6910598940643743139
2407721622581230127
4707517110896996399
8829708381071327223
3466774813448474660
1114666788453613743
7354492459698208555
3466774813443960411
4965694028618243231
1608585222141705555
6805411813848290557

图 3-103　数据按照条件被筛选出

用法 7：快速挑选名单。

公司在做销售分析，销售部门有 130 个销售员，本月有 30 个人受到客户投诉，公司想把这 30 个人的销售业绩查询出来，看看这 30 个人的销售业绩如何，再进行下一步的处罚处理。但是，用【自动筛选】功能，要筛选出来一个人名，然后再复制其销售业绩，这样就要筛选并复制 30 次……关键是还怕出现错误，那影响可就太大了，如何能够又快速又准确地把这 30 个人的销售业绩查询出来？用【高级筛选】！

STEP1：创建条件区域。这里的条件区域，就是"受投诉员工名单"，没错，你没看错，就是它。因为我们现在是想按照这个名单在"员工业绩情况表"中把这 30 个员工销售业绩提取出来，所以，这个"受投诉员工名单"，本身就是一列关系为"或"的筛选条件。

这里需要注意的是，"受投诉员工名单"作为条件区域，其表头标题"员工姓

员工姓名	销售额
王存庭	139391
刘守焱	44386
王卫东	173267
杨文彬	157712
单提仕	56637
朱希祥	196244
张传英	153197
康建波	55916
邹振海	190441
孙超	74726
李新侠	130993
武周国	47667
陈晓燕	126306
王利锋	43686
于桂梅	22016
张民道	75695
张文东	78126
刘进锋	64634
荆象厚	169330
张召国	144278
孟凡新	72612
张在伟	45288
杨丽	33543
李伟国	31237

图 3 - 104　　员工业绩情况表

名"必须与"员工业绩情况表"中的表头标题"员工姓名"一致，如果条件区域的表头标题设置为"受投诉员工姓名"则高级筛选会查询失败。

SETP2：填写【高级筛选】对话框。我们用鼠标点击【数据】菜单，选择其中的【筛选】功能旁边的【高级】，调出【高级筛选】对话框，然后勾选【将结果复制到其他位置】；【列表区域】选择整个"员工业绩情况表"区域，即"A1：B133"；【条件区域】选择"受投诉员工名单"，即"E1：E32"；【将结果复制到】选择"H1"单元格，即将筛选出的结果从"H1"单元格起头，依次向下和向右排列。

这时，这30个受过投诉销售人员的业绩清单被筛选出来了。

员工姓名
王存庭
刘守焱
邹振海
孙超
李新侠
武周国
陈晓燕
王利锋
于桂梅
张民道
张文东
杨丽
李伟国
李延林
张毅
郑海亮
刁兆国
谢娜
夏寅奇
刁玉岭
蒋琦
郑顺贤
祝绍英

图 3 - 105　受投诉员工名单

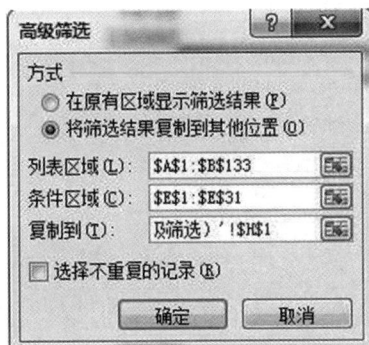

图 3 - 106　填写高级筛选对话框

员工姓名	销售额
王存庭	139391
刘守焱	44386
邹振海	190441
孙超	74726
李新侠	130993
武周国	47667
陈晓燕	126306
王利锋	43686
于桂梅	22016
张民道	75695
张文东	78126
杨丽	33543
李伟国	31237
李延林	162824
张毅	175093
郑海亮	72687
刁兆国	30045
谢娜	90929
夏寅奇	156678
刁玉岭	34194
蒋琦	180307
郑顺贤	45719
祝绍英	99613

图 3 - 107　数据按照条件被筛选出

第四章　瞬间完成海量数据统计分析工作

第 1 节　海量数据处理名将：数据透视表

　　这里，我们学习一下如何用数据透视表进行高效数据处理。数据透视表是 Excel 中对大批量数据处理最有效的工具，它的功能本质上是对数据进行分类汇总，即把明细数字按照类别进行归集。简单点讲，类似于我们财务中用明细账生成总账，然后总账生成资产负债表、利润表和现金流量表一个道理。比如，资产负债表中的银行存款，实际上是由企业一年的银行存款收付数据汇总计算的最后结果。

　　刚入门学习 Excel 的朋友，会感觉数据透视表学习起来很困难，因为财务人员往往对信息处理界面有畏惧感，而数据透视表刚一生成的时候，由于没有进行简化、美化，会给人造成难以掌握的错觉。实际上，看完这一章，你会轻松掌握数据透视表里 90% 的功能。这里我总结了数据透视表的快速入门技能，暂且叫做"数据透视表 8 步快速处理"，让我们开始学习吧。

第 1 步：基础数据规范性检查

　　我们在本书的第一章，讲过基础数据规范的重要性。对于数据透视表，基础数据的规范性是不得不提的，因为没有规范的基础数据，数据透视会发生错误，甚至无法使用。

　　首先，要保证数据结构规范。如果想对数据进行分类汇总，深入分析，要保证数据是一维数据。什么是一维数据？我们第一章讲过……

　　一维数据就是只有一个标题行，标题下面就是数据，表头标题按照列，从左至右排列下去，看一个表头标题就知道下面是什么类型的数据。比如之前举的例子，如果我们想知道一个美发店各理发师的业绩情况，我们要设计几个表头标题（也叫字段标题）进行统计："日期""消费项目""消费金额""理发师编号"等等，这些标题通常写在 Excel 的第一行，然后从左到右依次排列，一个表头标题引领一列内容。之后，我们按照消费记录，每天都对各表头标题下面的数据进行统计，这样就形成了我们的一维数据。与一维数据对应的是二维数据，我们常用的利润表就是二维数据，因为它的每一个项目都是由两个表头标题决定的，例如想知道利润表中的"本年营业收入"，需要先找到横向标题"本年数"，还要再找到纵向标题"本年累计数"，才能确定"本年营业收入"的内容。

另外，还要保证数据内容和格式规范。除了上述所说的数据结构要规范以外，我们还要保证数据内容和格式规范，也就是我们之前提到的，数据内容不要出现表格"十宗罪"：（1）合并单元格；（2）二维标题；（3）空白单元格；（4）空白行/列；（5）数值和单位记录到一起；（6）小计行；（7）文本型数值（如用于计算就是罪）；（8）不合规日期；（9）记录不完整；（10）同一记录描述不统一。

在处理数据前检查数据是财务职场人士要养成的重要习惯，否则，等到后期把数据报给上级机构或领导，再发现错误，就为时已晚了。所以，每次做数据分析前，都要检查一下基础数据。这个步骤非常重要！

第2步：调出【数据透视表和数据透视图向导】

调出【数据透视表和数据透视图向导】有两种方法，第1种是将其添加到【快速访问工具栏】，然后用鼠标点击调出；第2种方法是用快捷键调出。下面我们分别进行说明。

方法一：【快速访问工具栏】调出。

STEP1：鼠标右键点击位于 Excel 左上角的【快速访问工具栏】，选择【自定义快速访问工具栏】。

STEP2：在【自定义快速访问工具栏】对话框，【从下列位置选择命令】中选择【所有命令】。

STEP3：找到【数据透视表和数据透视图向导】，点击【添加】，这时【数据透视表和数据透视图向导】就被添加到右侧的对话框中。点击【确定】。

STEP4：这时查看【快速访问工具栏】，【数据透视表和数据透视图向导】快速访问按钮出现了。

STEP5：点击【数据透视表和数据透视图向导】按钮，【数据透视表和数据透视图向导】对话框出现了。

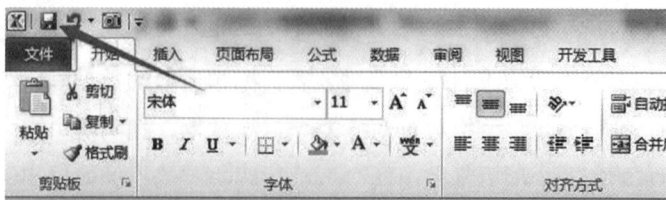

图 4-1　鼠标右键点击【快速访问工具栏】

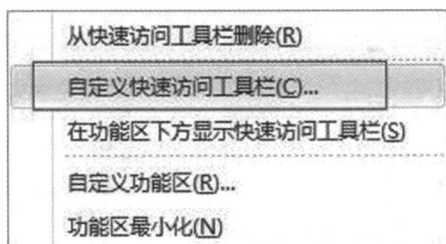

图 4 - 2 选择【自定义快速访问工具栏】

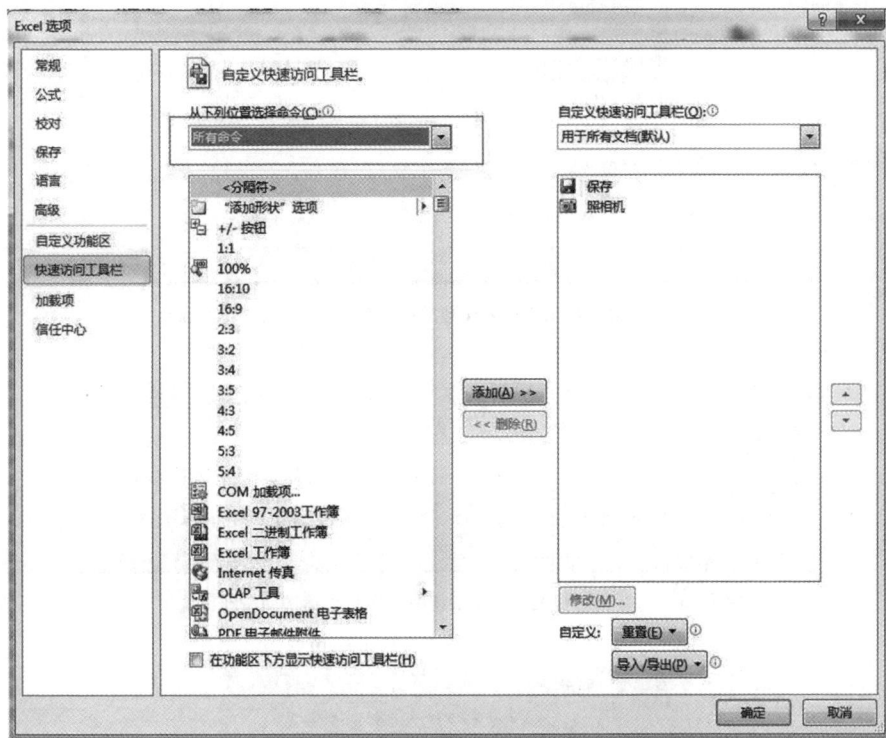

图 4 - 3 【从下列位置选择命令】对话框选择【所有命令】

方法二：快捷键调出。

快捷键调出方法比较简单，直接点击键盘上的【ALT + D + P + P】，最后两下 P，要快点按，【数据透视表和数据透视图向导】对话框就调出来了。

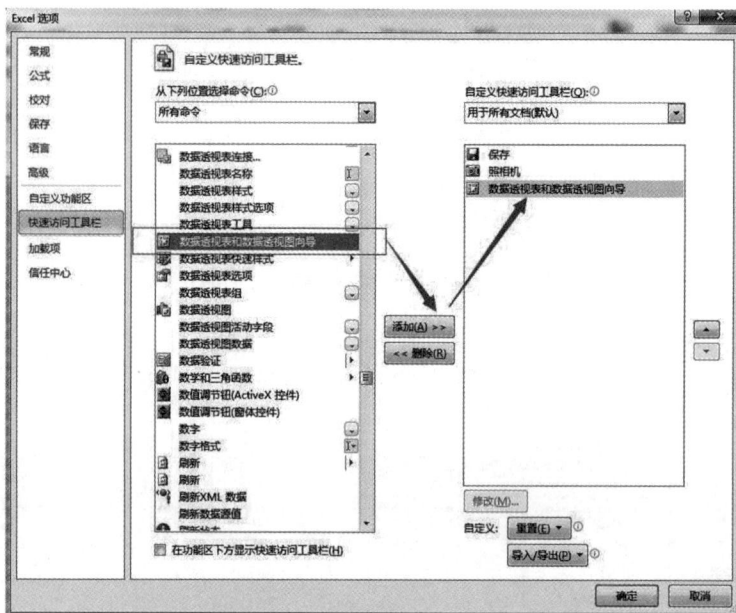

图4－4　找到【数据透视表和数据透视图向导】，点击【添加】

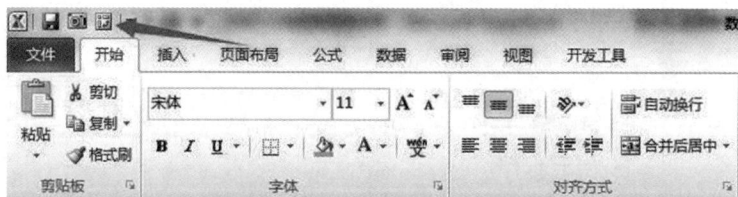

图4－5　【数据透视表和数据透视图向导】快速访问按钮出现了

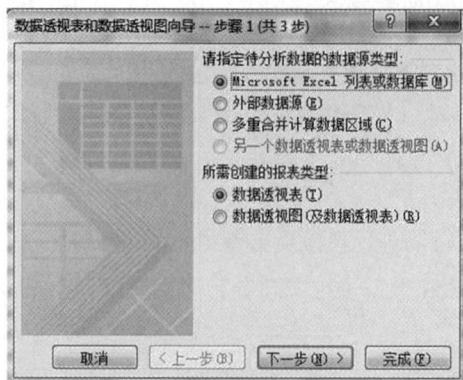

图4－6　【数据透视表和数据透视图向导】对话框

第3步：数据透视表的布局

需要注意的是，在调出【数据透视表和数据透视图向导】之前，要先用鼠标点击基础数据表的任意一个单元格，尽量不要把鼠标放在空白单元格处。

进入【数据透视表和数据透视图向导】后，我们会发现，对话框标题提示我们是在"步骤1（共3步)"。这个对话框有两个大的选项，分别是【请指定待分析数据的数据源类型】和【所需创建的报表类型】。

第一大选项【请指定待分析数据的数据源类型】中，我们在财务职场中用的最多的一般是【Microsoft Excel 列表或数据库】和【多重合并计算数据区域】。【Microsoft Excel 列表或数据库】用于一维数据的处理；【多重合并计算数据区域】主要有两个用途：多个表格的合并汇总和二维数据转化为一维数据。

第二大选项【所需创建的报表类型】，一般我们选择默认的【数据透视表】，因为数据透视图不是特别好用，如果需要在数据透视后制作图表，我们会采取手工方式更为方便。

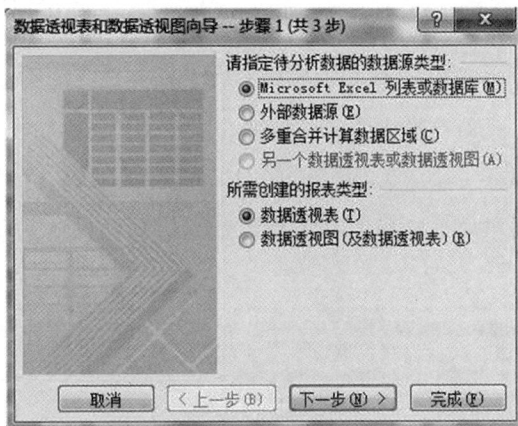

图4-7 【数据透视表和数据透视图向导】步骤1

下面我们先讲解一维数据的快速分析。【数据透视表和数据透视图向导】对话中，第1大选项【请指定待分析数据的数据源类型】选择【Microsoft Excel 列表或数据库】；在第2大选项【所需创建的报表类型】中选择的【数据透视表】，也就是默认的选项。

这时，我们进入了【数据透视表和数据透视图向导】的"步骤2"，这个步骤是让我们选择要进行数据透视的基础数据区域。如果我们刚才在调出向导前，已经点

	A	B	C	D	E	F	G	H	I	J
1	年份	月份	客户名称	报关方式	报关单号	柜量	货名	经营单位	报关费	处理人员
2	2015	1	A00010	陆地	800415554	80	HM0008669	KH000724	26,400	蔡壮保
3	2015	1	A00087	航空	800727856	99	HM0007843	KH000531	32,670	易江维
4	2015	1	A00033	航空	800334180	80	HM0008079	KH000349	26,400	刘曼星
5	2015	1	A00065	陆地	800138863	68	HM0007571	KH000127	22,440	卢钦钧
6	2015	1	A00038	港口	800938759	84	HM0008314	KH000263	27,720	萧百薇
7	2015	1	A00094	港口	800753868	39	HM0006903	KH000258	12,870	莫两凯
8	2015	1	A00041	航空	800188301	13	HM0008628	KH000890	4,290	张顺廉
9	2015	1	A00026	航空	800319868	70	HM0007519	KH000513	23,100	夏莱治
10	2015	1	A00093	港口	8006					
11	2015	1	A00047	港口	8009					
12	2015	1	A00046	航空	8008					
13	2015	1	A00043	航空	8008					
14	2015	1	A00044	航空	8002					
15	2015	1	A00060	航空	8001					
16	2015	1	A00063	航空	8002					
17	2015	1	A00099	航空	800825746	18	HM0006768	KH000506	5,940	易江维
18	2015	1	A00051	陆地	800558617	92	HM0008368	KH000307	30,360	刘曼星
19	2015	1	A00011	陆地	800918517	63	HM0008326	KH000359	20,790	卢钦钧
20	2015	1	A00057	港口	800837890	60	HM0007275	KH000508	19,800	萧百薇
21	2015	1	A00041	航空	800350716	38	HM0007944	KH000323	12,540	莫两凯
22	2015	1	A00052	陆地	800625749	44	HM0007718	KH000611	14,520	张顺廉
23	2015	1	A00042	航空	800844924	14	HM0006888	KH000402	4,620	夏莱治
24	2015	1	A00029	航空	800986054	79	HM0007810	KH000656	26,070	蔡壮保
25	2015	1	A00047	港口	800681533	87	HM0008309	KH000349	28,710	易江维
26	2015	1	A00066	航空	800755463	15	HM0008790	KH000262	4,950	刘曼星
27	2015	1	A00095	航空	800299966	75	HM0007169	KH000116	24,750	蔡壮保

图 4 - 8 　【数据透视表和数据透视图向导】步骤 2

击了基础数据区域的某个单元格，这个时候你会发现，Excel 已经很智能地帮助我们选择了整个数据区域。如果没有自动选择上怎么办？别着急，我们可以手工选择。

　　手工选择数据区域有两个方法：选中 "A1" 单元格，按下快捷键【CTRL + A】（全选），这样表格中所有有数据的区域就被选择上了；点击 "A1" 单元格，按下快捷键【CTRL + SHIFT + →】（选择到最后边的数据区域），接着，再按下快捷键【CTRL + SHIFT + ↓】（选择到最下边的数据区域），这样表格中所有有数据的区域也可以被选择上。

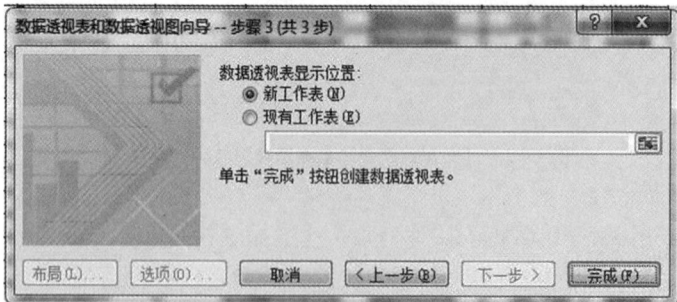

图 4 - 9 　【数据透视表和数据透视图向导】步骤 3

　　点击【完成】，进入了【数据透视表和数据透视图向导】的 "步骤 3"，这个步骤是询问你想把数据透视表放在一张新工作表上，还是在原有基础数据表上显示。

一般情况下，为了防止数据透视生成的表格覆盖原有基础数据区域，我们选择默认的【新工作表】就好了。

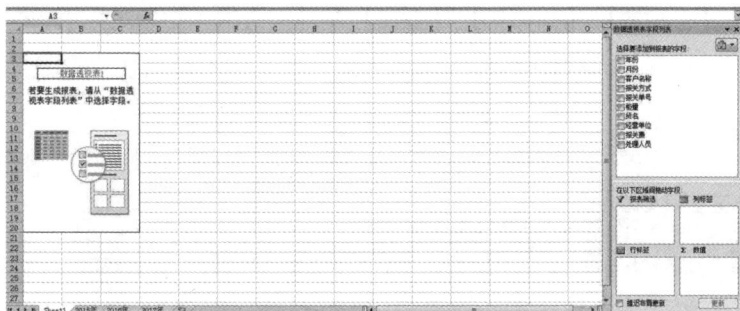

图 4 – 10　字段布局界面

设置好 3 个步骤后，我们发现 Excel 工作簿中多了一张新表，也就是我们刚刚生成的数据透视表。但是这个数据透视表是空白的，什么也没有，还需要我们进行布局。

对于左边的数据透视表空白区域，我们暂且叫做【数据透视表画布】，右边的叫做【数据透视表字段列表】。想生成我们想要的分析报表，需要将字段在【数据透视表字段列表】中进行布局，然后想要的报表就在【数据透视表画布】生成了。

那么，怎么对字段进行布局呢？一般来讲，我们会把第一重要的项目放在表格的"行"，把次重要的项目放在表格的"列"。如果想不明白，就想想我们经常接触的利润表。利润表中，放在行的字段标题是项目，标题的下面就是明细项目：主营业务收入、主营业务成本、管理费用、销售费用等等，而利润表的列字段标题有三个，分别是：上年累计数，本月数和本年累计数。所以，如果我们想用明细账做成利润表，我们肯定会把会计科目放在"行"标题，而把不同的期间类别放在"列"标题。

好了，按照上面说的原则。我们开始进行布局。行和列放什么项目跟你想要的分析结果有直接关系，想分析什么，什么就是最重要的，就把谁放在行。

比如，我们现在想分析的这张基础数据表是一家报关公司的业务统计表。在做经营分析的时候，我们可以考虑以下几个维度切入：

第一，分析不同业务的收入情况。

分析不同报关方式的收入情况，我们可以把"报关方式"这个字段放在【行标签】，由于没有另外的期间等约束，收入对应的是"报关费"字段，所以我们直接把

"报关费"放在【数值】。怎么把字段放入对应的地方呢？直接用鼠标在【数据透视表字段列表】中点击想要设置的字段，然后按住鼠标拖动到【数据透视表字段列表】下面相应的【行标签】、【列标签】、【数值】及【报表筛选】就可以了。

这样，不同报关方式的收入情况就统计好了。是不是很快？没跟上？我们接着来。

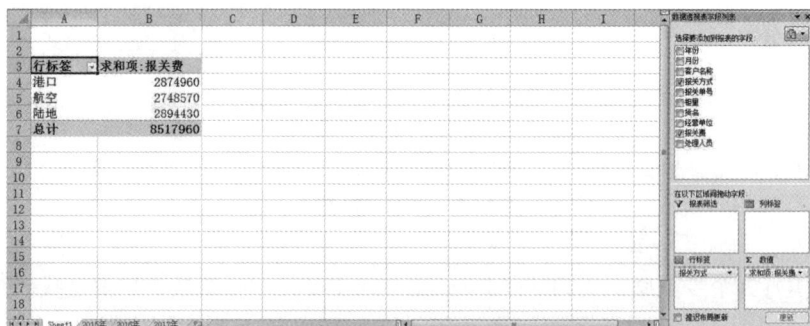

图 4 - 11　对字段布局

第二，分析客户各月份业务量情况。

分析客户各月份业务量情况可以把握一些季节性或周期性的规律，从而合理安排企业人力及其他资源，对促进销售效果也会有很重要的作用。

这里，我们想分析客户各月份的业务量情况，那么最重要的分析维度其实还是客户，那么，我们就把"客户"放在【行标签】，而"月份"作为辅助分析的维度，我们把它放在【列标签】，这里行和列都有标题了。我们统计什么呢？当然是业务量，这里反应业务量的数据就是"柜量"，我们把它放在【数值】。

客户各月份业务量情况统计好了。这里需要说明的是，再做下一次数据透视表布局前，我们需要清空之前的结果。怎么清空？与加入字段是一样的，不想要哪个字段时，只要把【行标签】、【列标签】、【数值】中的字段，用鼠标选中，拖回【数据透视表字段列表】就可以了。

第三，按照业务项目查看客户各月份业务量情况。

按照报关方式查看不同客户各月份业务量情况，感觉好拗口的样子……我解释一下你就明白了。其实就是在刚才客户各月份业务情况表的基础上，我们想再加一个分析维度，让领导可以按照报关方式对业务量情况进行查询，增加了数据维度，可以让领导决策时，信息更加全面，也会有针对性地采取有效的措施。

这次统计分析，最重要的分析维度还是客户，我们把"客户"放在【行标签】，

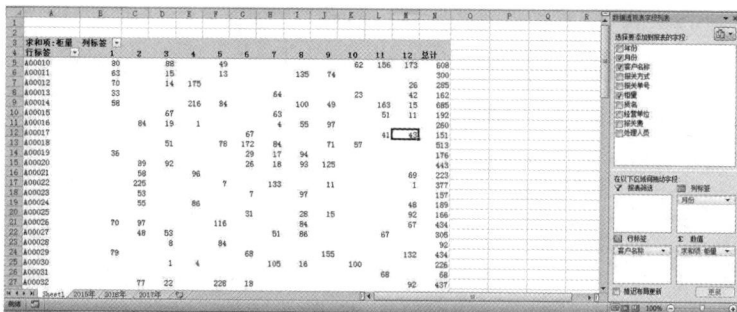

图 4-12 对字段布局

"月份"作为辅助分析的维度放在【列标签】，"柜量"放在【数值】。然后，"报关方式"放在【报表筛选】。

这时，我们想要的数据分析表格就做好了。你可以点击一下生成的数据透视表最上方的"报关方式"处的筛选按钮，这里可以选择查看"全部""航空""港口""陆地"。领导想看哪类业务情况都可以，类似一个小数据库，查询起来非常地方便灵活。

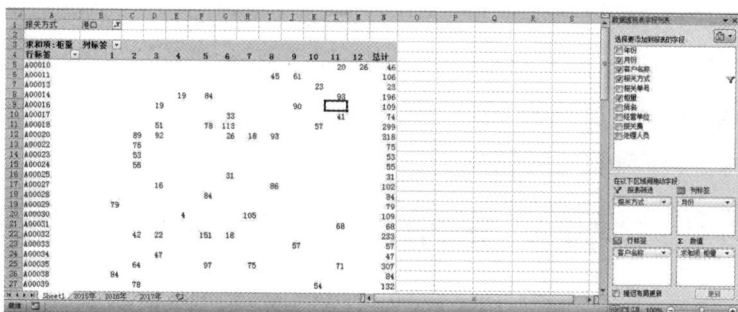

图 4-13 对字段布局

第四，分析业务人员业绩情况。

公司想分析一下业务人员的业绩情况，作为员工年终考核的依据，对业绩突出的员工进行奖励和提拔，对业绩没有完成的员工，强化培训和辅导。这里，我们还是沿用上个例子中的数据透视表布局。因为这里是对业务人员的业绩情况进行统计，最重要的字段已经不是客户了，而是员工，所以我们需要在行标签上，把员工加上。员工对应的字段是"处理人员"，布局方法还是一样，把"处理人员"字段用鼠标选中，拖拽到【行标签】。

这里需要非常注意的，"处理人员"被拖拽到【行标签】后，【行标签】有了两个字段："处理人员"和"客户名称"，拖拽时，要保证"处理人员"在"客户名称"的上方。因为哪个字段在上面，哪个字段就在数据透视表表格的最左列。也就是说，最重要的数据要放在表格的最左边，这样表格的结构逻辑性才会强。

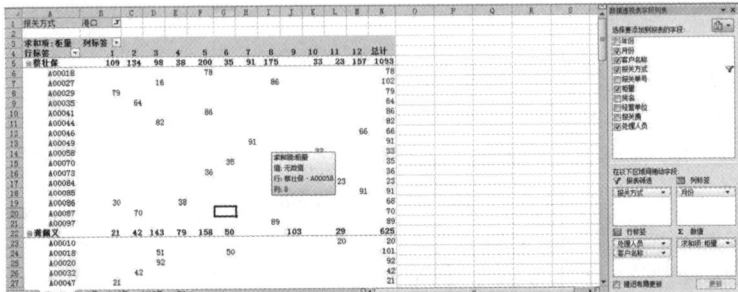

图4-14　对字段布局

好了，数据透视表的布局就是这么简单，简单来讲就是首先要明确你分析的目的，然后根据目的选取字段。最重要的字段要放在【行标签】；次重要的要放在【列标签】；想统计金额就把金额字段放在【数值】处，想统计业务量就把业务量放在【数值处】；【报表筛选】放置你想要按不同类别进行分析的字段；如果一个字段放在【行标签】或【列标签】不够怎么办？继续加……不过还是要保证最重要的字段放在【行标签】或【列标签】的最上面。这一切的一切就是为了保证数据分析的时候有足够的逻辑性，上级和自己才会非常清晰地领会数据背后的意思。

第4步：数据透视表"美化四板斧"

有没有发现，当我们把数据透视表的字段增多时，我们的【数据透视表画布】区域就变得混乱不堪了，这样的表格，在思路非常清晰的情况下，自己看都有点费劲，更别说给上级领导看了。上级看了不但不会给我们加分，反而会批我们一顿，数据分析呈现出的界面应该是清晰明了的，而这样的数据透视表呈现方式远远达不到我们的要求。

所以，我们除了要学会对数据透视表进行布局还要学会美化。怎么美化呢？我们可以按照数据透视表"美化四板斧"进行美化：【不显示分类汇总】；【对行和列禁用】；【以表格形式显示】；【数据透视表样式－清除】。

数据透视表"美化四板斧"的四个设置都在哪里呢？我们点击【数据透视表画布】数据区域中的任意一个单元格，然后在新出现的【设计】菜单中进行设置。还是接着上一个案例继续练习。具体操作如下：

STEP1：第一板斧【不显示分类汇总】。在【设计】菜单中，选择【分类汇总】中的【不显示分类汇总】。这时，数据透视表中的分类汇总求和项目消失了。

STEP2：第二板斧【对行和列禁用】。在【设计】菜单中，选择【总计】中的【对行和列禁用】，我们会发现，数据透视表中的行和列小计项已经消失了。

STEP3：第三板斧【以表格形式显示】。在【设计】菜单中，选择【报表布局】中的【以表格形式显示】。这个步骤做好后，数据透视表中的"处理人员"和"客户名称"字段的排列更加清晰了。

STEP4：第四板斧【数据透视表】中的【清除】。在【设计】菜单中，选择【数据透视表】中的【清除】。现在，数据透视表是不是比做数据透视表"美化四板斧"之前布局和展示得更加清晰明了？

数据透视表"美化四板斧"非常实用，尤其是当你布局数据透视表的时候，思路会突然混乱，这个时候，用"美化四板斧"美化一下，思路就会又重新恢复清晰。我们做数据透视的目的就是为了更好地展示我们的分析结果，晦涩难懂只会让人心生反感和抵触，所以呈现的形式一定要让不熟悉财务的人一眼能看明白，这样大家才能够迅速捕捉到你想表达的意思，这样才是成功的数据分析。

图4-15 在【设计】菜单中，选择【分类汇总】中的【不显示分类汇总】

第5步：修改字段名称

接下来，我们要修改数据透视表的字段名称。有人会问，我当时设置基础数据字段的时候不是已经有字段名称了吗？为什么还要修改数据透视表的字段名称？原因有两个，首先，基础数据被数据透视后，有时数据透视显示的字段会有所变化，所以，我们要把数据透视表的字段修改一下；另外，因为我们做的是展现给人看的

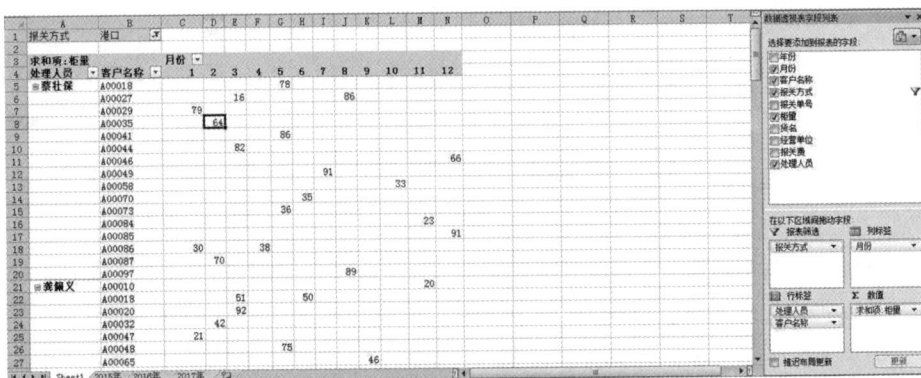

图 4-16 【不显示分类汇总】后的效果

图 4-17 在【设计】菜单中，选择【总计】中的【对行和列禁用】

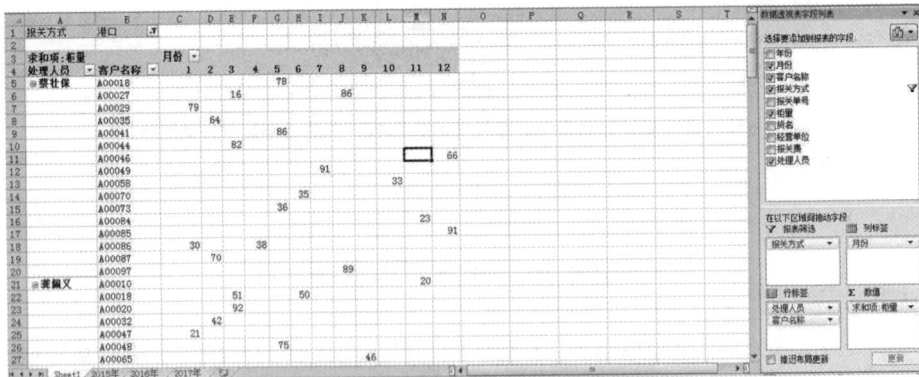

图 4-18 【对行和列禁用】后的效果

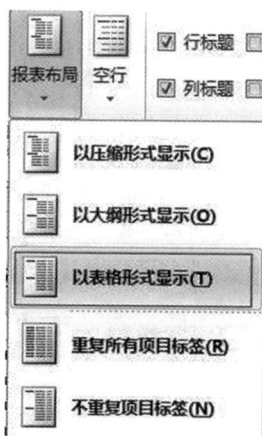

图 4－19 在【设计】菜单中，选择【报表布局】中的【以表格形式显示】

图 4－20 【以表格形式显示】后的效果

表格，为了达到更清晰表达的目的，我们也会修改字段。

好了，还是接着上面的案例来进行练习。仔细观察一下我们的数据透视表，我们会发现，有些字段如果我们直接报送给其他人看，有些人会看不懂，比如表中的字段"求和项：柜量"，看起来就感觉很奇怪，不知道在表达什么。实际这个字段的意思是想说透视表中的数值是业务量的求和数。但是，这个字段实际上我们可以不要。

怎么修改字段呢？直接点击这个字段，然后在编辑栏中就可以改了。但是，我们直接删除编辑栏的文字后，敲击回车，会提示【不能将空值用作数据透视表中的数据项或字段名】，也就是不让我们修改。怎么办？我们在编辑栏中输入一个空格，再敲击回车。现在是不是修改成功了？

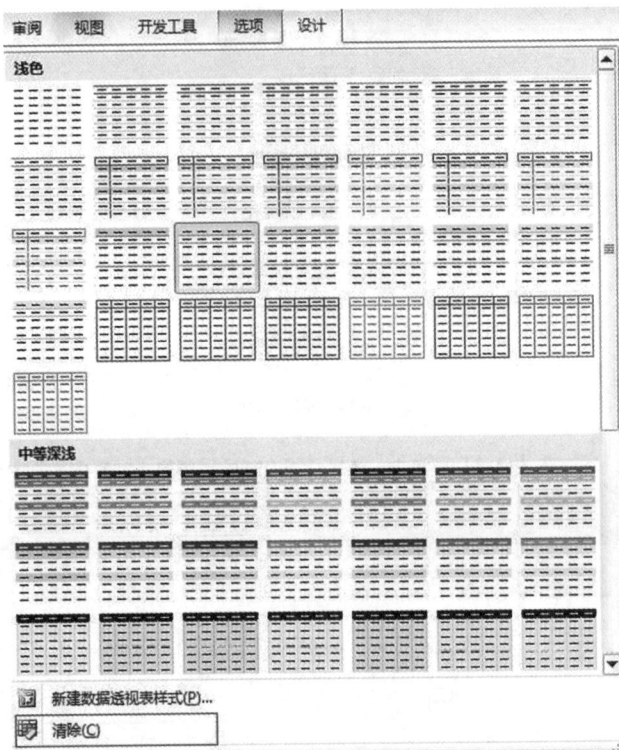

图 4-21 在【设计】菜单中,选择【数据透视表】中的【清除】

图 4-22 【清除】样式后的效果

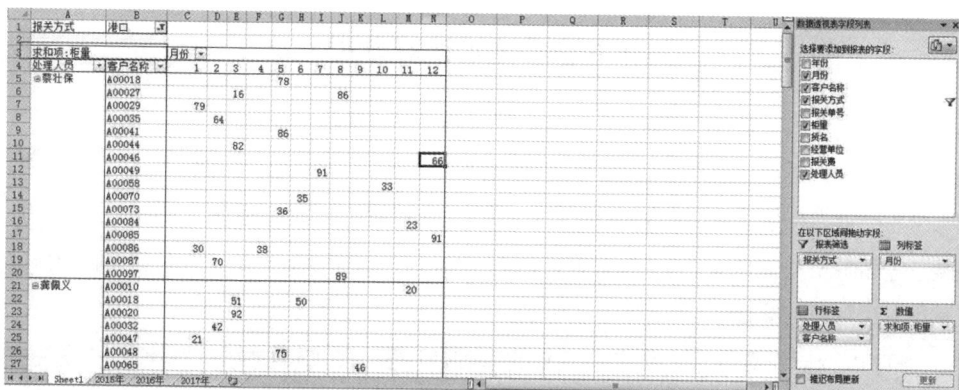

图 4-23 字段"求和项：柜量"需要清除

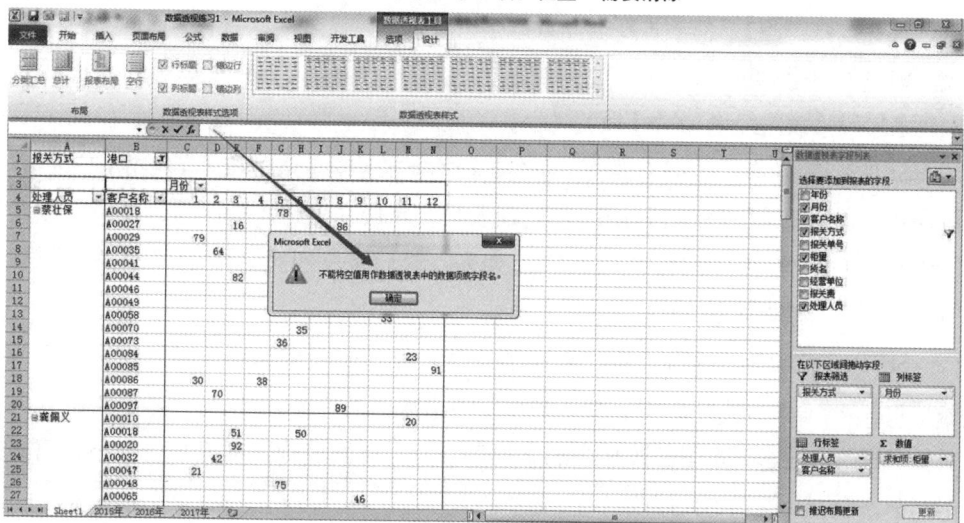

图 4-24 提示【不能将空值用作数据透视表中的数据项或字段名】

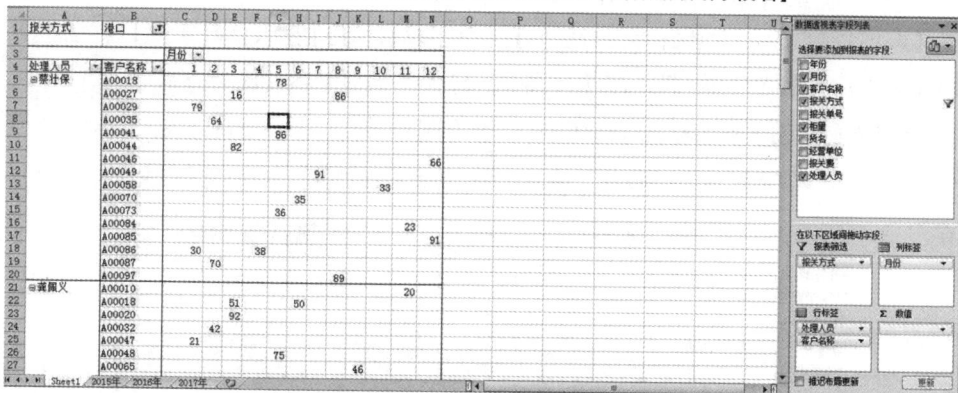

图 4-25 修改字段成功

第 6 步：增加计算方式

假如，上级的要求又加强了。不止要分析收入情况，还让我们对业务的成本效益情况进行分析，现在我们在原有基础数据表上增加一列成本数据。然后在上个案例的基础上，按照客户计算成本效益，这样，我们就可以看出哪些客户是优质客户，哪些是稍微差一点的，然后考虑怎么对客户进行分类管理，从而实现更好的盈利。下面，我们开始实操。

STEP1：更新数据源。我们在原来的基础数据表中，新增加了一列字段"报关成本"，现在想将新的基础数据区域重新进行数据透视。我们可以在【选项】菜单中，选择【更改数据源】，然后重新选择数据区域。

STEP2：刷新数据透视表。回到数据透视表，点击【选项】菜单中的【刷新】，数据表字段列表已经增加了【报关成本】字段。

SETP3：重新布局数据透视表。现在，新的要求是对业务的成本效益情况进行分析。我们首先把，【行标签】中的"处理人员"字段、【列标签】的"月份"以及【数值】中的"柜量"字段拖拽回字段列表；然后将字段列表中的"报关费"和"报关成本"拖拽到【数值】。

SETP4：修改字段名称。将"求和项：报关费"和"求和项：报关成本"修改为"报关费"和"报关成本"。修改方法是点击数据透视表中的相应字段，然后在编辑栏中修改。注意，这里修改相应的字段后，要在字段名称的前面加一个空格再敲击回车，否则会提示不让修改。

SETP5：增加计算字段。点击数据透视表中的字段标题"报关成本"，然后在菜单【选项】中【域、项目和集】选择【计算字段】。在【插入计算字段】对话框中的【名称】中输入"毛利"，在【公式中】输入"＝报关费－报关成本"。

SETP6：修改字段名称。对新增加的"求和项：毛利"字段进行修改，修改为"毛利"。到这一步，各个客户的收入、成本、毛利情况就已经非常清晰地展示出来了。

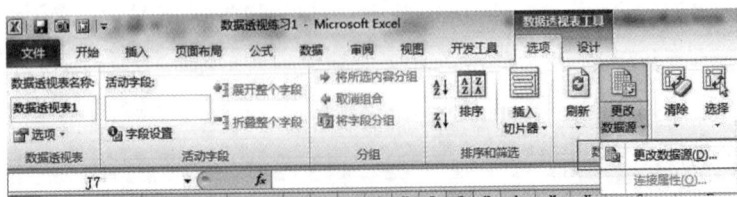

图 4-26　在【选项】菜单中，选择【更改数据源】

图 4 - 27　重新选择数据区域

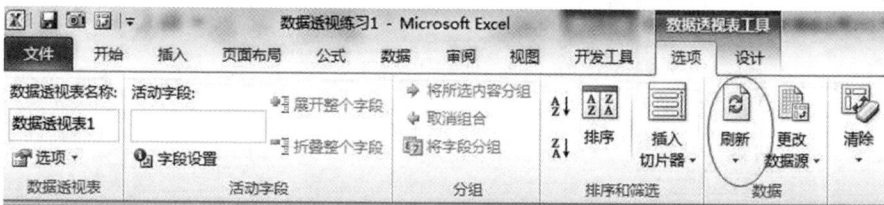

图 4 - 28　点击【刷新】

图 4 - 29　数据表字段列表已经增加了【报关成本】字段

EXCEL 带你玩转财务职场

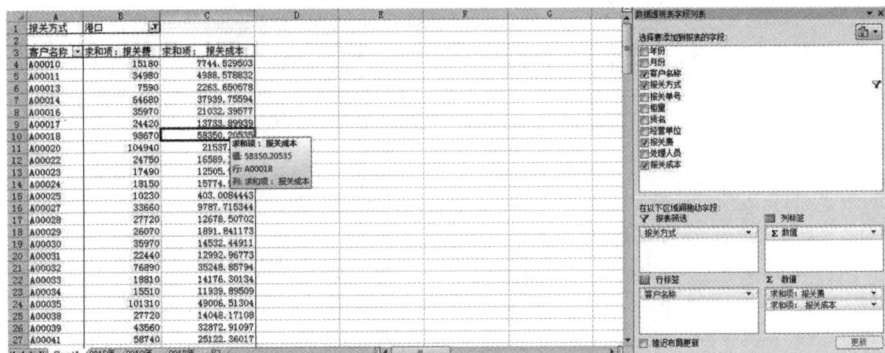

图 4-30 重新布局数据透视表

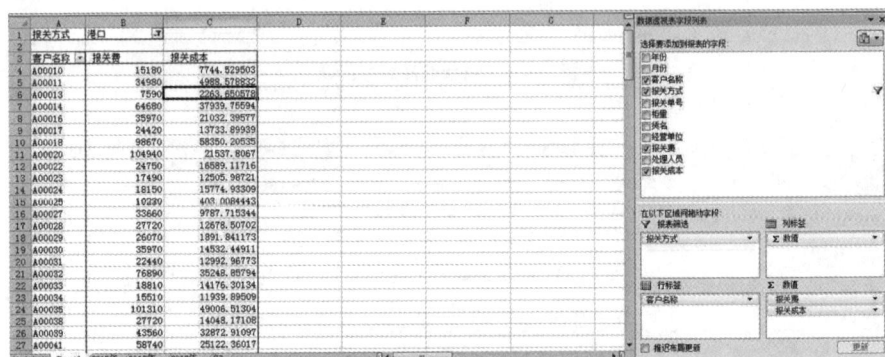

图 4-31 修改字段名

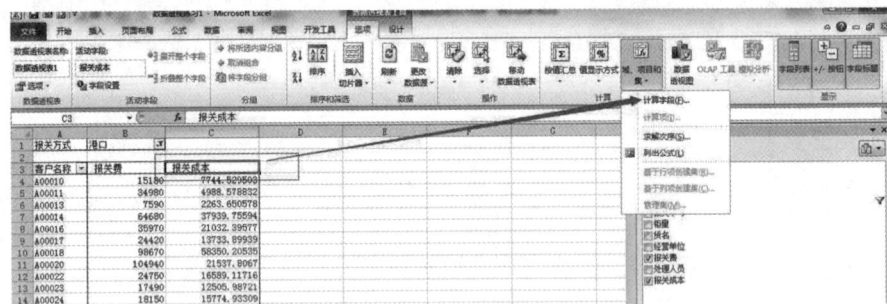

图 4-32 在菜单【选项】中【域、项目和集】选择【计算字段】

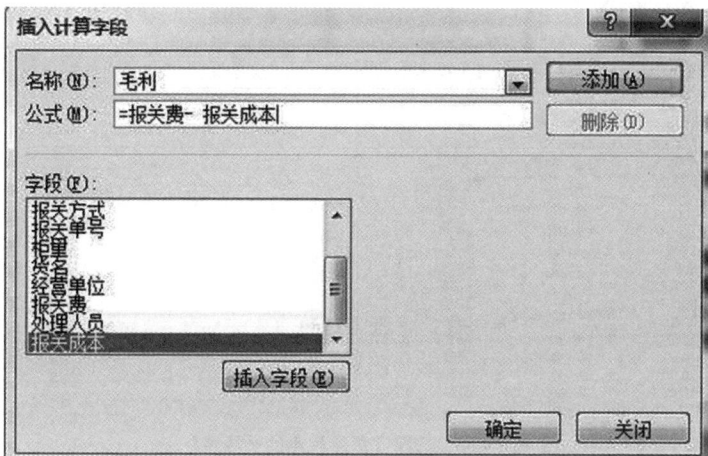

图 4 - 33　在【插入计算字段】对话框中输入毛利公式

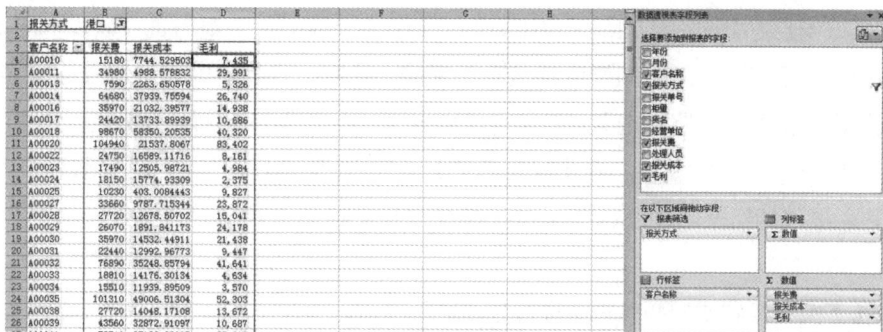

图 4 - 34　修改 "求和项：毛利" 字段

第7步：自主巧妙排序

数据透视表自带排序功能，可以对字段内容进行升序和降序排列。我们想对哪个字段排序，就先选中哪个字段的任意一个单元格，然后点击鼠标右键，选择【排序】中的【升序】或者【降序】。

在本案例中，我们想让客户名称按照降序排列，那我们就先用鼠标选中数据透视表 "客户名称" 表头标题下面的任意一个单元格，点击鼠标右键，选择【降序】，我们会发现 "客户名称" 中的编号按照从大到小的顺序排列了。

这里的 "客户名称" 字段数据内容正好开头编号都是 "A"，后面跟着数字，所以很容易按照升序或者降序排列。但是，如果字段内容不是数字，是文字，再用

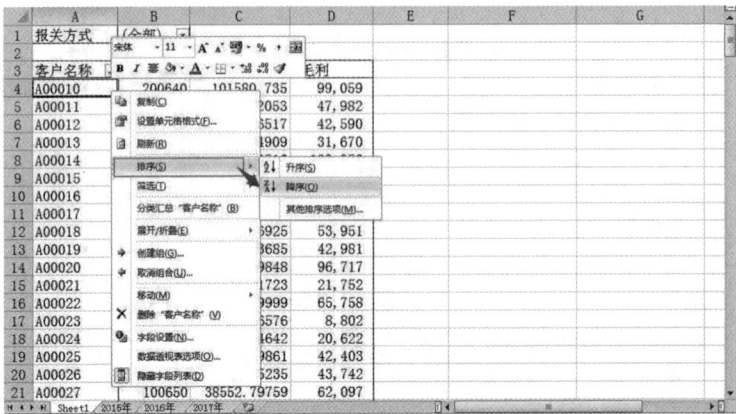

图 4-35　选择【排序】中的【降序】

【排序】或者降序就不好使了，因为我们是按照自己的规则对文字内容进行排序的，比如在很多企业里面，部门都是有排序的：销售部、企划部、财务部、研发部等等，有些企业甚至连每个副总的座位都是有讲究的。这时，我们就需要对字段的文字内容按照需求排序。按照特定需求排序有两种方法：手工排序和自定义排序。

继续我们本节的案例，将【报表筛选】中的"报关方式"和【行标签】中的"客户名称"调换一下顺序，即现在我们想按照"报关方式"对业务效益情况进行分析。

接下来，我们使用两种方法进行分别进行练习。

方法一：手工排序。

手工排序就是直接用鼠标拖拽字段到想要的位置。这里，我们想把"陆地"排在"港口"前，只要用鼠标选中"陆地"，用鼠标拖拽至"港口"前。

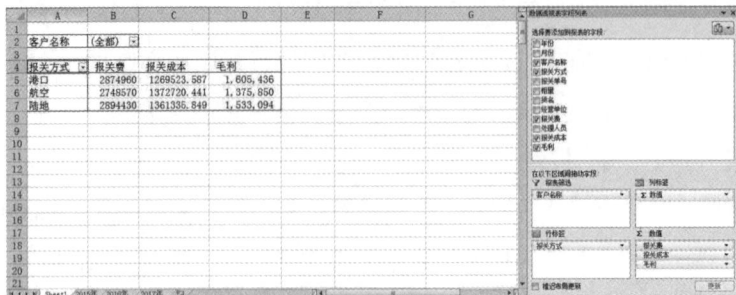

图 4-36　对数据透视表重新布局

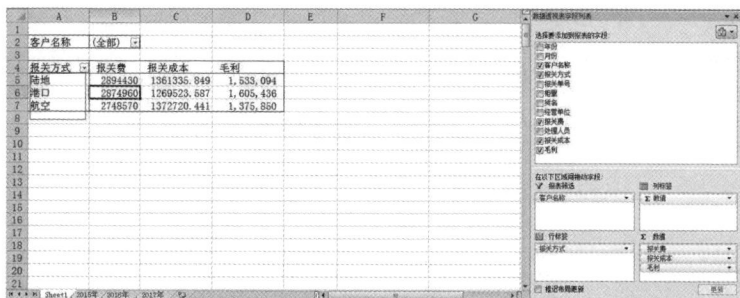

图 4 - 37　用鼠标拖拽字段实现手工排序

方法二：自定义排序。

如果需要排序的内容较多而且顺序固定，我们就需要先自定义一个排序列表，然后按照这个排序列表排序。

SETP1：构建自定义序列区域。首先在表格空白处，构建自定义排序区域，顺序是：陆地、航空、港口。

SETP2：编辑自定义序列列表。在【开始】菜单选择【选项】，在【Excel 选项】对话框，【高级】中点击【编辑自定义列表】；在【导入】中选择刚才设置的自定义排序序列，点击【添加】。这时，我们会发现刚刚构建的自定义排序序列已经在【自定义序列】列表中出现了。

SETP3：让数据按照自定义序列的顺序排序。鼠标选择数据透视表"港口"字段，点击鼠标右键，选择【排序】中的【其他排序选项】，在对话框中选择【其他选项】；然后，取消勾选【每次更新报表时自动排序】，在【主关键字排序次序】中选择刚刚添加的序列。这样就为下一步的按照自定义序列排序打好基础了。以后不用每次都这样做，这个序列已经被记录在 Excel 序列列表中了，每次更新数据时直接按照自定义序列排序就可以了。

再次选择"港口"字段，点击鼠标右键，在【排序】选择【升序】，字段顺序已经按照自定义序列排序。是不是非常方便？

自定义排序和手工排序的区别是：手工排序需要每次都进行手工拖拽，适合字段排序量小的情况；自定义排序第一次设置时稍微麻烦一点，但设置一次后就一劳永逸了，以后同样的基础数据做排序时，直接按照自定义序列排列就好。大家可以根据需要，选择适合自己的方法。

图 4 - 38　构建自定义排序区域

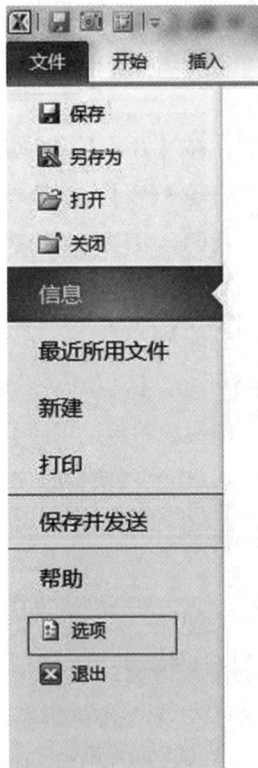

图 4 - 39　在【开始】菜单选择【选项】

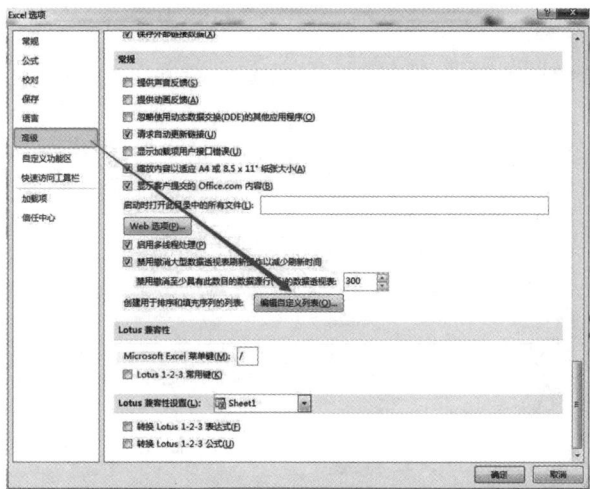

图 4 - 40　在【Excel 选项】对话框，【高级】中点击【编辑自定义列表】

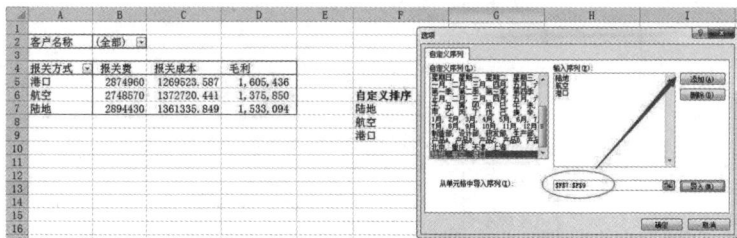

图 4 - 41　在【导入】中选择刚才设置的自定义排序序列，点击【添加】

第 8 步：细节修饰

数据透视表的基础技能我们都基本掌握了，但是有句话叫"细节决定成败"，细节的修饰在财务职场中是非常重要的，尤其是把数据上报给上级领导时，美观的表格和混乱不堪的表格区别太大了，前者可以让领导对你印象深刻，感觉你工作有条理，思路清晰，后者会让上级对你的印象大打折扣，上报几次数据，上级看不懂，以后可能就不会再找你了。所以，我们在做好数据透视后，除了要进行数据透视表的"四板斧"美化外，还要进行其他的修饰。现在我们开始演练。

首先，我们沿着上个练习，重新布局下数据透视表。把"报关方式"字段放在【报表筛选】，把"客户名称"放在【行标签】。然后我们开始细节美化。

第一，设置数字格式。

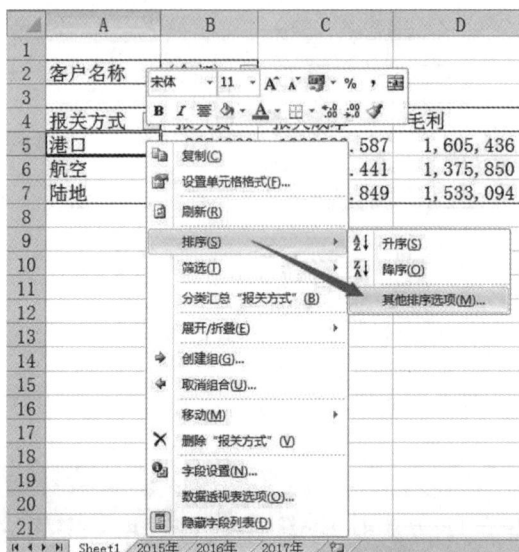

图 4-42 选择【其他排序选项】

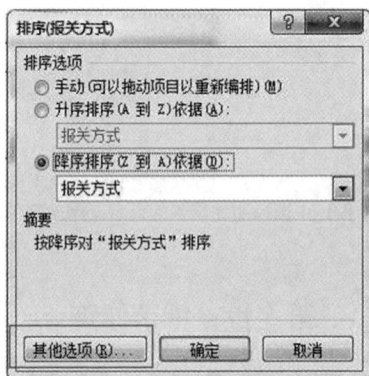

图 4-43 选择【其他选项】

查看"报关费""报关成本""毛利"我们会发现，三个字段内的数值格式不一致，有的保留 0 位小数，有的保留 5 位小数，有的是数值格式，有的是会计数值格式。我们要将其统一为保留 0 位小数的会计数值格式。

具体操作：选择"报关费"字段下的任意数据单元格，点击鼠标右键，选择【数字格式】，在格式分类中选择【会计专用】，【小数位数】输入"0"，【货币符号】设置为"无"。然后按照这个方法，依次再设置"报关毛利"和"毛利"字段的数据格式，这样三个字段的数据格式就全部统一了，数据区域看起来整齐多了。

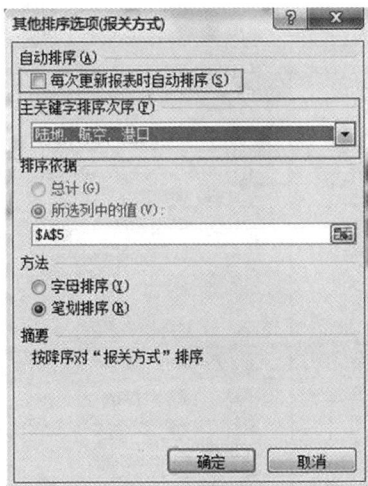

图4－44　取消勾选【每次更新报表时自动排序】，在【主关键字排序次序】中选择刚刚添加的序列

图4－45　点击【升序】，字段顺序已经按照自定义序列排序

图4－46　重新布局数据透视表

图 4 - 47　点击鼠标右键，选择【数字格式】

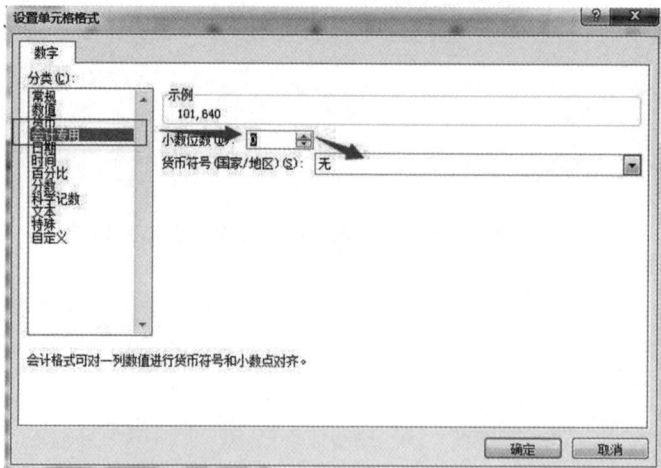

图 4 - 48　格式分类中选择【会计专用】，【小数位数】输入 "0"，【货币符号】设置为 "无"

第二，设置字段组合。

下面，我们想对客户进行一下分类分析，我们假设这里客户编号尾号是 "10 - 40" 的是 "老客户"；编号尾号为 "41 - 60" 的是 "次新客户"；编号尾号为 "61 -

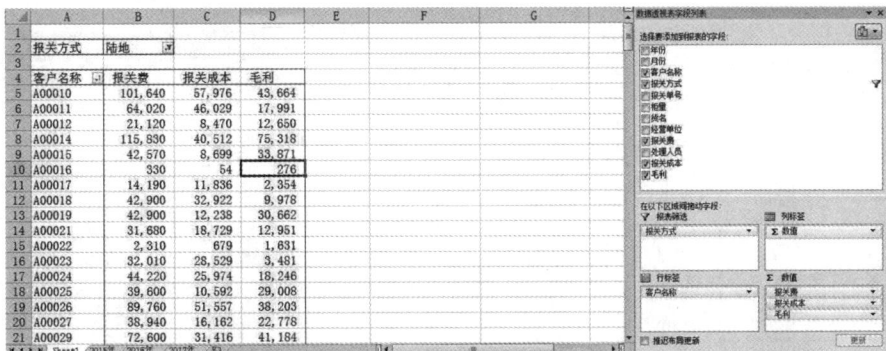

图 4 - 49　设置好数值格式后

"98"的是"新客户"。我们需要按照客户的大类进行分析，但是现有的数据透视表没有办法满足需求，怎么办？可以用设置字段组合的方式。

具体操作：选中编号尾号为"10 - 40"的是"客户名称"编号，点击鼠标右键，选择【创建组】，这样，这一组的编号就形成了一个组合；接下来，我们把新生成的"数据组 1"字段在编辑栏中改名为"老客户"；然后按照这个方法依次对编号尾号为"41 - 60"和"61 - 98"进行组合，并分别修改字段名为"次新客户"和"新客户"；然后，我们点击一下三个字段旁边的小"减号"，这样所有的数据明细就折叠起来了；最后，我们隐藏 B 列和第二行，并修改新生成的字段名称为"客户大类"。

这样，我们就生成了客户大类收益分析表。

图 4 - 50　选择【创建组】

图4-51 在编辑栏中将"数据组1"改名为"老客户"

图4-52 点击字段左边的小"减号",收起客户明细

图4-53 已实现按照客户大类进行汇总

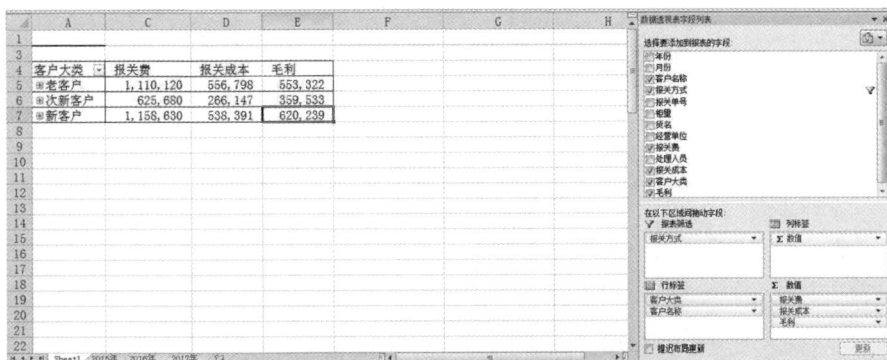

图 4-54　隐藏 B 列和第二行，并修改新生成的字段名称

第三，设置切片器。

上一步骤，我们已经生成了一个客户大类收益分析表，但是现在，上级领导又提出了新的需求，他想按照月份查看客户带给公司的收益情况，而且要做的交互界面的那种，可以方便地进行选择。这下可难倒了我们，不过还有 Excel 提供的切片器功能。让我们试试这个神器吧。

具体操作：鼠标点击数据透视表的任意单元格，在菜单【选项】中，选择【插入切片器】，然后在对话框中选择【月份】，这样就可以按照月份进行交互查询了；点击切片器，在菜单【选项】的【切片器样式】中选择一个样式，这里我们选择一个橙色的样式，看起来很鲜艳养眼；接着，我们将切片器的列数设置为 4 列。

现在，按照月份查看客户收益情况的交互界面做好了。你可以按照需要选择一个月，也可以选择一个季度或者选择全年。另外，你还可以同时插入多个切片器进行多个维度的查询。是不是非常方便？

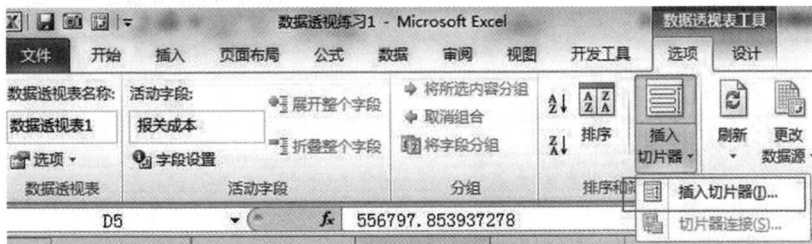

图 4-55　在菜单【选项】中，选择【插入切片器】

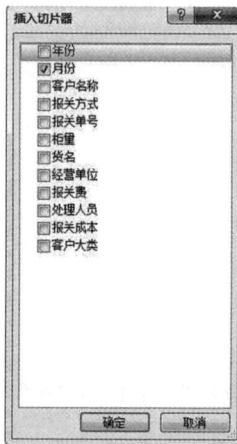

图 4-56　在对话框中选择【月份】

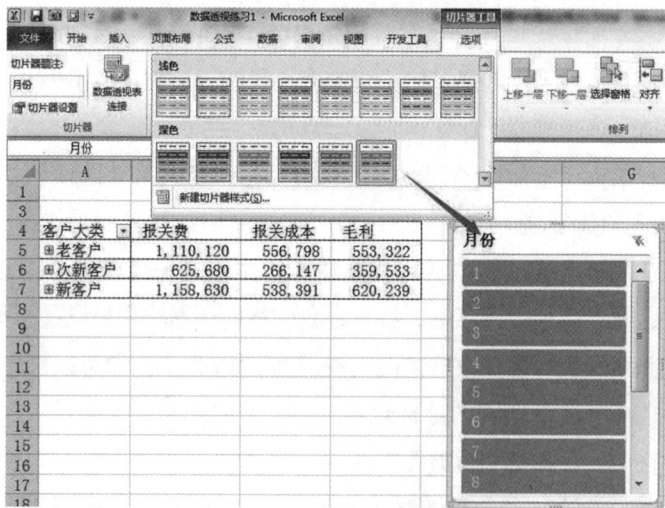

图 4-57　点击切片器，在【切片器样式】中选择一个样式

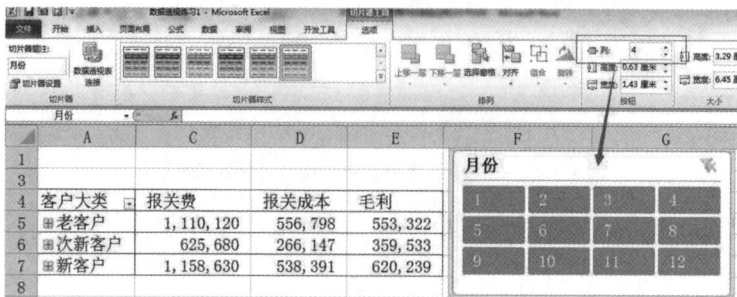

图 4-58　将切片器的列数设置为 4 列

第2节　利用数据透视表进行多表汇总分析

经过第 1 节的练习，相信大家会对数据透视表的用法感到不那么陌生了，甚至会感觉其实数据透视表还是挺简单好用的，尤其是对大批量、多维度的数据分析要比用公式等方便多了。但是，我想告诉大家的是，数据透视表远远比你想象的强大，它不仅可以对海量数据进行多维度分析，还可以轻松地合并多张表格，进行多年度、多公司、多业务的跨表汇总分析。

现在，我们将第 1 节的案例拓展一下。我们刚刚练习的案例只有一年的数据，现在我们增加两个基础数据表，也就是一共有 3 年的基础数据。要进行 3 年的数据分析，首先要将 3 年的基础数据表合并汇总，然后再进行深入分析。下面我们来进行具体操作。

用 SQL 汇总三张基础数据表

这个步骤，我们需要再学习一个新工具：SQL 语言。SQL 语言，是结构化查询语言（Structured Query Language）的简称，是一种数据库查询和程序设计语言，用于存取数据以及查询、更新和管理关系数据库系统。在 Excel 的财务职场实战中，SQL 主要是和数据透视表联用，先用 SQL 对多表进行汇总或者按照一定条件对数据筛选后，再进行数据透视。

我们要处理的三年基础数据表有几个共同的特征：每个工作表有多列文本，但是这几张工作表的列数据结构完全相同，即列数都是一样的，均为 11 列；每个工作表的列字段数据先后顺序都是相同的；每个工作表的行数不同。

因为基础数据表有以上特征，在这种情况下用 SQL + 数据透视表是最好的解决方案。具体操作如下。

STEP1：选择文件。选择【文件】菜单中的【现有连接】，在【现有连接】对话框中点击【浏览更多】；找到保存我们这个案例的工作簿，并选择案例文件，点击【打开】。

STEP2：用 SQL 建立三张表格的连接。选择任意表格，点击【确定】；勾选【表】和【新工作表】，打开【属性】对话框；在【命令文本】区域输入 SQL 语句，

图 4-59　三年基础数据表

点击【确定】，返回导入数据对话框，再次点击【确定】。

SQL 语句为：

Select * from ［2015 $ ］

Unionall

Select * from ［2016 $ ］

Unionall

Select * from ［2017 $ ］

STEP3：检查汇总数据。完成上一个步骤的操作后，三个年份的基础数据表已经汇总在一张工作表上了。我们从上到下，从左至右，检查一下三年的数据行数和列数是否完整。

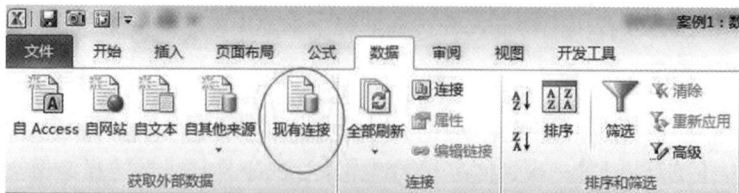

图 4-60　选择【文件】菜单中的【现有连接】

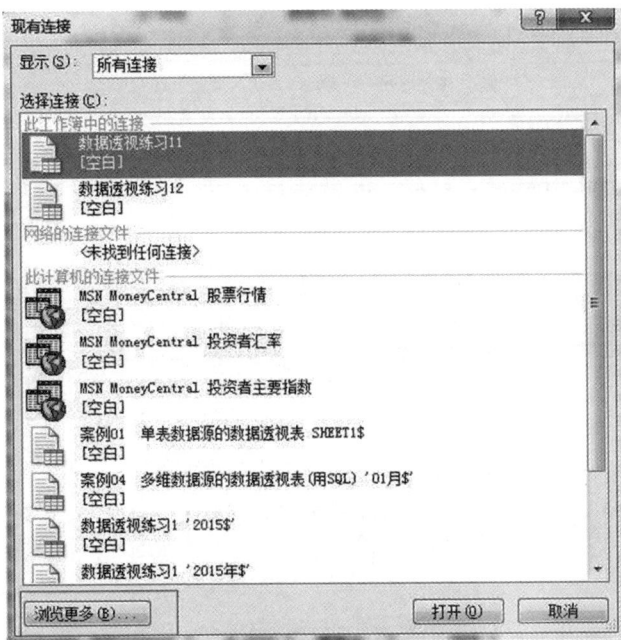

图 4 - 61　在【现有连接】对话框中点击【浏览更多】

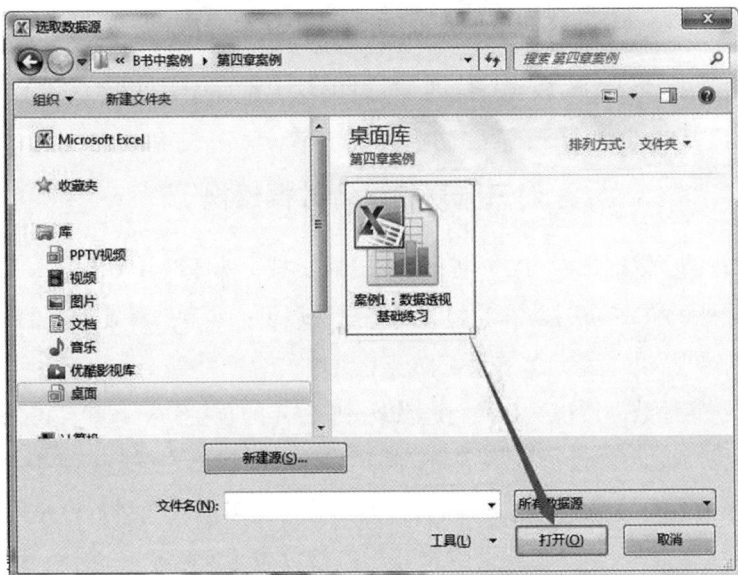

图 4 - 62　找到基础数据所在的工作簿，并选择文件，点击【打开】

图4-63　选择任意表格，点击【确定】

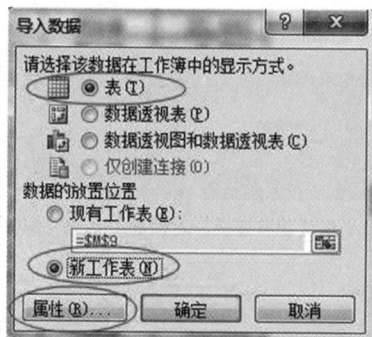

图4-64　勾选【表】和【新工作表】，打开【属性】对话框

对三张表格进行数据透视

STEP1：调出数据透视向导，进行数据透视。按下快捷键【ALT＋D＋P＋P】，调出【数据透视表和数据透视图向导】，选择默认项目；然后选择要透视的数据区域；最后将数据透视表的位置选择在新工作表呈现。

STEP2：布局数据透视表。我们是想做一份三年的收益分析，并且可以看到每月的细节情况。所以可以进行如下布局：将"月份"字段放在【行标签】；将"报关费"和"报关成本"字段放在【数值】，然后为了让年份放在最上方一行，从而按照年展示收入、成本、毛利，要把"年份"字段放在【列标签】，注意：这里一定要保证【列标签】中"年份"在"数值"的上方，否则布局将会不同，如果你感兴趣可以试试。

STEP3：数据透视表"美化四板斧"。分别在【设计】菜单中进行四次设置：选

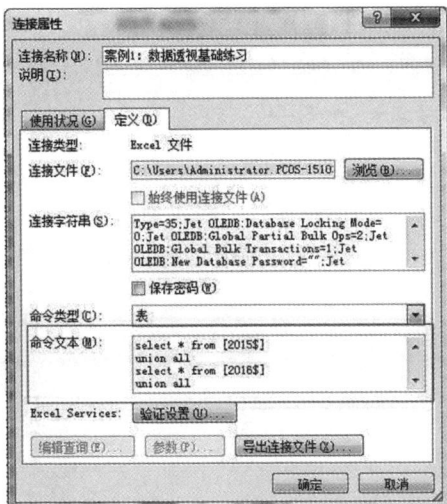

图 4－65 在【命令文本】区域输入 SQL 语句，点击确定

	A	B	C	D	E	F	G	H	I	J	K
1	年份	月份	客户名称	报关方式	报关单号	柜量	货名	经营单位	报关费	处理人员	报关成本
2	2015	1	A00010	陆地	800415554	80	HM0008669	KH000724	26400	蔡壮保	22682.37569
3	2015	1	A00087	航空	800727856	99	HM0007843	KH000531	32670	易江维	8596.128991
4	2015	1	A00033	航空	800334180	80	HM0008079	KH000349	26400	刘鼠星	22902.00345
5	2015	1	A00065	陆地	800138863	68	HM0007571	KH000127	22440	卢钦钧	15597.10393
6	2015	1	A00038	港口	800938759	84	HM0008314	KH000263	27720	萧百徽	14048.17108
7	2015	1	A00094	港口	800753868	39	HM0006903	KH000258	12870	莫两敞	3429.001703
8	2015	1	A00041	港口	800188301	13	HM0008628	KH000890	4290	张顺康	1697.47504
9	2015	1	A00026	航空	800319868	70	HM0007519	KH000513	23100	夏莱冶	18378.3783
10	2015	1	A00093	港口	800635201	18	HM0006719	KH000890	5940	简胜琰	201.9203168
11	2015	1	A00047	港口	800942685	21	HM0007734	KH000923	6930	龚佩义	3496.310026
12	2015	1	A00046	航空	800805777	76	HM0008333	KH000306	25080	蔡壮保	19152.30919
13	2015	1	A00043	航空	800855557	99	HM0008209	KH000996	32670	易江维	14655.27961
14	2015	1	A00044	港口	800258860	81	HM0008246	KH000334	26730	刘鼠星	25268.38571
15	2015	1	A00060	航空	800199834	94	HM0007716	KH000846	31020	卢钦钧	5594.705435
16	2015	1	A00043	航空	800262239	4	HM0008501	KH000473	1320	蔡壮保	604.0885818
17	2015	1	A00099	航空	800825746	18	HM0006768	KH000506	5940	易江维	2090.760912
18	2015	1	A00051	陆地	800558617	92	HM0008368	KH000857	30360	刘鼠星	9607.157508
19	2015	1	A00011	陆地	800918517	63	HM0008326	KH000309	20790	卢钦钧	12705.11576
20	2015	1	A00057	港口	800837890	60	HM0007275	KH000508	19800	萧百徽	15319.22752
21	2015	1	A00041	陆地	800350716	38	HM0007944	KH000323	12540	莫两敞	3334.875065
22	2015	1	A00052	陆地	800625749	44	HM0007718	KH000611	14520	张顺康	6270.582295
23	2015	1	A00042	航空	800844924	14	HM0006888	KH000402	4620	夏莱冶	988.4731046
24	2015	1	A00029	港口	800986054	79	HM0007810	KH000656	26070	蔡壮保	1891.841173
25	2015	1	A00047	港口	800681533	87	HM0008309	KH000349	28710	易江维	14057.61197
26	2015	1	A00066	航空	800755463	15	HM0008790	KH000262	4950	刘鼠星	489.7752045
27	2015	1	A00095	航空	800299966	75	HM0007169	KH000116	24750	蔡壮保	266.6657671

Sheet6 2015 2016 2017

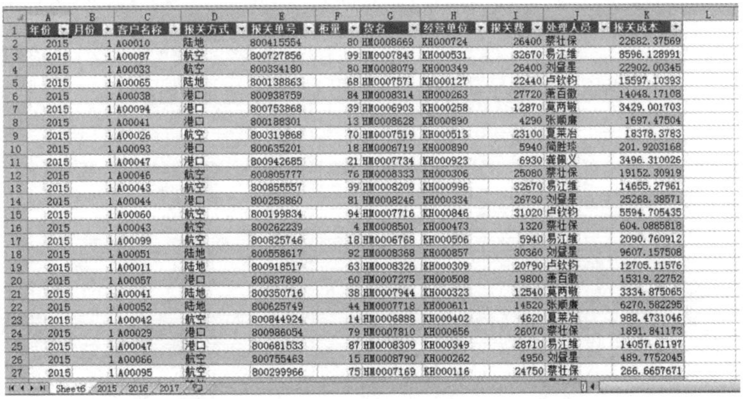

图 4－66 三个年份的基础数据表已经汇总在一张表上了

择【分类汇总】中的【不显示分类汇总】；选择【总计】中的【对行和列禁用】；选择【报表布局】中的【以表格形式显示】；【数据透视表】中的【清除】。在【设计】菜单中，选择【数据透视表】中的【清除】。

STEP4：修改字段名称。将“求和项：报关费”和“求和项：报关成本”修改为“报关收入”和“报关成本”。修改方法是点击数据透视表中的相应字段，然后在编辑栏中修改。注意，这里修改相应的字段后，要在字段名称的前面加一个空格再敲击回车，否则会提示不让修改。

SETP5：增加计算字段。点击数据透视表中的字段标题“报关成本”，然后在菜

单【选项】中【域、项目和集】选择【计算字段】。在【插入计算字段】对话框中的【名称】中输入"毛利",在【公式中】输入"＝报关费－报关成本"。对新增加的"求和项:毛利"字段名称进行修改,修改为"毛利"。到这一步,公司三年收入、成本、毛利情况就已经非常清晰的展示出来了。

SETP6:进行细节美化。包括设置数字格式为会计专用,并保留 0 位小数;还有对其表头进行颜色填充等。具体细节的操作如果还是不清楚,可以回头温习下本章第 1 节的内容。

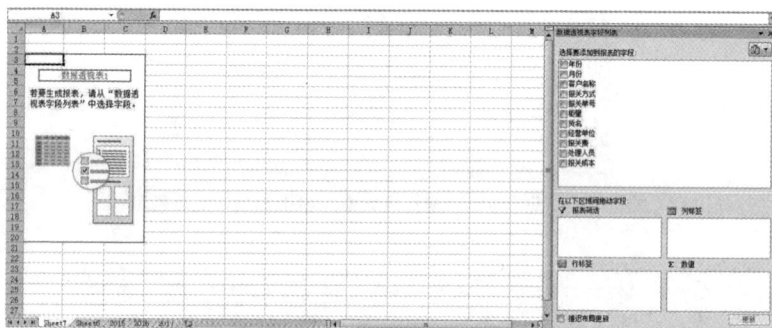

图 4 – 67　按下快捷键【ALT＋D＋P＋P】进行数据透视

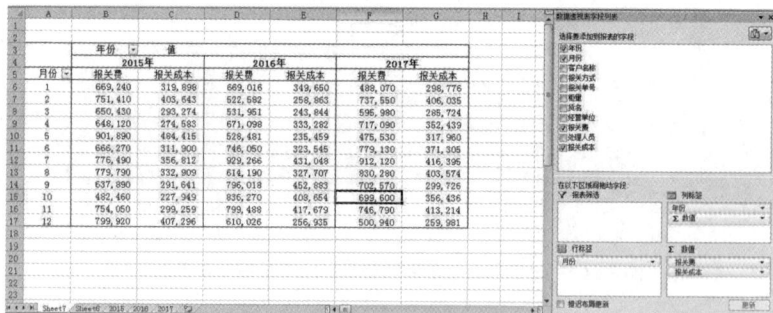

图 4 – 68　对数据透视表进行相关修饰

SQL 语句的常见用法

这里需要解释一下刚才输入的 SQL 语句的意思。SQL 看起来很复杂,实际上只要记住三种基本的语法结构就可以解决财务职场中的常见场景了,他们都是用 select 开头的,select 语句主要用来对数据库进行查询并返回符合用户查询标准的结果数据。SQL 语句在输入的时候不区分大小写。两种基本语法分别是:

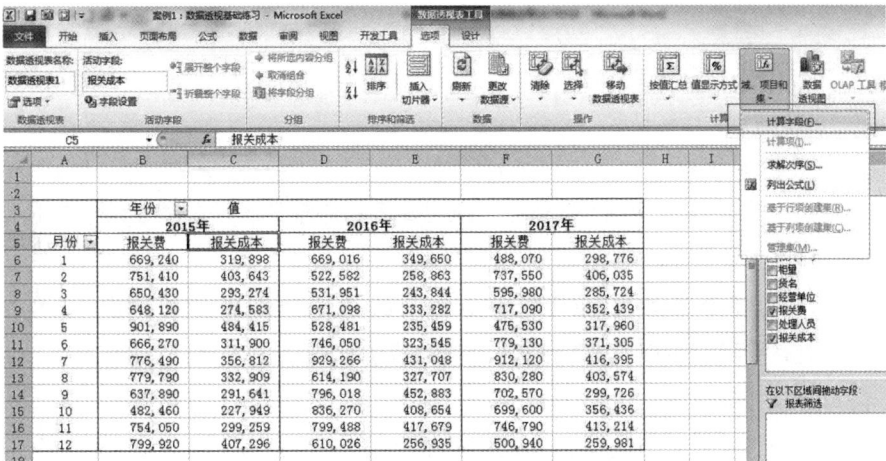

图4-69　在【选项菜单】中选择【计算字段】

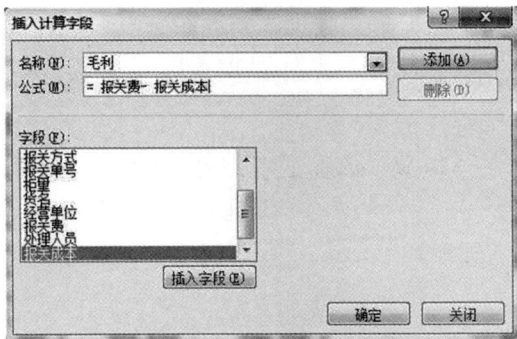

图4-70　在对话框中输入毛利公式

月份	2015年			2016年			2017年		
	报关收入	报关成本	毛利	报关收入	报关成本	毛利	报关收入	报关成本	毛利
1	669,240	319,898	349,342	669,016	349,650	319,366	488,070	298,776	189,294
2	751,410	403,643	347,767	522,582	258,863	263,719	737,550	406,035	331,515
3	650,430	293,274	357,156	531,951	243,844	288,107	595,980	285,724	310,256
4	648,120	274,583	373,537	671,098	333,282	337,816	717,090	352,439	364,651
5	901,890	484,415	417,475	528,481	235,459	293,022	475,530	317,960	157,570
6	666,270	311,900	354,370	746,050	323,545	422,505	779,130	371,305	407,825
7	776,490	356,812	419,678	929,266	431,048	498,218	912,120	416,395	495,725
8	779,790	332,909	446,881	614,190	327,707	286,483	830,280	403,574	426,706
9	637,890	291,641	346,249	796,018	452,883	343,135	702,570	299,726	402,844
10	482,460	227,949	254,511	836,270	408,654	427,616	699,600	356,436	343,164
11	754,050	299,259	454,791	799,488	417,679	381,809	746,790	413,214	333,576
12	799,920	407,296	392,624	610,026	256,935	353,091	500,940	259,981	240,959

图4-71　三年收益情况对比完成

第一，查询语法。

用法1：查询一个字段数据。

语句写法举例：

select 字段名 from

语句中的"区域"一般予以省略，意思是表格的全部区域。需要注意的是这里的美元符号（$）不能省略。

在刚才的案例中，如果我们只想在2015年的基础数据中把字段"货名"的数据都查询出来，那我们可以在刚才的【连接属性】的【命令文本】对话框中，输入SQL语句为："select 货名 from"。

	A
1	货名 ▼
2	HM0008669
3	HM0007843
4	HM0008079
5	HM0007571
6	HM0008314
7	HM0006903
8	HM0008628
9	HM0007519
10	HM0006719
11	HM0007734
12	HM0008333
13	HM0008209
14	HM0008246
15	HM0007716
16	HM0008501
17	HM0006768
18	HM0008368
19	HM0008326
20	HM0007275
21	HM0007944
22	HM0007718
23	HM0006888
24	HM0007810

图4-72　查询"货名"字段的数据

语句中，字段名称不需要加符号，表名需要用英文状态下的"［］"括起来。

用法2：查询多个字段数据。

语句写法举例：

select 字段名1，字段名2……from

如果我们要查询2015年的基础数据表中的"货名"和"报关费"两个字段的数据，我们可以输入"select 货名，报关费 from"，这样就可以把"货名"和"报关费"两个字段的数据查询出来了。

查询多个字段时，多个字段之间用英文状态下的","进行了连接。

	A	B
1	货名	报关费
2	HM0008669	26400
3	HM0007843	32670
4	HM0008079	26400
5	HM0007571	22440
6	HM0008314	27720
7	HM0006903	12870
8	HM0008628	4290
9	HM0007519	23100
10	HM0006719	5940
11	HM0007734	6930
12	HM0008333	25080
13	HM0008209	32670
14	HM0008246	26730
15	HM0007716	31020
16	HM0008501	1320
17	HM0006768	5940
18	HM0008368	30360
19	HM0008326	20790
20	HM0007275	19800
21	HM0007944	12540
22	HM0007718	14520
23	HM0006888	4620

图 4-73　查询"货名"和"报关费"两个字段的数据

用法 3：查询一张表上的所有字段数据。

语句写法举例：

select * from

这里的" * "代表全部字段，这个语句的意思是把表中所有的字段都查询出来。刚才我们案例中的"select * from"，就是把 2015 年基础数据表上的所有字段数据都查询出来。

如果只在连接属性中输入这个语句，相当于把 2015 年的基础数据表在另外一张工作表中复制粘贴一份。

用法 4：查找符合条件的信息。

语句写法举例：

select 字段名 1，字段名 2from where 约束条件

这个语句只是比之前的语句多了一个 where 子句，where 子句用于指定查询条件，可以使用 SQL 运算符组成各种数据查询的约束条件。

以用法 2 的例子为基础，假如我们想查询 2015 年基础数据表中报关费在 20000

元以上的货品名称，我们可以输入"select 货名，报关费 from where 报关费 > 20000"。

	A	B
1	货名	报关费
2	HM0008669	26400
3	HM0007843	32670
4	HM0008079	26400
5	HM0007571	22440
6	HM0008314	27720
7	HM0007519	23100
8	HM0008333	25080
9	HM0008209	32670
10	HM0008246	26730
11	HM0007716	31020
12	HM0008368	30360
13	HM0008326	20790
14	HM0007810	26070
15	HM0008309	28710
16	HM0007169	24750
17	HM0008738	23430
18	HM0007582	27390
19	HM0008924	23100
20	HM0007241	28380
21	HM0006861	27720
22	HM0007933	24420
23	HM0008521	32010
24	HM0007617	32340
25	HM0008028	29370

图 4-74　查询报关费在 20000 元以上的货品名称

需要说明的是，刚才 where 字句中，如果条件值是数字，则直接用大于号、小于号、等于号等连接数字即可。

但是，如果条件值是字符串（文本），则条件值必须用英文状态下的单引号（''）括起来，例如，如果我们想查询报关方式为"陆地"的所有报关费用，我们可以输入"select 报关方式，报关费 from where 报关方式 = '陆地'"。

如果条件值为多个怎么表达那？可以用 where 字段名 in（条件 1，条件 2，条件 3……）。现在我们要查询报关方式为"陆地"和"航空"的所有报关费用，我们可以输入语句为"select 报关方式，报关费 from where 报关方式 in（'陆地'，'航空'）"。

where 字句说白了与高级筛选功能类似，都是按照设置的条件把数据查询出来，另外要补充说明的是如果条件值是日期，必须用井号（#）或单引号（''）括起来，例如想查询某个表格中 2017 年全年的数据，where 字句可以写成"where 日期 between = #2017-01-01#and#2017-12-31#"。

	A	B
1	报关方式 ▼	报关费 ▼
2	陆地	26400
3	陆地	22440
4	陆地	30360
5	陆地	20790
6	陆地	12540
7	陆地	14520
8	陆地	23430
9	陆地	11880
10	陆地	19140
11	陆地	990
12	陆地	32010
13	陆地	13530
14	陆地	11550
15	陆地	4290
16	陆地	21450
17	陆地	8910
18	陆地	11880
19	陆地	12540
20	陆地	28710
21	陆地	11550
22	陆地	14520

图 4 - 75 查询报关方式为"陆地"的所有报关费用

	A	B
1	报关方式 ▼	报关费 ▼
2	陆地	26400
3	航空	32670
4	航空	26400
5	陆地	22440
6	航空	23100
7	航空	25080
8	航空	32670
9	航空	31020
10	航空	1320
11	航空	5940
12	陆地	30360
13	陆地	20790
14	陆地	12540
15	陆地	14520
16	航空	4620
17	航空	4950
18	航空	24750
19	陆地	23430
20	航空	660
21	陆地	11880
22	陆地	19140
23	航空	23100

图 4 - 76 查询报关方式为"陆地"和"航空"的所有报关费用

用法 5：建立新的汇总字段。

语句写法举例：

selectsum（字段名）as 新字段名 from

SQL 不仅可以查询数据，还可以直接对查询出的数据进行各种计算。例如，我们想对 2015 年基础数据表中的报关方式为"陆地"的数据进行汇总，并建立新的汇总字段。我们可以输入"selectsum（报关费）as 报关费合计 from where 报关方式 = '陆地'"。这里的 sum 叫做聚合函数，用法与普通的工作表函数 sum 差不多，实际上都是对某个给定的区域求和汇总。

SQL 中常见的聚合函数还有：avg（平均值）、max（最小值）、min（最大值）。

	A
1	报关费合计
2	2894430
3	

图 4 - 77　建立新的汇总字段 - 报关费合计

用法 6：分组汇总。

语句写法：

selectsum（字段名）as 新字段名 from groupby 字段名

分组汇总的意思是，把类别相同的数据内容放在一起汇总，比如我们可以设置按照月份分组、客户名称分组、货物名称分组、处理人员分组等。如果我们想统计 2015 年基础数据表中每个月的报关费情况。我们可以输入"select 月份，sum（报关费）as 报关费合计 from groupby 月份"。这里的"groupby 月份"意思是将查询出的汇总数按照月份进行分组。

用法 7：对查询结果排序。

语句写法举例：

select 字段名 from orderby 字段名

这里的 orderby 的意思是，想将查询出的结果按照什么方式进行排序，排序主要是升序（asc）和降序（desc）。如果省略则表示默认按照升序排序。如果是对文本字段排序，那么就是按照拼音的升降序排序；如果是对数字排序，则按照数字大小进行升降序排序。

例如，我们想查询每个月的报关费明细情况，并按照报关费月份降序排列，我们可以输入"select 月份，报关费 from orderby 月份 desc"。

月份	报关费合计
1	669240
2	751410
3	650430
4	648120
5	901890
6	666270
7	776490
8	779790
9	637890
10	482460
11	754050
12	799920

图 4-78 按照月份对报关费求和

月份	报关费
12	19470
12	22110
12	330
12	27390
12	27720
12	16170
12	22440
12	10230
12	2640
12	17490
12	8580
12	2640
11	17160
11	30030
11	30690
11	13860
11	17490
11	7260
11	15180
11	31680
11	22440
11	990
11	21450
11	7590
11	10890
11	14950

图 4-79 查询每个月的报关费明细情况并降序排列

第二，联合查询语法。

语句写法举例：

select 字段 from

unionall

select 字段 from

unionall

select 字段 from

这里 unionall 用于连接多个 select 语句，然后把所有 select 查询出来每张表的字段数据汇总在一张工作表上。

在财务职场的实际工作中，单独查询一张表格的数据是远远不够的，集团层面要分析各个公司经营情况，公司要分析各部门经营情况，年终还要分析各月份经营情况等。很多情况下，我们都需要将多张表格先合并汇总到一张工作表后，再进行分析。我们本节的案例就是这样，需要汇总三年的基础数据，然后再进行数据透视。

而汇总多年表格、多月表格、多个公司表格、多个部门表格、多名员工表格等的方法有很多，针对我们本节案例的表格结构的多表汇总，最实用的汇总方法就是用 SQL 语言进行。刚学习 SQL 语言时候，大部分财务人员都会感到很复杂，但是多进行几个案例的练习以后，你就会感觉 SQL 语言无非就是围绕 select，后面再加上各种修饰，慢慢地就会感觉很简单了。会者不难，难者不会，快速学习的秘诀就是多练习，多思考。

回到我们第二节的案例，我们在连接属性中输入的语句是：

SQL 语句为：

Select * from

Unionall

Select * from

Unionall

Select * from

解释起来就是，把 2015 – 2017 年三年的基础数据表的所有数据查询出来，汇总到一张表上。

第3节　二维数据转换为一维数据

我们在第一章的内容中说过，财务工作中的两大类表格为：上报表格和自用表格。自用表格之所以要设计成一维数据结构，就是因为我们可以直接使用数据透视表进行快速统计分析。上报表格是按照规定结构和内容报送的表格，比如利润表，资产负债表，企业所得税汇算清缴表、统计局要求报送的企业经营情况表等。

上报表格很多时候是二维表格的形式，但是，如果我们已经按照要求编制了一个二维数据格式的上报表格，我们怎样将其转换为一维数据格式呢？这样，在下一次上报时，我们只需要在上一次的基础上，按照一维表格数据格式，从财务 ERP 系统或其他系统中导入内容，然后等到下次要上报时，我们只需要用数据透视表，分分钟就生成了上报表格，这样我们的工作效率不就提升上去了嘛。

二维数据转换为一维数据，方法是用我们还没有使用的【数据透视表和数据透视图向导】第一个步骤中的【多重合并计算数据区域】，记得我们说过，【Microsoft-Excel 列表或数据库】是用来对一维数据透视用的，而【多重合并计算数据区域】是用来对表格表格合并，还有二维数据转为一维数据用的。这里的【多重合并计算数据区域】对多张表格进行合并，针对的表格形式是多张二维表格，而一般的一维表格多表汇总合并，我们还是要用 SQL + 数据透视表进行数据汇总及分析。

现有 2017 年 1 - 6 月公司税费缴纳情况统计表一张，这张表格是公司每个季度都要统计一次的上报表格，需要给公司财务总监审阅。主要用途是对公司的税负情况进行全面掌握。原来财务人员统计时，需要先从财务 ERP 系统中导出明细账，然后手工计算各个税种的缴纳金额，再填列此表。手工填写表格经常发生错误，效率也比较低，看看我们能否找到办法改进。

改进的思路是，先用这张上报表格作为一维数据基础，然后在下一季度填报时，我们只需要把财务 ERP 的各个税种缴纳的明细填列在一维数据中，之后在用第 1 节说过的数据透视表，快速生成下一个季度的税费缴纳情况统计表。

现在的问题是，如何将手头的这张二维上报表格转化为一维数据表，接下来，我们进行实操。

具体操作：

STEP1：数据透视表向导步骤1设置。按下快捷键【ALT＋D＋P＋P】，调出【数据透视表和数据透视图向导】，在对话框的步骤1中，选择【多重合并计算数据区域】，其他默认，点击【下一步】。

STEP2：数据透视表向导步骤2设置。选择【创建单页字段】，点击【下一步】。然后在对话框中选择要进行数据透视的表格区域"A2：H8"，点击添加，将其添加到处理区域，点击【下一步】。注意，这里添加的表格区域不要包括A1合并单元格中的"2017年1－6月公司税费缴纳情况统计表"标题，否则会产生错误。

STEP3：数据透视表向导步骤3设置。勾选【新工作表】，点击【完成】。

STEP4：生成一维表格。在生成的数据透视表中，对行和列的总计交叉单元格双击鼠标，这时二维上报表格已经成功转化为一维数据格式。之后，删除页字段列，修改其他字段名称。这样，公司税费缴纳的明细表已经按照一维数据格式排列好了。

这里需要说明的是，为什么鼠标双击行和列的总计交叉单元格会生成一维数据明细？在第一节的时候，我们说过，数据透视表本质上就是分类汇总，所以，数据透视表上的每个数据，实际上都是由多条明细数据汇总而成的。比如，企业所得税的总计，实际上是1－6月每个月的企业所得税明细汇总而成的。所以，当我们点击某个数据透视表上的单元格数据时，就会生成构成这个数据的明细。在这个案例中，我们是想要生成这个表格的所有税费缴纳明细，那最大的汇总项就是行和列的总计交叉处的单元格。所以，我们鼠标双击这个单元格，所有的一维明细数据就瞬间转换好了。

2017年1-6月公司税费缴纳情况统计表							
项目	增值税	房产税	土地使用税	车辆使用税	印花税	企业所得税	个人所得税
1月	149	155	378	150	331	262	332
2月	176	180	161	109	427	103	428
3月	417	378	163	326	153	190	492
4月	130	436	103	494	107	205	479
5月	357	258	283	177	362	420	476
6月	352	273	208	332	283	330	196

图4－80　2017年1－6月公司税费缴纳情况统计表

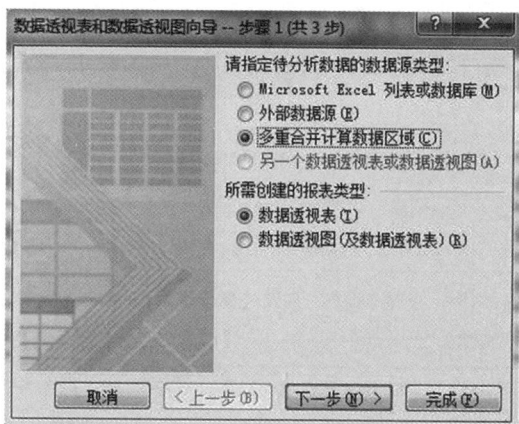

图 4-81　步骤 1 设置：选择【多重合并计算数据区域】，点击【下一步】

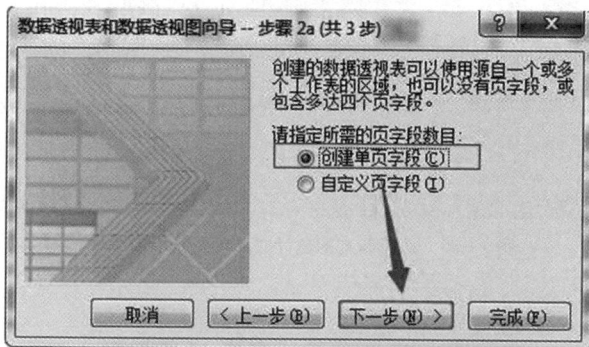

图 4-82　步骤 2 设置：选择【创建单页字段】，点击【下一步】

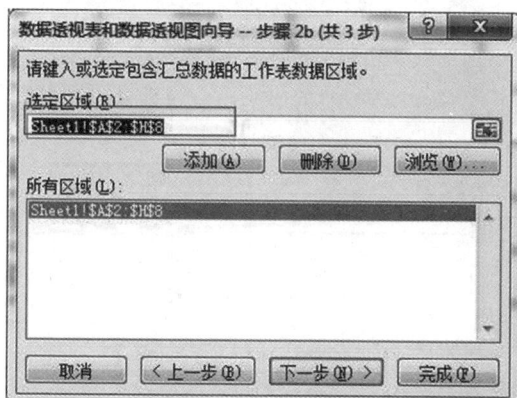

图 4-83　步骤 2 设置：选择要进行数据透视的表格区域

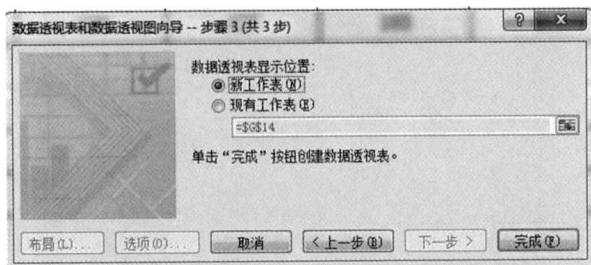

图 4 - 84　步骤 3 设置：勾选【新工作表】，点击【完成】

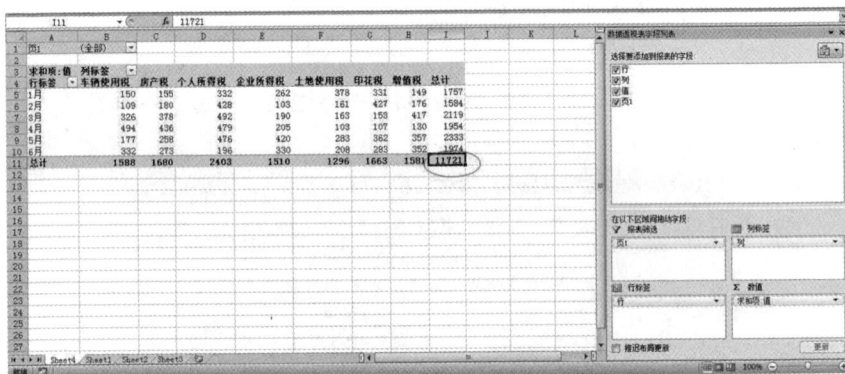

图 4 - 85　对行和列的总计交叉单元格双击鼠标

	A	B	C	D
1	列1	列	值	页1
2	1月	车辆使用税	150	项1
3	1月	房产税	155	项1
4	1月	个人所得税	332	项1
5	1月	企业所得税	262	项1
6	1月	土地使用税	378	项1
7	1月	印花税	331	项1
8	1月	增值税	149	项1
9	2月	车辆使用税	109	项1
10	2月	房产税	180	项1
11	2月	个人所得税	428	项1
12	2月	企业所得税	103	项1
13	2月	土地使用税	161	项1
14	2月	印花税	427	项1
15	2月	增值税	176	项1
16	3月	车辆使用税	326	项1
17	3月	房产税	378	项1
18	3月	个人所得税	492	项1
19	3月	企业所得税	190	项1
20	3月	土地使用税	163	项1
21	3月	印花税	153	项1
22	3月	增值税	417	项1
23	4月	车辆使用税	494	项1
24	4月	房产税	436	项1
25	4月	个人所得税	479	项1
26	4月	企业所得税	205	项1
27	4月	土地使用税	103	项1

图 4 - 86　已经成功转为一维数据格式

	A	B	C	D
1	月份 ▼	税种 ▼	金额 ▼	
2	1月	车辆使用税	150	
3	1月	房产税	155	
4	1月	个人所得税	332	
5	1月	企业所得税	262	
6	1月	土地使用税	378	
7	1月	印花税	331	
8	1月	增值税	149	
9	2月	车辆使用税	109	
10	2月	房产税	180	
11	2月	个人所得税	428	
12	2月	企业所得税	103	
13	2月	土地使用税	161	
14	2月	印花税	427	
15	2月	增值税	176	
16	3月	车辆使用税	326	
17	3月	房产税	378	
18	3月	个人所得税	492	
19	3月	企业所得税	190	
20	3月	土地使用税	163	
21	3月	印花税	153	
22	3月	增值税	417	
23	4月	车辆使用税	494	
24	4月	房产税	436	
25	4月	个人所得税	479	
26	4月	企业所得税	205	
27	4月	土地使用税	103	

Sheet5 / Sheet4 / Sheet1 / Sheet2 / Sheet3

图 4 - 87 删除页字段列，修改其他字段名称

第4节　轻松完成公司部门费用统计表

开经营分析会之前，财务部都需要做大量的数据统计分析工作，以各项数据衡量和判断企业的经营状况和运营能力。很多大型企业的财务人员甚至已经变成实质上的业务人员，业务与财务融合的趋势越来越明显，财务人员参与到公司运营、管理决策的机会也越来越多。

所以，对于财务人员来说，想在财务职场中越混越好，数据统计和处理能力必须持续提升，有了这个基础后，再慢慢地培养自己对数据的敏感性，慢慢你就会发现，开会的时候，你能通过自己对数据的预判，轻易地识别出业务人员表达信息的真实度和准确度，比如各部门上报的预算是否过高，收入指标是否定得过低等等。时间长了，你就会成为大家眼中的专家。

好了，回到我们的主题，本节要进行一个财务职场中常见的场景：统计部门费用。看看我们怎么用数据透视表把原来要统计三天的表格，5 分钟统计好。

案例背景：公司马上就要召开经营分析会了。上年年末，公司编制了全面预算，并对今年的年度利润数进行了预测，为了完成今年的利润数，公司对各个部门都下发了成本指标上限，要求各部门努力增收节支，共同努力实现本年公司目标。

现在，财务记账人员已经把凭证都录入到财务 ERP 系统中了，我们要做的是以财务 ERP 系统导出的明细账来统计各个部门的成本费用情况。本来这个工作是交给小王的，小王看到后说，数据量太大，要三天才能统计出来。但是，我们后天就要开会了，今天晚上数据就要统计出来，现在距离下班时间还有 2 个小时，你能够不加班就完成任务吗？有了数据透视表，我们肯定可以的。

具体操作如下。

SETP1：检查数据结构和内容是否规范。对部门费用明细账表格进行检查，首先，查看数据结构是否为一维数据，然后查看数据内容是否规范，是否出现"表格十宗罪"。确保数据没有问题后，进行下一步。

SETP2：对数据透视表向导进行相关设置。按下快捷键【ALT + D + P + P】，调出【数据透视表和数据透视图向导】，在第一步骤，选择默认选项，点击【下一步】；在第二步骤，选择基础数据区域"A1：M2673"，点击【下一步】；在第三步骤，勾选

【新工作表】，点击【完成】。

SETP3：对数据透视表进行布局。将“职责中心段”放在【列标签】，“子目段”放在【行标签】，“金额”放在【数值】。

SETP4：数据透视表“美化四板斧”。第一步，【分类汇总】中选择【不显示分类汇总】；第二步，【总计】中选择【对行和列禁用】；第三步，【报表布局】中选择【以表格形式显示】；第四步，【数据透视表样式】中选择【清除】。

SETP5：数据透视表进行细节美化。现在呈现的数据透视表中，会计科目都是二级会计科目，所以我们必须要把二级会计科目段进行合并，这样在上会的时候，非专业人士才会看得比较清楚。方法是，选择办公服务费的 5 个二级会计科目，点击鼠标右键，选择【组合】。然后，点击出现的“数据组 1”，在编辑栏处将其修改为“办公服务费”。其他的二级会计科目的组合方法都是一样的，这里不再赘述。

为了让数据透视表显示得更美观一点，我们可以在【设计】菜单中的【数据透视表】样式中选择一个自己喜欢的样式。

SETP6：实现可以用月份筛选查询。在开会的时候，有可能我们会临时想看一下某个月的费用情况，这个时候用切片器解决这个问题是再容易不过的事情了。方法是：选择【选项】菜单，选择【插入切片器】，勾选【会计期】，然后对切片器也选择一个跟数据透视表差不多的样式。

好了，部门费用统计表完成了，是不是又快又好？5 分钟轻松搞定，跟加班说拜拜。

	A	B	C	D	E	F	G	H	I	J	K	L	M
1	会计期	过帐状态	金额	描述	有效日期	币种	汇率	凭证类型	单据编号	公司段	职责中心段	科目段	子目段
2	17-Jan	已过帐	2301.315	XXX摘要	31-Jan-17	RMB	1	.记帐凭证	167235	XYZ公司	总裁办	主营成本	办公服务费其他
3	17-Jan	已过帐	675.12	XXX摘要	31-Jan-17	RMB	1	.记帐凭证	167235	XYZ公司	总裁办	主营成本	印刷费办公材料
4	17-Jan	已过帐	1772.19	XXX摘要	31-Jan-17	RMB	1	.记帐凭证	167241	XYZ公司	总裁办	主营成本	外购劳务成本
5	17-Jan	已过帐	312.243	XXX摘要	31-Jan-17	RMB	1	.记帐凭证	167243	XYZ公司	总裁办	主营成本	车辆加油费
6	17-Jan	已过帐	0	XXX摘要	31-Jan-17	RMB	1	.记帐凭证	167702	XYZ公司	总裁办	主营成本	水电费水费
7	17-Jan	已过帐	0	XXX摘要	31-Jan-17	RMB	1	.记帐凭证	167795	XYZ公司	总裁办	主营成本	物料消耗配件材料
8	17-Jan	已过帐	0	XXX摘要	31-Jan-17	RMB	1	.记帐凭证	167795	XYZ公司	总裁办	主营成本	急救费
9	17-Jan	已过帐	0	XXX摘要	31-Jan-17	RMB	1	.记帐凭证	167795	XYZ公司	总裁办	主营成本	急救费
10	17-Jan	已过帐	0	XXX摘要	31-Jan-17	RMB	1	.记帐凭证	167795	XYZ公司	总裁办	主营成本	急救费
11	17-Jan	已过帐	1291.167	XXX摘要	31-Jan-17	RMB	1	.记帐凭证	167795	XYZ公司	总裁办	主营成本	急救费
12	17-Jan	已过帐	0	XXX摘要	31-Jan-17	RMB	1	.记帐凭证	167795	XYZ公司	总裁办	主营成本	四防费防火费
13	17-Jan	已过帐	11696.45	XXX摘要	31-Jan-17	RMB	1	.记帐凭证	167795	XYZ公司	总裁办	主营成本	四防费防火费
14	17-Jan	已过帐	212.6628	XXX摘要	31-Jan-17	RMB	1	.记帐凭证	167795	XYZ公司	总裁办	主营成本	劳动保护费保护用品
15	17-Jan	已过帐	2464.475	XXX摘要	31-Jan-17	RMB	1	.记帐凭证	167294	XYZ公司	总裁办	主营成本	通讯费固定电话
16	17-Jan	已过帐	3713.16	XXX摘要	31-Jan-17	RMB	1	.记帐凭证	167460	XYZ公司	总裁办	主营成本	物料消耗杂物消耗
17	17-Jan	已过帐	271.7358	XXX摘要	31-Jan-17	RMB	1	.记帐凭证	167463	XYZ公司	总裁办	主营成本	国内差旅费远程交通费
18	17-Jan	已过帐	202.536	XXX摘要	31-Jan-17	RMB	1	.记帐凭证	167463	XYZ公司	总裁办	主营成本	办公服务费其他
19	17-Jan	已过帐	1359.523	XXX摘要	31-Jan-17	RMB	1	.记帐凭证	167465	XYZ公司	总裁办	主营成本	水电费电费
20	17-Jan	已过帐	123.9689	XXX摘要	31-Jan-17	RMB	1	.记帐凭证	167465	XYZ公司	总裁办	主营成本	水电费水费
21	17-Jan	已过帐	97892.4	XXX摘要	31-Jan-17	RMB	1	.记帐凭证	167588	XYZ公司	总裁办	主营成本	外购劳务成本
22	17-Jan	已过帐	1299.606	XXX摘要	31-Jan-17	RMB	1	.记帐凭证	167597	XYZ公司	总裁办	主营成本	物料消耗杂物消耗
23	17-Jan	已过帐	16878	XXX摘要	31-Jan-17	RMB	1	.记帐凭证	167603	XYZ公司	总裁办	主营成本	零星维修费
24	17-Jan	已过帐	40888.08	XXX摘要	31-Jan-17	RMB	1	.记帐凭证	167623	XYZ公司	总裁办	主营成本	车辆加油费
25	17-Jan	已过帐	10879328	XXX摘要	31-Jan-17	RMB	1	折旧	167772	XYZ公司	总裁办	主营成本	折旧费
26	17-Jan	已过帐	945.168	XXX摘要	31-Jan-17	RMB	1	.记帐凭证	167435	XYZ公司	总裁办	主营成本	办公服务费其他
27	17-Jan	已过帐	2285.281	XXX摘要	31-Jan-17	RMB	1	.记帐凭证	167736	XYZ公司	总裁办	主营成本	物料消耗杂物消耗

Sheet1 Sheet2 Sheet3

图 4－88　从财务 ERP 系统导出的明细账

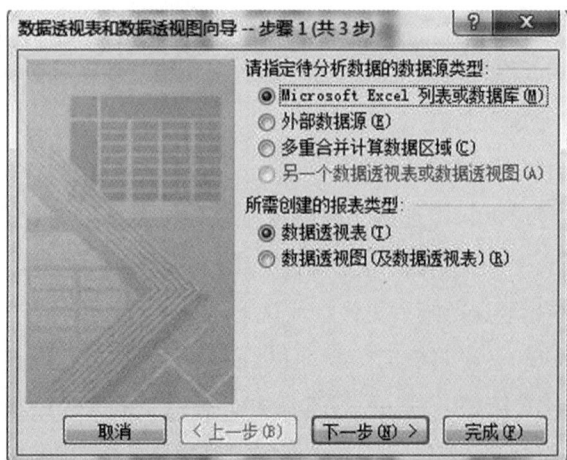

图 4 – 89　数据透视表设置步骤 1：选择默认选项，点击【下一步】

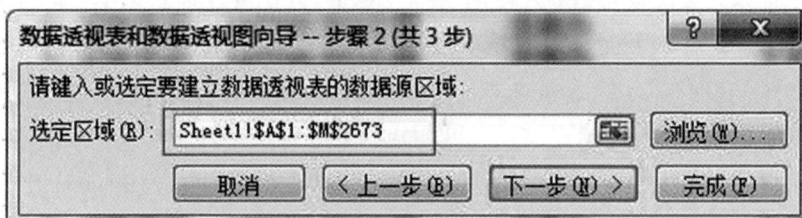

图 4 – 90　数据透视表设置步骤 2：选择基础数据区域，点击【下一步】

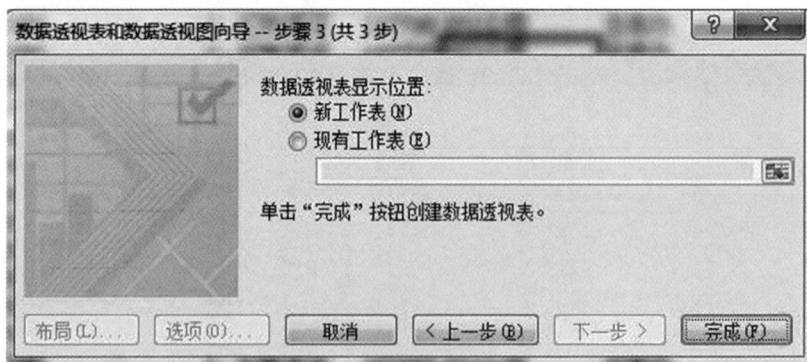

图 4 – 91　数据透视表设置步骤 3：勾选【新工作表】，点击【完成】

E XCEL 带你玩转财务职场

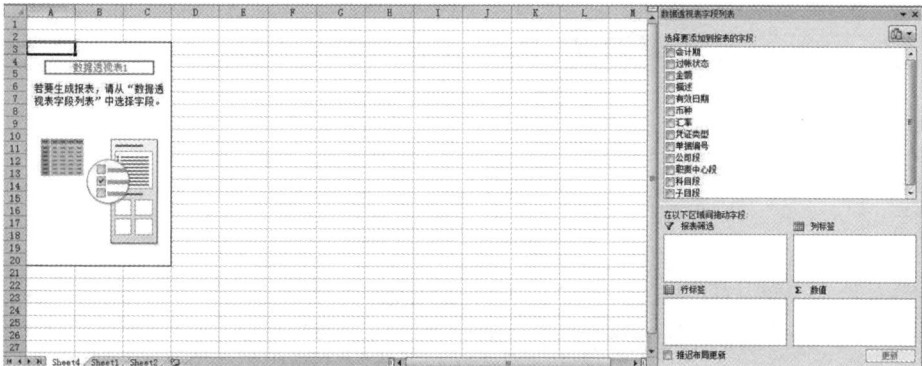

图 4-92　数据透视表已出现

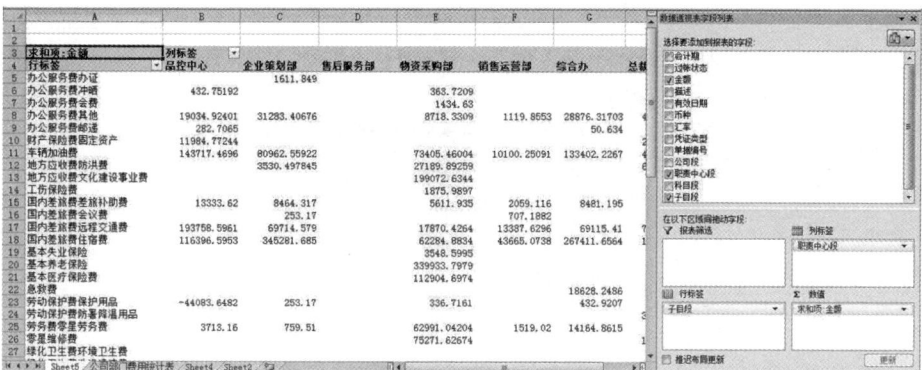

图 4-93　对数据透视表进行布局："职责中心段"放在【列标签】，"子目段"放在【行标签】，"金额"放在【数值】

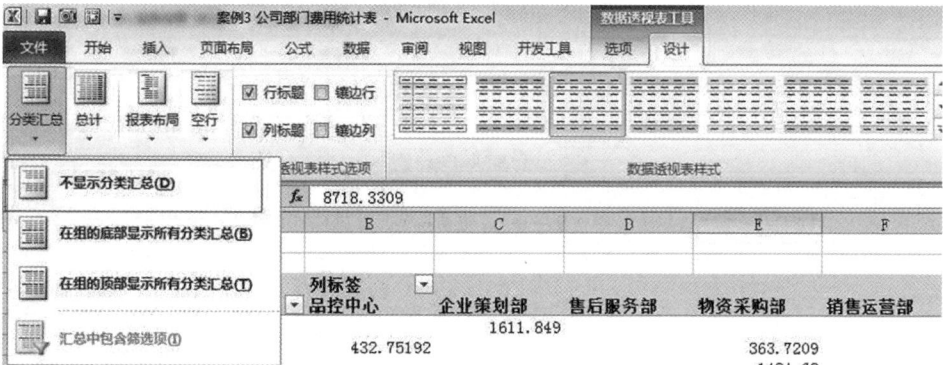

图 4-94　"美化四板斧"第一步：【分类汇总】中选择【不显示分类汇总】

图 4 -95　"美化四板斧"第二步：【总计】中选择【对行和列禁用】

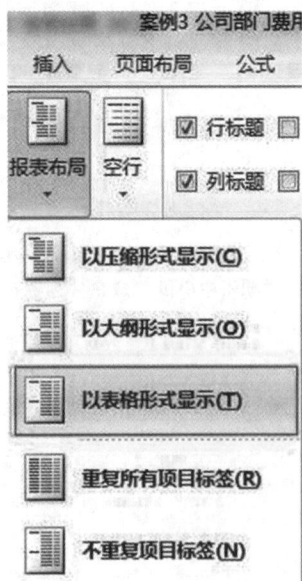

图 4 -96　"美化四板斧"第三步：【报表布局】中选择【以表格形式显示】

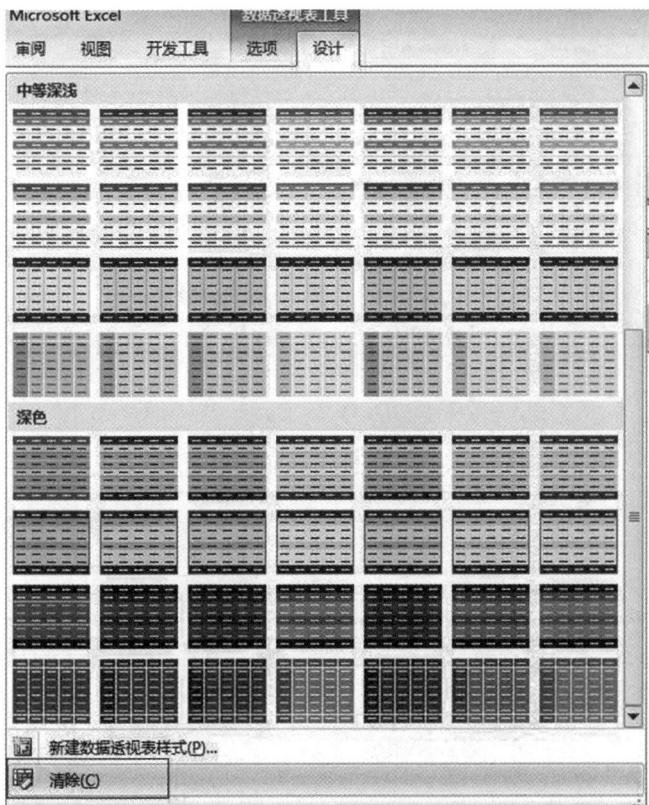

图4－97 "美化四板斧"第四步：【数据透视表样式】中选择【清除】

图4－98 "美化四板斧"美化后

图 4-99 对科目进行组合

图 4-100 科目组合后

图 4 – 101　对所有科目进行分组，并进行细节美化

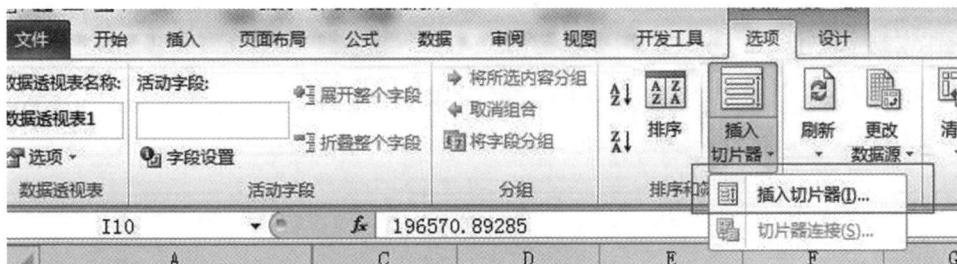

图 4 – 102　选择【选项】菜单，选择【插入切片器】

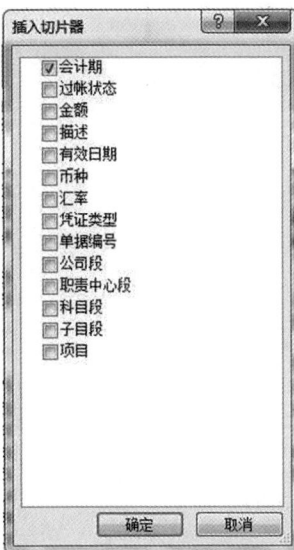

图 4 – 103　勾选【会计期】

项目	品控中心	企业策划部	售后服务部	物资采购部	销售运营部	综合办	总裁办
⊞办公服务费	19,750	32,895		10,517	1,120	28,927	481,281
⊞保险费	16,204						32,762
⊞车辆加油费	143,717	80,963		73,405	10,100	133,402	464,925
⊞地方应收费		3,530		226,263			
⊞人工相关成本	62,552	253		471,515	59,		
⊞差旅费	323,489	423,714		85,767			
⊞急救费					1,		
⊞劳务费零星劳务费	3,713	22,779		62,991			
⊞零星维修费				75,272			
⊞绿化卫生费							
⊞销售成本		394,044					
⊞书刊音像制品图书		2,022					
⊞水电费	913,652	71,676		571,106			
⊞四防费	105,588			49,312			
⊞通讯费	55,627	44,111		38,680	23,		
⊞外购劳务成本	6,430,972	4,284,901	1,544,843	3,484,988	1,		
⊞物料消耗	546,724	368,883		214,610	30,	124,	590,
⊞印刷费	1,673			95,381		166,518	15,156
⊞运输费	53,453	68		1,951	1,072	2,077	18,511
⊞折旧费	234,130	116,190	31,151	241,247	28,241	32,906	88,382,123
⊞制服费	64,168	37,680		380		862	407,220
⊞住房公积金				336,809			

会计期

17-Jan	17-Feb
17-Mar	17-Apr
17-May	17-Jun
17-Jul	17-Aug
17-Sep	

图 4 - 104　完成部门费用统计表

第五章 财务职场精粹函数全掌握

第 1 节　函数基础及名称

函数的基本用法

函数其实就是 Excel 已经设定好的计算功能模块，以等号（ = ）开头的、由常量、单元格引用、名称、运算符号组成的表达式，完成特定的计算。

函数的输入顺序是以" = "开头，后面紧跟左括号，接着是用逗号分隔的称为参数，最后用一个右括号表示函数结束。比如： = sum（1，2）。意思是用 sum 求和函数对数字 1 和 2 求和。

函数语法有以下需要注意的地方：

（1）必须以" = "开头。

（2）一对括号是不能省略的。

（3）有些函数的参数是可选的，注意其可选的用法。

（4）所有的标点符号都必须是英文半角字符。

（5）函数名不区分大小写。

（6）括号中内容，只有单元格地址和数字不用加双引号，其他如文本、日期等都需要加双引号，例如，"计划经营部""2017 – 8 – 1""09：23：28"，但要注意，日期和时间直接做算术运算时，不需要加双引号。

在输入函数内容时，一定要检查上述注意事项，要不会导致计算错误。

绝对引用和相对引用

函数公式中经常需要引用单元格数据，方法就是直接输入单元格地址。单元格的引用方式有两种，一种是绝对引用，另一种是相对引用。绝对引用的意思是复制公式时，引用的单元格地址不变化；相对引用的意思是复制公式时，引用的单元格地址变化。

怎样看出是绝对引用还是相对引用呢？在单元格地址前有美元符号（＄）的就是绝对引用，没有美元符号（＄）的就是相对引用，而切换绝对和相对引用状态的快捷键就是 F4。下面我们实例进行说明。

　　如图 5－1 案例所示，我们想对 1 月和 2 月所有产品的销售额进行求和，那么我们只要在产品 01 的小计单元格 D2 输入公式"＝B2＋C2"，然后，鼠标双击 D2 单元格右下角，所有产品的销售额小计就完成了。这里我们使用了相对引用，就是要让公式中的单元格引用随着行的变化而自动变化。

	A	B	C	D	E
	INDIRECT ▾ × ✓ fx ＝B2+C2				
1	产品名称	1月销售额	2月销售额	小计（相对引用）	占比（绝对引用）
2	产品01	1078	1629	=B2+C2	14%
3	产品02	1828	2628	4456	23%
4	产品03	1343	696	2039	6%
5	产品04	1928	2295	4223	20%
6	产品05	913	294	1207	3%
7	产品06	1977	732	2709	6%
8	产品07	935	2358	3293	21%
9	产品08	1381	639	2020	6%
10	合计	11383	11271	22654	100%

图 5－1　相对引用

　　再看一下图 5－2 的案例，这里我们想在各产品 1 月和 2 月销售额小计的基础上，计算每种产品占总销售额的比重，那么我们可以在产品 1 的占比单元格 E2 输入公式"＝D2/＄D＄10"，这里，我们对 D10 单元格引用的行和列前都加了美元符号，这样，我们双击 E2 右下角时，会发现，下面公式中的被除数始终是"＄D＄10"，单元格引用并没有像之前的案例那样发生变化，相当于用美元符号把这个 D10 单元格锁死了，无论公式怎么拖拽，单元格地址始终保持不变。

	A	B	C	D	E
	INDIRECT ▾ × ✓ fx ＝D2/$D$10				
1	产品名称	1月销售额	2月销售额	小计（相对引用）	占比（绝对引用）
2	产品01	1078	1629	2707	=D2/$D$10
3	产品02	1828	2628	4456	12%
4	产品03	1343	696	2039	3%
5	产品04	1928	2295	4223	10%
6	产品05	913	294	1207	1%
7	产品06	1977	732	2709	3%
8	产品07	935	2358	3293	10%
9	产品08	1381	639	2020	3%
10	合计	11383	11271	22654	50%

图 5－2　绝对引用

　　最后，介于绝对引用和相对引用之间，还有一种引用叫作混合引用，也就是说，有可能只在行的前面加美元符号，或者只在列的前面加美元符号，让其只是行或者列不动，而不是像之前的相对和绝对引用那样，要不都动，要不都不动，这里的混合引用只是动"一半"。

看下图 5-3 的案例，现在我们有两列基础数据，分别是各护肤品牌的销售量和销售额，现在我们要输入一个公式求出各品牌的销售额占比和销售量占比。我们可以首先在销售额占比单元格 D3 中输入公式" = B3/SUM（B $3：B $11)"，然后将 D3 单元格中的公式，向下拖拽到数据底部，再向右拖拽。这样一下就把两列数据计算好了。

要理解这个公式，实际上很简单，你可以把美元符号理解为加工资，给哪个地方加美元符号，就是给谁加工资，工资给的越高，跳槽的几率越少，他就不会乱动。

所以，"B $3：B $11"这个单元格引用我们可以这样看：给第 3 行和第 11 行加了美元符号，就是给他们加了工资，那第 3 行到第 11 行就不动了。而 B 列前面没有加美元符号，也就是没给钱，所以 B 列会随着公式的拖拽变化。我们看一下第 3 行到第 11 行的区域，对于销售额这列来讲正好是它所有的数据区域，而如果我们要将 D3 单元公式往下拖拽时，是不想让其数据区域不断下移的，否则就变成了"B4：B12""B5：B13"……这样数据的求和区域就计算错误了，正是出于这个考虑，我们要将第 3 行到第 11 行的区域锁死，这样就不怕公式向下拖拽了。

接下来，我们的公式还要向右侧拖拽，计算出销售量的占比，在 E3 单元格，我们期望出现的公式是" = C3/SUM（C $3：C $11)"，这个公式很明显，由 D3 单元格中的 B 列变成了 C 列，也就是改成对 C 列销售量的数据进行计算了。我们在 D3 单元格设置第一个公式的时候，实际上是想让列随着鼠标向右侧拖拽，B 列变化成 C 列，所以，在 D3 单元格中 B 列，我们不用对它加美元符号，就是要让其动起来。

| INDIRECT | | | ✕ ✓ fx | =B3/SUM(B$3:B$11) |

	A	B	C	D	E
1	各护肤品牌2017年1-10月销售情况分析				
2	产品品牌	销售额	销售量	销售额占比	销售量占比
3	兰蔻	2,467,592	548,570	$3:B$11)	11%
4	雅诗兰黛	2,265,896	631,124	10%	12%
5	资生堂	2,720,848	459,861	12%	9%
6	迪奥	2,802,001	560,585	12%	11%
7	倩碧	2,813,196	672,681	12%	13%
8	Sk-II	2,361,418	430,495	10%	8%
9	碧欧泉	2,538,406	648,475	11%	13%
10	赫莲娜	2,941,288	697,826	13%	13%
11	伊丽沙白.雅顿	2,076,102	520,423	9%	10%

图 5-3　混合引用 - 计算销售额占比

| INDIRECT | ▼ | × | ✓ | fx | =C3/SUM(C$3:C$11) |

	A	B	C	D	E
1	各护肤品牌2017年1-10月销售情况分析				
2	产品品牌	销售额	销售量	销售额占比	销售量占比
3	兰蔻	2,616,650	541,609	12%	$3:C$11)
4	雅诗兰黛	2,738,622	507,604	12%	10%
5	资生堂	2,702,032	491,312	12%	9%
6	迪奥	2,239,981	616,838	10%	12%
7	倩碧	2,580,023	647,420	11%	12%
8	Sk-II	2,936,275	689,757	13%	13%
9	碧欧泉	2,109,981	585,773	9%	11%
10	赫莲娜	2,647,215	561,596	12%	11%
11	伊丽沙白.雅顿	2,130,574	595,103	9%	11%

图 5-4　混合引用-计算销售量占比

绝对引用和相对引用是财务职场人士必须要掌握的基础知识，因为很多 Excel 的功能，如数据有效性、名称、函数、图表等，都需要用到，一定要看熟这三个案例。

名称在函数中的应用

我们在第一章已经简单介绍了名称的使用方法。这一节，我们再深入地挖掘下名称的应用。

所谓名称就是对单元格、单元格区域、常量所定义的一个名字。人过留名，雁过留声，Excel 的操纵对象也不例外，起一个好听又好记的名字，可以让公式变得简单，更加容易理解，而且在做数据分析模板的批量修改时，也会更加容易。

人起名字有讲究，Excel 中的名称也有基本规则：名称中不能有空格，但可以有下划线或者点号代替；名称中不能有加减乘除运算符号；不能以数字开头，但是可以用任意数字和字母组合，但是不能是单元格地址；名称不区分大小写。下面我们一起系统地学习一下名称在财务职场的实际应用。

第一，名称设置3种方法。

方法一：名称管理器。

【名称管理器】在【公式】菜单中，我们用鼠标点击一下【名称管理器】，就会出现【名称管理器】对话框，点击【新建】，在【名称】中输入"费用类别"，再在【引用位置】用鼠标选中费用类别的明细单元格区域（＄A＄2：＄A＄4），这样，我们就设置好了一个名称。

如果想对名称进行重新编辑或删除，我们也可以在【名称管理器】对话框中进行操作。

图 5 - 5 　【名称管理器】在【公式】菜单中

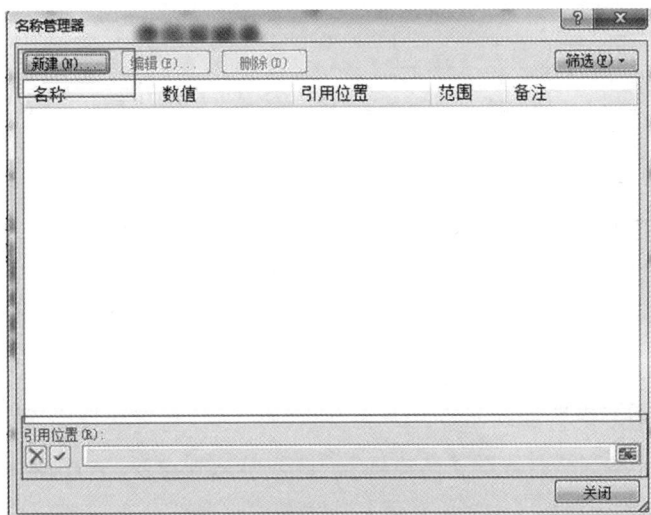

图 5 - 6 　【名称管理器】对话框

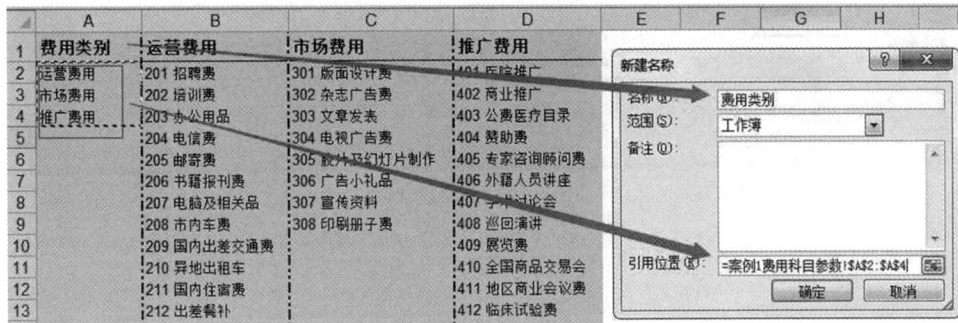

图 5 - 7 　新建名称

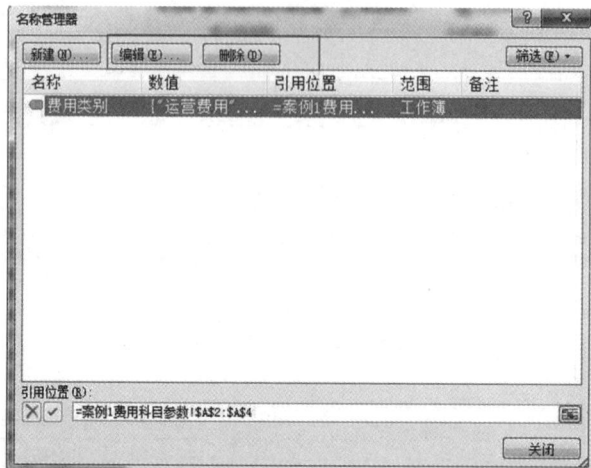

图 5-8　在【名称管理器】重新编辑或删除名称

方法二：名称框。

除了可以在【名称管理器】新建名称外，我们还可以在编辑栏左边的【名称框】中进行名称的新建。方法是，首先选中要设置名称的单元格区域，这里我们选中"A2：A4"，然后将鼠标移动到【名称框】，在【名称框】中输入"费用类别"，然后回车，名称就设置好了。

如何确定是否设置成功了呢？方法有两种，一种是直接选中刚才设置名称的"A2：A4"单元格区域，查看【名称框】，是否显示刚才我们设置的名称"费用类别"。另外一种方法是在【名称管理器】中查看。

图 5-9　在【名称框】中新建名称

方法三：快捷键。

快捷键新建名称的方法有两种，一种是单个名称的新建，可以按下快捷键【CTRL + F3】，这样就调出【名称管理器】对话框；还有一种是批量名称的新建，用快捷键【CTRL + SHIFT + F3】进行新建。用快捷键新建单个名称，与用【名称管理器】的方法一样，这里不再赘述，我们现在一起练习一个实际案例，看看批量定义名称的威力。

第二，利用名称设置报销单的二级下拉菜单。

现在要实操一个用名称实现二级下拉菜单的案例。

案例背景：我们要设计一张报销单，为了提高填写效率，减少错误，我们打算将费用分为三大类作为费用一级菜单，分别是：运营费用、市场费用、推广费用，然后再分别对三大类费用设置对应的二级费用菜单。我们想实现的效果是，当报销人员选择了某个一级菜单后，与之对应的二级费用菜单就会出现，然后报销人员就可以在里面按照费用的具体项目直接选择，不用手工填写一级和二级费用项目。

我们手头有两个基础表格，一个是"报销单"，另外一个是"费用科目参数"，现在我们需要用"费用科目参数"表中的费用科目对"报销单"设置一级和二级费用项目。下面开始实操。

具体操作：

STEP1：批量设置名称区域。首选，我们要建立一个"费用科目参数"参数表，在第一列输入三大类费用，然后依次在后面的三列输入对应的二级费用明细。

然后，选中要批量设置的名称区域"A1：D43"，按下【CTRL + SHIFT + F3】快捷键，选择【首行】，查看【名称管理器】，我们已经批量设置好了四个名称：费用类别、运营费用、市场费用、推广费用。如图 5 - 10，图 5 - 11，图 5 - 12。

STEP2：设置一级菜单。首先，设置一级费用菜单数据有效性，选中"报销单"中的"费用类别"区域单元格"D10：D16"，然后选择【数据】菜单中的【数据有效性】，在对话框中【有效性条件】中选择【序列】，在【来源】中输入" = 费用类别"（这里可以输入等号后，按下快捷键【F3】选择对应名称），点击【确定】。这时，点击一下"费用类别"区域单元格的某个单元格，是不是已经可以在下拉菜单中选择一级费用项目了？如图 5 - 13，图 5 - 14，图 5 - 15。

STEP3：设置二级菜单。接下来，我们设置二级费用菜单。选择"费用明细"区域"E10：E16"，在对话框中【有效性条件】中选择【序列】，在【来源】中输入" = INDI-

RECT（$D10)”，点击【确定】。这样，二级费用菜单就设置好了。如图5－16。

当报销人员想填写费用项目时，先选择一级费用，然后就可以选择对应的二级费用了，如图5－17，是不是非常地方便？你也可以将这个案例应用在其他地方，比如销售大区和城市，产品一级代码和二级代码，各个公司与相关部门等等，学以致用才是最好的实践方式。

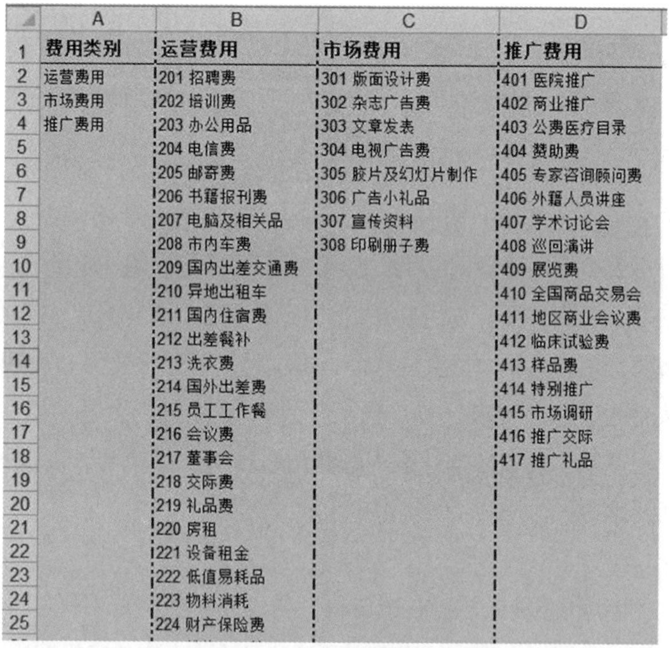

	A	B	C	D
1	费用类别	运营费用	市场费用	推广费用
2	运营费用	201 招聘费	301 版面设计费	401 医院推广
3	市场费用	202 培训费	302 杂志广告费	402 商业推广
4	推广费用	203 办公用品	303 文章发表	403 公费医疗目录
5		204 电信费	304 电视广告费	404 赞助费
6		205 邮寄费	305 胶片及幻灯片制作	405 专家咨询顾问费
7		206 书籍报刊费	306 广告小礼品	406 外籍人员讲座
8		207 电脑及相关品	307 宣传资料	407 学术讨论会
9		208 市内车费	308 印刷册子费	408 巡回演讲
10		209 国内出差交通费		409 展览费
11		210 异地出租车		410 全国商品交易会
12		211 国内住宿费		411 地区商业会议费
13		212 出差餐补		412 临床试验费
14		213 洗衣费		413 样品费
15		214 国外出差费		414 特别推广
16		215 员工工作餐		415 市场调研
17		216 会议费		416 推广交际
18		217 董事会		417 推广礼品
19		218 交际费		
20		219 礼品费		
21		220 房租		
22		221 设备租金		
23		222 低值易耗品		
24		223 物料消耗		
25		224 财产保险费		

图5－10　要批量设置的名称区域

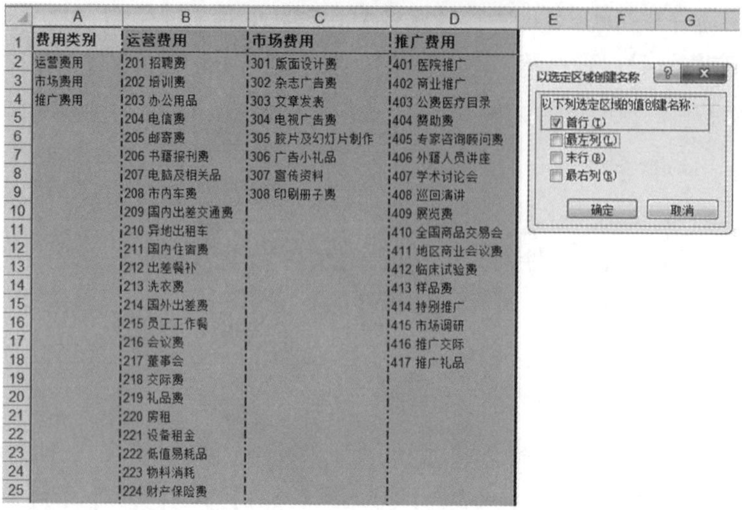

	A	B	C	D
1	费用类别	运营费用	市场费用	推广费用
2	运营费用	201 招聘费	301 版面设计费	401 医院推广
3	市场费用	202 培训费	302 杂志广告费	402 商业推广
4	推广费用	203 办公用品	303 文章发表	403 公费医疗目录
5		204 电信费	304 电视广告费	404 赞助费
6		205 邮寄费	305 胶片及幻灯片制作	405 专家咨询顾问费
7		206 书籍报刊费	306 广告小礼品	406 外籍人员讲座
8		207 电脑及相关品	307 宣传资料	407 学术讨论会
9		208 市内车费	308 印刷册子费	408 巡回演讲
10		209 国内出差交通费		409 展览费
11		210 异地出租车		410 全国商品交易会
12		211 国内住宿费		411 地区商业会议费
13		212 出差餐补		412 临床试验费
14		213 洗衣费		413 样品费
15		214 国外出差费		414 特别推广
16		215 员工工作餐		415 市场调研
17		216 会议费		416 推广交际
18		217 董事会		417 推广礼品
19		218 交际费		
20		219 礼品费		
21		220 房租		
22		221 设备租金		
23		222 低值易耗品		
24		223 物料消耗		
25		224 财产保险费		

图5－11　按下【CTRL＋SHIFT＋F3】快捷键，选择【首行】

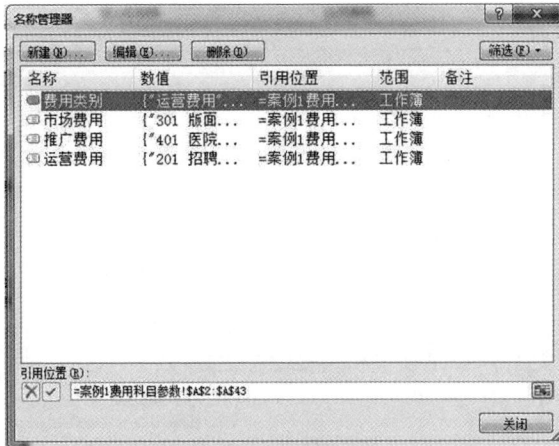

图 5-12　已批量定义好名称

图 5-13　目标：在"费用类别"中选择了一个项目，"费用明细"会自动调整到对应的明细

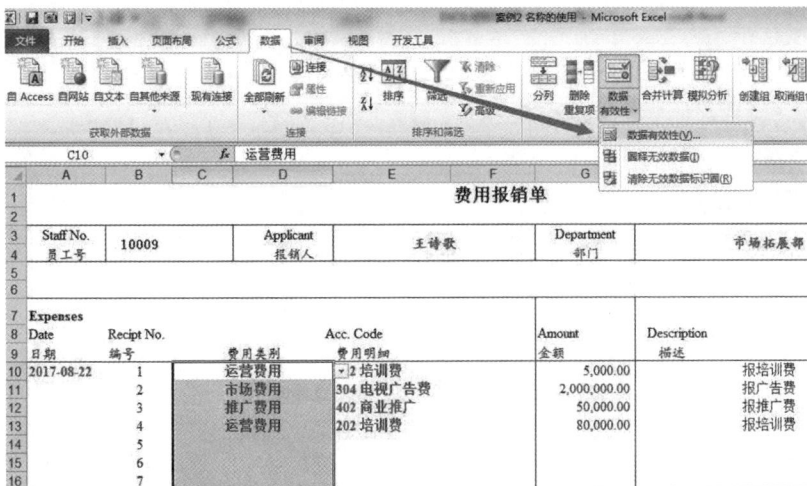

图 5-14　选中"费用类别"区域，选中【数据有效性】

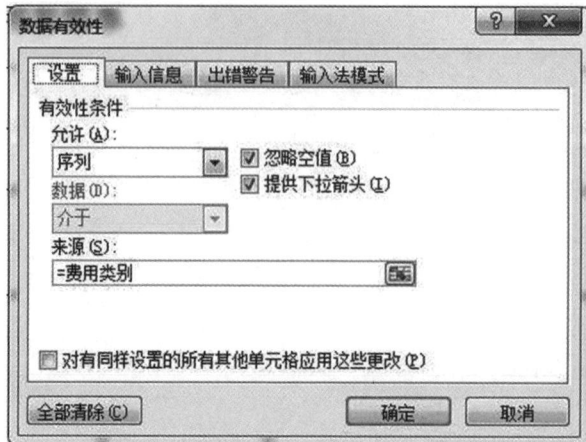

图 5 – 15 对"费用类别"区域的【数据有效性】进行设置

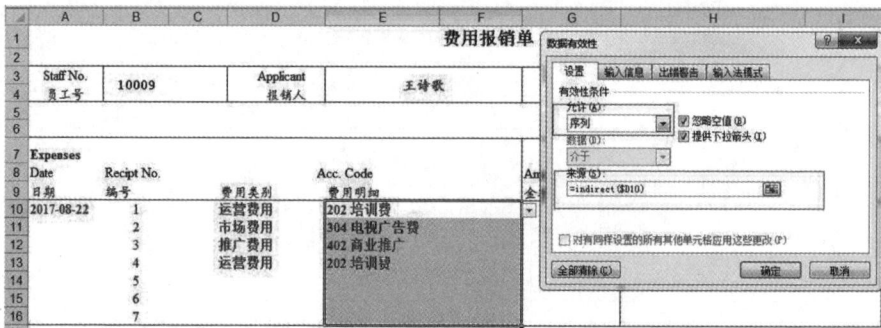

图 5 – 16 对"费用明细"区域的【数据有效性】进行设置

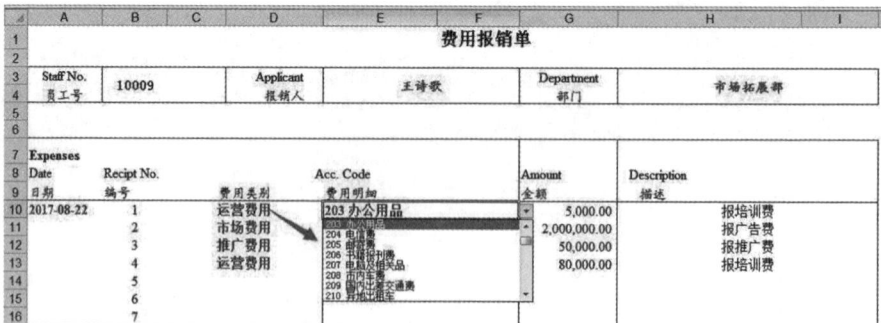

图 5 – 17 已实现二级菜单联动

第 2 节　条件判断函数

在第一节中，我们系统地介绍了函数的基本概念，用法，绝对和相对引用，名称的使用方法等。接下来，我们将介绍一些非常实用的财务职场函数。函数不在于掌握得多，而在于掌握得精，一般来讲，在财务职场中，如果你能够熟练运用 20 个左右的函数，就可以应付日常工作大部分数据处理场景了。

常用的条件函数有 IF、AND 和 OR，它们单独或者与其他函数组合运用，帮助我们实现对数据的判断以及数据的分层。

IF 函数：对条件进行判断

函数语法：

IF（判断条件，结果 1，结果 2）

具体应用：IF 的应用非常简单，举例说明，假如我们要对小明是否成年进行判断，那判断的逻辑应该是：小明年龄如果大于等于 18 岁，就返回成年，否则返回未成年。用 IF 函数写出来就是 " = if（年龄 > = 18，"成年"，"未成年"）"。

下面我们用案例实操一下两个条件的判断，如图 5 - 18 所示，这是一张加盟商评

MATCH	▼ (× ✔ ƒ×	=IF(B3)=60,"及格","不及格")	
	A	B	C	D

	A	B	C	D
1	加盟商评分统计表			
2	加盟商	分数	评级1	评级2
3	加盟商1	92	=IF(B3)=60,"及	优秀
4	加盟商2	55	不及格	不及格
5	加盟商3	82	及格	良好
6	加盟商4	52	不及格	不及格
7	加盟商5	60	及格	不及格
8	加盟商6	73	及格	及格
9	加盟商7	67	及格	及格
10	加盟商8	64	及格	及格
11				
12	评级标准1：60以下不及格，60及以上及格			
13	评级标准2：60及格，80良好，90优秀			
14				

图 5 - 18　用 IF 函数进行两个条件的判断

分统计表，我们已经对加盟商进行了评分，但是不知道对应的评级，假如加盟商的评分在60分以上，我们就评价其为及格，否则为不及格。那么我们可以在 C2 单元格中输入公式"＝IF（B3 > ＝60，"及格"，"不及格"）"，用鼠标双击 C2 单元格右下角，公式就自动延展至底部。

接下来，我们做一个三个条件的判断。现在对加盟商的等级，我们采取三个评分标准：60分以上及格，80分以上良好，90分以上优秀。现在是不是思维有点乱了？不知道该怎么设置 IF 函数了。别着急，我们可以通过逻辑图的方式理顺一下思路。如图 5 - 19 逻辑图所示，我们可以从最大的分数 90 开始分析，如果分数大于 90 分，则评级为优秀，否则就向下判断；再判断是否大于 80 分，如果是，则评级为良好，否则就继续向下判断；最后判断是否大于 60 分，如果是，则评级为及格，否则评级为不及格。

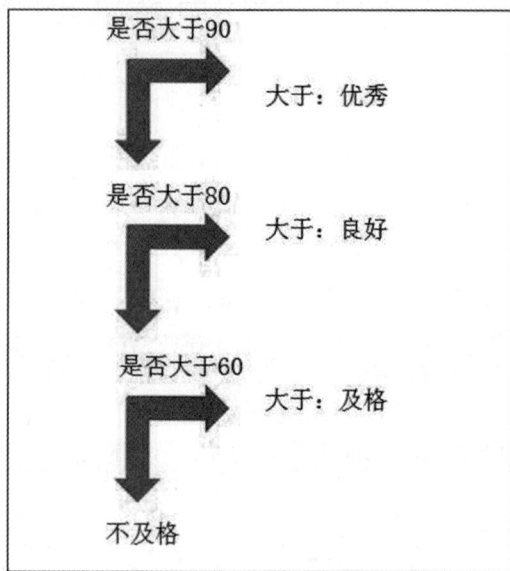

图 5 - 19   用 IF 函数进

输入嵌套函数的时候，我们可以用函数对话框来输入，以防止逻辑错误和输入错误。首先，在 D3 单元格输入"＝if（"，然后按下快捷键【CTRL + A】调出函数对话框，第一参数输入"B3 > 90"，第二参数输入"优秀"，到这里的意思是如果 B3 单元格中的分数大于 90 分，则返回结果优秀；那么第三参数怎么输入呢？就是按照我们刚才梳理的逻辑图那样，继续向下判断，也就是得再加一个 IF 判断函数进去。

那么，如何新嵌套进去一个 IF 函数？首先，点击第三参数单元格，然后用鼠标点击名称框，选择里面的其他函数，在【搜索函数】中输入 IF，然后点击【转到】，选择 IF 函数，点击【确定】。这个时候就出现了第二个 IF 函数对话框，在这个对话框中，第一参数输入"B3 > 80"，第二参数输入"良好"，接着，在第三参数中，选择【名称框】中的 IF 函数。如图 5 - 20，图 5 - 21，图 5 - 22。

在第三个 IF 函数对话框中，第一参数输入"B3 > 60"，第二参数输入"及格"，第三参数输入"不及格"。然后下拉公式至有数据区域的最后一行单元格。按照三个条件对加盟商评级是不是搞定了？如图 5 - 23，图 5 - 24。

在设置 IF 嵌套公式之前，一定要手工画好逻辑图，然后一个条件一个条件地加进去就非常容易了，一点也不会乱，你掌握了吗？

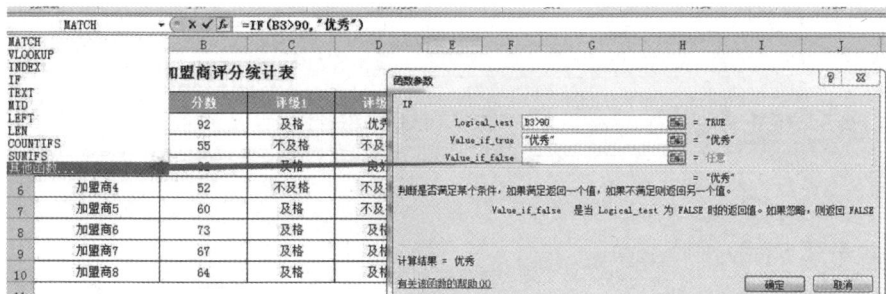

图 5 - 20　在第三参数中选择【函数对话框】中的【其他函数】

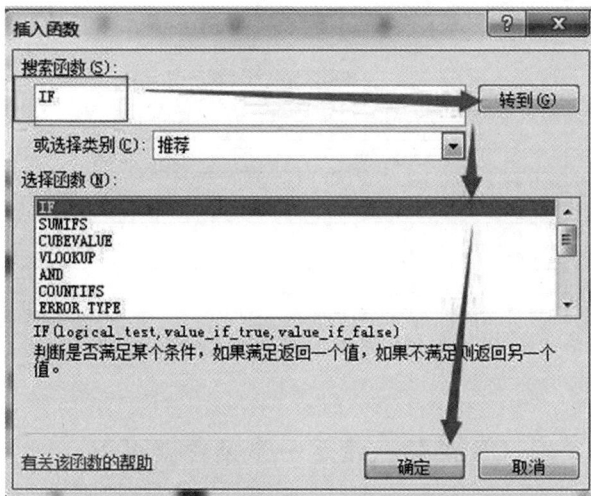

图 5 - 21　在【搜索函数】中输入 IF，然后点击【转到】，选择 IF 函数，点击【确定】

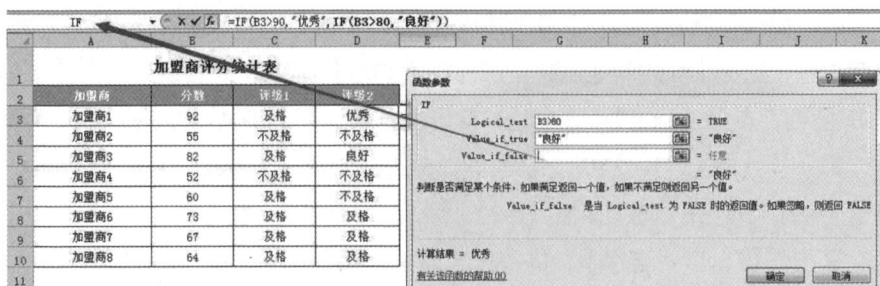

图 5 - 22　在第二个 IF 函数的第三参数中，选择【名称框】中的 IF 函数

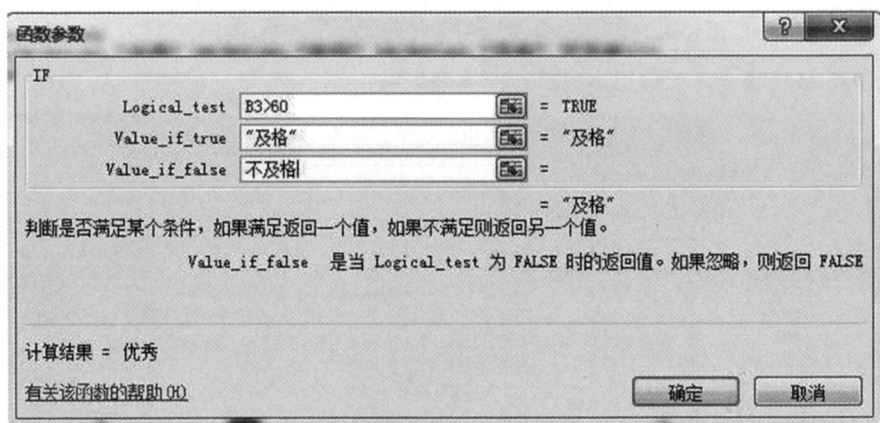

图 5 - 23　设置好最后一个 IF 函数对话框

图 5 - 24　三个条件判断公式设置成功

OR 函数：满足一个条件就可以

函数语法：

OR（条件 1，条件 2，条件 3，……）

具体应用：OR 函数主要是与 IF 函数联合使用。它的意思是满足参数中设置的任何一个条件，结果就返回 TRUE，如果一个条件都不成立就返回 FALSE。举个例子，小明这次考试分数为 85 分，我们要判断小明的成绩是否为优秀（大于 90 分）或者不及格（小于 60 分），现在我们用 OR 设置公式为"＝OR（小明分数＞90，小明分数＜60）"，这个公式返回的结果是 FALSE，即小明的分数不在这一头一尾两个区间，而是在中间的 85 分。

下面，我们再举一个实际工作中的案例，我们手头有一张仓库出库表，现在我们要对其进行分析，并对重点信息进行标注。首先，我们想对发货货品的位置做一个提示，提示是否为北京、上海、广州发货，即发货仓库是这三个城市的任何一个，我们就让其提示是"北上广"地区发货。

我们先用 OR 函数对货品发货地是否为"北上广"地区进行判断，在 F3 单元格中先输入"＝OR（B3＝"北京"，B3＝"上海"，B3＝"广州"）"，输入成功后，会返回两种结果，要么是 TRUE，即确实是北上广发货，要么是 FALSE，即不是北上广地区发货。接下来，我们用其结果，在 OR 函数的外边再嵌套一层 IF 函数"＝IF（OR 函数结果，"北上广出货"，"其他城市出货"）"，这样嵌套函数的返回结果就是文字形式的，要么是"北上广出货"，要么是"其他城市出货"，返回的结果非常直观。公式的完整写法是"＝IF（OR（B3＝"北京"，B3＝"上海"，B3＝"广州"），"北上广出货"，"其他城市出货"）"。如图 5－25。

图 5－25　OR 函数应用实例

AND 函数：必须同时满足所有条件

函数语法：AND（条件 1，条件 2，条件 3，……）

具体应用：AND 函数也是要与 IF 函数联合使用。它的意思是满足参数中设置的所有条件，结果就返回 TRUE，如果不满足其中的任何一个，结果就返回 FALSE。AND 与 OR 相比，对条件的判断更加苛刻，即必须同时满足参数中的所以条件，有点类似完美主义先生；而 OR 就比较随和，满足参数中的任何一个条件就可以，有点像差不多先生。

举个例子，假设我们要评价三好先生的标准是：身材好，长相好，工作好，那我们可以设置公式为 " = AND（"身材好"，"长相好"，"工作好"）"，如果小明同学全部符合，则公式返回结果是 TURE，否则就返回 FALSE。

我们继续拿刚才的那张仓库出库表举例，这次我们要对 "其他城市发货，且出货数量大于 15000 的货品" 进行重点标注，即提示其为 "重点监控对象"。因为非北上广地区的物流会稍微差一些，我们对其他城市发货且数量较大的产品需要及时补货，就需要对其予以关注。

我们先用 AND 函数进行判断，在 G3 单元格输入 " = AND（D3 > 15000，F3 = "其他城市出货"）"，D3 为出货数量，F3 为是否为北上广出货。输入成功后，会返回两种结果，要么是 TRUE，确实需要重点监控，要么是 FALSE，不需要重点监控。接下来，我们用其结果，在 AND 函数的外边再嵌套一层 IF 函数 " = IF（AND 函数结果，"重点监控"，"其他内容"）"。这样公式就设置好了。如图 5 - 26。

IF				=IF(AND(D3>15000,F3="其他城市出货"),"重点监控","其他内容")		
	A	B	C	D	E	F	G
1	2017年11月仓库出库分析						
2	产品品牌	发货仓库	出货金额	出货数量	是否为大品牌	是否北上广出货	是否重点监控
3	兰蔻	上海	86,069	39,010	大品牌	北上广出货	其他内容")
4	雅诗兰黛	北京	165,248	42,892	大品牌	北上广出货	其他内容
5	资生堂	广州	20,000	12,174	小品牌	北上广出货	其他内容
6	迪奥	南京	224,193	33,066	大品牌	其他城市出货	重点监控
7	倩碧	上海	258,715	16,650	大品牌	北上广出货	其他内容
8	Sk-II	北京	20,000	16,421	小品牌	北上广出货	其他内容
9	魅欧泉	广州	33,343	45,891	大品牌	北上广出货	其他内容
10	赫莲娜	武汉	144,758	20,607	大品牌	其他城市出货	重点监控
11	伊丽沙白.雅顿	上海	163,537	7,240	大品牌	北上广出货	其他内容
12	雪花秀	沈阳	36,822	3,975	大品牌	其他城市出货	其他内容
13	赫拉	沈阳	56,153	26,155	大品牌	其他城市出货	重点监控
14	欧慕	上海	241,213	19,942	大品牌	北上广出货	其他内容
15	IOPE	北京	156,182	8,146	大品牌	北上广出货	其他内容
16	it`s skin伊思	广州	50,967	22,289	大品牌	北上广出货	其他内容
17	秀丽韩	武汉	157,283	6,459	大品牌	其他城市出货	其他内容
18	兰芝	沈阳	11,074	19,574	小品牌	其他城市出货	重点监控
19	梦妆	广州	122,831	4,256	大品牌	北上广出货	其他内容
20	primera	广州	82,034	31,194	大品牌	北上广出货	其他内容

图 5 - 26　AND 函数应用实例

第 3 节　日期函数

在第一章的第四节中，我们讲了常见的错误日期格式的处理，也讲解了正确的日期格式。实际上，日期本质上是数字序列号，不信？我们做个实验看看。我们在任意一个单元格输入"1900－01－01"，然后对这个单元格点击右键，在【设置单元格格式】中选择【数值】。是不是发现刚才的"1900－01－01"变成了数字"1"？然后我们再输入一个日期"2017－06－18"，也是同样将其格式设置为【数值】，这个单元格数据变成了"42904"，意思是这个日期距离"1900－01－01"有 42903 天（42904 减去 1）。

现在我们已经验证了，日期其实本质上是数字序列号，这就意味着日期是可以进行加减运算的。比如，用"2017－12－31"减去"2017－12－01"得出的结果是30，意思是这两日期相差 30 天。

在财务职场实践中，我们会经常遇到需要对日期进行处理的情况，比如提取员工的出生日期、工龄，计算库存商品的库龄，应收和应付账款的账龄，合同到期日，资产折旧测算等等。下面我们学习几个比较常用的日期函数。

TODAY 函数：返回今天的日期

函数语法：

TODAY（）

具体应用：TODAY（）函数一般与其他日期函数联合起来使用。使用方法是，在单元格内输入"＝TODAY（）"，单元格就会显示今天的日期。

YEAR/MONTH/DAY 函数：提取日期的年/月/日

函数语法：

YEAR/MONTH/DAY（单元格地址）

具体应用：YEAR/MONTH/DAY 这三个函数是用来提取某个日期的年/月/日数据的，主要用于增加数据分析维度，为下一步的筛选、数据透视等提供更多的分析字段。下面我们分别对三个函数的使用方法进行演示。

我们对图 5 - 27 所示的 A 列日期进行年、月、日的提取。

首先，我们提取年。在 B2 单元格输入 " = YEAR（A2）"，然后鼠标双击 B2 单元格右下角，这样，A 列所有日期数据的年就被提取出来了。

	A	B	C	D	E
	IF	fx	=YEAR(A2)		
1	日期	年	月	日	组合回来
2	2017-11-13	=YEAR(A2)			
3	2015-10-9	2015			
4	2016-11-3	2016			
5	2017-1-22	2017			
6	2015-2-9	2015			
7	2016-5-3	2016			
8	2017-8-1	2017			

图 5 - 27　YEAR 函数应用实例

接着，我们提取月。在 C2 单元格输入 " = MONTH（A2）"，然后鼠标双击 C2 单元格右下角，这样，A 列所有日期数据的月就被提取出来了。如图 5 - 28。

	A	B	C	D	E
	IF	fx	=MONTH(A2)		
1	日期	年	月	日	组合回来
2	2017-11-13	2017	NTH(A2)		
3	2015-10-9	2015	10		
4	2016-11-3	2016	11		
5	2017-1-22	2017	1		
6	2015-2-9	2015	2		
7	2016-5-3	2016	5		
8	2017-8-1	2017	8		

图 5 - 28　MONTH 函数应用实例

最后，我们提取日。在 D2 单元格输入 " = DAY（A2）"，然后鼠标双击 D2 单元格右下角，这样，A 列所有日期数据的日就被提取出来了。如图 5 - 29。

	A	B	C	D	E
	IF	fx	=DAY(A2)		
1	日期	年	月	日	组合回来
2	2017-11-13	2017	11	=DAY(A2)	
3	2015-10-9	2015	10	9	
4	2016-11-3	2016	11	3	
5	2017-1-22	2017	1	22	
6	2015-2-9	2015	2	9	
7	2016-5-3	2016	5	3	
8	2017-8-1	2017	8	1	

图 5 - 29　DAY 函数应用实例

那么，如果我们碰到的情况不是将一个日期拆分出年、月、日，而是要将年、月、日组合起来呢？我们可以用 DATE（函数），函数写法是 DATE（年，月，日），还是用刚才的案例，现在我把刚刚拆分的年、月、日组合成日期。可以在 E2 单元格输入公式"= DATE（B2，C2，D2）"，然后鼠标双击 D2 单元格右下角，这样，刚才被拆分出的年、月、日就又重新组合成日期了。

	A	B	C	D	E
	IF		✗ ✓ *fx* =DATE (B2, C2, D2)		
1	日期	年	月	日	组合回来
2	2017-11-13	2017	11	13	B2, C2, D2)
3	2015-10-9	2015	10	9	2015-10-9
4	2016-11-3	2016	11	3	2016-11-3
5	2017-1-22	2017	1	22	2017-1-22
6	2015-2-9	2015	2	9	2015-2-9
7	2016-5-3	2016	5	3	2016-5-3
8	2017-8-1	2017	8	1	2017-8-1

图 5 - 30   DATE 函数应用实例

DATEDIF 函数：计算两个日期之间的年数、月数、天数

DATEDIF 函数，是在财务工作中非常实用的函数，这个函数是一个隐藏函数，因为在 Excel 中的帮助和插入公式是找不到这个函数的。此函数的作用是计算两个日期之间的年数、月数、天数。在应收账款账龄、库存商品库龄等分析中，该函数起到非常重要作用。

函数语法：

DATEDIF（开始日期，结束日期，返回类型）

具体应用：DATEDIF 中有三个参数，前两个分别是开始日期和结束日期，比如要计算应收账款账龄，如果应收账款发生在 2017 年 1 月 1 日，账龄统计截止日为 2017 年 12 月 31 日，则开始日期就是 2017 年 1 月 1 日，结束日期就是 2017 年 12 月 31 日。

DATEDIF 中的第三个参数用于说明前两个参数差额的计算方式。第三个参数可以选择几种代码，分别是："Y"计算两个日期的整年数差；"M"计算两个日期的整月数差；"D"计算两个日期的整天数差；"MD"计算两个日期的天数差，不考虑年和月；"YM"计算两个日期的月数差，不考虑年和日；"YD"计算两个日期的天数差，不考虑年。下面，我们举两个实际案例进行说明。

案例 1：计算员工年龄。

如果图 5-31 所示，这是一张员工名单表，里面有员工的姓名和出生日期，现在我们的任务是将各个员工的年龄提取出来，为下一步的公司员工年龄结构分析做准备。判断企业员工年龄是否符合企业发展需要，如果过度老龄化，则要补充新员工，如果过于年轻，则可以衡量是否符合企业实际需要，例如 IT 等行业要求创新，所以工程师的年龄必须要小一些。下面我们进行实操。

在 C2 单元格中输入公式"= DATEDIF（B2，TODAY（），"Y"）"，然后鼠标双击单元格右下角，这样员工名单中所有员工的年龄就被计算出来了。这里的 DATE-DIF 函数中第一个参数输入的 B2 单元格引用是第一个员工的出生日期，第二个参数输入的是 TODAY（），两个参数的意思是计算今天的日期与员工的出生日期之间的差，也就是年龄。但是，我们想要的只是两个日期的年数差就够了，所以，第三参数，我们输入的是"Y"，也就是计算两个日期的整年数差，这样员工的年龄就被计算出来了。怎么样？是不是很快速？别急，我们再练习一个常用案例。

	IF	▼ (× ✓ fx	=DATEDIF(B2,TODAY(),"Y")
▲	A	B	C
1	姓名	出生日期	年龄
2	申建国	1990-01-02	F(B2,TODAY(),"Y")
3	刘守焱	1983-02-14	34
4	刁兆国	1992-05-09	24
5	周军	1975-06-30	41
6	阮树明	1988-03-18	29
7	王卫东	1988-03-19	28
8	谢娜	1973-06-11	43
9	王家柳	1984-08-18	32
10	韩美瑗	1975-06-22	41
11	杨文彬	1991-05-18	25
12	夏寅奇	1988-03-19	28
13	李玉庆	1980-01-17	37
14	李宝山	1976-12-24	40

图 5-31　在员工名单表的 C2 单元格输入"= DATEDIF（B2，TODAY（），"Y"）"

案例 2：计算应付账款账龄。

如图 5-32 所示，这个是一张应付账款账龄分析表，现在我们有几列现成的数据，包括供应商名称、期末余额、还有最后一次付款时间。为了统计账龄，我们需要将每个供应商的应付账款余额进行账龄归类，包括 1 年以内、1-2 年、3-5 年及 5 年以上。具体如下：

STEP1：设置截止日期。需要在 B1 单元格输入一个统计截止日期，也就是以哪个截止日统计账龄，我们将其设置 2017 年 6 月 30 日。

STEP2：计算账龄月份数。然后，我们开始逐列输入公式。在 D4 单元格，我们要计算该行应付账款从最后一次付款日期距离统计日有几个月，输入公式为" = DATEDIF（C4，$B$1，"m"）"，公式中，第三参数"m"的意思是计算两个日期的整月数差。

STEP3：计算各账龄区间余额。接着，我们要用 IF 函数依据刚才统计的应付账款账龄月数，将应付账款余额分别归类到 1 年以内、1 – 2 年、3 – 5 年及 5 年以上这四个账龄区间中。在 E4 单元格输入" = IF（D4 < = 12，$B4，0）"，第一参数"D4 < = 12"，意思是月份数小于 12 个月，也就是 1 年以内账龄；在 F4 单元格输入" = IF（（12 < $D4）* （$D4 < = 24），$B4，0）"，这里的 D4 单元格的判断区间是大于 12 个月，且小于等于 24 个月，也就是 1 – 2 年；在 G4 单元格输入" = IF（（24 < $D4）* （$D4 < = 60），$B4，0）"，这里的 D4 单元格的判断区间是大于 24 个月，且小于等于 60 个月，也就是 3 – 5 年；H4 单元格输入" = IF（$D4 > 60，$B4，0）"，这里的 D4 单元格的判断区间是大于 60 个月，也就是 5 年以上。

	A	B	C	D	E	F	G	H
			IF		▼ (× ✔ fx	=DATEDIF(C4, $B$1,"m")		
1	统计截止日期	2017-6-30						
3	供应商名称	期末余额	最后一次付款时间	月数	1年以内	1-2年	3-5年	5年以上
4	公司1	209,800	2016-5-13	$B$1,"m")	0	209800	0	0
5	公司2	183,716	2016-12-25	6	183716	0	0	0
6	公司3	36,729	2016-3-7	15	0	36729	0	0
7	公司4	234,641	2016-7-17	11	234641	0	0	0
8	公司5	198,775	2017-1-15	5	198775	0	0	0
9	公司6	175,378	2017-4-7	2	175378	0	0	0
10	公司7	51,191	2015-8-31	21	0	51191	0	0
11	公司8	185,256	2015-11-29	19	0	185256	0	0
12	公司9	122,280	2016-2-26	16	0	122280	0	0
13	公司10	280,954	2016-7-14	11	280954	0	0	0
14	公司11	286,828	2016-11-23	7	286828	0	0	0
15	公司12	269,440	2016-2-22	16	0	269440	0	0
16	公司13	194,974	2017-6-6	0	194974	0	0	0
17	公司14	21,823	2016-1-8	17	0	21823	0	0
18	公司15	92,453	2016-5-3	13	0	92453	0	0
19	公司16	197,918	2016-8-2	10	197918	0	0	0
20	公司17	38,259	2017-5-4	1	38259	0	0	0
21	公司18	273,343	2014-7-31	34	0	0	273343	0
22	公司19	79,161	2016-2-10	16	0	79161	0	0
23	公司20	2,489	2016-3-10	15	0	2489	0	0
24	公司21	5,017	2016-5-25	13	0	5017	0	0

图 5 – 32　在应付账款账龄表的 D4 单元格输入" = DATEDIF（C4，$B$1，"m"）"

	IF		⊙ × ✓ fx	=IF(D4<=12, $B4, 0)				
	A	B	C	D	E	F	G	H
1	统计截止日期	2017-6-30						
2								
3	供应商名称	期末余额	最后一次付款时间	月数	1年以内	1-2年	3-5年	5年以上
4	公司1	97,632	2016-5-13	13	,$B4,0)	97632	0	0
5	公司2	79,122	2016-12-25	6	79122	0	0	0
6	公司3	138,533	2016-3-7	15	0	138533	0	0
7	公司4	284,680	2016-7-17	11	284680	0	0	0
8	公司5	208,153	2017-1-15	5	208153	0	0	0
9	公司6	236,857	2017-4-7	2	236857	0	0	0
10	公司7	210,802	2015-8-31	21	0	210802	0	0
11	公司8	63,561	2015-11-29	19	0	63561	0	0
12	公司9	174,601	2016-2-26	16	0	174601	0	0
13	公司10	67,503	2016-7-14	11	67503	0	0	0
14	公司11	60,408	2016-11-23	7	60408	0	0	0
15	公司12	23,887	2016-2-22	16	0	23887	0	0
16	公司13	40,722	2017-6-6	0	40722	0	0	0
17	公司14	53,796	2016-1-8	17	0	53796	0	0
18	公司15	296,268	2016-5-3	13	0	296268	0	0
19	公司16	131,183	2016-8-2	10	131183	0	0	0
20	公司17	252,949	2017-5-4	1	252949	0	0	0
21	公司18	270,771	2014-7-31	34	0	0	270771	0
22	公司19	267,361	2016-2-10	16	0	267361	0	0
23	公司20	255,525	2016-3-10	15	0	255525	0	0
24	公司21	67,297	2016-5-25	13	0	67297	0	0

图 5 – 33　在应付账款账龄表的 E4 单元格输入 "＝IF（D4 ＜ ＝12，＄B4，0)"

	IF		⊙ × ✓ fx	=IF((12<$D4)*($D4<=24),$B4,0)				
	A	B	C	D	E	F	G	H
1	统计截止日期	2017-6-30						
2								
3	供应商名称	期末余额	最后一次付款时间	月数	1年以内	1-2年	3-5年	5年以上
4	公司1	71,737	2016-5-13	13	0	=24),$B4,0)	0	0
5	公司2	67,499	2016-12-25	6	67499	0	0	0
6	公司3	103,256	2016-3-7	15	0	103256	0	0
7	公司4	284,697	2016-7-17	11	284697	0	0	0
8	公司5	262,919	2017-1-15	5	262919	0	0	0
9	公司6	53,392	2017-4-7	2	53392	0	0	0
10	公司7	152,005	2015-8-31	21	0	152005	0	0
11	公司8	95,087	2015-11-29	19	0	95087	0	0
12	公司9	128,466	2016-2-26	16	0	128466	0	0
13	公司10	121,591	2016-7-14	11	121591	0	0	0
14	公司11	180,740	2016-11-23	7	180740	0	0	0
15	公司12	130,268	2016-2-22	16	0	130268	0	0
16	公司13	153,504	2017-6-6	0	153504	0	0	0
17	公司14	144,501	2016-1-8	17	0	144501	0	0
18	公司15	213,586	2016-5-3	13	0	213586	0	0
19	公司16	94,190	2016-8-2	10	94190	0	0	0
20	公司17	228,243	2017-5-4	1	228243	0	0	0
21	公司18	203,367	2014-7-31	34	0	0	203367	0
22	公司19	294,791	2016-2-10	16	0	294791	0	0
23	公司20	278,909	2016-3-10	15	0	278909	0	0
24	公司21	90,019	2016-5-25	13	0	90019	0	0

图 5 – 34　在应付账款账龄表的 F4 单元格输入 "＝IF（（12 ＜ ＄D4）＊（＄D4 ＜ ＝24），＄B4，0)"

IF　　　=IF((24<$D4)*($D4<=60),$B4,0)

	供应商名称	期末余额	最后一次付款时间	月数	1年以内	1-2年	3-5年	5年以上
1	统计截止日期	2017-6-30						
4	公司1	270,939	2016-5-13	13	0	270939	60),$B4,0)	0
5	公司2	74,320	2016-12-25	6	74320	0	0	0
6	公司3	17,252	2016-3-7	15	0	17252	0	0
7	公司4	44,770	2016-7-17	11	44770	0	0	0
8	公司5	259,866	2017-1-15	5	259866	0	0	0
9	公司6	114,319	2017-4-7	2	114319	0	0	0
10	公司7	58,630	2015-8-31	21	0	58630	0	0
11	公司8	126,959	2015-11-29	19	0	126959	0	0
12	公司9	236,666	2016-2-26	16	0	236666	0	0
13	公司10	26,331	2016-7-14	11	26331	0	0	0
14	公司11	168,153	2016-11-23	7	168153	0	0	0
15	公司12	146,766	2016-2-22	16	0	146766	0	0
16	公司13	236,574	2017-6-6	0	236574	0	0	0
17	公司14	200,276	2016-1-8	17	0	200276	0	0
18	公司15	214,457	2016-5-3	13	0	214457	0	0
19	公司16	50,607	2016-8-2	10	50607	0	0	0
20	公司17	151,623	2017-5-4	1	151623	0	0	0
21	公司18	298,075	2014-7-31	34	0	0	298075	0
22	公司19	92,031	2016-2-10	16	0	92031	0	0
23	公司20	86,375	2016-3-10	15	0	86375	0	0
24	公司21	84,196	2016-5-25	13	0	84196	0	0

5-35　在应付账款账龄表的 G4 单元格输入 "=IF((24<$D4)*($D4<=60),$B4,0)"

IF　　　=IF($D4>60,$B4,0)

	供应商名称	期末余额	最后一次付款时间	月数	1年以内	1-2年	3-5年	5年以上
1	统计截止日期	2017-6-30						
4	公司1	253,254	2016-5-13	13	0	253254	0	>60,$B4,0)
5	公司2	21,436	2016-12-25	6	21436	0	0	0
6	公司3	165,983	2016-3-7	15	0	165983	0	0
7	公司4	142,199	2016-7-17	11	142199	0	0	0
8	公司5	143,467	2017-1-15	5	143467	0	0	0
9	公司6	227,148	2017-4-7	2	227148	0	0	0
10	公司7	292,069	2015-8-31	21	0	292069	0	0
11	公司8	47,931	2015-11-29	19	0	47931	0	0
12	公司9	258,528	2016-2-26	16	0	258528	0	0
13	公司10	294,150	2016-7-14	11	294150	0	0	0
14	公司11	145,408	2016-11-23	7	145408	0	0	0
15	公司12	22,639	2016-2-22	16	0	22639	0	0
16	公司13	197,773	2017-6-6	0	197773	0	0	0
17	公司14	215,139	2016-1-8	17	0	215139	0	0
18	公司15	236,318	2016-5-3	13	0	236318	0	0
19	公司16	212,688	2016-8-2	10	212688	0	0	0
20	公司17	274,646	2017-5-4	1	274646	0	0	0
21	公司18	258,620	2014-7-31	34	0	0	258620	0
22	公司19	206,797	2016-2-10	16	0	206797	0	0
23	公司20	191,825	2016-3-10	15	0	191825	0	0
24	公司21	71,694	2016-5-25	13	0	71694	0	0

图 5-36　在应付账款账龄表的 H4 单元格输入 "=IF($D4>60,$B4,0)"

EDATE 函数：返回指定日期之前或之后指定月份的日期

函数语法：

EDATE（指定日期，月份数）

具体应用：EDATE（指定日期，月份数），其中第二个参数，可以是正数也可以是负数。正数代表让函数返回指定日期之后几个月的日期，负数代表让函数返回指定日期之前几个月的日期。例如，输入公式"＝EDATE（"2017－5－5"，2）"结果返回2017年7月5日，若输入公式"＝EDATE（"2017－5－5"，－2）"结果返回2017年3月5日。

案例1：提前一个月提示合同到期。

在财务实践中，合同管理的工作非常重要，合同过期没有续签，会影响收入的结算，供应商的商品或服务供应，甚至还会影响企业的正常运营。所以，制作了合同台账以后，必须要设置一个到期提醒功能，每次打开合同台账，表格会通过颜色标注自动提醒哪个合同已经快到期了，这样我们就能及时将新合同签订工作提前准备，避免给企业造成损失。

如图5－37所示，这是一张合同台账，前四列数据是我们根据合同的信息手工录入进去的，包括合同编号、合同项目、签订日期、合同期限。现在，我们要根据签订日期和合同期限，推算到期日。在E2单元格输入公式"＝EDATE（C2，D2）－1"，意思是计算2017年4月10日签订的合同，在合同有效期15个月之后的日期，减去1的意思是时间算头不算尾。这样，合同的到期日我们就计算出来了。如图5－37。

	A	B	C	D	E
IF			fx	=EDATE(C2,D2)-1	
1	合同编号	项目	签订日期	期限（月）	到期日
2	HT001	XM001	2017-4-10	15	(C2,D2)-1
3	HT002	XM002	2017-5-20	19	2018-12-19
4	HT003	XM003	2017-10-13	9	2018-7-12
5	HT004	XM004	2016-1-12	5	2016-6-11
6	HT005	XM005	2016-2-11	4	2016-6-10
7	HT006	XM006	2016-4-20	7	2016-11-19
8	HT007	XM007	2017-4-16	22	2019-2-15
9	HT008	XM008	2017-8-21	14	2018-10-20
10	HT009	XM009	2017-10-8	6	2018-4-7

图5－37　计算合同到期日

接下来，我们要设置颜色标注自动提醒。选中合同数据区域 "A2：E10"，选中【开始】菜单中的【条件格式】功能，点击【新建规则】，选择规则类别为【使用公式确定要设置格式的单元格】，设置公式为 " = $ E2 – TODAY（）< 30"，然后，在【格式】中选择填充颜色。这里的公式意思是判断到期日与今天（假定为 2017 年 3 月 18 日）的日期是否小于 30 天，如果小于 30 天，就用颜色标注出来。这时，到期时间小于 30 天的合同已经被标注出来。如图 5 – 38，图 5 – 39，图 5 – 40，图 5 – 41。

图 5 – 38　选中数据区域，选择【条件格式】中的【新建规则】

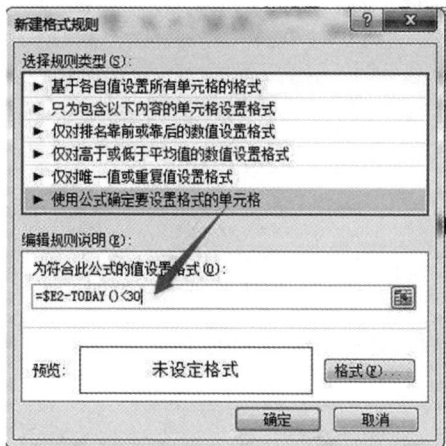

图 5 – 39　输入公式 " = $ E2 – TODAY（）< 30"

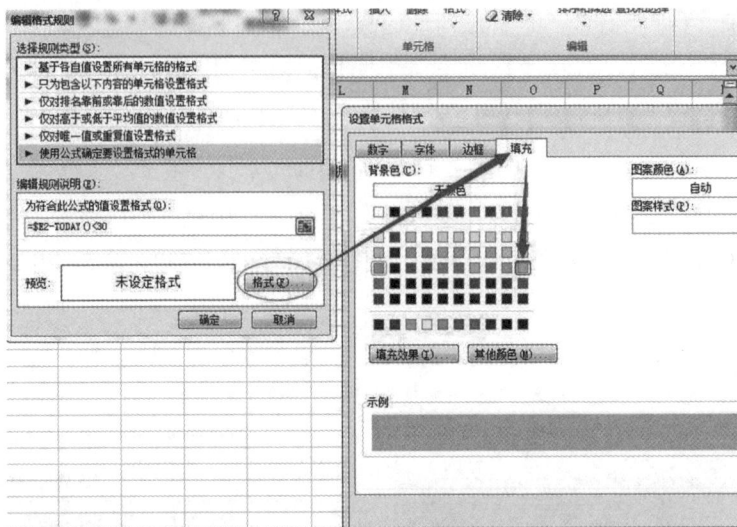

图5-40　【格式】中选择填充颜色

	A	B	C	D	E
1	合同编号	项目	签订日期	期限（月）	到期日
2	HT001	XM001	2017-4-10	15	2018-7-9
3	HT002	XM002	2017-5-20	19	2018-12-19
4	HT003	XM003	2017-10-13	9	2018-7-12
5	HT004	XM004	2016-1-12	5	2016-6-11
6	HT005	XM005	2016-2-11	4	2016-6-10
7	HT006	XM006	2016-4-20	7	2016-11-19
8	HT007	XM007	2017-4-16	22	2019-2-15
9	HT008	XM008	2017-8-21	14	2018-10-20
10	HT009	XM009	2017-10-8	6	2018-4-7

图5-41　到期时间小于30天的合同已经被标注出来

案例2：自动提示员工续签劳动合同。

员工劳动的合同管理也是公司很重要的事情，事关员工切身利益。所以设置到期提醒，也是有必要的。

我们已经有了一份员工劳动合同台账，现在要将劳动合同到期日与今天进行对比，如果距离到期日期已经小于一个月，那么我们就要进行提示。首先，在E2单元格计算到期日，输入公式"=EDATE（C2，D2*12）-1"。这里之所以乘以12，是因为这里设置的期限单位为年，我们要将其转换成月。好了，现在到期日计算出来了。

接下来设置到期提醒。选中合同数据区域"A2：E10"，选中【开始】菜单中的【条件格式】功能，点击【新建规则】，选择规则类别为【使用公式确定要设置格式的单元格】，设置公式为" = MONTH（$E2） - MONTH（TODAY（）） < 1"，然后，在【格式】中选择填充颜色。这里的公式意思是判断到期日与今天（假定为 2017 年 3 月 18 日）的日期是否小于 1 个月，如果小于 1 个月，就用颜色标注出来。现在，到期时间小于 1 个月的合同已被标注出颜色。如图 5 – 42，图 5 – 43，图 5 – 44。

这个案例提醒我们，函数要学会活学活用，与上一个例子不同，这个案例里面要将年份转换成月份，还要综合运用 MONTH、TODAY 和 EDATE 三个函数，以及条件格式。在财务实战中，学会把别人技能转化为自己技能是一门艺术，希望大家能有所体会。

图 5 –42　计算合同到期日

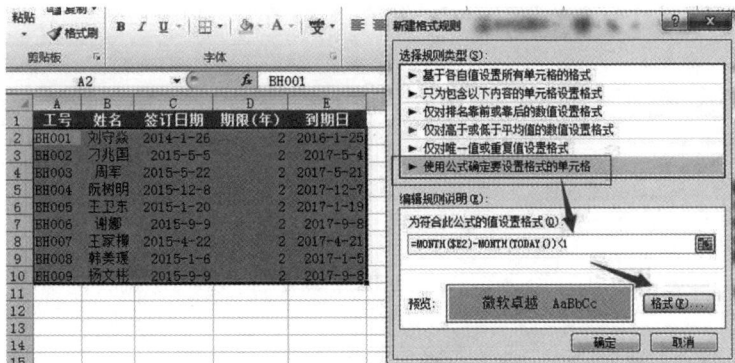

图 5 –43　计算合同到期日

▲	A	B	C	D	E
1	工号	姓名	签订日期	期限(年)	到期日
2	BH001	刘守焱	2014-1-26	2	2016-1-25
3	BH002	刁兆国	2015-5-5	2	2017-5-4
4	BH003	周军	2015-5-22	2	2017-5-21
5	BH004	阮树明	2015-12-8	2	2017-12-7
6	BH005	王卫东	2015-1-20	2	2017-1-19
7	BH006	谢娜	2015-9-9	2	2017-9-8
8	BH007	王家柳	2015-4-22	2	2017-4-21
9	BH008	韩美瑗	2015-1-6	2	2017-1-5
10	BH009	杨文彬	2015-9-9	2	2017-9-8

图 5 – 44　到期时间小于 30 天的合同已经被标注出来

第4节　文本函数

文本函数主要用于对文本数据的提取、转换以及连接。这类函数用的人比较少，主要是不知道用在哪里。下面我们就实例说明其用法，你会发现，其实文本函数的功能还是非常强大的。

LEFT/RIGHT/MID 函数：提取指定位置文本

函数语法：

LEFT（文本内容，提取字符个数）

RIGHT（文本内容，提取字符个数）

MID（文本内容，第几个位置开始取，提取字符个数）

具体应用：LEFT、RIGHT、MID 这个三个函数都是用于提取指定位置文本用的，不同的是 LEFT 是从文本的左边按照指定数量提取文本内容，RIGHT 是从右边按照指定数量提取，而 MID 是从指定位置按照指定数量提取。例如，"我爱天安门"，从左边取"我爱"，可以用公式" = LEFT（"我爱天安门"，2）"；提取"天安门"，可以用公式" = RIGHT（"我爱天安门"，3）"；提取"爱天安门"，可以用公式" = MID（"我爱天安门"，2，4）"。是不是非常简单？下面我们来实际应用一下。

如图 5 - 45 所示，这是一张地址统计表，但是，不巧的是，统计地址的人将邮政编码和地址写在了一个单元格内，现在我们要将数据进行规范，分别提取出邮政编码和地址。观察数据结构可知，邮政编码为 6 位数字，我们可以用 LEFT 从左边把它提取出来。在 B2 单元格输入公式" = LEFT（A2，6）"，意思是从左边取 A2 单元格地址数据，取 6 个字符，这样邮政编码就被提取出来了。

接下来，我们提取地址，按照刚才的思路，我们再试试从右边开始提取，但是……我们会发现行不通。因为地址不像邮政编码是固定的字符个数，地址短的有十几个字左右，长的有几十个字，这可怎么办？别急，我们还有 MID 函数，在 C2 单元格输入公式" = MID（A2，7，100）"，意思是从 A2 单元格提取内容，从第 7 个字符开始取数，这个 7 正好是地址开始的位置，然后取 100 个。为啥取 100 个？因为我们也不知道每行的地址有多少个字，没法统一，但是地址的字数肯定是不会超过 100 的，所以我们第三参数输入 100，这样所有的地址信息也被提取出来了。如图 5 - 46。

图 5 - 45　提取邮政编码

图 5 - 46　提取地址

LEN/LENB 函数：文本计数器

函数语法：

LEN（文本内容）

LENB（文本内容）

具体应用：LEN 和 LENB 函数相当于对文本内容的字数进行统计。两个函数的区别是 LEN 返回的是字符数，LENB 返回的是字节数，简单点讲，主要是对汉字的数量标准统计不同。例如，LEN（"1001 银行存款"）会返回结果 8，但是 LENB（"1001银行存款"）会返回结果 12，区别就是"银行存款"四个字的字符数是 4 个，而字节数是 8 个，也就是说汉字的字节数是正常汉字个数乘以 2。这两个函数很少单独使用，一般是辅助其他函数一起使用的。

案例 1：筛选一级会计科目数据。

如图 5 - 47 所示，这是一张简化版的试算平衡表，其中科目代码有一级科目和二级科目，一级科目编码为 4 位，二级科目编码为 8 位。现在我们想把所有一级科目的数据全部筛选出来，但是，直接用我们之前讲的自动筛选是筛选不出的。这个时候，我们可以增加一个辅助列，用 LEN 帮助我们进行筛选。在 D2 单元格输入公式"= LEN（A2）"，鼠标双击单元格右下角，这样所有科目代码的字符数就被计算出来了。

接下来，我们用自动筛选将一级科目数据筛选出来。选中 D 列，选中【数据】菜单中的【筛选】功能，筛选科目编码为 4 位的数据。这样所有的一级科目数据就被筛选出来了。有的时候，Excel 的统计问题经常不能一步解决，添加辅助列是一个好办法。

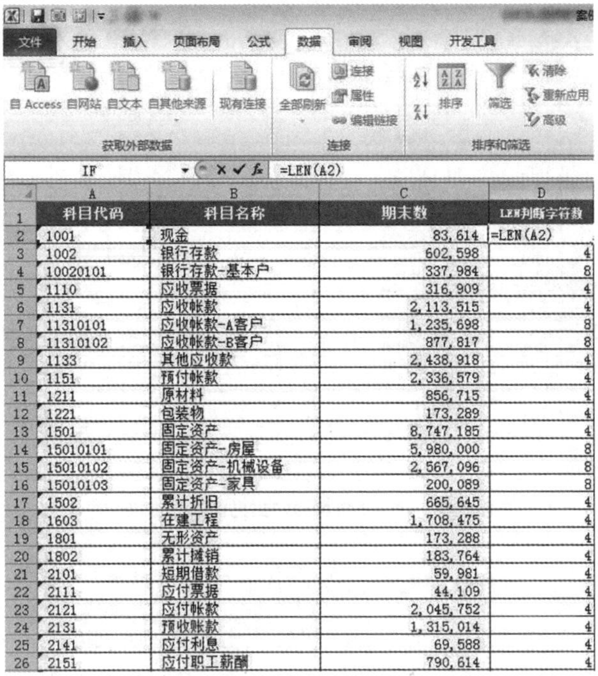

图 5-47 输入统计字符数公式

图 5-48 将科目代码为 4 位的数据筛选出来

	A 科目代码	B 科目名称	C 期末数	D LEN判断字符数
2	1001	现金	83,614	4
3	1002	银行存款	602,598	4
5	1110	应收票据	316,909	4
6	1131	应收帐款	2,113,515	4
9	1133	其他应收款	2,438,918	4
10	1151	预付帐款	2,336,579	4
11	1211	原材料	856,715	4
12	1221	包装物	173,289	4
13	1501	固定资产	8,747,185	4
17	1502	累计折旧	665,645	4
18	1603	在建工程	1,708,475	4
19	1801	无形资产	173,288	4
20	1802	累计摊销	183,764	4
21	2101	短期借款	59,981	4
22	2111	应付票据	44,109	4
23	2121	应付帐款	2,045,752	4
24	2131	预收账款	1,315,014	4
25	2141	应付利息	69,588	4
26	2151	应付职工薪酬	790,614	4
29	2171	应交税金	779,994	4
30	2181	其他应付款	2,853,843	4
31	3101	实收资本	37,683	4
32	3131	本年利润	99,064	4
33	3141	利润分配	52,703	4

图 5 - 49   一级科目数据已被筛选出来

案例 2：提取会计科目编码与科目文字说明。

我们再举一个 LEN 与其他文本函数联合使用的案例。如图 5 - 50 所示，现有的会计科目编码是数字编码和文字说明合并在一起，我们需要将数字编码和文字说明分别提取出来。

首先，我们提取会计科目文字名称。在 C2 单元格输入公式" = RIGHT （A2，LENB （A2） - LEN （A2））"，公式第一参数是会计科目编码数据所在单元格，第二个参数是利用刚才我们说的，LEN 和 LENB 的区别就在于汉字统计的标准不同，对于"5502 管理费用"这段文字，LENB 统计出来的字节数是 12，而 LEN 统计出来的字符数是 8，两个数据的差额正好是 4，也就是会计科目中的汉字名称字符个数。这样我们就把会计科目文字名称提取出来了。

下面，我们提取会计科目数字编码。在 B2 单元格输入公式" = MID （A2，1，LEN （A2） - LEN （C2））"，公式第一参数是会计科目编码数据所在单元格，第二个参数是从第 1 个位置开始取数，第三参数"LEN （A2） - LEN （C2）"意思是用会计科目编码字符数减去刚才计算出的会计科目中的汉字名称字符数，剩下的正好是会计科目数字编码的字符数。这样，会计科目数字编码也提取出来了。

	IF	=RIGHT(A2,LENB(A2)-LEN(A2))	
	A	B	C
1	科目编码	编码	名称
2	5502管理费用	5502	ENB(A2)-LEN(A2))
3	55026803管理费用一物料消耗	55026803	管理费用一物料消耗
4	54015401营业成本一燃料及动力	54015401	营业成本一燃料及动力
5	1001现金	1001	现金
6	1002银行存款	1002	银行存款
7	100201银行存款一工行	100201	银行存款一工行
8	100202银行存款一招行	100202	银行存款一招行

图 5-50　提取会计科目文字名称

	IF	=MID(A2,1,LEN(A2)-LEN(C2))	
	A	B	C
1	科目编码	编码	名称
2	5502管理费用	EN(C2))	管理费用
3	55026803管理费用一物料消耗	55026803	管理费用一物料消耗
4	54015401营业成本一燃料及动力	54015401	营业成本一燃料及动力
5	1001现金	1001	现金
6	1002银行存款	1002	银行存款
7	100201银行存款一工行	100201	银行存款一工行
8	100202银行存款一招行	100202	银行存款一招行

图 5-51　提取会计科目数字编码

FIND/SEARCH 函数：文本定位仪

函数语法：

FIND（找什么，在哪里找）

SEARCH（找什么，在哪里找）

具体应用：FIND 和 SERACH 都是用于从指定文本内容中查找某个指定文本，返回的结果是指定文本第一次出现的位置数。两者的区别是，对于英文字母的查找，FIND 要区分大小写，SEARCH 不区分大小写。两个函数也是很少单独使用，一般需要与其他文本函数联合使用以实现提取文本的作用。

函数的用法还是比较简单的，例如想查找"公司要上市了，真的要上市了"中"上"在这段文字中的第一次出现的位置，我们可以输入公式"＝FIND（"上"，"公司要上市了，真的要上市了"）"，结果会返回4，也就是"上"字在这段话中第一次出现的位置。SEARCH 用法与 FIND 一样，不再赘述。下面我们举一个函数综合使用的案例。

如图5-52所示，统计人员将客户的项目和联系方式写在同一个单元格内了，通过观察发现，姓名和联系方式中间是用空格分隔的，现在，我们需要将姓名和联系方式分别提取出来为下一步的数据分析做准备。

我们先提取姓名信息，在 B2 单元格中输入公式 " = LEFT（A2，FIND（" "，A2）－1）"，其中，"FIND（" "，A2）"的意思是查找空格在姓名及联系方式字段开始的位置，双引号中间的空格一定要记得输入，其返回的结果是 4，也就是姓名后面空格出现的位置，但是我们需要提取的是姓名，所以要减去 1，结果是 3，正好是前面姓名的字符个数。这样我们再在外面套用一个 LEFT 公式就把姓名信息提取出来了。如图 5－52。

下面，我们提取联系方式信息，在 C2 单元格输入公式 " = RIGHT（A2，LEN（A2）－FIND（" "，A2））"，其中"LEN（A2）－FIND（" "，A2）"的意思是，先用"LEN（A2）"计算出姓名及联系方式字段内容的全部字符个数，用"FIND（" "，A2）"计算出空格第一次出现的位置数，两者相减正好是联系方式手机号码的位数，我们再在外面嵌套一个 RIGHT 将联系方式提取出来。如图 5－53。

IF		=LEFT(A2,FIND(" ",A2)-1)	
	A	B	C
1	姓名及联系方式	姓名	联系方式
2	刁兆国 139278978XX	"，A2)-1)	139278978XX
3	周军 189276978XX	周军	189276978XX
4	阮树明 190278970XX	阮树明	190278970XX
5	王卫东 137125978XX	王卫东	137125978XX
6	王家柳 136554589XX	王家柳	136554589XX
7			

图 5－52　提取姓名

IF		=RIGHT(A2,LEN(A2)-FIND(" ",A2))		
	A	B	C	D
1	姓名及联系方式	姓名	联系方式	
2	刁兆国 139278978XX	刁兆国	IND(" ",A2))	
3	周军 189276978XX	周军	189276978XX	
4	阮树明 190278970XX	阮树明	190278970XX	
5	王卫东 137125978XX	王卫东	137125978XX	
6	王家柳 136554589XX	王家柳	136554589XX	
7				

图 5－53　提取联系方式

TRIM/CLEAN 函数：数据清洗神器

函数语法：

TRIM（单元格引用）

CLEAN（单元格引用）

具体应用：TRIM 和 CLEAN 都可以用于对数据的不合规部分进行清洗。两者的区别是，TRIM 函数简单粗暴，它只能去除一个单元格内数据中首尾两端的所有空格，其他地方的空格它视而不见，也就是说，数据中间的空格它删除不了；CLEAN 函数主要用于去除单元格内的换行符。

我们在从网页或者财务 ERP 系统粘贴数据至 Excel 时，有时数据中会带有空格或者换行符，这些空格或换行符会导致我们在进行公式计算、数据查找、数据引用时出现错误，这时，我们需要将对数据进行清洗。

如图 5－54 所示，这是一张公司业务清单表，我们想用 VLOOKUP 查找公式按照客户名称查找对应的报关费，但是公式却提示错误，经过检查发现，客户名称字段中的数据前面带有空格，所以导致查找公式错误。

首先，我们要去掉客户名称字段中的空格。方法是在表格的最右侧加一列辅助列，在辅助列的 L2 单元格输入公式“＝TRIM（C2）”，然后双击单元格右下角，将公式覆盖到底。然后，我们用鼠标选中辅助列中的已经去掉空格的数据，复制数据，之后在客户名称列的 C2 单元格，点击鼠标右键，选择【选择性粘贴】中的【数值】功能，将刚刚用公式计算出来的数据结果粘贴到客户名称列。现在我们发现，VLOOKUP 查找公式已经可以正常使用了。如图 5－54，图 5－55，图 5－56，图 5－57。

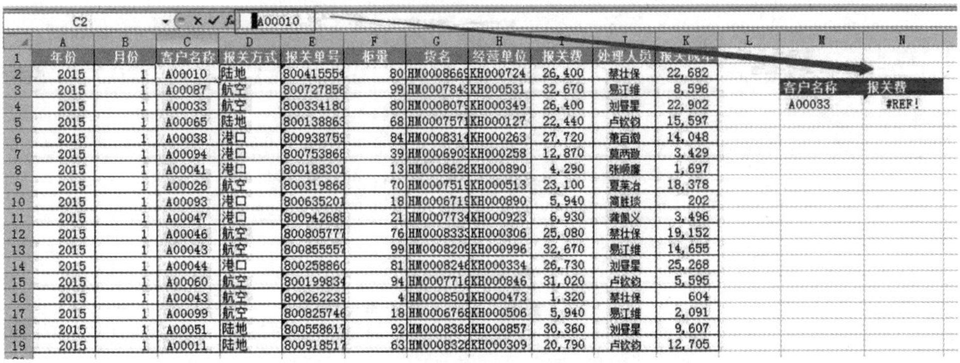
C2 A00010

	A	B	C	D	E	F	G	H	I	J	K	L	M	N
1	年份	月份	客户名称	报关方式	报关单号	柜量	货名	经营单位	报关费	处理人员	报关成本			
2	2015	1	A00010	陆地	800415554	80	HM0008669	KH000724	26,400	蔡壮保	22,682			
3	2015	1	A00087	航空	800727858	99	HM0007843	KH000531	32,670	易江维	8,596		客户名称	报关费
4	2015	1	A00033	航空	800334180	80	HM0008079	KH000349	26,400	刘昼星	22,902		A00033	#REF!
5	2015	1	A00065	陆地	800138863	68	HM0007571	KH000127	22,440	卢钦钧	15,597			
6	2015	1	A00038	港口	800938759	84	HM0008314	KH000263	27,720	萧百淼	14,048			
7	2015	1	A00094	港口	800753868	39	HM0006903	KH000258	12,870	魏两瀚	3,429			
8	2015	1	A00041	港口	800188301	13	HM0008628	KH000890	4,290	张顺廉	1,697			
9	2015	1	A00026	航空	800319868	70	HM0007519	KH000513	23,100	夏莱治	18,378			
10	2015	1	A00093	港口	800635201	18	HM0006719	KH000890	5,940	简胜琰	202			
11	2015	1	A00047	港口	800942685	21	HM0007734	KH000923	6,930	龚佩义	3,496			
12	2015	1	A00046	航空	800805777	76	HM0008333	KH000306	25,080	蔡壮保	19,152			
13	2015	1	A00043	航空	800855557	99	HM0008209	KH000996	32,670	易江维	14,655			
14	2015	1	A00044	港口	800258860	81	HM0008246	KH000334	26,730	刘昼星	25,268			
15	2015	1	A00060	航空	800199834	94	HM0007716	KH000846	31,020	卢钦钧	5,595			
16	2015	1	A00043	航空	800262239	4	HM0008501	KH000473	1,320	蔡壮保	604			
17	2015	1	A00099	航空	800825746	18	HM0006768	KH000506	5,940	易江维	2,091			
18	2015	1	A00051	陆地	800558617	92	HM0008368	KH000857	30,360	刘昼星	9,607			
19	2015	1	A00011	陆地	800918517	63	HM0008326	KH000309	20,790	卢钦钧	12,705			

图 5－54 客户名称中的空格导致查找函数错误

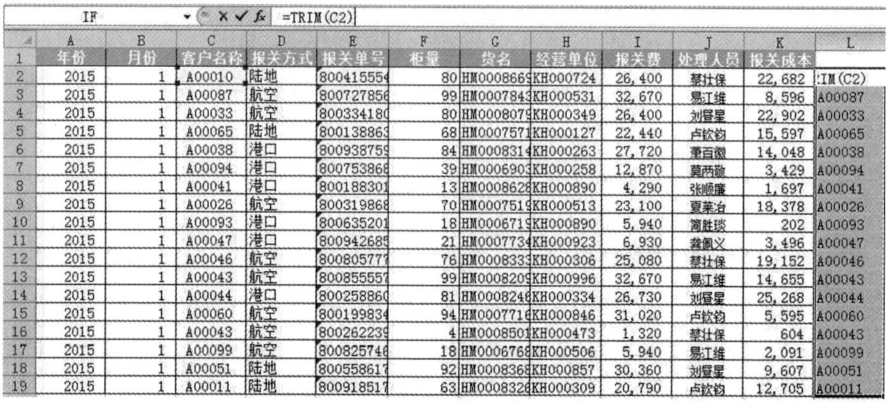

IF | =TRIM(C2)

	A	B	C	D	E	F	G	H	I	J	K	L
1	年份	月份	客户名称	报关方式	报关单号	柜量	货名	经营单位	报关费	处理人员	报关成本	
2	2015	1	A00010	陆地	80041555	80	HM0008669	KH000724	26,400	蔡壮保	22,682	:IM(C2)
3	2015	1	A00087	航空	80072785	99	HM0007843	KH000531	32,670	易江维	8,596	A00087
4	2015	1	A00033	航空	80033418	80	HM0008079	KH000349	26,400	刘昼星	22,902	A00033
5	2015	1	A00065	陆地	80013886	68	HM0007571	KH000127	22,440	卢钦钧	15,597	A00065
6	2015	1	A00038	港口	80093875	84	HM0008314	KH000263	27,720	董百徽	14,048	A00038
7	2015	1	A00094	港口	80075386	39	HM0006903	KH000258	12,870	莫西勋	3,429	A00094
8	2015	1	A00041	港口	80018830	13	HM0008628	KH000890	4,290	张顺廉	1,697	A00041
9	2015	1	A00026	航空	80031986	70	HM0007519	KH000513	23,100	夏莱治	18,378	A00026
10	2015	1	A00093	港口	80063520	18	HM0006719	KH000890	5,940	简胜琰	202	A00093
11	2015	1	A00047	港口	80094268	21	HM0007734	KH000923	6,930	龚佩义	3,496	A00047
12	2015	1	A00046	航空	80080577	76	HM0008333	KH000306	25,080	蔡壮保	19,152	A00046
13	2015	1	A00043	航空	80085555	99	HM0008209	KH000996	32,670	易江维	14,655	A00043
14	2015	1	A00044	港口	80025886	81	HM0008246	KH000334	26,730	刘昼星	25,268	A00044
15	2015	1	A00060	航空	80019983	94	HM0007716	KH000846	31,020	卢钦钧	5,595	A00060
16	2015	1	A00043	航空	80026223	4	HM0008501	KH000473	1,320	蔡壮保	604	A00043
17	2015	1	A00099	航空	80082574	18	HM0006768	KH000506	5,940	易江维	2,091	A00099
18	2015	1	A00051	陆地	80055861	92	HM0008368	KH000857	30,360	刘昼星	9,607	A00051
19	2015	1	A00011	陆地	80091851	63	HM0008326	KH000309	20,790	卢钦钧	12,705	A00011

图 5－55　在辅助列中输入 TRIM 公式

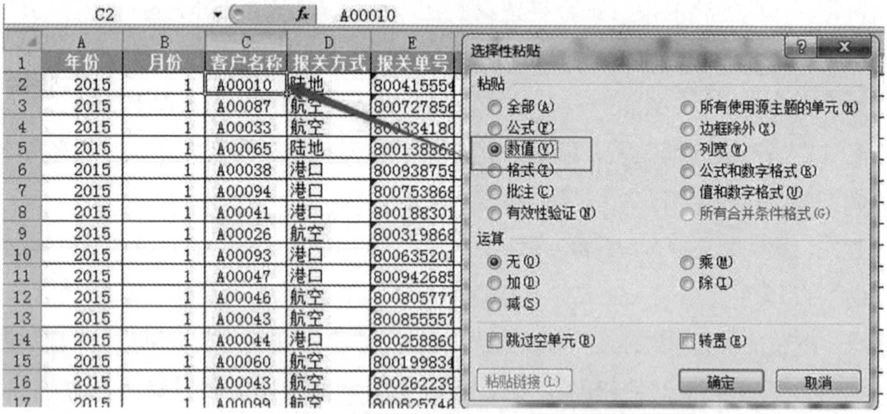

图 5－56　将已用 TRIM 去掉空格的数据选择性粘贴至客户名称列

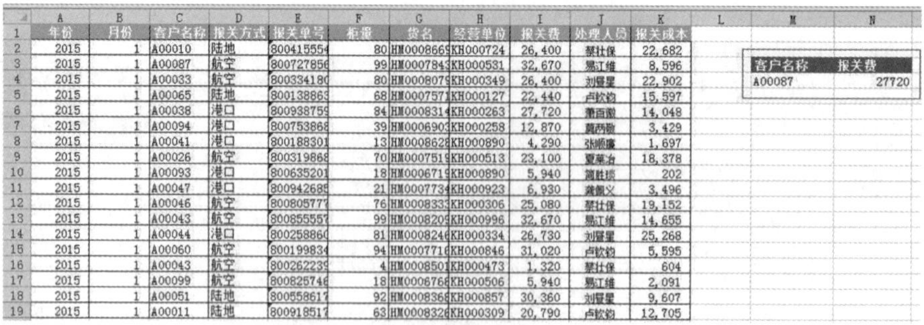

	A	B	C	D	E	F	G	H	I	J	K
1	年份	月份	客户名称	报关方式	报关单号	柜量	货名	经营单位	报关费	处理人员	报关成本
2	2015	1	A00010	陆地	80041555	80	HM0008669	KH000724	26,400	蔡壮保	22,682
3	2015	1	A00087	航空	80072785	99	HM0007843	KH000531	32,670	易江维	8,596
4	2015	1	A00033	航空	80033418	80	HM0008079	KH000349	26,400	刘昼星	22,902
5	2015	1	A00065	陆地	80013886	68	HM0007571	KH000127	22,440	卢钦钧	15,597
6	2015	1	A00038	港口	80093875	84	HM0008314	KH000263	27,720	董百徽	14,048
7	2015	1	A00094	港口	80075386	39	HM0006903	KH000258	12,870	莫西勋	3,429
8	2015	1	A00041	港口	80018830	13	HM0008628	KH000890	4,290	张顺廉	1,697
9	2015	1	A00026	航空	80031986	70	HM0007519	KH000513	23,100	夏莱治	18,378
10	2015	1	A00093	港口	80063520	18	HM0006719	KH000890	5,940	简胜琰	202
11	2015	1	A00047	港口	80094268	21	HM0007734	KH000923	6,930	龚佩义	3,496
12	2015	1	A00046	航空	80080577	76	HM0008333	KH000306	25,080	蔡壮保	19,152
13	2015	1	A00043	航空	80085555	99	HM0008209	KH000996	32,670	易江维	14,655
14	2015	1	A00044	港口	80025886	81	HM0008246	KH000334	26,730	刘昼星	25,268
15	2015	1	A00060	航空	80019983	94	HM0007716	KH000846	31,020	卢钦钧	5,595
16	2015	1	A00043	航空	80026223	4	HM0008501	KH000473	1,320	蔡壮保	604
17	2015	1	A00099	航空	80082574	18	HM0006768	KH000506	5,940	易江维	2,091
18	2015	1	A00051	陆地	80055861	92	HM0008368	KH000857	30,360	刘昼星	9,607
19	2015	1	A00011	陆地	80091851	63	HM0008326	KH000309	20,790	卢钦钧	12,705

客户名称	报关费
A00087	27720

图 5－57　查找函数已可以正常使用

TEXT 函数：给数据美下颜

函数语法：

TEXT（要转换的数据，显示的格式）

具体应用：TEXT 函数有两大功能，它可以将数字类型数据转换为文本类型数据，另外，还可以为了突出显示或强化展现效果，给数据美容，将数据的显示方式予以改变。

我们在第一章第 4 节中的"不规范情况 4：文本型数字"中说明过 Excel 的格式问题，在 Excel 中格式分为 3 大类：数字；文本；日期及时间。设置格式是在鼠标右键中的【设置单元格格式】中进行。数字类格式包括常规、数值、货币、会计专用、百分比、分数、科学计数（特殊和自定义暂不考虑）等，其中，货币、会计专用、百分比、分数、科学计数格式都是对普通的数字格式进行显示方式的改变，意义在于让普通的数字看起来更加清晰、生动。

除了这些现成的数据显示方式的改变外，我们还可以在【设置单元格格式】中的自定义格式中进行更多的设置，例如把数字进行缩放，以万元显示，可以对数字"100000"所在的单元格点击鼠标右键，选择【设置单元格格式】，在【自定义】中输入代码【0! .0，"万""元"】，这时，原来的数字"100000"就显示成了"10 万元"，这样我们就避免了给领导汇报的时候，将单元元转换为单位万元的计算过程。但是，请注意，单元格中数据内容并没有改变，还是"100000"，只是显示出来是"10 万元"，这里我们把这种只是改变数据显示外观的方法叫做数据美容。

要进行数据美容，就需要对自定义格式的规则熟悉，由于自定义格式规则比较多，在这里就不详细讲解了。我们只说几种财务职场中常用的自定义格式就好了，因为掌握了这几种也基本够用了。

下面我们用案例实操学习一下 TEXT 的用法。

案例 1：从身份证号码中提取出生日期。

如图 5 - 58 所示，我们现在有一份员工名单表，里面有每个员工的身份证号码，为了给员工更好的福利，公司决定在员工生日的时候给员工送一张总经理亲自签名的生日贺卡，以鼓励其在日后的工作中更加努力，增强企业凝聚力。现在，我们需要从身份证号码中提取员工的生日。可以在单元格 D2 中输入公式"= 1 * TEXT（MID（C2，7，8），"0000 - 00 - 00"）"，其中，"MID（C2，7，8）"的意思是从身份证号码的第 7 位开始取，取 8 位，正好是员工的生日日期；TEXT 中的第二参数“0000 - 00 - 00”是一种自定义格式，意思是将其按照年月日进行显示；最后，在 TEXT 外面乘以 1 的意思是将 TEXT 转换的文本型日期格式转换为数字格式，因为我们之前说过，日期实质上是数字序列号，也是数字格式的一种。这样所有员工的生日日期就被提取出来了。

IF =1*TEXT(MID(C2,7,8),"0000-00-00")

	A	B	C	D	E
1	姓名	所属部门	身份证号码	出生日期	
2	申建国	企划部	722197198902276096	)-00-00")	
3	刘守焱	人力部	831824197103193202	1971-3-19	
4	刁兆国	综合办	948165199407246519	1994-7-24	
5	周军	财务部	977832197801143556	1978-1-14	
6	阮树明	研发部	680007197606226098	1976-6-22	
7	王卫东	研发部	510140198305196335	1983-5-19	
8	王家柳	企划部	918812197412154150	1974-12-15	
9	韩美瑗	人力部	590297199306198733	1993-6-19	
10	杨文彬	综合办	956005197406126917	1974-6-12	
11					

图 5 - 58　从身份证号码中提取出生日期

案例 2：显示预算进度文字说明。

如图 5 - 59 所示，这是一份已经计算好的主要财务指标预算进度表，我们已经有了各财务指标的实际数、预算数及预算进度，现在为了让领导看得更加清晰，我们想在后面再做一个文字说明，说明预算的进度，但是一个一个手工输入效率过低，能不能自动生成文字说明呢？

在单元格 E2 输入公式“ = A2&“完成率” &TEXT（D2，“0%”）”，公式中“TEXT（D2，“0%”）”的意思是将 D2 中已经计算出来的预算进度数字转换为文本，其中的“0%”意思是以自定义格式保留百分比零位小数显示，即如果百分比是 180. 7% 则显示为 180%；公式中的“A2&“完成率””意思是将财务指标的名称与文字“完成率”连接起来，这里的 & 是文本连接符。公式输入后，在 D2 单元格会显示文字“营业收入完成率 120%”，即“营业收入”“完成率”“120%”，三个文本连接起来的一段文字。这样，以后我们就再也不用手工录入预算完成情况了，只要更新数据，文字说明内容也会自动更新。

IF =A2&"完成率"&TEXT(D2,"0%")

	A	B	C	D	E
1	项目	2017年实际	2017年预算	比预算进度	文字说明
2	营业收入	12,000	10,000	120%	"&TEXT(D2,"0%")
3	成本费用	9,000	8,500	106%	成本费用完成率106%
4	净利润	3,000	1,500	200%	净利润完成率200%

图 5 - 59　对预算进度表设置文字说明公式

	A	B	C	D	E
1	项目	2017年实际	2017年预算	比预算进度	文字说明
2	营业收入	12,000	10,000	120%	营业收入完成率120%
3	成本费用	9,000	8,500	106%	成本费用完成率106%
4	净利润	3,000	1,500	200%	净利润完成率200%

图 5-60 最终效果

案例3：对预算进度进行预警。

如图5-61所示，我现在已经整理好了一张公司预算执行情况表，但是，这张表格留给财务人员自己看还可以，要是发给上级领导看，领导肯定会看不清你想要表达的重点。首先，这个表格是以单位"元"显示的，上级领导看到这个表格，要知道是几十万元还是几百万元还得一个一个数零，要知道，这对于整天接触数字的财务人员来讲是小菜一碟，但是对于那些对数字不敏感的管理人员来说，那真是件特别头疼的事情，另外，要知道预算是超支还是节约，需要逐行去看，真的是一个很费神的事情。下面，让我们一起来对表格进行美化，满足管理人员的需求吧。

首先，我们对预算和实际两列数据设置自定义格式，让其以"万元"单位显示，鼠标选中预算和实际两列数据区域，点击鼠标右键，在【设置单元格格式】中的自定义格式中输入"0!.0,"，然后点击【确定】。这时，预算和实际两列数据已经变成了以"万元"单位显示。

然后，差异列数据也要进行设置，我们要实现的效果是，让其以"万元"为单位显示，另外，如果超过预算就在数字的前面画一个圈，如果没有达成预算，就在数字的前面画一个叉，并且将数字标成红色，以起到提醒作用。选中差异列数据，点击鼠标右键，在【设置单元格格式】中的自定义格式中输入"［红色］"×"0!.0,；"○"0!.0,"，然后点击【确定】。这时，差异列数已经按照我们的要求显示了。如图5-61，图5-62，图5-63，图5-64。

美化后的预算执行情况表是不是看起来清晰、直观多了？

	A	B	C	D
1		**2017年预算执行情况表**		单位：元
2	**项目**	**预算**	**实际**	**差异**
3	营业收入	5,000,000.00	5,400,000.00	400,000.00
4	-产品A收入	2,000,000.00	2,600,000.00	600,000.00
5	-产品B收入	3,000,000.00	2,800,000.00	-200,000.00
6	成本费用	4,500,000.00	4,800,000.00	300,000.00
7	-产品A成本	1,800,000.00	2,200,000.00	400,000.00
8	-产品B成本	2,700,000.00	2,600,000.00	-100,000.00
9	利润	500,000.00	600,000.00	100,000.00
10	-产品A利润	200,000.00	400,000.00	200,000.00
11	-产品B利润	300,000.00	200,000.00	-100,000.00

图 5-61 未修饰前的预算执行情况表

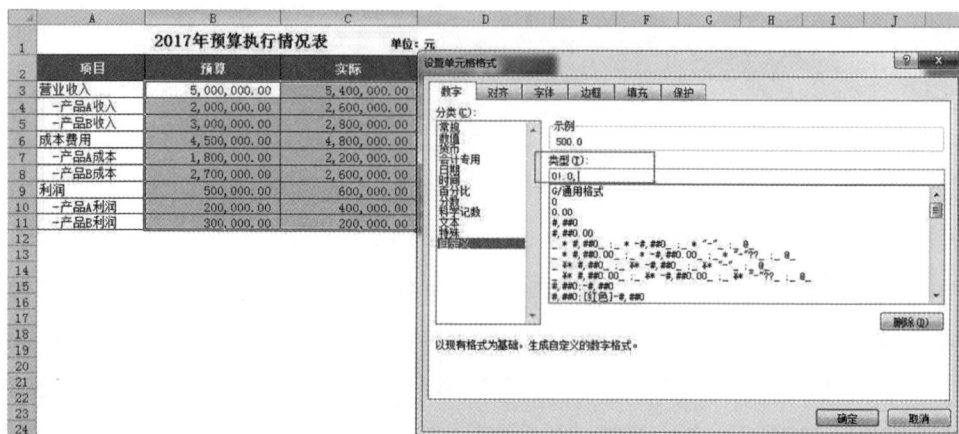

图 5-62　对预算和实际两列数据设置自定义格式

图 5-63　对差异列数据设置自定义格式

项目	预算	实际	差异
2017年预算执行情况表		单位：万元	
营业收入	500.0	540.0	× 40.0
－产品A收入	200.0	260.0	× 60.0
－产品B收入	300.0	280.0	○ 20.0
成本费用	450.0	480.0	× 30.0
－产品A成本	180.0	220.0	× 40.0
－产品B成本	270.0	260.0	○ 10.0
利润	50.0	60.0	× 10.0
－产品A利润	20.0	40.0	× 20.0
－产品B利润	30.0	20.0	○ 10.0

图 5-64　修饰后的预算执行情况表

CONCATENATE 函数：文本连接神器

函数语法：

CONCATENATE（文本1，文本2，文本3，文本4，……）

具体应用：CONCATENATE 函数的作用是将文本类型的数据连接起来，与"&"所起到的作用是一样的。比如我们有三个文本想连接起来，三个文本分别为："我""爱""北京天安门"。我们可以有两种方法，第一种是用"&"，在单元格输入公式"＝"我"&"爱"&"北京天安门""；第二种方法是用 CONCATENATE 函数，单元格输入公式"＝CONCATENATE（"我""爱""北京天安门"）"。这两种方法都会返回结果"我爱北京天安门"。

第 5 节　统计函数

COUNTIF/COUNTIFS 函数：查询符合条件的单元格个数

函数语法：

COUNTIF（单元格区域，条件表达式）

COUNTIFS（单元格区域 1，条件表达式 1，单元格区域 2，条件表达式 2，单元格区域 3，条件表达式 3……）

具体应用：COUNTIF 函数用于统计指定单元格区域内，符合条件的单元格个数。例如，COUNTIF（数据区域，88）意思是统计单元格区域内含有 88 这个数字的单元格个数；COUNTIF（数据区域，">88"）意思是统计单元格区域内大于 88 这个数字的单元格个数；COUNTIF（数据区域，A8）意思是统计单元格区域内等于 A8 单元格内容的单元格个数。

COUNTIFS 函数比 COUNTIF 函数多了一个 S，类似英语中的复数，意思是可以进行多条件的统计，用法与 COUNTIF 一样，只是条件区域和条件表达式可以是多个。例如，统计单价大于 5 元，库存数量大于 200 的水果品种个数，可以用公式"= COUNTIFS（单价数据区域，">5"，库存数据区域，">200"）"来统计。

下面举实际案例说明其用法。如图 5 - 65，我们手头有一张业务数据表，上级让我们制作一个查询表，可以实时统计四项数据，分别是：员工成交单数、不同业务单数、大单成交数量（高于 3 万元）、两条件成交单数。具体操作如下：

（1）统计员工成交单数。在 N3 单元格输入公式"= COUNTIF（J：J，M3）"，其中 J 列为处理人员数据列也就是员工姓名，M3 单元格中是我们输入的要查询的员工姓名，这个公式的意思是统计 J 列中包含 M3 单元格中输入的姓名单元格个数。如图 5 - 66。

（2）不同业务单数。在 N8 单元格输入公式"= COUNTIF（D：D，M8）"，其中 D 列为报关方式数据列，M8 单元格中是我们输入的要查询的报关方式，这个公式的意思是统计 D 列中包含 M8 单元格中输入的报关方式单元格个数。如图 5 - 67。

（3）大单成交数量（高于 3 万元）。在 N13 单元格输入公式"= COUNTIF（I：

I，“ >30000”）”，其中 I 列为报关费数据列，第二参数“ >30000”是我们设置的大单分界，即单笔业务为 3 万元以上的为大单，这个公式的意思是统计 I 列中大于 3 万成交金额的单元格个数。如图 5 –68。

（4）按照员工姓名和报关方式两个条件查询成交单数。在 O18 单元格输入公式“ = COUNTIFS（J：J，N18，D：D，N19）”，其中 J 列为处理人员数据列，N18 单元格中是我们输入的要查询的人员姓名，D 列为报关方式数据列，N19 单元格中是我们输入的要查询的报关方式，这个公式的意思把同时符合我们设置的人员姓名和报关方式两个条件的单元格个数统计出来。如图 5 –69。

	A	B	C	D	E	F	G	H	I	J	K
1	年份	月份	客户名称	报关方式	报关单号	柜量	货名	经营单位	报关费	处理人员	报关成本
2	2015	1	A00010	陆地	800415554	80	HM0008669	KH000724	26,400	蔡壮保	22,682
3	2015	1	A00087	航空	800727856	99	HM0007843	KH000531	32,670	易江维	8,596
4	2015	1	A00033	航空	800334180	80	HM0008079	KH000349	26,400	刘昼星	22,902
5	2015	1	A00065	陆地	800138863	68	HM0007571	KH000127	22,440	卢钦钧	15,597
6	2015	1	A00038	港口	800938759	84	HM0008314	KH000263	27,720	萧百徽	14,048
7	2015	1	A00094	港口	800753868	39	HM0006903	KH000258	12,870	莫西敬	3,429
8	2015	1	A00041	港口	800188301	13	HM0008628	KH000890	4,290	张顺廉	1,697
9	2015	1	A00026	航空	800319868	70	HM0007519	KH000513	23,100	夏莱冶	18,378
10	2015	1	A00093	港口	800635201	18	HM0006719	KH000890	5,940	简胜琰	202
11	2015	1	A00047	港口	800942685	21	HM0007734	KH000923	6,930	龚佩义	3,496
12	2015	1	A00046	航空	800805777	76	HM0008333	KH000306	25,080	蔡壮保	19,152
13	2015	1	A00043	航空	800855557	99	HM0008209	KH000996	32,670	易江维	14,655
14	2015	1	A00044	港口	800258860	81	HM0008246	KH000334	26,730	刘昼星	25,268
15	2015	1	A00060	航空	800199834	94	HM0007716	KH000846	31,020	卢钦钧	5,595
16	2015	1	A00043	航空	800262239	4	HM0008501	KH000473	1,320	蔡壮保	604
17	2015	1	A00099	航空	800825746	18	HM0006768	KH000506	5,940	易江维	2,091
18	2015	1	A00051	陆地	800558617	92	HM0008368	KH000857	30,360	刘昼星	9,607
19	2015	1	A00011	陆地	800918517	63	HM0008326	KH000309	20,790	卢钦钧	12,705
20	2015	1	A00057	港口	800837890	60	HM0007275	KH000508	19,800	萧百徽	15,319
21	2015	1	A00041	陆地	800350716	38	HM0007944	KH000323	12,540	莫西敬	3,335
22	2015	1	A00052	陆地	800625749	44	HM0007718	KH000611	14,520	张顺廉	6,271
23	2015	1	A00042	航空	800844924	14	HM0006888	KH000402	4,620	夏莱冶	988
24	2015	1	A00029	港口	800986054	79	HM0007810	KH000656	26,070	蔡壮保	1,892
25	2015	1	A00047	港口	800681533	87	HM0008309	KH000349	28,710	易江维	14,058
26	2015	1	A00066	航空	800755463	15	HM0008790	KH000262	4,950	刘昼星	490
27	2015	1	A00095	航空	800299966	75	HM0007169	KH000116	24,750	蔡壮保	267

图 5 –65　业务数据表

IF　=COUNTIF(J:J,M3)

	A	B	C	D	E	F	G	H	I	J	K
1	年份	月份	客户名称	报关方式	报关单号	柜量	货名	经营单位	报关费	处理人员	报关成本
2	2015	1	A00010	陆地	800415554	80	HM0008669	KH000724	26,400	蔡壮保	22,682
3	2015	1	A00087	航空	800727856	99	HM0007843	KH000531	32,670	易江维	8,596
4	2015	1	A00033	航空	800334180	80	HM0008079	KH000349	26,400	刘昼星	22,902
5	2015	1	A00065	陆地	800138863	68	HM0007571	KH000127	22,440	卢钦钧	15,597
6	2015	1	A00038	港口	800938759	84	HM0008314	KH000263	27,720	萧百徽	14,048
7	2015	1	A00094	港口	800753868	39	HM0006903	KH000258	12,870	莫西敬	3,429
8	2015	1	A00041	港口	800188301	13	HM0008628	KH000890	4,290	张顺廉	1,697
9	2015	1	A00026	航空	800319868	70	HM0007519	KH000513	23,100	夏莱冶	18,378
10	2015	1	A00093	港口	800635201	18	HM0006719	KH000890	5,940	简胜琰	202
11	2015	1	A00047	港口	800942685	21	HM0007734	KH000923	6,930	龚佩义	3,496
12	2015	1	A00046	航空	800805777	76	HM0008333	KH000306	25,080	蔡壮保	19,152
13	2015	1	A00043	航空	800855557	99	HM0008209	KH000996	32,670	易江维	14,655
14	2015	1	A00044	港口	800258860	81	HM0008246	KH000334	26,730	刘昼星	25,268
15	2015	1	A00060	航空	800199834	94	HM0007716	KH000846	31,020	卢钦钧	5,595
16	2015	1	A00043	航空	800262239	4	HM0008501	KH000473	1,320	蔡壮保	604
17	2015	1	A00099	航空	800825746	18	HM0006768	KH000506	5,940	易江维	2,091
18	2015	1	A00051	陆地	800558617	92	HM0008368	KH000857	30,360	刘昼星	9,607
19	2015	1	A00011	陆地	800918517	63	HM0008326	KH000309	20,790	卢钦钧	12,705
20	2015	1	A00057	港口	800837890	60	HM0007275	KH000508	19,800	萧百徽	15,319
21	2015	1	A00041	陆地	800350716	38	HM0007944	KH000323	12,540	莫西敬	3,335
22	2015	1	A00052	陆地	800625749	44	HM0007718	KH000611	14,520	张顺廉	6,271
23	2015	1	A00042	航空	800844924	14	HM0006888	KH000402	4,620	夏莱冶	988
24	2015	1	A00029	港口	800986054	79	HM0007810	KH000656	26,070	蔡壮保	1,892
25	2015	1	A00047	港口	800681533	87	HM0008309	KH000349	28,710	易江维	14,058
26	2015	1	A00066	航空	800755463	15	HM0008790	KH000262	4,950	刘昼星	490
27	2015	1	A00095	航空	800299966	75	HM0007169	KH000116	24,750	蔡壮保	267

统计员工成交单数

员工姓名	成交单数
张顺廉	:J,M3)

统计不同业务单数

报关方式	成交单数
陆地	170

统计大单数量

单笔成交金额	成交单数
>30000	55

多条件查询

项目	
员工姓名	夏莱冶
报关方式	陆地

图 5 –66　统计员工成交单数

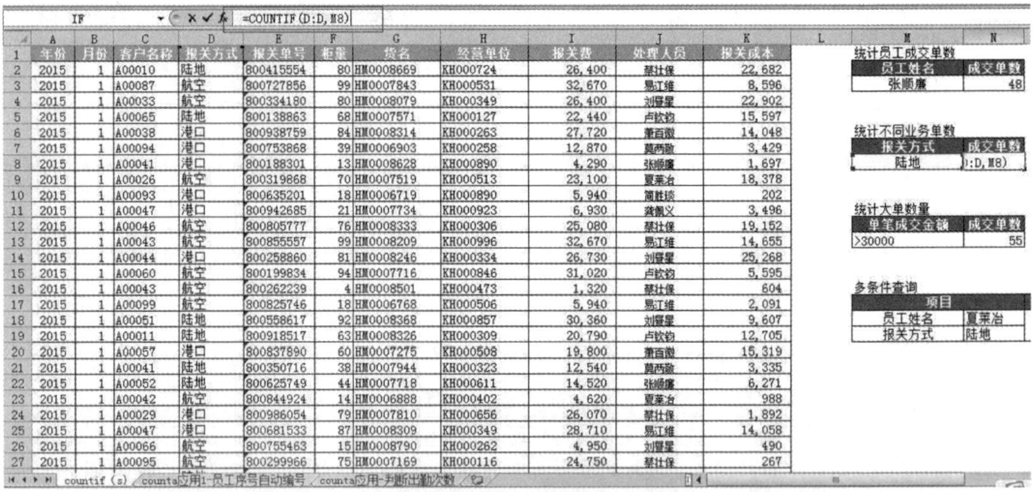

图 5-67 统计不同业务单数

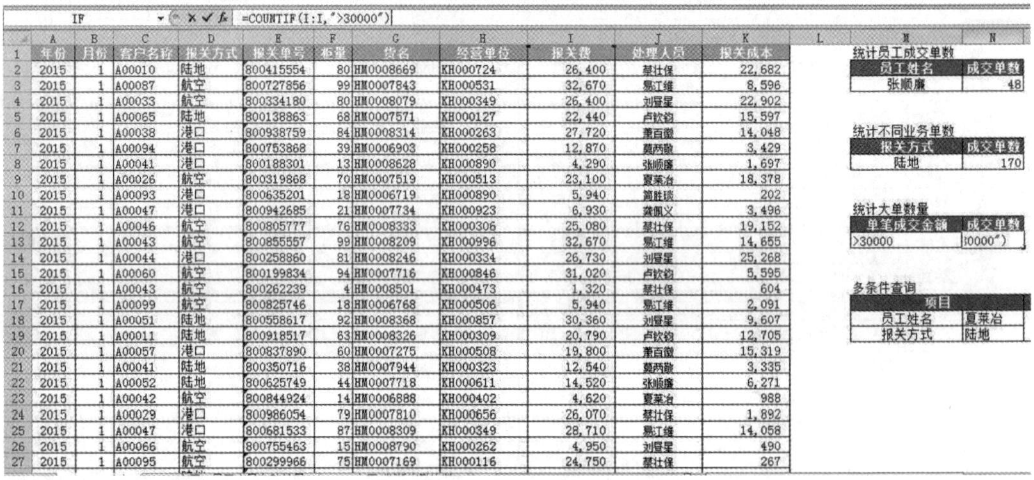

图 5-68 统计大单数量

=COUNTIFS(J:J,N18,D:D,N19)

年份	月份	客户名称	报关方式	报关单号	箱号	货名	经营单位	报关费	处理人员	报关成本
2015	1	A00010	陆地	800415554	80	HM0008669	KH000724	26,400	帮壮佳	22,682
2015	1	A00087	航空	800727856	99	HM0007843	KH000531	32,670	熊工维	8,596
2015	1	A00033	航空	800334180	80	HM0008079	KH000349	26,400	刘曜星	22,902
2015	1	A00065	陆地	800138863	68	HM0007571	KH000127	22,440	卢软钓	15,597
2015	1	A00038	港口	800938759	84	HM0008314	KH000263	27,720	章百署	14,048
2015	1	A00094	港口	800753868	39	HM0006903	KH000258	12,870	莫西裕	3,429
2015	1	A00041	港口	800188301	13	HM0008628	KH000890	4,290	孙越鹰	1,697
2015	1	A00026	航空	800319868	70	HM0007519	KH000513	23,100	夏莱治	18,378
2015	1	A00093	港口	800635201	18	HM0006719	KH000890	5,940	周桂技	202
2015	1	A00047	港口	800942685	21	HM0007734	KH000923	6,930	黄嘉义	3,496
2015	1	A00046	航空	800805777	76	HM0008333	KH000306	25,080	帮壮佳	19,152
2015	1	A00043	航空	800855557	99	HM0008209	KH000996	32,670	熊工维	14,655
2015	1	A00044	港口	800258860	81	HM0008246	KH000334	26,730	刘曜星	25,268
2015	1	A00060	航空	800199834	94	HM0007716	KH000846	31,020	卢软钓	5,595
2015	1	A00043	航空	800262239	4	HM0008501	KH000473	1,320	帮壮佳	604
2015	1	A00099	航空	800825746	18	HM0006768	KH000506	5,940	熊工维	2,091
2015	1	A00051	陆地	800558617	92	HM0008368	KH000857	30,360	刘曜星	9,607
2015	1	A00011	陆地	800918517	63	HM0008326	KH000309	20,790	卢软钓	12,705
2015	1	A00057	港口	800837890	60	HM0007275	KH000508	19,800	章百署	15,319
2015	1	A00041	陆地	800350716	38	HM0007944	KH000323	12,540	莫西裕	3,335
2015	1	A00052	陆地	800625749	44	HM0007718	KH000611	14,520	张继鹰	6,271
2015	1	A00042	航空	800844924	14	HM0006888	KH000402	4,620	夏莱治	988
2015	1	A00029	港口	800986054	79	HM0007810	KH000656	26,070	帮壮佳	1,892
2015	1	A00047	港口	800681533	87	HM0008309	KH000349	28,710	熊工维	14,058
2015	1	A00066	航空	800755463	15	HM0008790	KH000262	4,950	刘曜星	490
2015	1	A00095	航空	800299966	75	HM0007169	KH000116		帮壮佳	287

统计员工成交单数

员工姓名	成交单数
张顺康	48

统计不同业务单数

报关方式	成交单数
陆地	170

统计大单数量

单笔成交金额	成交单数
>30000	55

多条件查询

项目		成交单数
员工姓名	夏莱治	
报关方式	陆地	18,D:D,N19)

图5-69　按照员工姓名和报关方式两个条件查询成交单数

年份	月份	客户名称	报关方式	报关单号	箱号	货名	经营单位	报关费	处理人员	报关成本
2015	1	A00010	陆地	800415554	80	HM0008669	KH000724	26,400		22,682
2015	1	A00087	航空	800727856	99	HM0007843	KH000531	32,670		8,596
2015	1	A00033	航空	800334180	80	HM0008079	KH000349	26,400	刘曜星	22,902
2015	1	A00065	陆地	800138863	68	HM0007571	KH000127	22,440		15,597
2015	1	A00038	港口	800938759	84	HM0008314	KH000263	27,720	章百署	14,048
2015	1	A00094	港口	800753868	39	HM0006903	KH000258	12,870	莫西裕	3,429
2015	1	A00041	港口	800188301	13	HM0008628	KH000890	4,290	孙越鹰	1,697
2015	1	A00026	航空	800319868	70	HM0007519	KH000513	23,100	夏莱治	18,378
2015	1	A00093	港口	800635201	18	HM0006719	KH000890	5,940	周桂技	202
2015	1	A00047	港口	800942685	21	HM0007734	KH000923	6,930	黄嘉义	3,496
2015	1	A00046	航空	800805777	76	HM0008333	KH000306	25,080	帮壮佳	19,152
2015	1	A00043	航空	800855557	99	HM0008209	KH000996	32,670	熊工维	14,655
2015	1	A00044	港口	800258860	81	HM0008246	KH000334	26,730	刘曜星	25,268
2015	1	A00060	航空	800199834	94	HM0007716	KH000846	31,020	卢软钓	5,595
2015	1	A00043	航空	800262239	4	HM0008501	KH000473	1,320	帮壮佳	604
2015	1	A00099	航空	800825746	18	HM0006768	KH000506	5,940	熊工维	2,091
2015	1	A00051	陆地	800558617	92	HM0008368	KH000857	30,360	刘曜星	9,607
2015	1	A00011	陆地	800918517	63	HM0008326	KH000309	20,790	卢软钓	12,705
2015	1	A00057	港口	800837890	60	HM0007275	KH000508	19,800	章百署	15,319
2015	1	A00041	陆地	800350716	38	HM0007944	KH000323	12,540	莫西裕	3,335
2015	1	A00052	陆地	800625749	14	HM0007718	KH000611	14,520	张继鹰	6,271
2015	1	A00042	航空	800844924	14	HM0006888	KH000402	4,620	夏莱治	988
2015	1	A00029	港口	800986054	79	HM0007810	KH000656	26,070	帮壮佳	1,892
2015	1	A00047	港口	800681533	87	HM0008309	KH000349	28,710	熊工维	14,058
2015	1	A00066	航空	800755463	15	HM0008790	KH000262	4,950	刘曜星	490
2015	1	A00095	航空	800299966	75	HM0007169	KH000116	24,750	帮壮佳	267

统计员工成交单数

员工姓名	成交单数
张顺康	48

统计不同业务单数

报关方式	成交单数
陆地	170

统计大单数量

单笔成交金额	成交单数
>30000	55

多条件查询

项目		成交单数
员工姓名	夏莱治	15
报关方式	陆地	

图5-70　最终效果

COUNTA 函数：统计非空单元格个数

函数语法：

COUNTA（单元格区域）

具体应用：COUNTA 函数功能是返回参数列表中非空值的单元格个数。利用函数 COUNTA 可以计算单元格区域或数组中包含数据的单元格个数。

LARGE 函数：不动数据也能排名

函数语法：

LARGE（单元格区域，返回第几个最大值）

具体应用：LARGE 函数主要是返回数据集中的第 N 个最大值。例如，如果 A1 = 1，A2 = 2，A3 = 3，A4 = 4，A5 = 5，A6 = 6，A7 = 7，A8 = 8，则公式" = LARGE（A1：A8，5）"返回 5，即数组中第 5 大的数字是 5（A5）。那么，这个函数有什么用呢？我们可以将它用于数据的排序，使数据展现起来更有层次呢。

如图 5 - 71 所示，我们有一张各地区销售统计表，这张表格的各地区销售额没有排序，所以没法一眼看出哪个地区销售额最好，哪个地区销售额差一些，由于表格标题有合并单元格，底部有合计行，所以直接用自动筛选进行排序就行不通了。能不能在不破坏数据格式的情况下，对各地区销售额进行排序呢？

我们在右边空白区域再复制粘贴一份销售统计表，然后在新的各地区销售统计表的 F3 单元格中输入公式" = LARGE（$ B $ 3：$ B $ 9，ROW（A1））"，鼠标双击单元格右下方，公式就覆盖下面的单元格了，公式的第一参数" $ B $ 3：$ B $ 9"是要进行排序的单元格数据区域，即各个地区的销售额，公式的第二参数是 ROW（A1）意思是返回 A1 单元格的行数，也就是 1，这个 ROW（A1）往下拖拽，就变成了 ROW（A2）、ROW（A3）、ROW（A4）、ROW（A5）、ROW（A6）、ROW（A7），返回的结果分别是 2、3、4、5、6、7，也就是分别返回各地区销售额的第 1 个最大值、第 2 个最大值、第 3 个最大值、第 4 个最大值、第 5 个最大值、第 6 个最大值、第 7 个最大值。这样数据就实现了对销售额的排序。看看现在是不是销售额数据已经从大到小排列好了？还有一个问题，就是怎么按照新排序的销售额数据把各地区的名字对应出来？等看完本章的"第 7 节查找与引用函数"你就会了。如图 5 - 72，图 5 - 73。

	A	B	C
1	各地区销售统计表（未排序）		
2	地区	销售额	占比
3	华中	1,212	7%
4	华东	2,898	18%
5	华北	2,664	16%
6	华南	3,189	20%
7	西北	2,841	17%
8	西北	1,335	8%
9	西南	2,206	13%
10	合计	16,345	100%

图 5-71　排序前的各地区销售统计表

IF　　=LARGE($B$3:$B$9,ROW(A1))

	B	C	D		E	F	G
1	各地区销售统计表（未排序）				各地区销售统计表（排序）		
2	地区	销售额	占比		地区	销售额	占比
3	华中	1,212	7%		华南	9,ROW(A1))	20%
4	华东	2,898	18%		华东	2,898	18%
5	华北	2,664	16%		西北	2,841	17%
6	华南	3,189	20%		华北	2,664	16%
7	西北	2,841	17%		西南	2,206	13%
8	西北	1,335	8%		西北	1,335	8%
9	西南	2,206	13%		华中	1,212	7%
10	合计	16,345	100%		合计	16,345	100%

图 5-72　用 LARGE 函数对销售数据排序

D	E	F	G	H
	各地区销售统计表（排序）			
	地区	销售额	占比	
	华南	3,189	20%	
	华东	2,898	18%	
	西北	2,841	17%	
	华北	2,664	16%	
	西南	2,206	13%	
	西北	1,335	8%	
	华中	1,212	7%	
	合计	16,345	100%	

图 5-73　排序后的各地区销售统计表

第 6 节　汇总函数

记得有个朋友跟我讲过，他上大学的时候去实习，公司人事安排他在出纳岗位先学习几天。这家公司的出纳是一位 40 多岁的女士，她人非常好，也很乐意教别人学习，但是她真的非常忙，每天都在一片慌乱中度过，而且几乎天天加班。经过几天的观察，我的朋友发现，她在做各种统计和对账的时候，都是将所有的业务数字写在纸上，然后把这些数字用计算器一个一个加起来，有的时候加错了，她又得从头到尾加一遍……我的朋友终于知道她为什么每天都很忙了，原来她根本就没用过 Excel……

于是，他俩约定互相学习，她教他出纳实务，他教她 Excel，两个星期过去后，她渐渐地不慌乱了，晚上也能正常下班了。后来有人问她，怎么不用加班了？她说，原来 Excel 有汇总功能，比计算器好使多了，每天只要把数字敲进电脑，想怎么计算、核对都可以，而且还不用担心出错。

这个故事非常经典，我自己也有深刻的体会。参加工作后，我发现我周围的很多同事都不会用或者不知道 Excel 有非常强大的汇总计算功能，工作时主要靠计算器计算，效率非常低，错误率也高，实际上，只要我们掌握几个常用的汇总函数，就能够减少很多加班的时间。不信？我们马上试试。

SUM 函数：不一样的快速求和

函数语法：

SUM（单元格区域）

具体应用：SUM 函数主要用于对指定单元格的数据区域进行求和计算。例如，输入公式 "=SUM（A1：A10）"，公式返回的结果就是 A1 到 A10 单元格内容的合计数。下面，我们介绍两个快速求和的方法。

如图 5 - 74 所示，这是一个分公司、月份、地区的多维度销售统计表，现在我们要对各个公司的各地区销售额求和，还要上述小计行进行求和，求出各个地区的销售合计数。

如果是 Excel 初学者，对于销售额的小计行求和，他会先选中 C5 单元格，然后输入公式"＝SUM（C2：C4）"，将公式往右拖拽，接着，选中 C9 单元格，输入公式"＝SUM（C6：C8）"，将公式往右拖拽，最后，选中 C13 单元格，输入公式"＝SUM（C10：C12）"，将公式往右拖拽……还好这小计行数据只有 3 行，要是有 100 行呢？他岂不是要做 100 次？

其实，对于这种小计求和，无论是 3 行还是 100 行，我们三步就可以搞定。

STEP1：选中求和数据区域。这里我们选中要进行小计求和的 C2：F13 单元格区域。

STEP2：定位空值。按下【F5】定位快捷键，调出【定位】对话框，在定位条件中选中【空值】。如图 5 – 75。

STEP3：按下求和快捷键。接下来，按下求和快捷键【ALT ＋ ＝】。如图 5 – 76。

怎么样？是不是所有的小计项都瞬间计算好了？

接下来，我们再对合计行进行求和。如果是 Excel 初学者，他会在 C14 单元格输入公式"＝SUM（C5，C9，C13）"，同理，如果需要进行合计的行有 100 行，他就要在 SUM 函数中输入 100 个需要求和的单元格……这样手工选择非常容易出错，尤其是对外或者对上报告时，如果发生错误，那实在是太尴尬了。

对于这种情况，我们只需要一步就搞定了。来跟我一起操作。

在 C14 单元格输入公式"＝SUM（C2：C13）/2"，回车，将公式往右拖拽，然后就……好了！是不是非常快？这个公式的原理是利用数学知识，小计行已经是各行数据的汇总了，所以把小计行数据和各行数据汇总就相当于对所有数据行汇总了两次，除以 2 以后，就是所有数据的汇总数也就是所有小计行相加的数字。如图5 – 77。

	A	B	C	D	E	F
1	公司	月份	东北	华北	西北	西南
2	A	1月	1,430	1,086	1,840	1,073
3	A	2月	1,234	1,420	1,403	1,725
4	A	3月	1,058	1,559	1,840	1,147
5	小计					
6	B	1月	1,028	1,230	1,281	1,992
7	B	2月	1,985	1,568	1,191	1,090
8	B	3月	3,013	2,798	2,472	3,082
9	小计					
10	C	1月	1,948	2,054	1,122	3,138
11	C	2月	2,027	1,426	2,297	1,236
12	C	3月	1,691	3,181	4,513	3,488
13	小计					
14	合计					

图 5 – 74　需要进行求和的数据表

图 5-75　用【定位】工具对空值进行定位

图 5-76　按下快捷键【ALT + =】，对小计行批量求和

图 5-77　输入公式，对合计行进行求和

SUMIF/SUMIFS 函数：条件求和神一般的存在

函数语法：

SUMIF（条件区域，条件，数据区域）

SUMIFS（数据区域，条件区域1，条件1，条件区域2，条件2）

具体应用：SUMIF 和 SUMIFS 函数都是根据设定的条件，对指定数据区域进行求和。SUMIF 是单条件求和，即只能按照一个条件对指定数据区域进行求和；SUMIFS 是多条件求和，即可以设置多个条件对指定数据区域进行求和。

这里需要注意两点：（1）SUMIF 的数据区域是放在第三参数，即函数的最后一个参数的位置；而 SUMIFS 的数据区域是放在第一参数，即函数的第一参数的位置，两个函数的参数位置是相反的，一个是先放条件区域和条件，另外一个是先放数据区域；（2）两个函数的条件区域和数据区域范围必须一致，例如数据区域是 A：A，则条件区域对应要放 X：X，如果数据区域是 A1：A10，则条件区域对应要放 X1：X10。

如图 5-78 所示，这是一张公司销售订单明细表，现在马上要开经营分析会了，我们需要统计一些数据，作为经营分析会的基础数据资料。下面，我们分别用多个角度对其进行分析。

	B	C	F	G	I	J	K	L
1	销售员	具体地点	地区	订单号	定单日期	年份	订单金额	订单数量
2	阮树明	华东.青岛	华东	A001	2017-1-2	2017	20,340	46
3	韩美瑗	华东.烟台	华东	A002	2017-2-3	2017	53,562	31
4	李宝山	华南.武汉	华南	A003	2017-3-4	2017	5,342	44
5	闫波	华南.长沙	华南	A004	2017-4-5	2017	5,322	1
6	李保清	华北.北京	华北	A005	2017-5-6	2017	7,564	17
7	李永山	华东.烟台	华东	A006	2017-6-7	2017	4,263	42
8	褚振辉	华南.南京	华南	A007	2017-7-8	2017	4,322	16
9	边丽英	华南.杭州	华南	A008	2017-8-9	2017	34,214	25
10	吴百兴	华南.烟台	华南	A009	2017-9-2	2017	5,342	8
11	孙超	华北.天津	华北	A010	2017-10-2	2017	8,453	4
12	李新侠	华北.石家庄	华北	A011	2017-11-2	2017	3,545	19
13	武周国	华东.青岛	华东	A012	2017-12-3	2017	11,631	36
14	陈晓燕	华东.烟台	华东	A013	2017-1-2	2017	5,363	17
15	王利锋	华南.南京	华南	A014	2017-2-3	2017	5,242	25
16	于桂梅	华南.杭州	华南	A015	2017-3-4	2017	6,343	21
17	张民道	华南.南京	华南	A016	2017-4-5	2017	23,543	13
18	张文东	华南.杭州	华南	A017	2017-5-6	2017	6,454	19
19	刘进锋	华北.北京	华北	A018	2017-6-7	2017	5,344	30
20	荆象厚	华北.天津	华北	A019	2017-7-8	2017	34,646	16
21	张召国	华东.烟台	华东	G020	2017-8-9	2017	4,211	43
22	阮树明	华东.烟台	华东	G021	2017-9-2	2017	24,789	10

图 5-78 销售订单明细表

第一，SUMIF 基本用法：多维度业务数据统计。

我们的第一个需求是，统计各个地区的订单金额和订单数量。首先，我们在销售订单明细表的右边设置数据统计区，如图 5－79 所示。接下来，我们分别用 SUMIF 设置公式。

在订单金额标题下方的 O3 单元格，输入公式 "＝SUMIF（F：F，N3，K：K）"，这里的第一参数 "F：F" 代表条件列是地区一整列数据，第二参数 "N3" 代表求和条件是 "华北"，第三参数 "K：K" 代表对订单金额求和。公式的结果会返回华北地区的所有订单金额求和数。然后用鼠标双击 O3 单元格右下角，我们要统计的几个地区订单金额就被统计出来了。如图 5－80。

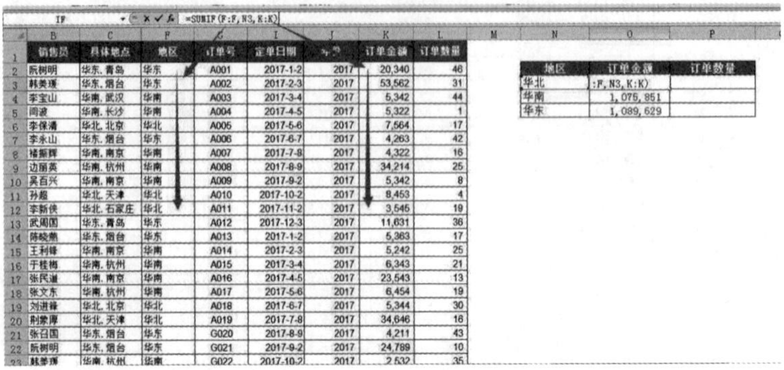

接下来，我们统计各个地区的订单数量，在订单数量标题下方的 P3 单元格中，输入公式 "＝SUMIF（F：F，N3，L：L）"，这个公式的前两个参数没有变化，只有第三个参数变了，这里的第三参数为 "L：L"，即要对订单数量求和。鼠标双击 P3 单元格右下角，几个地区订单数量已被统计出。如图 5－81、图 5－82。

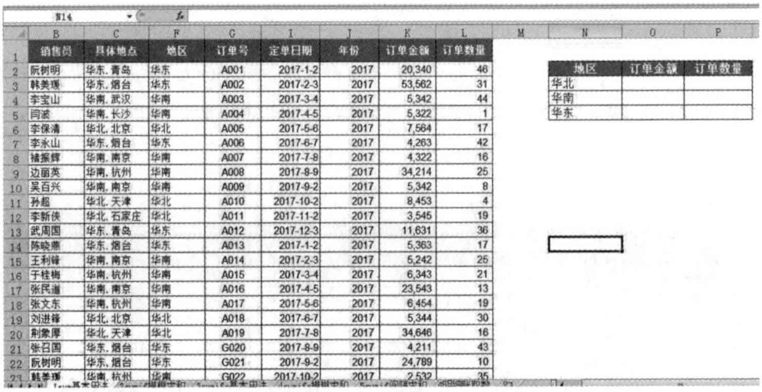

图 5－79　在销售订单明细表的右边设置数据统计区

图 5－80　输入公式对各地区订单金额求和

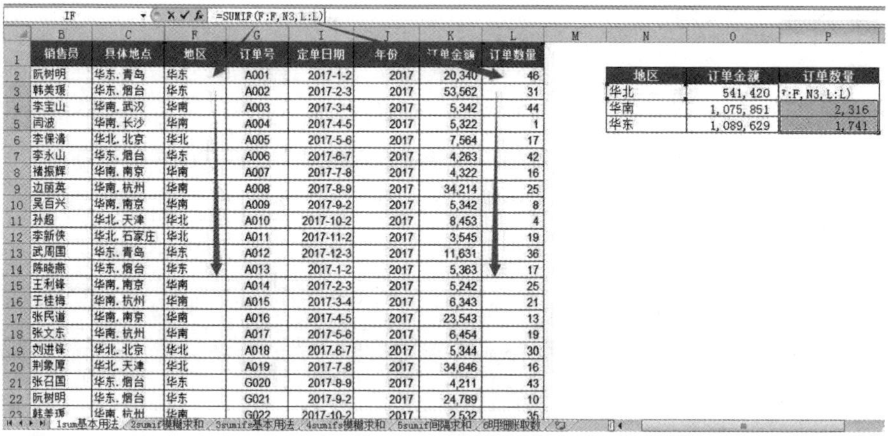

| IF | ▼ × ✓ ∱ | =SUMIF(F:F,N3,L:L) | | | | | | | | | | |

图 5－81　输入公式对各地区订单数量求和

图 5－82　各地区订单金额和订单数量已经被统计出

第二，SUMIF 模糊求和：按照订单大类统计销售情况。

我们的第二个需求是，按照订单大类统计订单金额和订单数量。跟上一个案例一样，我们在销售订单明细表的右边设置数据统计区，如图 5－83。接下来，我们分别用 SUMIF 设置公式。

在订单金额标题下方的 O3 单元格，输入公式"＝SUMIF（G：G，N4&"＊"，K：K）"，这里的第一参数"G：G"的代表条件列是订单号一整列数据，第二参数"N4&"＊""代表求和条件是以字母 A 开头的所有订单号，也就是 A 大类订单，第三参数"K：K"代表对订单金额求和。公式的结果会返回 A 大类订单的所有订单金额求和数。然后用鼠标双击 O3 单元格右下角，我们要统计的几大类订单金额就被统计出来了。如图 5 - 84。

接下来，我们统计几大类订单的订单数量，在订单数量标题下方的 P3 单元格中，输入公式" = SUMIF（G：G，N4&"＊"，L：L)"，这个公式的前两个参数没有变化，只有第三个参数变了，这里的第三参数为"L：L"，即要对订单数量求和。鼠标双击 P3 单元格右下角，几个大类订单的订单数量已被统计出。如图 5 - 85。

这里的模糊条件，我们使用了星号（＊），星号代表任意多个任意字符，所以"N4&"＊""的意思就是以 N4 单元格数据内容开头的所有订单号，可以是 A001、A002、A008 等等，用了星号以后，我们就可以按照大类进行统计了。这个方法非常实用。

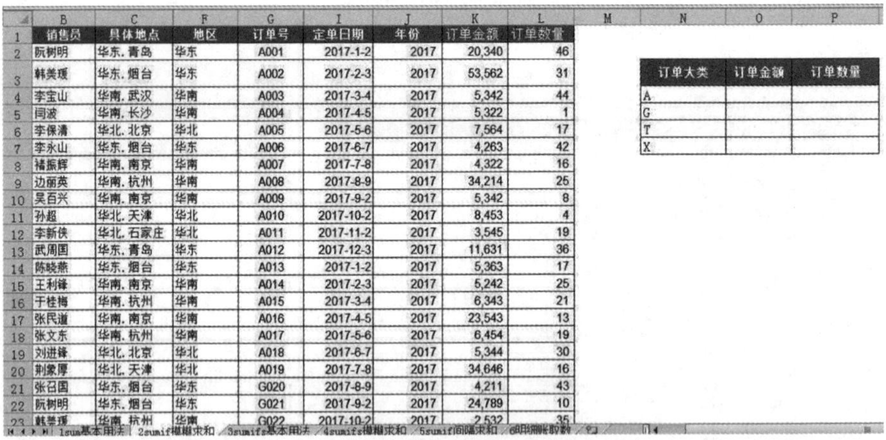

图 5 - 83　在销售订单明细表的右边设置数据统计区

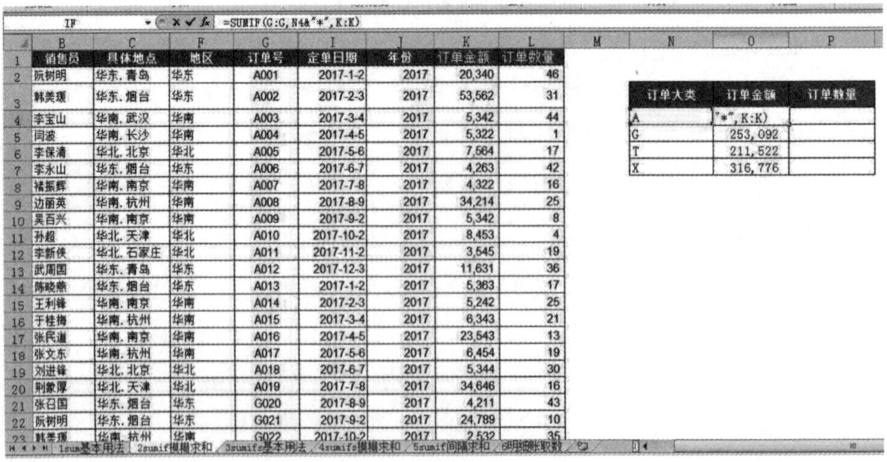

图 5 - 84　输入公式对订单大类的订单金额求和

	IF	▼	× ✓ fx	=SUMIF(G:G, N4&"*", L:L)					

	B	C	F	G	I	J	K	L	M	N	O	P
1	销售员	具体地点	地区	订单号	定单日期	年份	订单金额	订单数量				
2	阮树明	华东.青岛	华东	A001	2017-1-2	2017	20,340	46				
3	韩美瑗	华东.烟台	华东	A002	2017-2-3	2017	53,562	31		订单大类	订单金额	订单数量
4	李宝山	华南.武汉	华南	A003	2017-3-4	2017	5,342	44		A	250,835	&"*", L:L)
5	同波	华南.长沙	华南	A004	2017-4-5	2017	5,322	1		G	253,092	291
6	李保清	华北.北京	华北	A005	2017-5-6	2017	7,564	17		T	211,522	300
7	李永山	华东.烟台	华东	A006	2017-6-7	2017	4,263	42		X	316,776	694
8	褚振辉	华南.南京	华南	A007	2017-7-8	2017	4,322	16				
9	边丽英	华南.杭州	华南	A008	2017-8-9	2017	34,214	25				
10	吴百兴	华南.南京	华南	A009	2017-9-2	2017	5,342	8				
11	孙超	华北.天津	华北	A010	2017-10-2	2017	8,453	4				
12	李新侠	华北.石家庄	华北	A011	2017-11-2	2017	3,545	19				
13	武周国	华东.青岛	华东	A012	2017-12-3	2017	11,631	36				
14	陈晓燕	华东.烟台	华东	A013	2017-1-2	2017	5,363	17				
15	王利锋	华南.南京	华南	A014	2017-2-3	2017	5,242	25				
16	于桂梅	华南.杭州	华南	A015	2017-3-4	2017	6,343	21				
17	张民道	华南.南京	华南	A016	2017-4-5	2017	23,543	13				
18	张文东	华南.杭州	华南	A017	2017-5-6	2017	6,454	19				
19	刘进锋	华北.北京	华北	A018	2017-6-7	2017	5,344	30				
20	荆象厚	华北.天津	华北	A019	2017-7-8	2017	34,646	16				
21	张召国	华东.烟台	华东	G020	2017-8-9	2017	4,211	43				
22	阮树明	华东.烟台	华东	G021	2017-9-2	2017	24,789	10				
23	韩美瑗	华南.杭州		G022	2017-10-2	2017	2,532	35				

图 5-85　输入公式对订单大类的订单数量求和

	B	C	F	G	I	J	K	L	M	N	O	P
1	销售员	具体地点	地区	订单号	定单日期	年份	订单金额	订单数量				
2	阮树明	华东.青岛	华东	A001	2017-1-2	2017	20,340	46				
3	韩美瑗	华东.烟台	华东	A002	2017-2-3	2017	53,562	31		订单大类	订单金额	订单数量
4	李宝山	华南.武汉	华南	A003	2017-3-4	2017	5,342	44		A	250,835	430
5	同波	华南.长沙	华南	A004	2017-4-5	2017	5,322	1		G	253,092	291
6	李保清	华北.北京	华北	A005	2017-5-6	2017	7,564	17		T	211,522	300
7	李永山	华东.烟台	华东	A006	2017-6-7	2017	4,263	42		X	316,776	694
8	褚振辉	华南.南京	华南	A007	2017-7-8	2017	4,322	16				
9	边丽英	华南.杭州	华南	A008	2017-8-9	2017	34,214	25				
10	吴百兴	华南.南京	华南	A009	2017-9-2	2017	5,342	8				
11	孙超	华北.天津	华北	A010	2017-10-2	2017	8,453	4				
12	李新侠	华北.石家庄	华北	A011	2017-11-2	2017	3,545	19				
13	武周国	华东.青岛	华东	A012	2017-12-3	2017	11,631	36				
14	陈晓燕	华东.烟台	华东	A013	2017-1-2	2017	5,363	17				
15	王利锋	华南.南京	华南	A014	2017-2-3	2017	5,242	25				
16	于桂梅	华南.杭州	华南	A015	2017-3-4	2017	6,343	21				
17	张民道	华南.南京	华南	A016	2017-4-5	2017	23,543	13				
18	张文东	华南.杭州	华南	A017	2017-5-6	2017	6,454	19				
19	刘进锋	华北.北京	华北	A018	2017-6-7	2017	5,344	30				
20	荆象厚	华北.天津	华北	A019	2017-7-8	2017	34,646	16				
21	张召国	华东.烟台	华东	G020	2017-8-9	2017	4,211	43				
22	阮树明	华东.烟台	华东	G021	2017-9-2	2017	24,789	10				

图 5-86　各订单大类的订单金额和订单数量已经被统计出

第三，SUMIFS 基本用法：多条件销售情况统计。

我们的第三个需求是，分别按照年份和地区两个维度统计订单金额，按照地区和销售员两个维度统计订单金额。第一张表格的目的是分析各个地区订单金额的走势，以对重点地区进行时间轴的分析，判断地区业绩走势；第二张表格的目的是分析各销售员在各地区的销售业绩，看看是否有销售覆盖区域重叠严重的情况，销售员之间是否存在不合理内耗竞争等。下面我们开始实操。

首先，我们先制作第一个统计表：按照年份和地区两个维度统计订单金额。如图 5-87，在销售订单明细表的右边设置数据统计区，接下来，我们用 SUMIFS 设置公式。

在年份标题下方的 O4 单元格，输入公式"＝SUMIFS（＄K：＄K，＄F：＄F，＄N4，＄J：＄J，O＄3）"，这里的第一参数"＄K：＄K"代表求和列是订单金额一整列数据，这里的求和列需要进行绝对引用，因为一会儿公式要向下和向右拖拽。后面接着的四个参数分别是"条件区域1，条件1"和"条件区域2，条件2"。这里的 SUMIFS 函数与 SUMIF 函数求和列的位置发生了变化，SUMIFS 要将求和列放在第一个参数位置。

"条件区域1，条件1"内容是"＄F：＄F，＄N4"，其中"＄F：＄F"代表条件区域是地区列，"＄N4"代表求和条件是"华北"，这里的要对条件区域 F 列（地区）进行绝对引用，原因也是一会儿公式要向下和向右拖拽，参数"＄N4"，要对 N 列固定，所以要在 N 前面加美元符号（＄），因为地区列是在 N 列，防止公式一会向右拖拽时变到其他列，使公式产生错误。

"条件区域2，条件2"内容是"＄J：＄J，O＄3"，其中"＄J：＄J"代表条件区域是年份列，"O＄3"代表求和条件是"2017"年，这里要对条件区域 J 列（年份）进行绝对引用，参数"O＄3"，要对第3行固定，所以要在"3"前面加美元符号（＄），因为年份行是在第3列，防止公式一会儿向下拖拽时变到其他行，使公式产生错误。

这个公式设置好后，将公式向下拖拽，再向右拖拽，这样各年份和地区订单金额统计表就做好了。

接下来，我们制作第二个统计表：按照地区和销售员两个维度统计订单金额。如图5-88，在销售订单明细表的右边设置数据统计区，接下来，我们用 SUMIFS 设置公式。

在年份标题下方的 O10 单元格，输入公式"＝SUMIFS（＄K：＄K，＄B：＄B，＄N10，＄F：＄F，O＄9）"，这里的第一参数"＄K：＄K"代表求和列是订单金额一整列数据，跟上一个统计表一样，要对求和列进行绝对引用。

"条件区域1，条件1"内容是"＄B：＄B，＄N10"，其中"＄B：＄B"代表条件区域是销售员，"＄N10"代表求和条件是销售员"李宝山"，这里要对条件区域 B 列（销售员）进行绝对引用，参数"＄N10"，要对 N 列固定。

"条件区域2，条件2"内容是"＄F：＄F，O＄9"，其中"＄F：＄F"代表条件区域是地区列，"O＄9"代表求和条件是地区"华北"，这里要对条件区域 F 列（地区）进行绝对引用，参数"O＄9"，要对第9行固定，所以要在"9"前面加美元符号（$）。

公式设置好后，将公式向下拖拽，再向右拖拽，这样各销售员大区销售业绩统计表就做好了。

	INDIRECT			=SUMIFS($K:$K, $F:$F, $N4, $J:$J, O$3)									

	B	C	F	G	I	J	K	L	M	N	O	P	Q
1	销售员	具体地点	地区	订单号	定单日期	年份	订单金额	订单数量					
2	阮树明	华东.青岛	华东	A001	2017-1-2	2017	20,340	46		地区	2017	2016	2015
3	韩美瑗	华东.烟台	华东	A002	2017-2-3	2017	53,562	31		华北	:J, O3)	93,185	312,576
4	李宝山	华南.武汉	华南	A003	2017-3-4	2017	5,342	44		华南	275,372	294,942	505,537
5	闫波	华南.长沙	华南	A004	2017-4-5	2017	5,322	1		华东	353,805	310,989	424,835
6	李保青	华北.北京	华北	A005	2017-5-6	2017	7,564	17					
7	李永山	华东.烟台	华东	A006	2017-6-7	2017	4,263	42		姓名	华北	华东	华南
8	褚振辉	华南.南京	华南	A007	2017-7-8	2017	4,322	16		李宝山	25,643	31,279	40,987
9	边丽英	华南.杭州	华南	A008	2017-8-9	2017	34,214	25		边丽英	13,888	5,894	75,960
10	吴百兴	华南.南京	华南	A009	2017-9-2	2017	5,342	8		武周国	3,278	11,631	—
11	孙超	华北.天津	华北	A010	2017-10-2	2017	8,453	4					
12	李新侠	华北.石家庄	华北	A011	2017-11-2	2017	3,545	19					
13	武周国	华东.青岛	华东	A012	2017-12-3	2017	11,631	36					
14	陈晓燕	华东.烟台	华东	A013	2017-1-2	2017	5,363	17					
15	王利锋	华南.南京	华南	A014	2017-2-3	2017	5,242	25					
16	于桂梅	华南.杭州	华南	A015	2017-3-4	2017	6,343	21					
17	张民道	华南.南京	华南	A016	2017-4-5	2017	23,543	13					
18	张文东	华南.杭州	华南	A017	2017-5-6	2017	6,454	19					
19	刘进峰	华北.北京	华北	A018	2017-6-7	2017	5,344	30					
20	荆象厚	华北.天津	华北	A019	2017-7-8	2017	34,646	16					
21	张召国	华东.烟台	华东	G020	2017-8-9	2017	4,211	43					

图5-87 按照年份和地区两个维度统计订单金额

	INDIRECT			=SUMIFS($K:$K, $B:$B, $N10, $F:$F, O$9)									

	B	C	F	G	I	J	K	L	M	N	O	P	Q	R
1	销售员	具体地点	地区	订单号	定单日期	年份	订单金额	订单数量						
2	阮树明	华东.青岛	华东	A001	2017-1-2	2017	20,340	46						
3	韩美瑗	华东.烟台	华东	A002	2017-2-3	2017	53,562	31		地区	2017	2016	2015	
4	李宝山	华南.武汉	华南	A003	2017-3-4	2017	5,342	44		华北	135,659	93,185	312,576	
5	闫波	华南.长沙	华南	A004	2017-4-5	2017	5,322	1		华南	275,372	294,942	505,537	
6	李保青	华北.北京	华北	A005	2017-5-6	2017	7,564	17		华东	353,805	310,989	424,835	
7	李永山	华东.烟台	华东	A006	2017-6-7	2017	4,263	42						
8	褚振辉	华南.南京	华南	A007	2017-7-8	2017	4,322	16		姓名	华北	华东	华南	
9	边丽英	华南.杭州	华南	A008	2017-8-9	2017	34,214	25		李宝山	:F, O9)	31,279	40,987	
10	吴百兴	华南.南京	华南	A009	2017-9-2	2017	5,342	8		边丽英	13,888	5,894	75,960	
11	孙超	华北.天津	华北	A010	2017-10-2	2017	8,453	4		武周国	3,278	11,631	—	
12	李新侠	华北.石家庄	华北	A011	2017-11-2	2017	3,545	19						
13	武周国	华东.青岛	华东	A012	2017-12-3	2017	11,631	36						
14	陈晓燕	华东.烟台	华东	A013	2017-1-2	2017	5,363	17						
15	王利锋	华南.南京	华南	A014	2017-2-3	2017	5,242	25						
16	于桂梅	华南.杭州	华南	A015	2017-3-4	2017	6,343	21						
17	张民道	华南.南京	华南	A016	2017-4-5	2017	23,543	13						
18	张文东	华南.杭州	华南	A017	2017-5-6	2017	6,454	19						
19	刘进峰	华北.北京	华北	A018	2017-6-7	2017	5,344	30						
20	荆象厚	华北.天津	华北	A019	2017-7-8	2017	34,646	16						
21	张召国	华东.烟台	华东	G020	2017-8-9	2017	4,211	43						
22	阮树明	华东.烟台	华东	G021	2017-9-2	2017	24,789	10						
23	韩美瑗	华东.杭州	华东	G022	2017-10-2	2017	2,532	35						
24	李宝山	华南.长沙	华南	G023	2017-11-2	2017	6,331	30						
25	闫波	华东.青岛	华东	G024	2017-12-3	2017	24,135	3						
26	李保清	华北.北京	华北	G025	2017-1-2	2017	51,345	46						
27	李永山	华南.杭州	华南	G026	2017-2-3	2017	4,225	14						
28	褚振辉	华南.杭州	华南	G027	2017-3-4	2017	7,454	15						
29	边丽英	华北.北京	华北	G028	2017-4-5	2017	6,342	25						
30	吴百兴	华东.烟台	华东	G029	2017-5-6	2017	42,154	31						
31	韶云龙	华东.烟台	华东	G030	2017-6-7	2017	35,789	1						

图5-88 按照地区和销售员两个维度统计订单金额

图 5 – 89　最终效果

第四，SUMIFS 模糊求和：统计各销售员在各城市的订单情况。

我们的第四个需求是，统计各销售员在各城市的订单情况。这张表格的目的是分析各个销售员在各地区几个城市的渠道维护情况，也是衡量各个销售员销售能力、市场拓展情况的一个维度。

如图 5 – 90，还是在销售订单明细表的右边设置数据统计区，接下来，我们用 SUMIFS 设置公式。

在城市标题下方的 O5 单元格，输入公式"= SUMIFS（$K：$K，$B：$B，$N5，$C：$C，"*"&O$4)"，这里的第一参数"$K：$K"的代表求和列是订单金额一整列数据，要绝对引用。后面的"条件区域 1，条件 1"内容是"$B：$B，$N5"，其中"$B：$B"代表条件区域是销售员姓名列，"$N5"代表求和条件是销售员"李宝山"，这里要对条件区域 B 列（销售员）进行绝对引用，参数"$N5"，要对 N 列固定。

"条件区域 2，条件 2"内容是"$C：$C，"*"&O$4"，其中"$C：$C"代表条件区域是具体地点列，""*"&O$4"代表求和条件是"以青岛作为结尾的任意内容"，这里的"*"代表任意多个任意字符，这样如果被查找数据内容是"华东. 青岛"，则这个字段会被判定为符合条件，因为"华东. 青岛"是以"青岛"作为结尾的，这样具体城市被查找进行条件求和了。同样，条件区域 C 列（具体地点）要进行绝对引用，参数"O$4"，要对第 4 行固定。

公式设置好后，将公式向下拖拽，再向右拖拽，这样各销售员在各城市的订单情况就做好统计了。

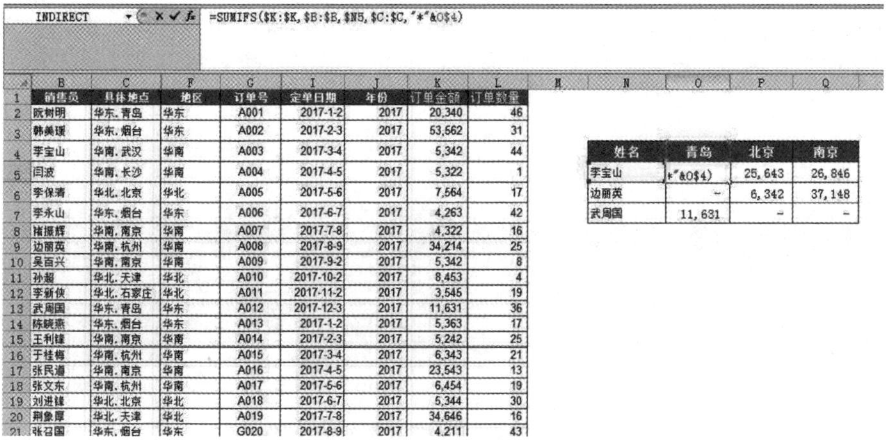

图 5 - 90　统计各销售员在各城市的订单情况

第五，SUMIF 间隔求和：瞬间完成计划与实际对比。

刚才，我们通过几个练习，已经基本掌握了 SUMIF 和 SUMIFS 的用法。其实，这两个条件求和函数的玩法还很多，我们接下来再挑选一个比较实用的案例进行说明。

如图 5 - 91 所示，我们需要对各个产品的各月份计划和实际数求和。对于 Excel 初学者，一般会这样设置公式，即在 N3 单元格输入公式 " = B3 + D3 + F3 + H3 + J3 + L3"，计算出各个产品的各月份计划数合计，再在 O3 单元格输入公式 " = C3 + E3 + G3 + I3 + K3 + M3"，计算出各个产品的各月份实际数合计。设置这种公式一点也不难，但是我们应该庆幸的是，这张表格的月份只有 6 个月，如果要统计 36 个月的数据，那岂不是要在设置公式的时候分别输入 36 个单元格的地址？这样的计算非常容易出错。下面我们学习一下如何两步搞定计划数和时间数隔行求和。只要两步？是的！

STEP1：求计划数合计。在 N3 单元格中输入公式 " = SUMIF（$ B $ 2：$ M $ 2，N $ 2，$ B3：$ M3)"，这个公式的第一参数为 " $ B $ 2：$ M $ 2"，意思是将各产品的第二行标题作为条件区域，第二参数为 "N $ 2"，也就是求和条件为 "计划"，第三参数为 " $ B3：$ M3"，即产品 A 的各月计划和实际数。输入好公式后，回车，将公式向下拖拽。

STEP2：求实际数合计。选中刚才已经输入好公式的 N3 单元格，用鼠标向右拖拽，再向下拖拽，这样各产品的各月实际数也计算好了。怎么样？感受到公式的强大了吗？还是那句话，万丈高楼平地起，我们刚才费了很多篇幅去讲 SUMIF 和 SUM-

IFS 函数的用法，还专门详细说明了绝对引用和相对引用在每个案例中的意义。现在我们在这个案例中，运用刚才说的知识，两步就省去了以前需要点击很多次单元格选取数据的痛苦，不是吗？

	A	1月 B 计划	C 实际	2月 D 计划	E 实际	3月 F 计划	G 实际	4月 H 计划	I 实际	5月 J 计划	K 实际	6月 L 计划	M 实际	合计 N 计划	O 实际
3	产品A	319	419	305	300	150	360	140	423	108	461	468	475	1490	3:$M3)
4	产品a	408	315	390	326	100	382	362	477	245	220	135	111	1640	1831
5	产品B	132	147	111	302	342	292	233	199	255	219	234	453	1307	1612
6	产品C	378	256	470	121	485	485	433	160	381	324	283	304	2430	1650
7	产品D	447	265	365	218	154	246	455	431	114	359	329	395	1864	1914
8	产品E	247	177	151	138	393	105	196	376	467	247	461	406	1915	1449
9	产品F	201	301	465	263	452	238	138	362	486	280	118	453	1860	1897
10	产品G	489	318	355	494	380	356	116	119	120	173	212	130	1672	1590

图 5 - 91　对各月份计划数进行隔行求和

	A	1月 B 计划	C 实际	2月 D 计划	E 实际	3月 F 计划	G 实际	4月 H 计划	I 实际	5月 J 计划	K 实际	6月 L 计划	M 实际	合计 N 计划	O 实际
3	产品	319	419	305	300	150	360	140	423	108	461	468	475	1490	3:$M3)
4	产品a	408	315	390	326	100	382	362	477	245	220	135	111	1640	1831
5	产品B	132	147	111	302	342	292	233	199	255	219	234	453	1307	1612
6	产品C	378	256	470	121	485	485	433	160	381	324	283	304	2430	1650
7	产品D	447	265	365	218	154	246	455	431	114	359	329	395	1864	1914
8	产品E	247	177	151	138	393	105	196	376	467	247	461	406	1915	1449
9	产品F	201	301	465	263	452	238	138	362	486	280	118	453	1860	1897
10	产品G	489	318	355	494	380	356	116	119	120	173	212	130	1672	1590

图 5 - 92　对各月份实际数进行隔行求和

第六，SUMIF 玩转成本明细表。

财务职场中，我们最常用的统计数据其实还是收入明细账、成本明细账、试算平衡表等等。下面，我们用成本明细账来练习一下，看看怎样快速统计出我们想要的成本项目合计数。

如图 5 - 93 所示，这是一张财务职场中最常见的成本费用明细账，明细账的会计科目子目段有我们想要的具体成本项目名称，但是比较琐碎，现在，我们主要想统计五个成本项目，分别是：加油费、国内差旅费、水电费、办公服务费、通讯费。通常，我们的做法是，在子目段中使用自动筛选功能中的模糊筛选，即在筛选对话框中先搜索"加油费"，然后将数据汇总数记录下来，再搜索"国内差旅费"，将数据汇总数记录下来，之后再重复操作 3 次。这样对于成本项目比较少的统计还可以，但是如果统计的成本项目数量多，时间紧的话，那估计我们这样做想顺利交差就很难了。

而且，我们会发现，虽然我们统计的是每个小类的成本项目，但实际上，这些成本项目下面还有明细项目，比如，加油费由车辆加油费一个明细项目构成；国内差旅费由国内差旅费远程交通费一个明细项目构成；水电费由水电费水费、水电费电费两个明细项目构成；办公服务费由办公服务费其他、办公服务费邮递、办公服务费冲晒三个明细项目组成；通讯费由通讯费固定电话和通讯费传输网络两个明细项目组成。也就是说，我们在进行统计时，很容易落下项目，从而导致统计错误。

但是，如果我们学会了 SUMIF 的求和方法，这种统计完全就是 1 分钟搞定的事情。下面我们来练习一下，怎么一分钟搞定它。

如图 5 – 94 所示，我们首先在成本费用明细账右边设置数据统计区，接下来，我们用 SUMIF 设置公式。

在金额标题下方的 P5 单元格，输入公式" = SUMIF（$M：$M，"＊"&O8&"＊"，$C：$C)"，这里的第一参数将条件区域设置为 M 列（子目段），第三参数将求和区域设置为 C 列（金额），第二参数较为复杂，其实拆开来看就是在 08 单元格（加油费）的前后都加了星号（＊）以实现模糊搜索的功能。为什么前后都要加星号呢？因为我们这里统计的成本费用项目都是包含在子目段中的，只不过有的项目如"加油费"是在"车辆加油费"子目名称的后半部分，而有的项目如"办公服务费"是在"办公服务费其他、办公服务费邮递、办公服务费冲晒"三个子目名称的前半部分，但是可以肯定的是，我们设置的几个成本费用项目都是包含在子目段名称中的，所以，我们对其前后都加了星号。

设置好第一个公式后，选中 P5 单元格，往下拖拽。现在所有我们要统计的成本项目汇总数已经计算好了。真的是一步完成，可以向领导交差了。

	A	B	C	D	E	F	G	H	I	J	K	L	M
1	会计期	过帐状态	金额	描述	有效日期	币种	汇率	凭证类型	单据编号	公司段	职责中心段	科目段	子目段
2	42386	已过帐	2301.315	XXX摘要	42766	RMB		1.记帐凭证	167235	XYZ公司	总裁办	主营成本	办公服务费其他
3	42386	已过帐	675.12	XXX摘要	42766	RMB		1.记帐凭证	167235	XYZ公司	总裁办	主营成本	印刷费办公材料
4	42386	已过帐	1772.19	XXX摘要	42766	RMB		1.记帐凭证	167241	XYZ公司	总裁办	主营成本	外购劳务成本
5	42386	已过帐	312.243	XXX摘要	42766	RMB		1.记帐凭证	167243	XYZ公司	总裁办	主营成本	车辆加油费
6	42386	已过帐	1291.167	XXX摘要	42766	RMB		1.记帐凭证	167795	XYZ公司	总裁办	主营成本	急救费
7	42386	已过帐	11696.45	XXX摘要	42766	RMB		1.记帐凭证	167795	XYZ公司	总裁办	主营成本	四防费防火费
8	42386	已过帐	212.6628	XXX摘要	42766	RMB		1.记帐凭证	167795	XYZ公司	总裁办	主营成本	劳动保护费保护用品
9	42386	已过帐	2464.475	XXX摘要	42766	RMB		1.记帐凭证	167294	XYZ公司	总裁办	主营成本	通讯费固定电话
10	42386	已过帐	3713.16	XXX摘要	42766	RMB		1.记帐凭证	167460	XYZ公司	总裁办	主营成本	物料消耗杂物消耗
11	42386	已过帐	271.7358	XXX摘要	42766	RMB		1.记帐凭证	167463	XYZ公司	总裁办	主营成本	国内差旅费远程交通费
12	42386	已过帐	202.536	XXX摘要	42766	RMB		1.记帐凭证	167463	XYZ公司	总裁办	主营成本	办公服务费其他
13	42599	已过帐	2404.996	XXX摘要	42974	RMB		1 采购发票	182680	XYZ公司	总裁办	主营成本	水电费电费
14	42568	已过帐	1608.768	XXX摘要	42946	RMB		1 采购发票	180635	XYZ公司	总裁办	主营成本	水电费电费
15	42386	已过帐	97892.4	XXX摘要	42766	RMB		1.记帐凭证	167588	XYZ公司	总裁办	主营成本	外购劳务成本
16	42386	已过帐	1299.606	XXX摘要	42766	RMB		1.记帐凭证	167597	XYZ公司	总裁办	主营成本	物料消耗杂物消耗
17	42386	已过帐	16878	XXX摘要	42766	RMB		1.记帐凭证	167603	XYZ公司	总裁办	主营成本	零星维修费
18	42386	已过帐	40888.08	XXX摘要	42766	RMB		1.记帐凭证	167623	XYZ公司	总裁办	主营成本	车辆加油费
19	42386	已过帐	10879328	XXX摘要	42766	RMB		1 折旧	167772	XYZ公司	总裁办	主营成本	折旧费
20	42386	已过帐	945.168	XXX摘要	42766	RMB		1.记帐凭证	167435	XYZ公司	总裁办	主营成本	办公服务费其他
21	42386	已过帐	2285.281	XXX摘要	42766	RMB		1.记帐凭证	167736	XYZ公司	总裁办	主营成本	物料消耗杂物消耗
22	42386	已过帐	1090.319	XXX摘要	42766	RMB		1.记帐凭证	167736	XYZ公司	总裁办	主营成本	办公服务费其他
23	42386	已过帐	3382.351	XXX摘要	42766	RMB		1.记帐凭证	167736	XYZ公司	总裁办	主营成本	物料消耗杂物消耗
24	42386	已过帐	14346.3	XXX摘要	42766	RMB		1.记帐凭证	167563	XYZ公司	总裁办	主营成本	外购劳务成本
25	42386	已过帐	4219.5	XXX摘要	42766	RMB		1.记帐凭证	167658	XYZ公司	总裁办	主营成本	通讯费传输网络
26	42386	已过帐	38650.62	XXX摘要	42766	RMB		1.记帐凭证	167662	XYZ公司	总裁办	主营成本	绿化卫生费园林绿化费
27	42386	已过帐	91613.78	XXX摘要	42766	RMB		1.记帐凭证	167688	XYZ公司	总裁办	主营成本	外购劳务成本
28	42386	已过帐	42195	XXX摘要	42766	RMB		1.记帐凭证	167693	XYZ公司	总裁办	主营成本	外购劳务成本
29	42386	已过帐	8439	XXX摘要	42766	RMB		1.记帐凭证	167695	XYZ公司	总裁办	主营成本	外购劳务成本
30	42386	已过帐	3540.161	XXX摘要	42766	RMB		1.记帐凭证	167695	XYZ公司	总裁办	主营成本	外购劳务成本

图 5 – 93　成本费用明细账

图 5 – 94 用 SUMIF 公式完成成本项目汇总统计

SUMPRODUCT 函数：区域乘积求和不再求人

函数语法：

SUMPRODUCT（数组 1，数组 2，数组 3，……）

具体应用：SUMPRODUCT 是在给定的几组数组中，将数组间对应的元素相乘，并返回乘积之和。从函数的名称看，SUM 是求和的意思，PRODUCT 是相乘的意思，SUMPRODUCT 就是相乘之后再求和。SUMPRODUCT 在使用时，需要注意两点：（1）是它会将非数值型的数组元素作为 0 处理；（2）数组参数必须有相同的高度，即如果选取的是单元格区域，则单元格区域要对应，否则返回错误值。下面，我们用实操熟悉一下它的用法。

第一，SUMPRODUCT 基本用法：解决多组数据相乘后再相加问题。

如图 5 – 95 所示，现在我们有一张产品销售明细表，我们的任务是统计三个数据，分别是销售总额、折扣额及销售净额。

首先，统计销售总额。销售总额是每个产品的单价与销售量的乘积，然后汇总求和的结果。如果我们不用 SUMPRODUCT 函数，那如果有 100 种产品，我们就需要对 100 种产品的单价和销售量做乘法，然后再把这 100 个乘积相加，想想都怕了……但是有了 SUMPRODUCT 函数，这一切都不是问题。如图 5 – 96 所示，在 H5 单元格输入公式。" = SUMPRODUCT（B2：B15，C2：C15）"，公式的运算过程是" B2 * C2 + B3 * C3 + B4 * C4 + …… + B15 * C15"，这样就把 B 列和 C 列的每个单价和销售量都逐个进行了相乘，最后汇总求和了。

然后，再统计折扣额，折扣额是每种产品的单价、销售量、折扣率三个指标逐个相乘后，再汇总求和。如图 5 - 97 所示，在 H6 单元格内输入公式 " = SUM-PRODUCT（B2：B15，C2：C15，D2：D15）"，公式的运算过程是 "B2 * C2 * D2 + B3 * C3 * D3 + B4 * C4 * D4 + …… + B15 * C15 * D15"，这样就把 B 列、C 列和 D 列的每个单价、销售量及折扣率都逐个进行了相乘，然后汇总求和了。

最后，计算销售净额，如图 5 - 98 所示，在 H7 单元格输入公式 " = SUMPROD-UCT（B2：B15，C2：C15，1 - D2：D15）"，公式的运算过程是 "B2 * C2 * （1 - D2）+ B3 * C3 * （1 - D3）+ B4 * C4 * （1 - D4）+ …… + B15 * C15 * （1 - D15）"，这个计算过程与统计折扣额的类似，但是最后一个参数是 "1 - D2：D15"，意思是逐个计算每种产品的 1 减去折扣率，也就是销售净额率。当然，如果不好理解，也可以简单一点，直接用刚才统计出来的销售总额减去折扣额也同样可以计算出销售净额。

通过上述的几个公式，我们会发现，SUMPRODUCT 中的参数数据区域都是对应的，比如统计折扣额时，三个参数为 "B2：B15" "C2：C15" "D2：D15"，即三个参数的单元格高度范围是一样的，如果最后一个参数变为 "D2：D18"，那么计算结果就会发生错误，这一点是一定要注意的。

	A	B	C	D	E
1	产品	单价	销售量	折扣率	销售额
2	产品A	71	320	7%	1,562
3	产品B	44	332	5%	746
4	产品C	20	237	6%	270
5	产品D	32	460	11%	1,692
6	产品E	69	246	7%	1,167
7	产品F	78	232	4%	708
8	产品A	75	366	4%	1,191
9	产品B	98	397	9%	3,471
10	产品C	98	247	19%	4,536
11	产品A	80	218	1%	111
12	产品B	94	239	1%	278
13	产品C	16	412	14%	924
14	产品D	26	317	18%	1,506
15	产品E	55	421	9%	2,194

图 5 - 95　产品销售明细表

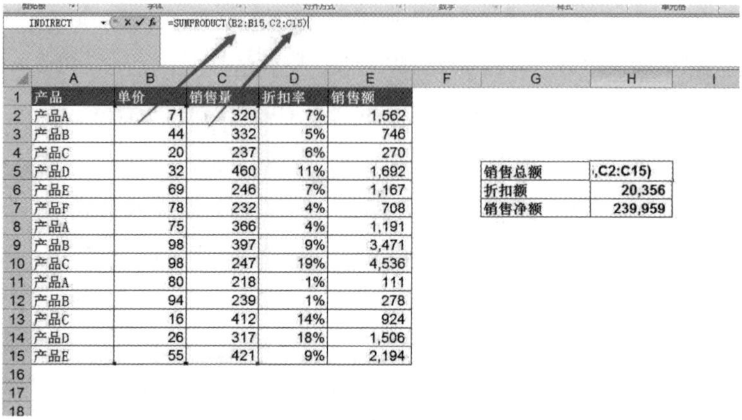
INDIRECT =SUMPRODUCT(B2:B15,C2:C15)

产品	单价	销售量	折扣率	销售额
产品A	71	320	7%	1,562
产品B	44	332	5%	746
产品C	20	237	6%	270
产品D	32	460	11%	1,692
产品E	69	246	7%	1,167
产品F	78	232	4%	708
产品A	75	366	4%	1,191
产品B	98	397	9%	3,471
产品C	98	247	19%	4,536
产品A	80	218	1%	111
产品B	94	239	1%	278
产品C	16	412	14%	924
产品D	26	317	18%	1,506
产品E	55	421	9%	2,194

销售总额	,C2:C15)
折扣额	20,356
销售净额	239,959

图 5－96　设置销售总额公式

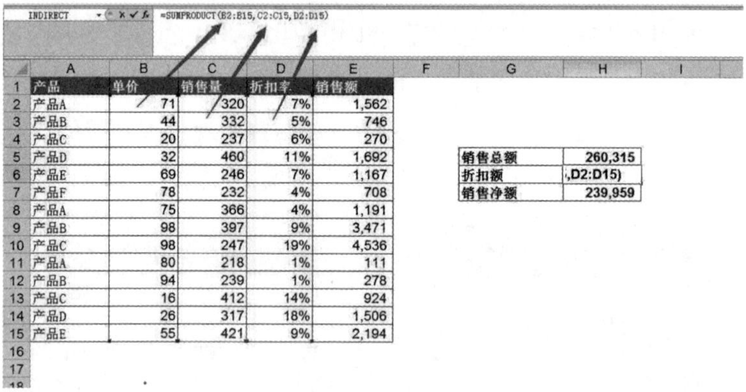
INDIRECT =SUMPRODUCT(B2:B15,C2:C15,D2:D15)

产品	单价	销售量	折扣率	销售额
产品A	71	320	7%	1,562
产品B	44	332	5%	746
产品C	20	237	6%	270
产品D	32	460	11%	1,692
产品E	69	246	7%	1,167
产品F	78	232	4%	708
产品A	75	366	4%	1,191
产品B	98	397	9%	3,471
产品C	98	247	19%	4,536
产品A	80	218	1%	111
产品B	94	239	1%	278
产品C	16	412	14%	924
产品D	26	317	18%	1,506
产品E	55	421	9%	2,194

销售总额	260,315
折扣额	,D2:D15)
销售净额	239,959

图 5－97　设置折扣额公式

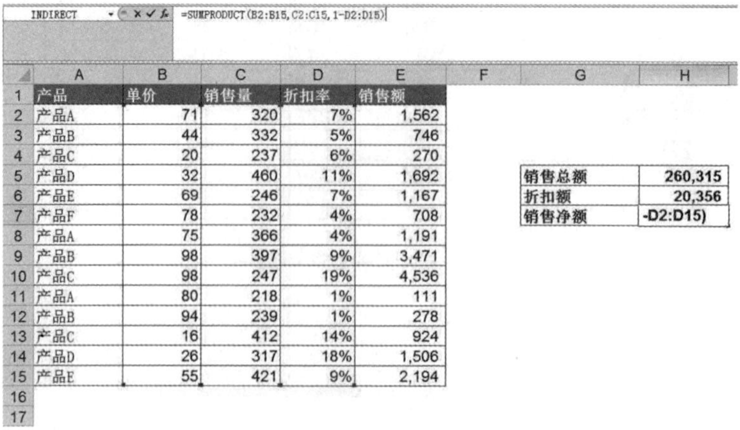
INDIRECT =SUMPRODUCT(B2:B15,C2:C15,1-D2:D15)

产品	单价	销售量	折扣率	销售额
产品A	71	320	7%	1,562
产品B	44	332	5%	746
产品C	20	237	6%	270
产品D	32	460	11%	1,692
产品E	69	246	7%	1,167
产品F	78	232	4%	708
产品A	75	366	4%	1,191
产品B	98	397	9%	3,471
产品C	98	247	19%	4,536
产品A	80	218	1%	111
产品B	94	239	1%	278
产品C	16	412	14%	924
产品D	26	317	18%	1,506
产品E	55	421	9%	2,194

销售总额	260,315
折扣额	20,356
销售净额	-D2:D15)

图 5－98　设置销售净额公式

第二，SUMPRODUCT 拓展用法：条件求和。

SUMPRODUCT 除了刚才的用法外，还有条件求和的功能，这个功能与 SUMIF 及 SUMIFS 有点类似，同样都是条件求和。但是在我看来，对于初学者，建议掌握 SUMIF 和 SUMIFS 就可以了，SUMPRODUCT 在做条件求和的时候，理解起来多少有点困难，因为理解其原理需要有点数学基础，对于数学基础不太好，看到数字就头痛的小伙伴们，简单地了解一下就可以了，以后如果有兴趣，再慢慢探索。下面我们举一个简单例子来说明一下 SUMPRODUCT 的条件求和用法。事先声明，因为该函数使用解释过程过于复杂、虐心，请患有心脏病、高血压和心理脆弱的小伙伴们对以下内容要有选择性地慎重阅读。

如图 5 - 99 所示，这是一张销售统计表，表中有几种产品 1 - 6 月份的单价和数量数据，现在要求我们计算出每种产品的 1 - 6 月份销售金额。我们在 B2 单元格输入公式"= SUMPRODUCT（（＄C＄2：＄N＄2 = "单价"）＊C3：N3，（＄D＄2：＄O＄2 = "销售量"）＊D3：O3）"，第一参数"（＄C＄2：＄N＄2 = "单价"）＊C3：N3"，我们对在编辑栏中对其按一下【F9】键，可得出计算结果为｛13，0，12，0，16，0，14，0，10，0，14，0｝，是不是有点懵了？别急。这个结果返回的是一个数组，但实际上是两个数组相乘之后的结果，即＄C＄2：＄N＄2 = "单价"返回的数组 ｛TRUE，FALSE，TRUE，FALSE，TRUE，FALSE，TRUE，FALSE，TRUE，FALSE，TRUE，FALSE｝和 C3：N3 返回的数组 ｛10，627，13，427，19，875，17，459，11，602，11，251｝。

这里的 TRUE 和 FALSE 为逻辑值，逻辑值是判断的结果，即条件成立时，结果就返回 TRUE，条件不成立，结果返回 FALSE。逻辑值参与四则运算（加减乘除）时，TRUE 会被当成 1，FALSE 被当成 0。

＄C＄2：＄N＄2 = "单价"意思是逐个对 C2、D2、E2、……N2 这些单元格内容是否为"单价"进行判断，判断的结果就是 ｛是单价，不是单价，是单价，不是单价，是单价，不是单价，是单价，不是单价，是单价，不是单价，是单价，不是单价｝，如果用逻辑值代表的数字表达则为 ｛1，0，1，0，1，0，1，0，1，0，1，0｝。而 C3：N3 产生的数组是 ｛10，627，13，427，19，875，17，459，11，602，11，251｝，这样，两个数组相乘，就形成了数组 ｛13，0，12，0，16，0，14，0，10，0，14，0｝，即所有的单价就被挑选出来了。

同样，SUMPRODUCT 的第二参数"（＄D＄2：＄O＄2 = "销售量"）＊D3：O3"

中的，＄D＄2：＄O＄2＝"销售量"返回的结果为｛TRUE，FALSE，TRUE，FALSE，TRUE，FALSE，TRUE，FALSE，TRUE，FALSE，TRUE，FALSE｝翻译成数字型表达的逻辑值则为｛1，0，1，0，1，0，1，0，1，0，1，0｝。后面的"D3：O3"产生的数组为｛230，13，738，17，730，10，566，11，596，18，252，0｝，两个数组相乘，就形成了数组｛230，0，738，0，730，0，566，0，596，0，252，0｝，即所有的销售量已被挑选出来了。

第一参数返回的单价的数组为：｛10，0，13，0，19，0，17，0，11，0，11，0｝。

第二参数返回的销售量的数组为：｛230，0，738，0，730，0，566，0，596，0，252，0｝。

这两个数组外面还有一个SUMPRODUCT函数，即对单价和销售量的两个数组内的各元素相乘后，再相加，这样就生成了销售总额。

看到这里，是不是有点头疼、脖子痛、腰疼了？其实不会这个函数也没啥太大关系，因为有句话叫殊途同归，如果没办法理解数组，那老老实实地用SUMIF解决就好了，可以实现的结果都是一样的。

产品	销售总额	1月		2月		3月		4月		5月		6月	
		单价	销售量	单价	销售量	单价	销售量	单价	销售量	单价	销售量	单价	销售量
A1	售量")*D3:O3)	11	230	20	738	15	730	10	566	19	596	11	252
A2	46,936	17	375	15	645	19	266	12	553	16	611	15	628
A3	47,960	20	649	13	443	11	963	19	344	16	437	12	425
A4	50,335	10	627	19	427	13	875	19	459	18	602	20	251
A5	58,725	10	839	19	512	20	282	12	883	19	989	18	310
A6	49,000	15	384	13	633	13	988	19	457	11	688	17	348

图5-99　用SUMPRODUCT进行条件求和

第 7 节　查找与引用函数

查找和引用函数是财务职场实务中应用最多的函数，如果你还没有用过，一种情况是公司的信息系统超级强大，可以解决工作中所有灵活多变的问题；另外一种情况就是你会面临没完没了的加班，为啥？因为如果不用这些实用的函数，估计统计数据时就只能手工复制粘贴了……

在查找和引用函数中，两个辅助函数 CLOUMN 和 ROW，他们一般会与其他函数配合使用。另外要说明的是，查找和引用函数分为初中高三个等级，分别是：

（1）基本函数：VLOOKUP。

（2）中级函数：MATCH、INDEX。

（3）高级函数：INDIRECT、OFFSET。

这三个等级需要一步一步跨越，如果你在学习完这本书以后，已经熟练地掌握了查找和引用中的高级函数，那么恭喜你！你已经成为 Excel 中级水平用户，那什么是高级水平呢？必须要掌握 VBA 编程才可以。好了，别激动，下面我们一个一个对这些函数进行攻克。

COLUMN/ROW 函数：查找辅助函数

函数语法：

COLUMN（单元格引用）/ROW（单元格引用）

具体应用：COLUMN 函数和 ROW 函数用于判断参数中单元格引用的列数和行数。例如，对 B3 单元格的列数进行判断，我们可以输入公式 "=COLUMN（B3）"，结果返回值是 2，也就是说 B3 单元格是在第 2 列。同样道理，如果我们想再判断一下 B3 单元格的行数，我们可以输入公式 "=ROW（B3）"，结果返回值是 3，也就是说 B3 单元格是在第 3 行。

这两个辅助函数会经常与其他查找函数组成嵌套函数，以完成某个统计目的。

VLOOKUP 函数：财务实战标配

函数语法：

VLOOKUP（查找值，查找区域，返回第几列，精确查找/模糊查找）

具体应用：VLOOKUP 是财务职场中使用最频繁的查找函数，没有之一。好多初入财务职场的人士，以会用 VLOOKUP 函数为最高荣誉，这充分说明了这个函数的重要性和实用性。

使用这个函数时，需要注意几个问题：

（1）在使用函数时，首先要对查找区域的数据内容进行检查，审核其是否规范，例如数据中是否有特殊字符、空格、合并单元格，数据格式是否正确等等。如果查找区域的数据错误，会导致查找失败。

（2）要查找的值必须在查找范围的第一列。

（3）查找值必须在查找区域第一列中是唯一的，如果不唯一，则默认选择第一个碰到的。比如查找小红，结果名单中有两个小红，则 VLOOKUP 会返回第一个碰到的小红。

（4）找到后返回的列数，是查找区域的列数，不是整个 Excel 表格中的列数。

（5）第四参数一般写 0，意思是精确查找，即查找的数据完全匹配。如果为 1，即模糊查找，向下找最相近的数值。

好了，现在我们通过几个小练习对 VLOOKUP 熟悉一下。

第一，VLOOKUP 基本用法。

如图 5 - 100 所示，这是一份员工信息统计表，我们想制作一份查询表格，输入员工编号后，就自动查询出其性别和籍贯。

我们先在员工信息统计表的右侧设置数据查询区域，如图 5 - 101 所示。然后在 I3 单元格输入公式"= VLOOKUP（H3，B1：E23，2，0）"用于查询性别。公式中，第一参数"H3"为我们要查询的员工编号；第二参数"B1：E23"为查找区域，注意，这里的工号是在 B 列，不是在 A 列，如果这里的查找区域输入"A1：E23"，则公式结果会返回错误；第三参数"2"的意思是返回查找区域的第二列，查找区域的第二列是 C 列即性别；第四参数为"0"即精确查找，意思是差一点都不行。公式输入好后，回车，然后在 H3 单元格中输入一个员工工号 YG008，工号为 YG008 的性别信息就被自动查询出来了，如图 5 - 102。员工籍贯查询同理，如图 5 - 103。

这里我要回答四个常见问题。

问题1：有些朋友会问，第二参数查找区域如果我们不输入"B1：E23"，而是输入"B2：E23"即不含表头标题会不会有问题？

答案是没有关系，不影响查找结果。从第几行选择数据区域没有关系，关键是从第几列开始选。

问题2：第二参数查找区域如果我们不输入"B1：E23"，而是输入"A1：E23"即查找区域从姓名列开始，而不是从工号列开始，会不会影响查找结果？

答案是一定会的，查找结果肯定会提示错误。因为要查找的值必须在查找范围的第一列，所以我们输入的查询区域也必须以查找值所在的列为第一列。

问题3：第三参数怎么会是第2列呢，明明是第3列吗？

开头我们说函数用法的时候已经提到过，第三参数的返回列数，不是整个 Excel 表格的列数，而是查找区域的列数。如果你认为是第三列，那你一定是以 A 列姓名列开始往后计算列数的，计算到性别列时，正好是第 3 列。正确的计算列数的方法应该是从查找区域的第一列即 B 列工号开始算起，计算到性别列时，是第 2 列。

问题4：第四参数什么时候输入 0，什么时候输入 1？

VLOOKUP 函数在财务职场应用中大部分的情况，第四参数输入 0。一般只有两种情况输入 1，一种情况是计算应收应付款账龄，另外一种情况是计算个人所得税累计税率，这两种情形下需要使用模糊查询。

	A	B	C	D	E
1	姓名	工号	性别	籍贯	出生年月
2	王存庭	YG001	男	广东	1970年8月
3	刘守焱	YG002	女	天津	1980年9月
4	王卫东	YG003	男	河北	1975年3月
5	杨文彬	YG004	女	河南	1985年12月
6	单堤仕	YG005	男	广东	1970年8月
7	朱希祥	YG006	女	天津	1988年9月
8	张传英	YG007	男	河北	1970年8月
9	康建波	YG008	女	河南	1980年9月
10	邹振海	YG009	男	北京	1975年3月
11	孙超	YG010	男	天津	1985年12月
12	李新侠	YG011	女	河北	1970年8月
13	武周国	YG012	男	北京	1988年9月
14	陈晓燕	YG013	女	天津	1979年3月
15	王利锋	YG014	男	天津	1983年12月

图 5-100 员工信息统计表

	A	B	C	D	E	F	G	H	I	J
1	姓名	工号	性别	籍贯	出生年月			姓名	性别	籍贯
2	王存庭	YG001	男	广东	1970年8月			刘守焱		
3	刘守焱	YG002	女	天津	1980年9月					
4	王卫东	YG003	男	河北	1975年3月					
5	杨文彬	YG004	女	河南	1985年12月					
6	单提仕	YG005	男	广东	1970年8月					
7	朱希祥	YG006	女	天津	1988年9月					
8	张传英	YG007	男	河北	1970年8月					
9	康建波	YG008	女	河南	1980年9月					
10	邹振海	YG009	男	北京	1975年3月					
11	孙超	YG010	男	天津	1985年12月					
12	李新侠	YG011	女	河北	1970年8月					
13	武周国	YG012	男	北京	1988年9月					
14	陈晓燕	YG013	女	天津	1979年3月					
15	王利锋	YG014	男	天津	1983年12月					

图 5－101　设置数据查询区域

IF　=VLOOKUP(H3,B1:E23,2,0)

	A	B	C	D	E	F	G	H	I	J
1	姓名	工号	性别	籍贯	出生年月			姓名	性别	籍贯
2	王存庭	YG001	男	广东	1970年8月			YG008	:E23,2,0)	河南
3	刘守焱	YG002	女	天津	1980年9月					
4	王卫东	YG003	男	河北	1975年3月					
5	杨文彬	YG004	女	河南	1985年12月					
6	单提仕	YG005	男	广东	1970年8月					
7	朱希祥	YG006	女	天津	1988年9月					
8	张传英	YG007	男	河北	1970年8月					
9	康建波	YG008	女	河南	1980年9月					
10	邹振海	YG009	男	北京	1975年3月					
11	孙超	YG010	男	天津	1985年12月					
12	李新侠	YG011	女	河北	1970年8月					
13	武周国	YG012	男	北京	1988年9月					
14	陈晓燕	YG013	女	天津	1979年3月					
15	王利锋	YG014	男	天津	1983年12月					
	王转梅	YG015	男	河北	1983年1月					

图 5－102　设置性别查找函数

=VLOOKUP(H3,B1:E23,3,0)

B	C	D	E	F	G	H	I	J
工号	性别	籍贯	出生年月			姓名	性别	籍贯
YG001	男	广东	1970年8月			YG008	女	1:E23,3,0)
YG002	女	天津	1980年9月					
YG003	男	河北	1975年3月					
YG004	女	河南	1985年12月					
YG005	男	广东	1970年8月					
YG006	女	天津	1988年9月					
YG007	男	河北	1970年8月					
YG008	女	河南	1980年9月					
YG009	男	北京	1975年3月					
YG010	男	天津	1985年12月					
YG011	女	河北	1970年8月					
YG012	男	北京	1988年9月					
YG013	女	天津	1979年3月					
YG014	男	天津	1983年12月					
YG015	男	河北	1983年1月					

图 5－103　设置籍贯查找函数

第二，VLOOKUP 延伸用法 1：制作简易利润表。

如图 5 - 104，我们现在有一份普通的公司利润表，现在我们要给上级做一份简易利润表，因为很多业务出身的管理者，在市场中长期摸爬滚打，养成了抓大放小的习惯，而且很多管理者对利润表的那么多项目其实并不十分了解。所以，我们提供的简易利润表只包括三个项目就可以了，即营业收入、成本费用、营业利润。

首先，我们在公司利润表的右侧设置简易利润表区域。然后，在 H4 单元格中输入公式 " = VLOOKUP（" * " &G4&" * "，$ A $ 3：$ D $ 22，3，0）"，如图 5 - 105 所示。公式中的第一参数是想查找营业收入，但是，我们的公司利润表中营业收入是写成"一、营业收入"，再看下面的营业利润是写成"二、营业利润（亏损以" - "号填列）"。

在这种情况下，我们无法直接使用 VLOOKUP 函数在利润表中查找出对应的信息，因为查找的值与查找区域的第一列值无法对应。为了能顺利找到我们想要的结果，我们可以在营业收入即 G4 单元格的前后都加上星号（" * "），这样就相当于告诉 VLOOKUP 只要公司利润表中第一列包含"营业收入"这四个字，就把它对应的信息查找出来。

第二参数是查找区域即 $ A $ 3：$ D $ 22，这里要注意的是，公司利润表第一行和第二行因为有合并单元格，所以我们不去选择，我们选择的查找区域是从真正的数据区域 A3 单元格开始选择的，选到数据区域的右下角 D22 单元格。这样函数查找时才不会发生错误。

第三参数输入 3，即返回本年累计数列。

第四参数输入 0，要求 VLOOKUP 进行精确查找。

这样营业收入的本年数就被查找出来了。

同样的方法，复制我们刚刚在 H4 单元格中输入的公式，将其粘贴到 H6 单元格，让其对营业利润进行查找，但是这里，我们需要将第一参数"" * " &G4&" * ""修改为"" * " &G6&" * ""，即将 G4 修改为 G6 单元格。这样，营业利润也被查询出来了。

最后，计算成本费用，这里的成本费用是广义的成本费用，即用营业收入减去营业利润的差额，因为从管理者的视角来看，我们财务上的营业成本、销售费用、管理费用、财务费用、税费、资产减值损失、营业外收支等都是成本费用，只是我们从财务角度对其进行了细分。在管理者的眼中，简单点讲，就是钱花出去了。所以，我们在 H5 单元格输入公式“ = H4 – H6”，计算出成本费用。

现在，简易利润表的三个项目的本年数已经求出来了？上年数你会做了吗？自己练习一下吧。

利润表

编制单位：XYZ公司　　报表时间：2017年3月　　单位：万元

项　　目	行次	本年累计数	上年累计数
一、营业收入	1	8,900	7,500
减：营业成本	2	3,200	2,800
营业税金及附加	3	834	654
销售费用	4	890	720
管理费用	5	1,200	980
其中：业务招待费	6		
财务费用	7		
资产减值损失	8		
加：公允价值变动收益（损失以"-"号填列）	9		
投资收益（损失以"-"号填列）	10		
其中：对联营企业和合营企业的投资收益	11		
二、营业利润（亏损以"-"号填列）	12	2,776	2,346
加：营业外收入	13		
减：营业外支出	18		
三、利润总额（亏损总额以"-"号填列）	22	2,776	2,346
减：所得税费用	23		
四、净利润（净亏损以"-"号填列）	24	2,776	2,346
减：少数股东损益	25		
五、归属于母公司所有者的净利润	26	2,776	2,346

图 5 – 104　公司利润表

IF　=VLOOKUP("*"&G4&"*",$A$3:$D$22,3,0)

利润表

编制单位：XYZ公司　　报表时间：2017年3月　　单位：万元

项　　目	行次	本年累计数	上年累计数
一、营业收入	1	8,900	7,500
减：营业成本	2	3,200	2,800
营业税金及附加	3	834	654
销售费用	4	890	720
管理费用	5	1,200	980
其中：业务招待费	6		
财务费用	7		
资产减值损失	8		
加：公允价值变动收益（损失以"-"号填列）	9		
投资收益（损失以"-"号填列）	10		
其中：对联营企业和合营企业的投资收益	11		
二、营业利润（亏损以"-"号填列）	12	2,776	2,346
加：营业外收入	13		
减：营业外支出	18		
三、利润总额（亏损总额以"-"号填列）	22	2,776	2,346
减：所得税费用	23		
四、净利润（净亏损以"-"号填列）	24	2,776	2,346
减：少数股东损益	25		
五、归属于母公司所有者的净利润	26	2,776	2,346

简易利润表

项目	本年数
营业收入	3:$D$22,3,0)
成本费用	6,124
营业利润	2,776

图 5 – 105　设置营业收入查找公式

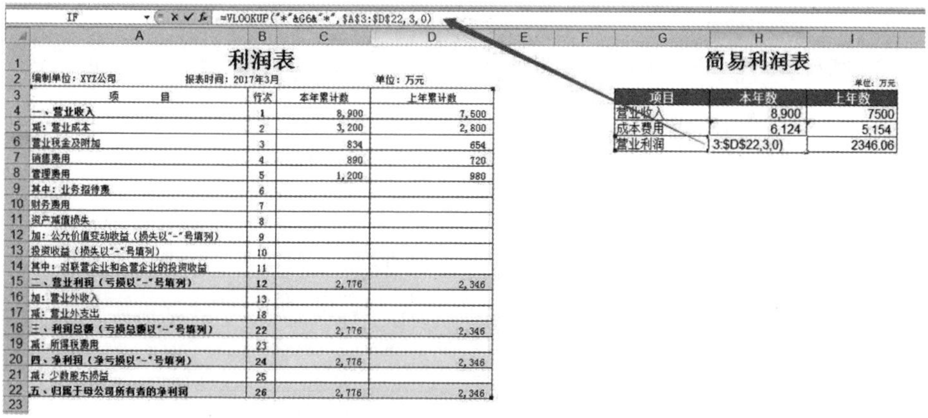

图 5 - 106　设置营业利润查找公式

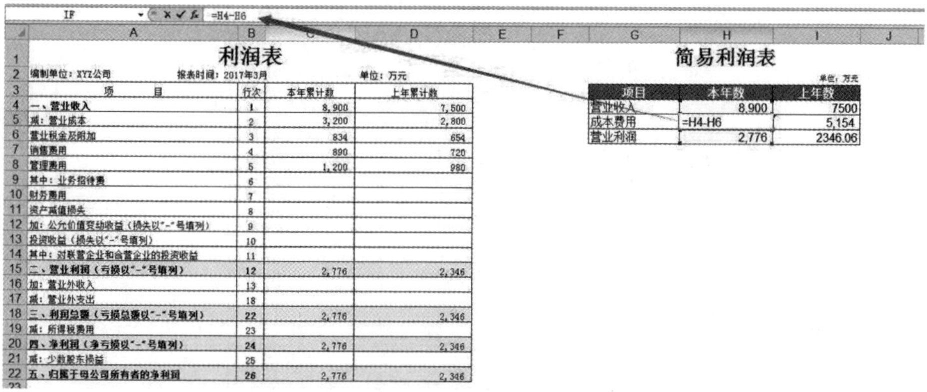

图 5 - 107　设置成本费用公式

第三，VLOOKUP 延伸用法 2：两个并列条件查找。

刚才我们练习的都是一个单条件的查找，VLOOKUP 能不能实现同时满足两个条件的数据查找呢？答案是可以的。但是需要设置辅助列，帮助其识别条件。

如图 5 - 108 所示，这是一张货品供应商的供货记录表，里面记载了给各个超市供应的货品名称和供货金额。现在我们要制作一张查询报表，按照货品和客户同时进行查找，因为这里我们有很多个客户，也有很多种货，有的货品同时供应了好几家超市，也有一家超市同时接受好几种货品的情况，所以我们要设计一张能够按照指定货品和客户查找的查询表格，以更好地核对和收回货款。

首先，如图 5 - 109 所示，我们要在 A 列插入一列，其名称为辅助列，在 A3 单元格输入公式 " = B3&C3"，将货品和客户两个字段连接起来。公式输入完毕，回车，双击 A3 单元格右下角，将公式覆盖至底。这样我们的辅助列就做好了。

在供货记录表的右侧空白区域，设置查询报表区，查询报表供货记录表一样，也要在最左侧列设置一个辅助列，要查询的货品和客户两个内容连接起来，与如图 5－109。然后在 J4 单元格输入查询公式“＝VLOOKUP（G4，A3：D17，4，0）”，这样同时满足货品和客户两个并列条件的查询就做好了。

有的时候，公式往往不能一下就满足我们的需求，在财务实务中，要多动脑筋，辅助列就是一个很好的方式，虽然走的是曲折路线，但可以避免设置过于复杂的公式，简单高效地解决问题。

供货记录

货品	客户	货款金额
货品5	沃尔玛	2,061
货品8	新玛特	2,069
货品10	必胜客	2,559
货品4	好利来	2,397
货品5	沃尔玛	1,178
货品6	新玛特	1,040
货品7	沃尔玛	2,614
货品4	新玛特	2,990
货品5	沃尔玛	1,614
货品6	新玛特	2,395
货品7	沃尔玛	1,743
货品10	新玛特	1,818
货品4	必胜客	1,102
货品5	好利来	1,565
货品6	沃尔玛	2,935

图 5－108 供货记录表

IF =VLOOKUP(G4,A3:D17,4,0)

供货记录

辅助列	货品	客户	货款金额
货品5沃尔玛	货品5	沃尔玛	2,061
货品8新玛特	货品8	新玛特	2,069
货品10必胜客	货品10	必胜客	2,559
货品4好利来	货品4	好利来	2,397
货品5沃尔玛	货品5	沃尔玛	1,178
货品6新玛特	货品6	新玛特	1,040
货品7沃尔玛	货品7	沃尔玛	2,614
货品4新玛特	货品4	新玛特	2,990
货品5沃尔玛	货品5	沃尔玛	1,614
货品6新玛特	货品6	新玛特	2,395
货品7沃尔玛	货品7	沃尔玛	1,743
货品10新玛特	货品10	新玛特	1,818
货品4必胜客	货品4	必胜客	1,102
货品5好利来	货品5	好利来	1,565
货品6沃尔玛	货品6	沃尔玛	2,935

辅助列	货品	客户	货款金额
货品7沃尔玛	货品7	沃尔玛	D17,4,0)

图 5－109 在 A 列设置辅助列，并设置查找公式

第四，VLOOKUP 延伸用法 3：个人所得税计算。

下面我们要学习一下 VLOOKUP 的模糊查询功能，也就是 VLOOKUP 的第四个参数输入 1。前面，我们已经说过，VLOOKUP 的模糊查询功能一般限于应收应付账龄的计算和个人所得税的计算。现在，我们看看 VLOOKUP 的模糊查询功能怎样帮助我们快速计算个人所得税。

如图 5 - 110 所示，这是一张个人所得税税率表，其中 B 列为应纳税所得额的每个税率区间的下限，这个下限已经按照升序进行了排列。

首先，我们要在个人所得税税率表的下方空白区域制作一个个人所得税计算表，这个计算表有员工姓名、工号和应纳税所得额。然后，我们在 D13 单元格输入公式，计算第一个员工的个人所得税税率，公式为 " = VLOOKUP（C13 - 0.01，$B$3：$E$9，3，1）"，公式的意思是在个人所得税税率表 $B$3：$E$9 区域，查找一个员工的应税所得，找到后返回第三列即税率，第四参数为 1 即模糊查找。

模糊查找的意思还没有理解？我举个例子你就明白了。比如，一个员工的应税所得是 6000，在个人所得税税率表的 B 列中，是没有正好的 6000 的，但是 6000 是介于 4500 和 9000 之间。所以 VLOOKUP 在进行模糊搜索的时候，它会找到最接近，但是比它小的那个数，在 4500 和 9000 的区间中，VLOOKUP 查找 6000 时，会找到比它小的 4500，也就找到了对应的税率 20%，我可以再看一下，这个 20% 税率的应纳税所得额的上下限为 4500 - 9000，说明 VLOOKUP 查找的税率正确。

但是，还有一个问题，万一要是查找的应纳税所得额正好等于上限或者下限金额怎么办？比如，我们刚刚查找的第一个员工的应纳税所得额正好是 4500，让 VLOOKUP 正常进行模糊查找，它会将 4500 对应到 20% 的税率，但是，我们查一下个人所得税税率表可知，4500 应该对应的税率是 10%。这种情况怎么处理呢？我们可以在要查找的应纳税所得额后面减去 0.01，这样，4500 就变成了 4499.99，用 VLOOKP 模糊查找到小于并最近接近数是 1500，对应的税率是 10%。减去 0.01 并不影响任何计算，但是却解决了临界值的问题。这就是第一参数为什么要减去 0.01 的原因。

接着，我们计算速算扣除数，在 E13 单元格中输入公式 " = VLOOKUP（C13 - 0.01，$B$3：$E$9，4，1）"，在个人所得税税率表中查找速算扣除数，道理跟前面一样，此处不再赘述。

最后，在 F13 单元格输入公司" = C13 * D13 – E13"，计算出员工应缴纳的个人所得税。

图 5 – 110　个人所得税税率表

图 5 – 111　输入公式计算税率

| IF | ▼ (✗ ✔ fx | =VLOOKUP(C13-0.01,$B$3:$E$9,4,1) |

	A	B	C	D	E	F	G
			个人所得税税率表				
1							
2	级数	应税所得超过	且不超过	税率	速算扣除数		
3	1		1500	3%	0		
4	2	1500	4500	10%	105		
5	3	4500	9000	20%	555		
6	4	9000	35000	25%	1005		
7	5	35000	55000	30%	2755		
8	6	55000	80000	35%	5505		
9	7	80000		45%	13505		
10							
11							
12	姓名	工号	应税所得	税率	速算扣除数	个人所得税	
13	王存庭	YG001	4,500	10%	$E$9,4,1)	345	
14	刘守焱	YG002	6,833	20%	555	812	
15	王卫东	YG003	40,000	30%	2755	9,245	
16	杨文彬	YG004	5,090	20%	555	463	
17	单提仕	YG005	35,000	25%	1005	7,745	
18	朱希祥	YG006	5,343	20%	555	514	
19	张传英	YG007	12,528	25%	1005	2,127	
20	康建波	YG008	15,330	25%	1005	2,828	
21	邹振海	YG009	8,868	20%	555	1,219	
22	孙超	YG010	10,412	25%	1005	1,598	
23							

图 5 – 112　输入公式计算速算扣除数

| IF | ▼ (✗ ✔ fx | =C13*D13-E13 |

	A	B	C	D	E	F	G
			个人所得税税率表				
1							
2	级数	应税所得超过	且不超过	税率	速算扣除数		
3	1		1500	3%	0		
4	2	1500	4500	10%	105		
5	3	4500	9000	20%	555		
6	4	9000	35000	25%	1005		
7	5	35000	55000	30%	2755		
8	6	55000	80000	35%	5505		
9	7	80000		45%	13505		
10							
11							
12	姓名	工号	应税所得	税率	速算扣除数	个人所得税	
13	王存庭	YG001	4,500	10%	105	=C13*D13-E13	
14	刘守焱	YG002	6,833	20%	555	812	
15	王卫东	YG003	40,000	30%	2755	9,245	
16	杨文彬	YG004	5,090	20%	555	463	
17	单提仕	YG005	35,000	25%	1005	7,745	
18	朱希祥	YG006	5,343	20%	555	514	
19	张传英	YG007	12,528	25%	1005	2,127	
20	康建波	YG008	15,330	25%	1005	2,828	
21	邹振海	YG009	8,868	20%	555	1,219	
22	孙超	YG010	10,412	25%	1005	1,598	
23							

图 5 – 113　输入公式计算个人所得税

MATCH 函数：百搭精品

函数语法：

MATCH（查找值，查找区域，0/1/－1）

具体应用：MATCH 与 COLUMN/ROW 函数一样，也是查找函数中的辅助函数，一般与其他查找函数联合使用。它的作用是查找一个数据在某一行或一列的位置。例如，MATCH（A2，A1：A10，0）的意思是查找 A2 单元格在 A 列中的行号，这个公式会返回结果 2，也就是 A2 在 A 列中是第 2 行。

MATCH 在使用时有两个注意事项：

（1）函数中的第二参数查找区域，只能是一行或者一列，如果你选择了一个行列区域，那么函数会返回错误值。

（2）函数的第三参数有三个选择：0、－1 和 1。选择 0，则 MATCH 会进行精确查找；选择－1，则查找大于或等于查找值的最小数值在查找区域中的位置，注意，这时的查找区域必须事先按降序排列；选择 1，则查找小于或等于查找值的最大数值在查找区域中的位置，注意，这时的查找区域必须事先按升序排列。在财务职场中，我们 90% 的场景都是将第三参数设为 0。

第一，MATCH 单独用法：查找部门位置。

如图 5－114 所示，这是一张部门基础信息表，我们的任务是查找指定部门在这张表中的行号。首先，在部门基础信息表的右侧设置查询表格。接着，我们在 F4 单元格中输入查询公式"＝MATCH（E4，B2：B10，0）"，如图 5－115，公式的第一参数 E4，是我们要查找的值"研发部"；第二参数 B2：B10，是部门基础信息表的除

	A	B
1	序号	部门
2	1	采购部
3	2	销售部
4	3	财务部
5	4	人力资源部
6	5	研发部
7	6	市场部
8	7	策划部
9	8	企划部
10	9	基建部

图 5－114 部门基础信息表

了第一行标题行以外的部门列区域；第三参数0，代表精确查找。

这个公式返回的结果为5，意味着刚才查找的研发部在部门基础信息表部门列的第5行。

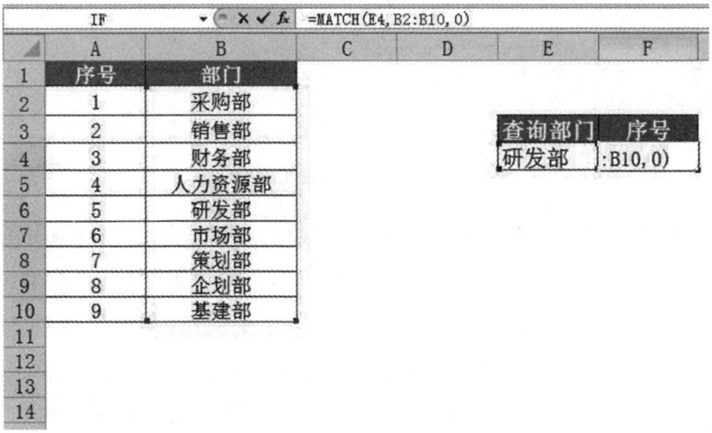

图5 - 115   输入公式对指定部门进行查询

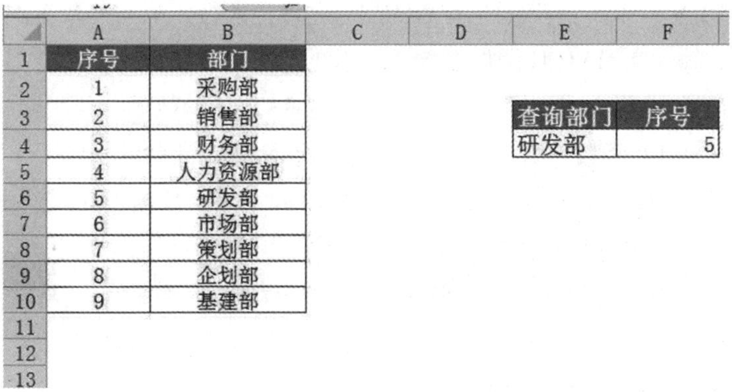

图5 - 116   查询结果

第二，MATCH联合用法：制作门店业绩查询表。

MATCH函数单独使用的情况是比较少的，因为它返回的结果是一个数字，简单讲就是一个查行数或列数的工具，必须与其他函数联用，才能发挥出其强大的潜在功能，现在我们举一个MATCH和VLOOKUP联合使用，制作门店业绩查询表的案例。

如图5 - 117所示，我们有一张门店效益情况表，现在需要制作一张可以按照门店查询各月销售业绩的查询表。

首先，我们在门店效益情况表右侧空白区域设置门店动态查询报表，如图5 - 118所示。接着，我们在门店动态查询报表中的P3单元格插入VLOOKUP公式，第

	A	B	C	D	E	F	G	H	I	J	K	L
1						2017年各门店效益情况						
2	月份	门店1	门店2	门店3	门店4	门店5	门店6	门店7	门店8	门店9	门店10	合计
3	2017年1月	520,681	484,851	362,094	84,095	197,879	703,678	118,581	722,404	42,750	345,776	3,582,789
4	2017年2月	644,018	606,828	167,971	673,474	456,249	278,840	460,951	603,433	477,159	540,094	4,909,017
5	2017年3月	622,505	186,311	568,735	552,044	449,513	388,599	73,631	700,798	326,472	326,496	4,195,104
6	2017年4月	47,257	311,823	438,564	86,279	680,910	453,698	363,196	490,471	233,829	517,913	3,623,940
7	2017年5月	712,707	508,270	55,596	478,953	170,739	689,205	223,078	73,359	532,836	416,120	3,860,863
8	2017年6月	501,888	539,737	494,078	119,492	510,123	487,338	440,303	654,178	358,529	109,499	4,215,165
9	2017年7月	641,297	735,854	698,040	555,053	56,703	766,916	167,482	425,132	87,313	150,559	4,284,349
10	2017年8月	678,196	489,223	265,746	20,056	103,618	164,684	260,498	417,140	344,243	356,618	3,100,022
11	2017年9月	780,806	329,152	150,941	348,418	192,050	481,649	527,567	252,534	784,591	768,818	4,616,526
12	2017年10月	166,994	270,165	323,195	586,320	249,885	200,779	775,049	584,584	588,869	227,950	3,973,790
13	2017年11月	170,540	92,308	771,482	294,109	483,233	320,513	677,939	608,520	570,176	131,212	4,119,561
14	2017年12月	285,407	195,961	191,562	219,500	608,488	791,641	161,691	340,028	300,103	620,660	3,715,041
15	合计	5,771,825	4,750,483	4,488,004	4,017,793	4,159,390	5,727,540	4,249,966	5,872,581	4,646,870	4,511,715	48,196,167

图 5 - 117　门店效益情况表

一参数输入"O4"即查询 2017 年 1 月数据；第二参数输入"＄A＄3：＄L＄15"，即数据查询区域为门店效益情况表的数据区域；第三参数需要插入 MATCH 函数，用 MATCH 查找要查询的门店在"＄A＄3：＄L＄15"单元格的列数，我们在第三参数位置点击一下鼠标，然后选中【名称框】，在【名称框】中选择【其他函数】，如图 5 - 119 所示，然后搜索 MTACH 函数，点击确定，进入 MATCH 函数对话框界面，MATCH 函数的第一参数为＄P＄2，即要查找门店的单元格位置，第二参数输入"＄A＄2：＄L＄2"即门店效益情况表的门店名称标题行，第三参数输入 0，即精确查找；注意，输入完 MATCH 函数参数后，不要直接点击确定，否则会漏下 VLOOK-UP 的第四参数，结果会产生错误！这里输入完 MATCH 参数后，要用鼠标点击一下编辑栏中 VLOOKUP 函数的第二参数位置，这样，函数对话框就回到了 VLOOKUP 函数界面，如图 5 - 122 所示，最后，对 VLOOKUP 的第四参数输入 0。然后双击 P3 单元格右下角，将公式覆盖至底部。

这样，我们的门店动态查询报表就完成了，如果要查询某个门店的信息，只要在 P2 单元格选择不同的门店，查询报表就会自动产生对应门店的各月销售数据，配上图形效果更加直观，如图 5 - 123。

这个案例中，我们联合使用了 MATCH 和 VLOOKUP 两个函数，解决了动态查询的问题。MATCH 解决了查询部门所在列的问题，VLOOKUP 解决了查找对应月份数据的问题。这里需要注意的是 MATCH 选择的数据区域和 VLOOKUP 选择的数据区域，两个数据区域的开始列和结束列必须一致，即 VLOOKUP 如果从 A 列开始 L 列结束，MATCH 也必须从 A 列开始 L 列结束，否则会造成数据查询错误。

另外，在使用嵌套函数时，我们尽量用刚才介绍的名称框输入方式，尤其是对于初学者，这样可以保证输入的函数参数正确。如果你刚才已经在名称框中使用了 MATCH，你会发现你的名称框中已经有记录了，下次再用时，直接选择 MATCH 就行，不用在【其他函数】中搜索使用了。

	门店4	门店5	门店6	门店7	门店8	门店9	门店10	合计			门店动态查询报表
	84,095	197,879	703,678	118,581	722,404	42,750	345,776	3,582,789		选择门店:	门店8
	673,474	456,249	278,840	460,951	603,433	477,159	540,094	4,909,017		2017年1月	
	552,044	449,513	388,599	73,631	700,798	326,472	326,496	4,195,104		2017年2月	
	86,279	680,910	453,698	363,196	490,471	233,829	517,913	3,623,940		2017年3月	
	478,953	170,739	689,205	223,078	73,359	532,836	416,120	3,860,863		2017年4月	
	119,492	510,123	487,338	440,303	654,178	358,529	109,499	4,215,165		2017年5月	
	555,053	56,703	766,916	167,482	425,132	87,313	150,559	4,284,349		2017年6月	
	20,056	103,618	164,684	260,498	417,140	344,243	356,618	3,100,022		2017年7月	
	348,418	192,050	481,649	527,567	252,534	784,591	768,818	4,616,526		2017年8月	
	586,320	249,885	200,779	775,049	584,584	588,869	227,950	3,973,790		2017年9月	
	294,109	483,233	320,513	677,939	608,520	570,176	131,212	4,119,561		2017年10月	
	219,500	608,488	791,641	161,691	340,028	300,103	620,660	3,715,041		2017年11月	
	4,017,793	4,159,390	5,727,540	4,249,966	5,872,581	4,646,870	4,511,715	48,196,167		2017年12月	

图 5-118　在右侧空白区域设置门店动态查询报表

图 5-119　在 VLOOKUP 第三参数插入嵌套公式

图 5-120　插入 MATCH 函数

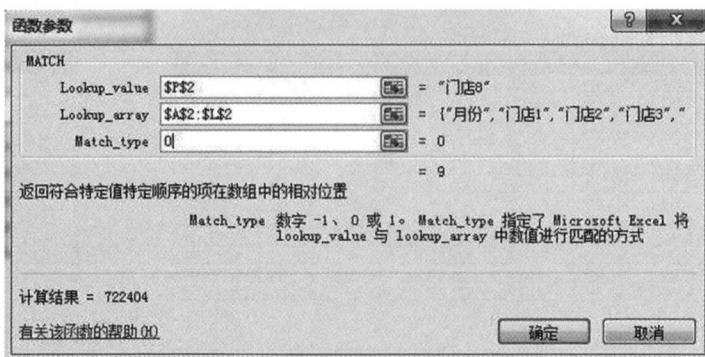

图 5 – 121　设置 MATCH 函数参数

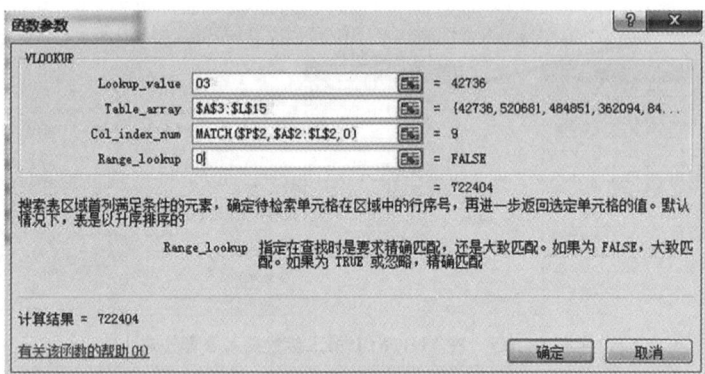

图 5 – 122　VLOOKUP 函数参数设置好了

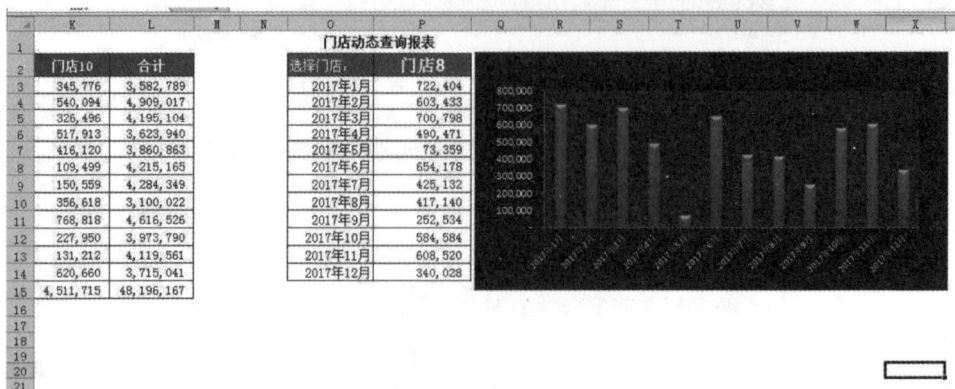

图 5 – 123　门店动态查询报表最终效果

INDEX 函数：数据定位提取

函数语法：

INDEX（查找区域，行数，列数）

具体应用：INDEX 函数已经是财务职场查找函数中的中级函数了，掌握这个函数，你将能解决更多工作中的查找引用问题。使用 INDEX 有点像投炸弹，想用炸弹炸什么，你只需要告诉炸弹经度和维度的编号就行了。INDEX 在查找数据时，你需要先给它一个数据范围，然后告诉它这个数据是在数据范围的第几行和第几列，它就会把这个指定数据抓取出来了。

INDEX 与 VLOOKUP 函数的区别：

（1）INDEX 要查找的值，无需在查找区域的第一列；VLOOKUP 要查找的值必须在查找区域的第一列；

（2）INDEX 既可以按照行查找，也可以按照列查找，有点像十字定位，根据行数和列数坐标直接找到数据；VLOOKUP 只能按照行查找，即在查找区域的第一列中，找到查找值对应的行，再返回指定列中的数据。

第一，INDEX 单独用法1：从单行/列中提取指定位置的值。

如图5-124 所示，我们有一份产品销售统计表，现在，我们想在3月份这列中，查找产品5 的销售额，我们可以输入公式" = INDEX（D2：D11，5）"，第一参数为"D2：D11"意思是查找的范围在3月份这列，第二参数为"5"，是告诉 INDEX，我们要找的产品5 在查找区域的第5 行。公式返回的结果值为4010，即3月份产品5 的销售额为4010。

这里我们使用了 INDEX 在单列中提取指定行数据的方法，INDEX 的第三参数列数，我们并没有输入，我们要查找的数据区域就是3月份这列，所以第三参数省略就可以了。

	A	B	C	D	E	F	G
1		1月	2月	3月	4月	5月	6月
2	产品1	18, 265	4, 631	12, 547	3, 205	4, 235	12, 840
3	产品2	18, 198	12, 178	8, 004	17, 277	18, 375	19, 952
4	产品3	12, 624	4, 546	1, 075	19, 565	4, 992	1, 934
5	产品4	6, 760	2, 834	15, 479	11, 562	13, 275	12, 694
6	产品5	19, 348	17, 764	4, 010	4, 831	14, 308	16, 080
7	产品6	1, 033	15, 971	15, 863	10, 111	14, 623	17, 796
8	产品7	7, 431	19, 572	1, 204	18, 472	14, 557	11, 244
9	产品8	11, 326	1, 145	8, 355	8, 633	5, 067	11, 639
10	产品9	5, 021	3, 859	4, 242	16, 655	17, 758	4, 918
11	产品10	10, 140	15, 051	7, 031	4, 321	2, 049	10, 243

图 5－124　产品销售统计表

第二，INDEX 单独用法 2：从多行多列区域中提取指定位置的值。

这次，我们还是用上个案例的产品销售统计表进行练习。我们还是查找产品 5 的 3 月份销售额，但是这次，我们不在 3 月份这列中提取数据了，而是要在产品销售统计表整个数据区域（B2：G11）提取数据，这次，我们必须要告诉 INDEX，查找数据是在这个区域的第几行和第几列。经过我们的火眼金睛查数，我们知道，产品 5 是在查询数据区域的第 5 行，3 月在第 3 列。

于是，在 J5 单元格输入公式"＝INDEX（B2：G11，5，3）"，公式中第一参数为查询数据区域，第二参数为第 5 行，第三参数为第 3 列。公式的结果返回 4010，正好是我们要的产品 5 的 3 月份销售额。

这个时候，肯定有人会说，这个函数也不好用啊！如果要查找数据，那我每次不都得自己查行数和列数，要是数据区域有上百行和几十列，那我查询个数据不得累个半死……别急，我们这里只是讲解一下 INDEX 的查找原理，下面我们讲解一下 INDEX 如何与 MATCH 联用，实现多条件查询数据。

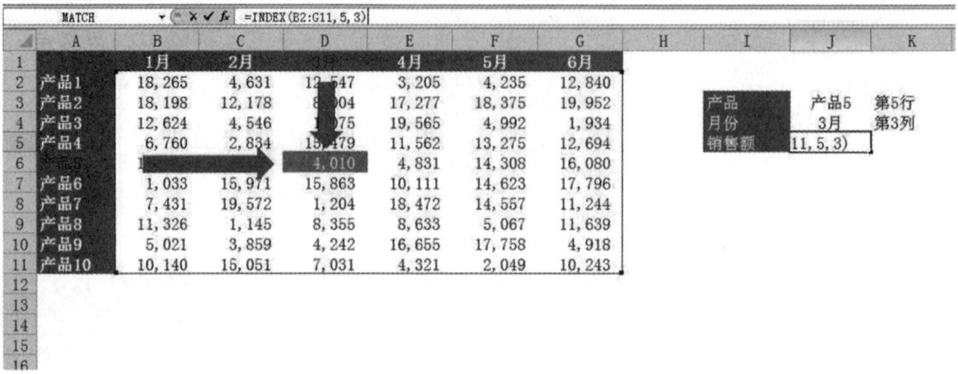

	A	B	C	D	E	F	G	H	I	J	K
1		1月	2月	3月	4月	5月	6月				
2	产品1	18, 265	4, 631	12 547	3, 205	4, 235	12, 840				
3	产品2	18, 198	12, 178	8 04	17, 277	18, 375	19, 952		产品	产品5	第5行
4	产品3	12, 624	4, 546	1 75	19, 565	4, 992	1, 934		月份	3月	第3列
5	产品4	6, 760	2, 834	15 479	11, 562	13, 275	12, 694		销售额	11, 5, 3)	
6	产品5	1		4, 010	4, 831	14, 308	16, 080				
7	产品6	1, 033	15, 971	15, 863	10, 111	14, 623	17, 796				
8	产品7	7, 431	19, 572	1, 204	18, 472	14, 557	11, 244				
9	产品8	11, 326	1, 145	8, 355	8, 633	5, 067	11, 639				
10	产品9	5, 021	3, 859	4, 242	16, 655	17, 758	4, 918				
11	产品10	10, 140	15, 051	7, 031	4, 321	2, 049	10, 243				

图 5－125　按照指定行数和列数提取数据

第三，INDEX 联合用法 1：查找指定产品和月份的销售额。

接着上面的案例，这次我们用聪明一点的方法查找产品 5 的 3 月份销售额，这次，我们在 J3 单元格查找一下产品 5 所在的行数，输入公式 "= MATCH（"产品5"，A2：A11，0）"，公式返回结果为 5，即产品 5 在查找区域的第 5 行；然后，我们在 J4 单元格查找一下 3 月份所在列数，输入公式 "= MATCH（"3 月"，B1：G1，0）"，公式返回结果为 3，即 3 月份在查找区域的第 3 列；最后，我们在 J5 单元格利用刚才的行列结果查找销售额，输入公式 "= INDEX（B2：G11，J3，J4）"，第一参数 B2：G11 为查询数据区域，第二参数和第三参数分别刚才计算出的 5 和 3，即第 5 行，第 3 列。公式返回的结果为 4010，查找成功。

有了 MATCH 函数的加入，INDEX 的使用就方便多了，先用 MATCH 判断出要查找的行数和列数，再用 INDEX 将 MATCH 查询出的结果进行引用，这个方法与 VLOOKUP 和 MATCH 联合查找有异曲同工之妙。

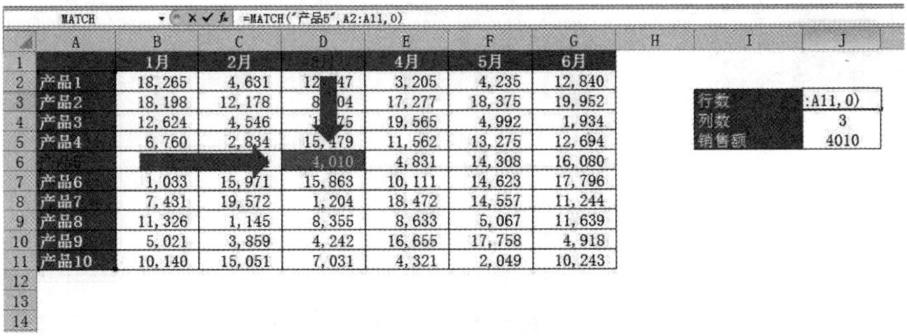

图 5 – 126　用 MATCH 函数查找行数

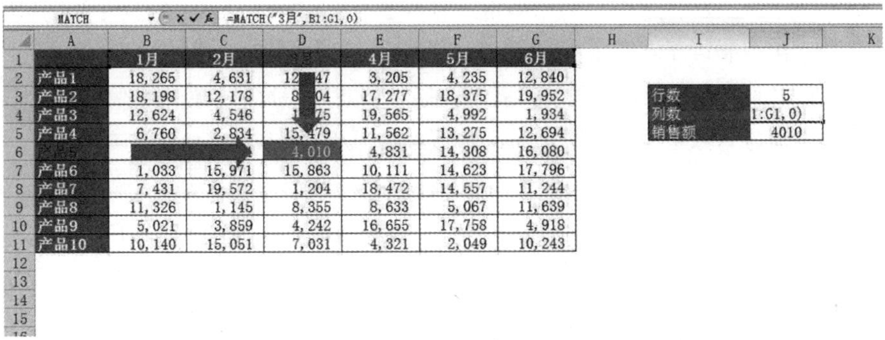

图 5 – 127　用 MATCH 函数查找列数

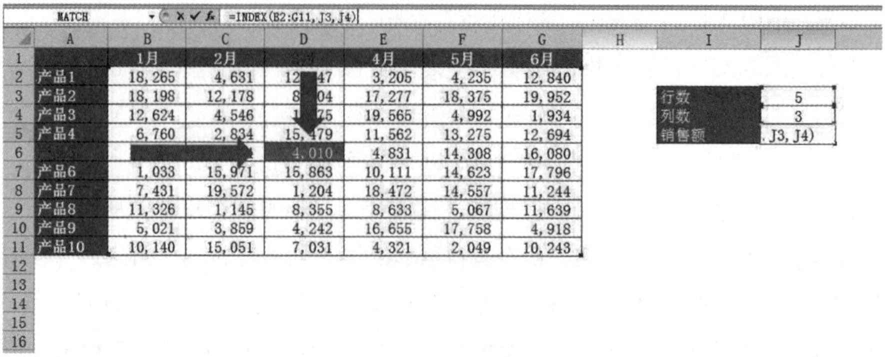

图 5-128　用 INDEX 函数查找指定销售额

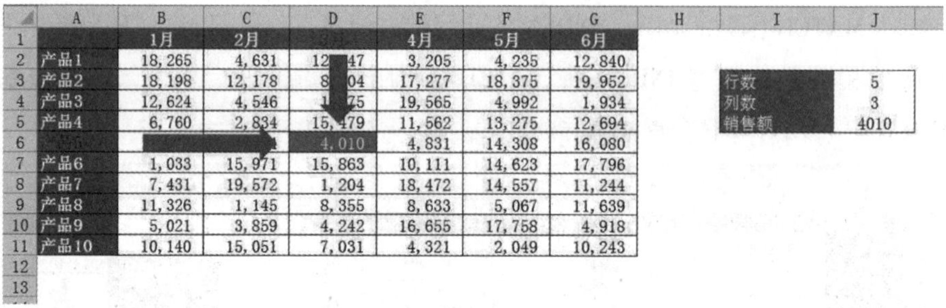

图 5-129　最终效果

第四，INDEX 联合用法 2：提取最新报价信息。

在批发零售业，最重要的一项数据莫过于零售单价，单价如果查询错误，就会影响给供应商的报价，报价高了，可能失去客户，报价低了，会给自己造成经济损失，如何能够设计一张每天更新的报价信息表呢？现在我们就来练习一下。

我们手里有一张发货单价表，这张表格每天都有更新，数据区域的最后一行就是最后一次更新的记录，也就是最新的发货单价，但是这种表格可能很长，少则几十行，多则几百行。那么，怎样用 INDEX 快速查询出最新发货单价呢？

首先，在发货单价表右侧空白区域设置查询表格，如图 5-131 所示，然后在 E6 单元格输入公式 " = INDEX（B：B，COUNTA（B：B））"，这个公式第一参数是 B 列，也就是发货单价整理的数据，第二参数 "COUNTA（B：B）"，意思是查找 B 列非空单元格的个数，结果返回值是 20，我们看下发货单价表的第 20 行，正好是最新的发货单价行。最后，整个公式返回值为 17，也就是我们最新的发货单价已经被查询出来了。这里的 COUNTA 用于统计非空单元格个数，与 INDEX 联合使用查询最新信息，效果非常好。

	A	B
1	日期	发货单价
2	2017年11月1日	11
3	2017年11月2日	15
4	2017年11月3日	18
5	2017年11月4日	11
6	2017年11月5日	13
7	2017年11月6日	18
8	2017年11月7日	11
9	2017年11月8日	13
10	2017年11月9日	20
11	2017年11月10日	10
12	2017年11月11日	10
13	2017年11月12日	18
14	2017年11月13日	11
15	2017年11月14日	18
16	2017年11月15日	20
17	2017年11月16日	18
18	2017年11月17日	19
19	2017年11月18日	17
20	2017年11月19日	17
21		
22		

图 5－130　发货单价表

MATCH　=INDEX(B:B,COUNTA(B:B))

	A	B	C	D	E	F
1	日期	发货单价				
2	2017年11月1日	11				
3	2017年11月2日	15				
4	2017年11月3日	18			最新单价	
5	2017年11月4日	11			(B:B))	
6	2017年11月5日	13				
7	2017年11月6日	18				
8	2017年11月7日	11				
9	2017年11月8日	13				
10	2017年11月9日	20				
11	2017年11月10日	10				
12	2017年11月11日	10				
13	2017年11月12日	18				
14	2017年11月13日	11				
15	2017年11月14日	18				
16	2017年11月15日	20				
17	2017年11月16日	18				
18	2017年11月17日	19				
19	2017年11月18日	17				
20	2017年11月19日	17				
21						
22						

图 5－131　设置公式查找最新单价

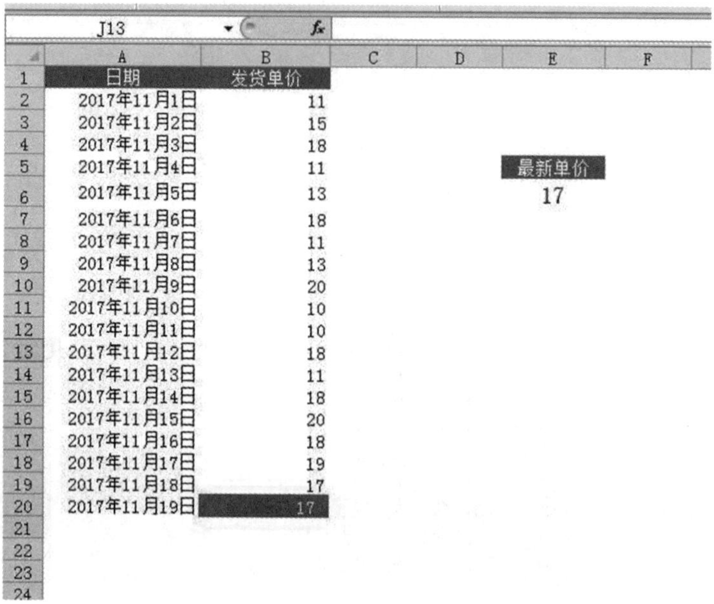

日期	发货单价
2017年11月1日	11
2017年11月2日	15
2017年11月3日	18
2017年11月4日	11
2017年11月5日	13
2017年11月6日	18
2017年11月7日	11
2017年11月8日	13
2017年11月9日	20
2017年11月10日	10
2017年11月11日	10
2017年11月12日	18
2017年11月13日	11
2017年11月14日	18
2017年11月15日	20
2017年11月16日	18
2017年11月17日	19
2017年11月18日	17
2017年11月19日	17

图 5－132　最新单价已被查询出

INDIRECT 函数：跨表数据提取

函数语法：

INDIRECT（“[工作簿名 . xls] 工作表表名！单元格地址”）

具体应用：INDIRECT 用于返回并显示指定引用的内容，它可以引用其他工作簿的名称、工作表名称和单元格引用，算是财务职场常用函数中的高级查找引用函数了。很多财务职场人士都没怎么接触过这个函数，其实，这个函数非常地有用，将 INDIRECT 与 SUM、SUMIIF、SUMIIFS、SUMPRODUCT 等汇总函数联合使用，可以实现一个工作表内多个区域汇总、一个工作簿内的多表汇总、多个工作簿的多表汇总等，与 VLOOKUP、MATCH、INDEX 等查找引用函数联合使用，可以制作多种财务职场中常见的自动化分析模板。

使用这个函数时需要注意两个问题：

（1）INDIRECT（“[工作簿名 . xls] 工作表表名！单元格地址”）中的参数，是可以简化的。如果只是在一个工作簿中提取数据，则可以省略工作簿名，省略后为 INDIRECT（“工作表表名！单元格地址”）；如果只是在一张表上提取数据，则可以省略工作表名，省略后为 INDIRECT（“单元格地址”）。

（2）如果是对另一个工作簿的引用（外部引用），则那个工作簿必须被打开。如果源工作簿没有打开，函数 INDIRECT 返回错误值#REF！也就是说，当你想做几个工作簿的数据汇总时，要保证几个工作簿是在打开的状态，才可以保证数据的顺利提取和汇总。

第一，INDIRECT 的两种引用方式。

INDIRECT 对单元格的引用方式有两种：

第一种引用方法是直接输入 INDIRECT（"单元格地址"），这个单元格地址是带双引号的，这种情况下 INDIRECT 把这个单元格地址中的内容提取出来。例如，在 A1 单元格中，输入内容为"资产负债表"这几个字，我们输入公式" = INDIRECT（"A1"）"，公式结果为"资产负债表"，也就是说，INDIRECT 将 A1 单元格的内容提取出来作为公式的结果了。

第二种引用方法是输入 INDIRECT（单元格地址），这个单元格地址是不带双引号的，这种情况下 INDIRECT 会把单元格内地址引用的单元格的内容提取出来。说起来有点绕，让我们举个例子，有图有真相。如图 5 - 133 所示，这张表中，A1 单元格已经输入了"资产负债表"几个字，C1 单元格输入的内容是 A1，接下来，我们在 E1 单元格输入" = INDIRECT（C1）"，注意这里的 C1 没有带双引号。然后回车查看结果，如图 5 - 134 所示，刚才输入的公式将 C1 单元格内的地址引用 A1 中的内容"资产负债表"提取出来了。

费了半天劲，终于把两种引用说明白了，通过两种引用的比较，我只想告诉你一个事情，就是：千万别忘记你要引用单元格内的数据时，记得加双引号！要不有可能会把错误的数据提取出来。一定要记得加双引号！

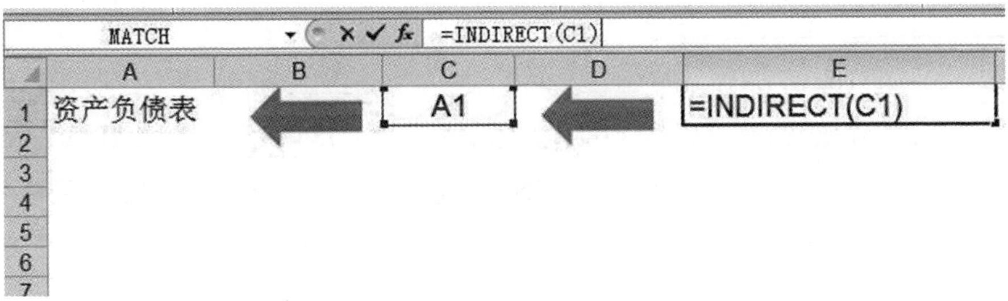

图 5 - 133 输入公式" = INDIRECT（C1）"

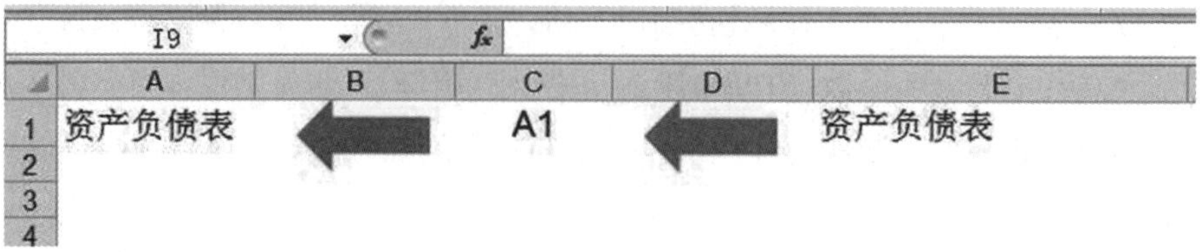

图 5－134　INDIRECT 已提取出 A1 单元格内容

第二，INDIRECT 多表汇总案例：1 分钟汇总 10 个门店销售业绩。

现在我们有 10 张如图 5－135 所示的各门店销售业绩情况表，10 个门店算是比较少的，在实际业务中，有的公司有连锁店上百家，那么如何汇总各个门店的业绩情况就是一个非常头疼的事情了。无论是 10 家，还是上百家，对于 INDIRECT 函数而言都是一样的，INDIRECT 可以轻松完成多个结构相同表格的汇总工作，就跟玩似的。下面，我们一起来操作一下。

	A	B	C
1	月份	销售额	
2	1月	4,641	
3	2月	3,585	
4	3月	4,637	
5	4月	4,345	
6	5月	4,274	
7	6月	1,321	
8	7月	1,485	
9	8月	4,011	
10	9月	2,310	
11	10月	4,918	
12	11月	4,853	
13	12月	1,301	
14	合计	41,681	
15			
16			

图 5－135　门店 1 的销售业绩情况表

首先，我们要设计一张销售业绩汇总表，如图 5－136 所示，汇总表的第一行为各个门店的名称，注意，这里的门店名称一定要与后面要汇总的各门店的表格名称一致。即要汇总的门店 1 表名为“门店 1”，则汇总表的第一行标题中的门店名称也必须是“门店 1”。

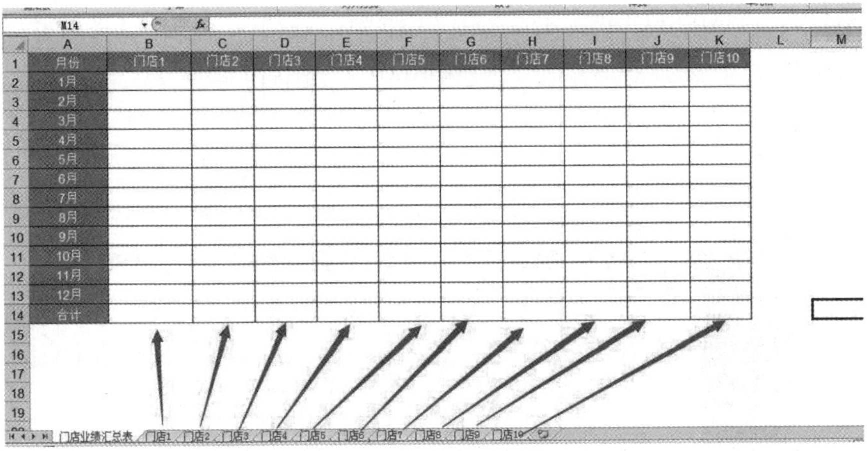

图 5-136　销售业绩汇总表

接下来，我们设置公式。如果我们不会使用 INDIRECT 函数，通常，我们会用直接引用的方式，直接在汇总表中将每个门店的业绩情况用等于的方式引用过来。一般财务人员会这样操作，如图 5-137 所示。在汇总表的 B2 单元格输入等于号，然后用鼠标选择"门店 1"表格中 B2 单元格，输入回车，之后将 B2 单元格的公式往下拖拽，这样就完成了门店 1 的数据引用。这个方法，我承认，还是可以的，但是如果我们这个汇总表不是 10 个门店，而是 100 个门店，那你就要反复引用拖拽 100 次……而且你要保证你的精神状态很好，完全不会出错才行。

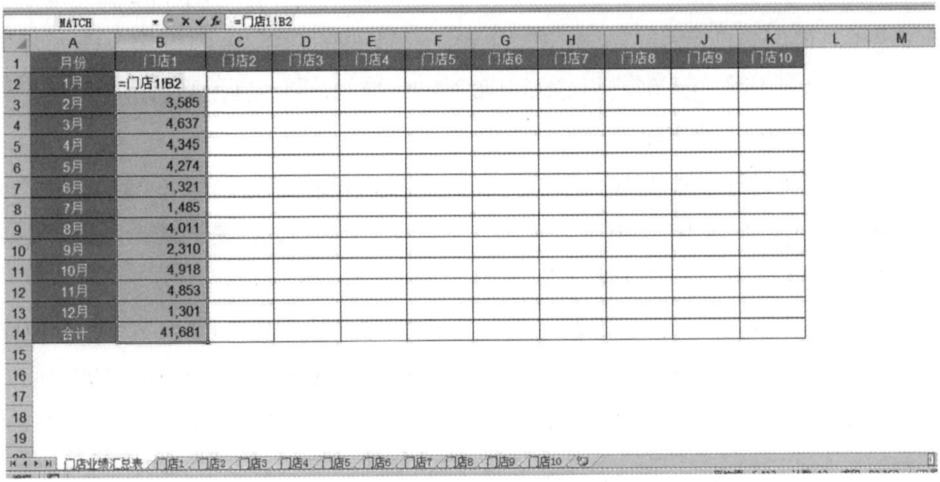

图 5-137　采用直接引用方式引用数据

现在，我们用 INDIRECT 把刚才的直接引用改造一下。改造公式只需要三个步骤：

STEP1：用 INDIRECT 把刚才的直接引用作为参数引用，如图 5 – 138 所示。即将汇总表中 B2 单元格的公式改造为 " = INDIRECT （ "门店 1！B2"）。

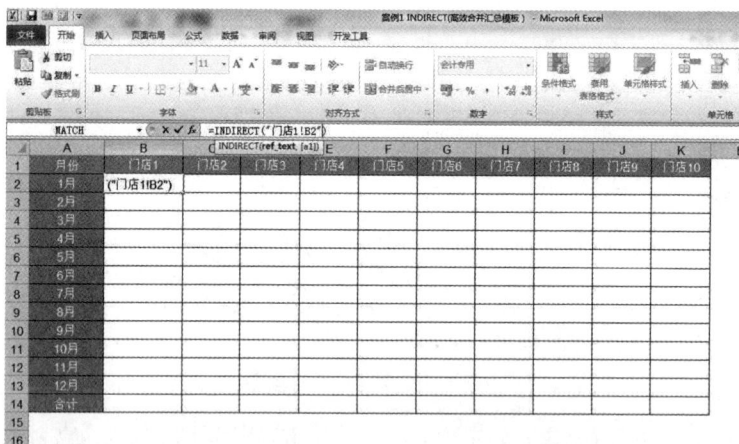

图 5 – 138　第一步改造：用 INDIRECT 把刚才的直接引用作为参数引用

STEP2：将参数中的表名改用表头标题替代，如图 5 – 139 所示。我们将上一步公式参数中的表名 "门店 1" 用 B1 单元格代替，因为汇总表中的 B1 单元格内容就是 "门店 1"，公式改造为 " = INDIRECT （B $ 1& "！B2"）。改造表名的目的是为后几列的门店数据引用做准备，因为这个公式往右拖拽就会自动变成 "门店 2B2" "门店 3B2" "门店 4B2" …… "门店 10B2"，这样就把所有的门店的 B2 单元格数据也就是 1 月份销售业绩引用过来了。注意，这里别忘记给 B1 的行加上美元符号（ $ ）进行绝对引用，因为一会儿公式还要被向下拖拽，要让其始终保持在第一行标题，才能确保取出的表名正确。

STEP3：将行号改用 ROW （A2） 代替，如图 5 – 140 所示。即公式改造为 " = INDIRECT （B $ 1& "！B" &ROW （A2））"，改造这个的目的，是因为一会我们还要将公式往下拖拽，统计门店 1 的 2 月份，3 月份，4 月份……12 月份以及合计的销售业绩，将 B2 中的 2 改造成 ROW （A2），公式下拉时，ROW （A2） 会变成 ROW （A3）、ROW （A4）、ROW （A5） ……ROW （A14），这样，各个 ROW 函数返回的值依次是 2，3，4，5，6……14，这样就把门店 1 中的 B2，B3，B4……B14 中的 1 – 12 月份及合计销售业绩提取了出来，实现了滚动提取数据。

汇总表中的 B2 公式设置好后，将公式向下拖拽，再向右拖拽，瞬间就完成了 10 个门店的销售业绩汇总工作。如图 5 – 141 所示。

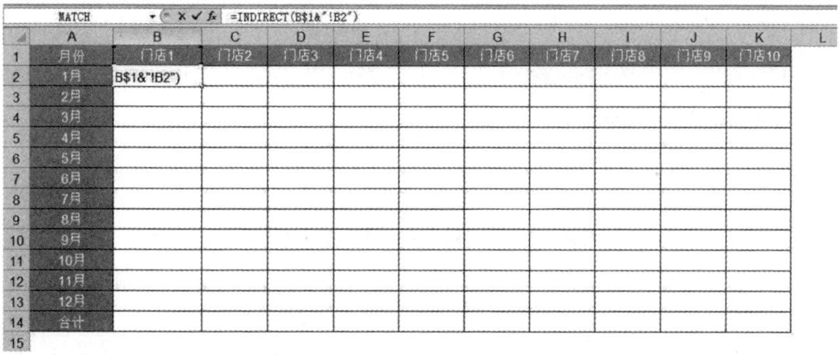

图 5 – 139　第二步改造：将表名改用单元格 B1 代替

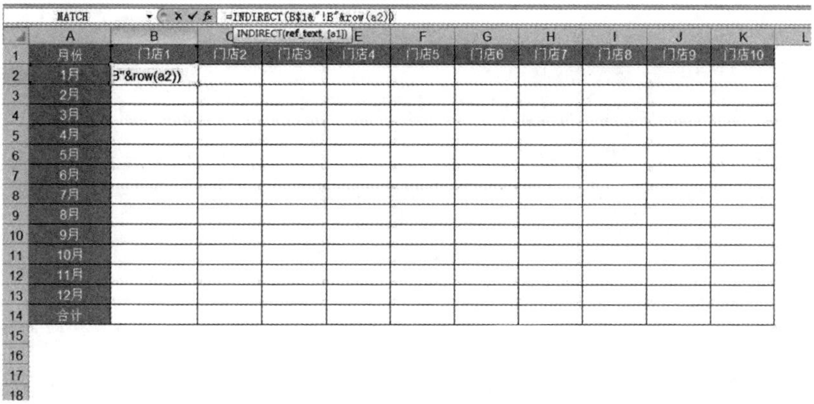

图 5 – 140　第三步改造：将行号改用 ROW（A2）代替

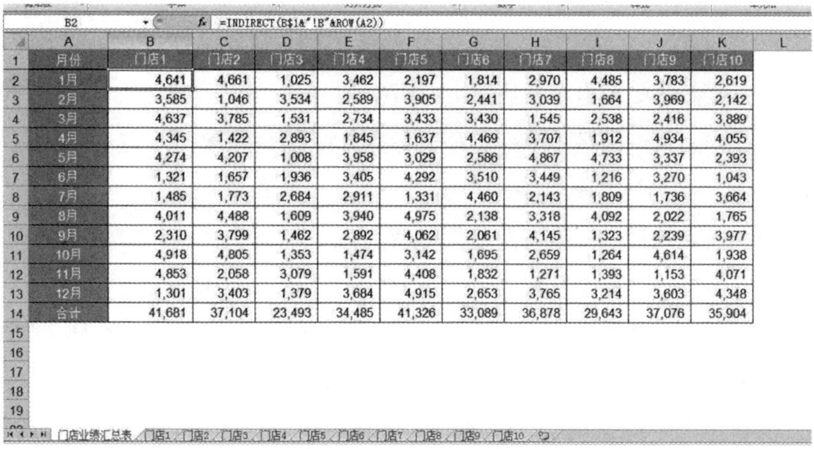

月份	门店1	门店2	门店3	门店4	门店5	门店6	门店7	门店8	门店9	门店10
1月	4,641	4,661	1,025	3,462	2,197	1,814	2,970	4,485	3,783	2,619
2月	3,585	1,046	3,534	2,589	3,905	2,441	3,039	1,664	3,969	2,142
3月	4,637	3,785	1,531	2,734	3,433	3,430	1,545	2,538	2,416	3,889
4月	4,345	1,422	2,893	1,845	1,637	4,469	3,707	1,912	4,934	4,055
5月	4,274	4,207	1,008	3,958	3,029	2,586	4,867	4,733	3,337	2,393
6月	1,321	1,657	1,936	3,405	4,292	3,510	3,449	1,216	3,270	1,043
7月	1,485	1,773	2,684	2,911	1,331	4,460	2,143	1,809	1,736	3,664
8月	4,011	4,488	1,609	3,940	4,975	2,138	3,318	4,092	2,022	1,765
9月	2,310	3,799	1,462	2,892	4,062	2,061	4,145	1,323	2,239	3,977
10月	4,918	4,805	1,353	1,474	3,142	1,695	2,659	1,264	4,614	1,938
11月	4,853	2,058	3,079	1,591	4,408	1,832	1,271	1,393	1,153	4,071
12月	1,301	3,403	1,379	3,684	4,915	2,653	3,765	3,214	3,603	4,348
合计	41,681	37,104	23,493	34,485	41,326	33,089	36,878	29,643	37,076	35,904

图 5 – 141　汇总完成

这里需要注意的是：

（1）要汇总的工作表的位置顺序没有关系，即门店 1 可以放在门店 2 的后面，不会影响汇总表的汇总结果。

（2）工作表起名一定要规范，汇总表的表头标题一定要与工作表名一致。

OFFSET 函数：独孤求败

函数语法：

OFFSET（起始单元格，移动行数，移动列数，高度值，宽度值）

具体应用：OFFSET 函数是以指定单元格为基点，通过给定偏移量得到新的单元格引用或者单元格区域。

它是我们查找引用函数中的独孤求败，一方面是因为它确实很厉害，与其他函数联合使用可以制作各种各样的自动分析模板、绘制动态图表、进行滚动汇总等等。另外一方面，是因为它难，没错……很多刚入门的小伙伴，基本在网上看完它的使用方式，就再也不想用它了。因为确实比较难理解，我也是在反复的实践中，慢慢跟它磨熟的。下面，你也跟它打个招呼，熟悉一下吧。

第一，OFFSET 函数入门。

用法 1：引用某个单元格数据。

如图 5 – 142 所示，A1：H16 为我们的基础数据区域，K3：L7 区域为我们要对 OFFSET 设置的四个参数。现在我要引用基础数据区域中的单元格数据，在 L9 单元格输入公式"= OFFSET（B2，3，3）"，公式中第一参数是以 B2 单元格为地点，第二参数是向下偏移 3 行，第三参数是向右偏移 3 列。这样 OFFSET 函数就移动到了 E5 单元格，并将 E5 单元格内的数据 49 提取出来了。

这个公式中，我们省略了第四和第五参数，意思是只取提取这一个单元格内的数据。

刚才我们设置的移动行数和移动列数都是正数的，当移动行数为正数时，单元格向下移动，当移动列数为正数时，单元格向右移动。如果移动行数和列数被设置为负数时，则行向上移动，列向左移动。如图 5 – 143 所示，这次我们输入公式"= OFFSET（C6，-2，3）"，第一参数是以 C6 为起点，第二参数为 - 2，即向上移动两行，第三参数为 3，向右移动 3 列，这次单元格被移动到了 F4，于是 F4 内的数据 63 就被提取了出来。

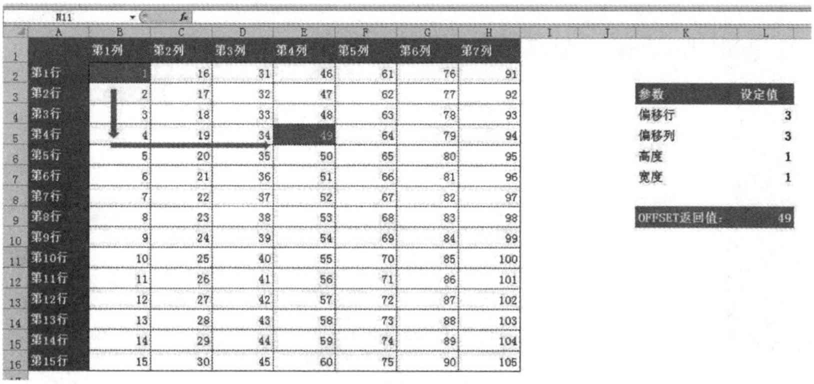

	第1列	第2列	第3列	第4列	第5列	第6列	第7列
第1行	1	16	31	46	61	76	91
第2行	2	17	32	47	62	77	92
第3行	3	18	33	48	63	78	93
第4行	4	19	34	49	64	79	94
第5行	5	20	35	50	65	80	95
第6行	6	21	36	51	66	81	96
第7行	7	22	37	52	67	82	97
第8行	8	23	38	53	68	83	98
第9行	9	24	39	54	69	84	99
第10行	10	25	40	55	70	85	100
第11行	11	26	41	56	71	86	101
第12行	12	27	42	57	72	87	102
第13行	13	28	43	58	73	88	103
第14行	14	29	44	59	74	89	104
第15行	15	30	45	60	75	90	105

参数	设定值
偏移行	3
偏移列	3
高度	1
宽度	1
OFFSET返回值：	49

图 5－142　下移 3 行，右移 3 列，引用单元格内容

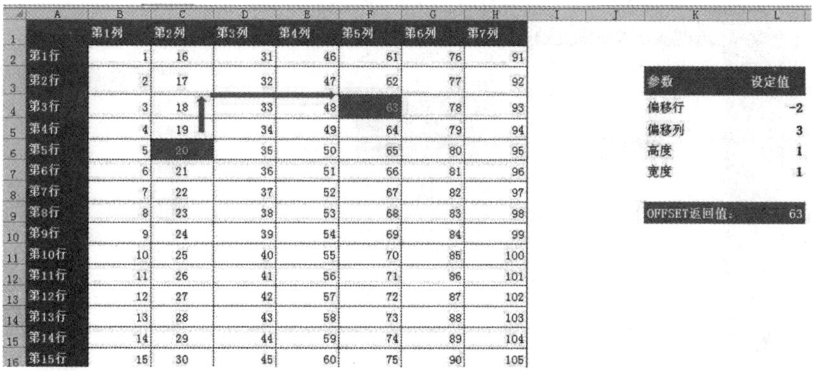

	第1列	第2列	第3列	第4列	第5列	第6列	第7列
第1行	1	16	31	46	61	76	91
第2行	2	17	32	47	62	77	92
第3行	3	18	33	48	63	78	93
第4行	4	19	34	49	64	79	94
第5行	5	20	35	50	65	80	95
第6行	6	21	36	51	66	81	96
第7行	7	22	37	52	67	82	97
第8行	8	23	38	53	68	83	98
第9行	9	24	39	54	69	84	99
第10行	10	25	40	55	70	85	100
第11行	11	26	41	56	71	86	101
第12行	12	27	42	57	72	87	102
第13行	13	28	43	58	73	88	103
第14行	14	29	44	59	74	89	104
第15行	15	30	45	60	75	90	105

参数	设定值
偏移行	-2
偏移列	3
高度	1
宽度	1
OFFSET返回值：	63

图 5－143　上移 2 行，右移 3 列，引用单元格内容

用法 2：引用某个单元格区域。

OFFSET 除了引用一个单元格的数据外，还可以引用单列单元格区域，单行单元格区域及多行多列单元格区域。

接着上面的例子说明，如图 5－144 所示，我们将公式修改为“＝OFFSET（C6，－2，3，3，1）”，前三个参数没变，第四参数为 3，即高度为 3 行，宽度为 1 列。这时，F4：F6 单列区间被选中了。怎么看输入的 OFFSET 选中的区域呢？我们可以将公式复制粘贴到名称框中，然后回车，这个时候 F4：F6 单列区间就被选中了。

再来一个，如图 5－145 所示，公式修改为“＝OFFSET（C6，－2，3，3，2）”，这时的区域变成了高 3 行，宽 2 列，构成了一个多行多列单元格区域。

是不是找到点感觉了？也没有传说的那么难，不是吗？下面我们结合之前学习的知识，讲解一下 OFFSET 的实操情景。

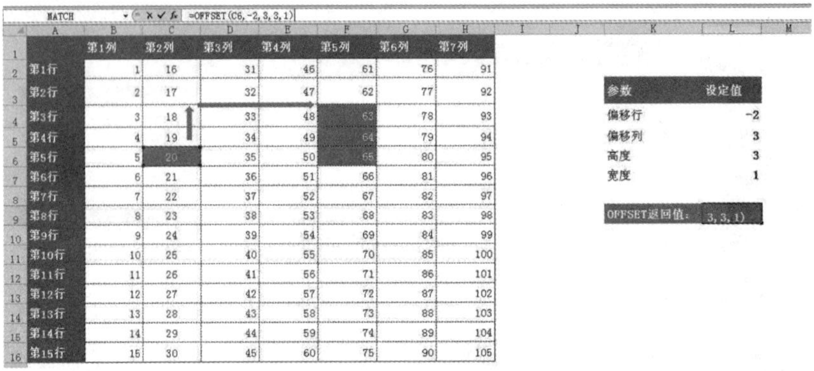

MATCH =OFFSET(C6,-2,3,3,1)

	第1列	第2列	第3列	第4列	第5列	第6列	第7列
第1行	1	16	31	46	61	76	91
第2行	2	17	32	47	62	77	92
第3行	3	18	33	48	63	78	93
第4行	4	19	34	49	64	79	94
第5行	5	20	35	50	65	80	95
第6行	6	21	36	51	66	81	96
第7行	7	22	37	52	67	82	97
第8行	8	23	38	53	68	83	98
第9行	9	24	39	54	69	84	99
第10行	10	25	40	55	70	85	100
第11行	11	26	41	56	71	86	101
第12行	12	27	42	57	72	87	102
第13行	13	28	43	58	73	88	103
第14行	14	29	44	59	74	89	104
第15行	15	30	45	60	75	90	105

参数	设定值
偏移行	-2
偏移列	3
高度	3
宽度	1
OFFSET返回值：	3, 3, 1)

图 5－144　上移 2 行，右移 3 列，高 3 行宽 1 列

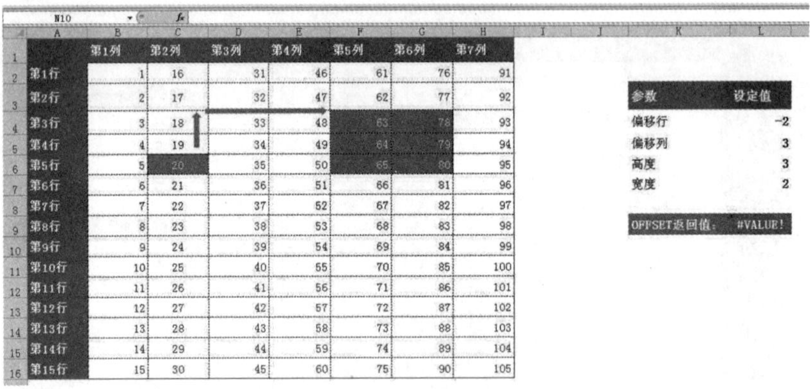

N10

	第1列	第2列	第3列	第4列	第5列	第6列	第7列
第1行	1	16	31	46	61	76	91
第2行	2	17	32	47	62	77	92
第3行	3	18	33	48	63	78	93
第4行	4	19	34	49	64	79	94
第5行	5	20	35	50	65	80	95
第6行	6	21	36	51	66	81	96
第7行	7	22	37	52	67	82	97
第8行	8	23	38	53	68	83	98
第9行	9	24	39	54	69	84	99
第10行	10	25	40	55	70	85	100
第11行	11	26	41	56	71	86	101
第12行	12	27	42	57	72	87	102
第13行	13	28	43	58	73	88	103
第14行	14	29	44	59	74	89	104
第15行	15	30	45	60	75	90	105

参数	设定值
偏移行	-2
偏移列	3
高度	3
宽度	2
OFFSET返回值：	#VALUE!

图 5－145　上移 2 行，右移 3 列，高 3 行宽 2 列

第二，OFFSET 函数应用 1：实时更新数据透视表。

如图 5－146 所示，我们现有一张更新到 6 月份的公司业务情况明细表，并进行了数据透视，现在的问题是，每次新月份的数据出来后，我们的数据透视表都要重新更改数据透视区域，非常麻烦，能不能基础数据一更新，数据透视表的透视区域也自动更新呢？

首先，找一个单元格输入公式"＝OFFSET（A1,,，COUNTA（A：A），COUNTA（1：1））"，公式的意思是，以 A1 单元格起点，不偏移行和列，高度是 A 列有多少行数据，宽度是第 1 行有多少列数据。OFFSET 框定的这个数据区域会随着公司业务情况明细表的更新，而自动扩展基础数据区域的选择范围。

接下来，我们用刚才设好的 OFFSET 公式定义名称，名称为数据源。如图 5－147 所示。

最后，我们用动态名称创建数据透视表。这里因为我们已经创建好了数据透视表，所以，我们只要更改一次数据源好了，如图 5 – 148，图 5 – 149 所示。

当我们对表格添加了 7 月份数据时，我们只要刷新一下数据，数据透视表就实时更新了。如图 5 – 150，图 5 – 151。

图 5 – 146　公司业务情况数据透视表

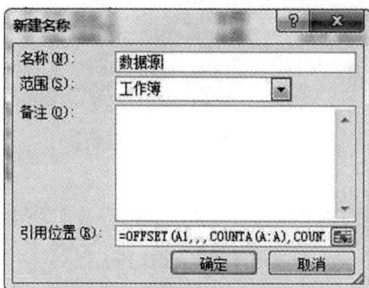

图 5 – 147　定义名称

图 5 – 148　点击【更改数据源】

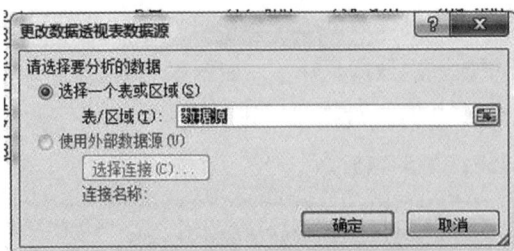

图 5 – 149　更改数据源为名称：数据源

图 5 – 150　点击【刷新】

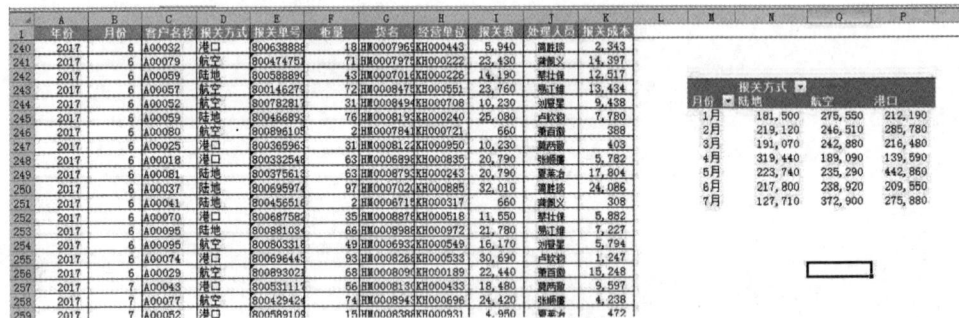

图 5 – 151　数据透视表已实时更新

第三，OFFSET 函数应用 2：计算截止某个月的累计值。

如图 5 – 152 所示，这是一张公司项目业绩同比分析，分析中都是用累计数进行同比。我们对 B12 单元格设置了数据有效性，这样当我们在 B12 单元格选择某个数字月份的时候，下面的表格和柱形图就对相应月份的累计数进行同比分析。

首先，我们要在 B16 单元格设置公式" = SUM（OFFSET（$ B3,,, 1, $ B

12 ））"，公式中 OFFSET 构建了一个单元格区域，即以 B3 为起点的 1 行高，B12 宽的单元格区域。也就是说，当 B12 是 5 时，这个单元格数据区域就是 2017 年 1－5 月的项目 1 业绩区域，当 B12 为 10 月时，这个单元格数据区域就是 2017 年 1－10 月的项目 1 业绩区域，这个区域会随着我们对 B12 单元格中月份数字的选择而变化。最外面的 SUM 即对这个累计数单元格区域求和。

然后，同样道理，我们继续对 2016 年的累计数设置公式，在 C16 单元格中输入公式 "＝SUM（OFFSET（＄B8,,, 1，＄B＄12））"。这样，我们的累计数就设置好了。

这个案例中，主要是利用了 OFFSET 的特点，让其先选择一片指定求和区域，然后再用 SUM 对这个区域求和。

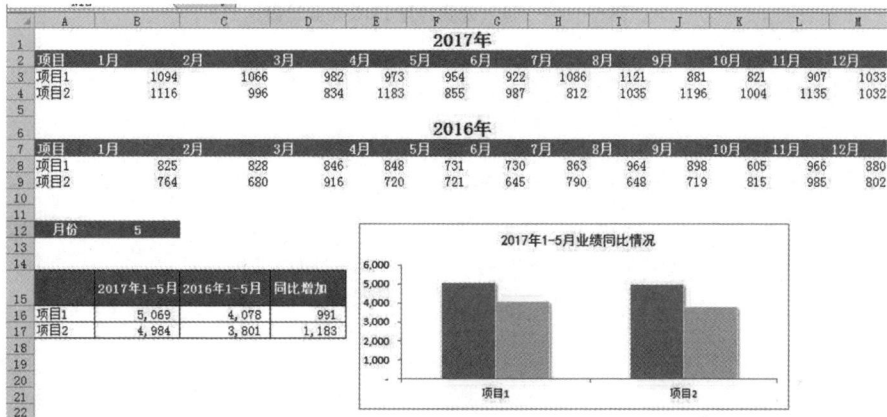

图 5－152　项目业绩同比分析

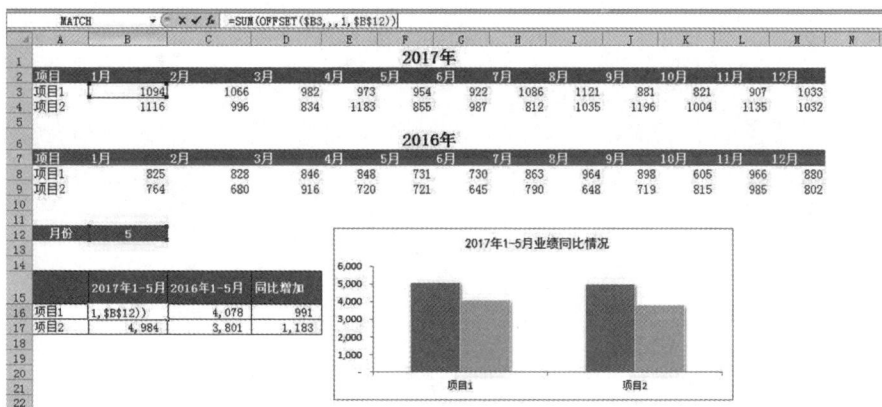

图 5－153　输入公式计算 2017 年累计数

| MATCH | ▼ (× ✓ ƒx | =SUM(OFFSET($B8,,,1,$B$12)) |

	A	B	C	D	E	F	G	H	I	J	K	L	M	N	O
1						2017年									
2	项目	1月	2月	3月	4月	5月	6月	7月	8月	9月	10月	11月	12月		
3	项目1	1094	1066	982	973	954	922	1086	1121	881	821	907	1033		
4	项目2	1116	996	834	1183	855	987	812	1035	1196	1004	1135	1032		
5															
6						2016年									
7	项目	1月	2月	3月	4月	5月	6月	7月	8月	9月	10月	11月	12月		
8	项目1	825	828	846	848	731	730	863	964	898	605	966	880		
9	项目2	764	680	916	720	721	645	790	648	719	815	985	802		
10															
11															
12	月份	5													
13															
14															
15		2017年1-5月	2016年1-5月	同比增加											
16	项目1	5,069	,1,$B$12))	991											
17	项目2	4,984	3,801	1,183											
18															
19															
20															
21															
22															
23															
24															

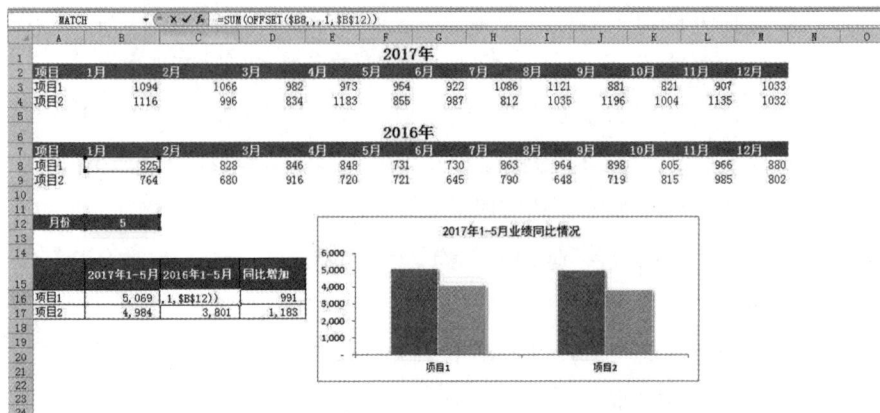

图 5 – 154　输入公式计算 2016 年累计数

第8节　财务职场实用公式小技能

在实际工作中，除了要掌握基础的函数和公式应用，如何修改错误公式，如何批量修改公式以及如何保护公式也是非常重要的技能。下面我们一起学习一下这几个非常实用的小技能。

公式错误值的处理

公式计算结果，有时会返回错误值，知道为什么错了，并有针对性的进行修改非常重要，所以我们整理了公式错误值的原因及其处理方法，具体见表5-1。

表5-1　公式错误原因及消除方法

错误值	发生原因	清除方法
#DIV/0!	做除法时，被除数为0	将0修改为非0数值
#NUM!	使用了无效的参数或数值，例如，函数中参数输入错误，或者数字超过规定的输入范围	修改参数或数字
#VALUE!	参数或运算类型错误，例如，函数中只能计算数值，而我们输入了文本型数据，或者本来应该输入一个单元格，而我们输入了一个区域	使用正确的数据类型。重新输入数值或区域
#REF!	公式中引用的单元格被删除了	重新输入公式中的引用单元格区域
#NULL!	使用了不正确的区域运算符或不正确的单元格引用。当试图为两个并不相交的区域指定交叉点时将产生错误值#NULL!	检查公式中连接条件的逗号等符号和引用区域是否正确
#NAME?	公式中有无法识别的文本时	检查是否引用了不存在的名称，引用文本型数据时是否有加双引号（""），区域引用是否使用了冒号（:）
#N/A	公式中没有可用数值时。例如查找函数，被查找的表格单元格没有数据	使用 IFERROR 嵌套消除
#####!	如果单元格所含的数字、日期或时间比单元格宽，或者单元格的日期时间公式产生了一个负值	调宽单元格或修改日期时间数据

这里我们需要补充一个忽略错误信息的函数。有时，我们在进行查找引用时，由于被查找表格没有对应数据会产生错误值，这样带有错误值的表格给上级管理者报上去会让管理人员很费解，他会认为你把数字给算错了。为了使数据看起来更加规整、美观，我们可以这样输入公式"＝IFERROR（查找函数，""）"，这个公式的意思是如果查找函数的结果正确，就返回结果查找函数的结果，如果不正确，就返回空值。一对双引号在这里是空值的意思，也就是什么都不显示。这样上报上去的表格看起来就不会有"错误值"了。

公式的批量修改

如图5-155，这是一张2016年各公司的业绩汇总表，它的数据来自我们的2016年数据基础表，现在我们将数据更新到2017年，如何批量修改公式，快速统计呢？

具体操作：

STEP1：选择【公式】菜单中的【显示公式】功能。这个时候B列中所有的公式都被显示出来了。

STEP2：选中B列，按下【CTRL＋F】调出【查找和替换】对话框，用"'2017年'"替换"'2016年'"，点击【全部替换】。

STEP3：再次点击一下【显示公式】，让公式重新计算。

好了，现在是不是所有的汇总数都更新到2017年了？

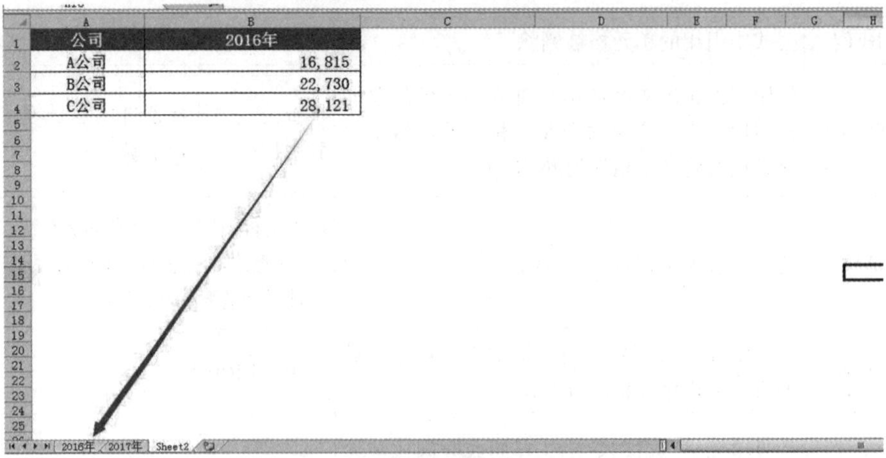

图5-155　2016年各公司业绩汇总表

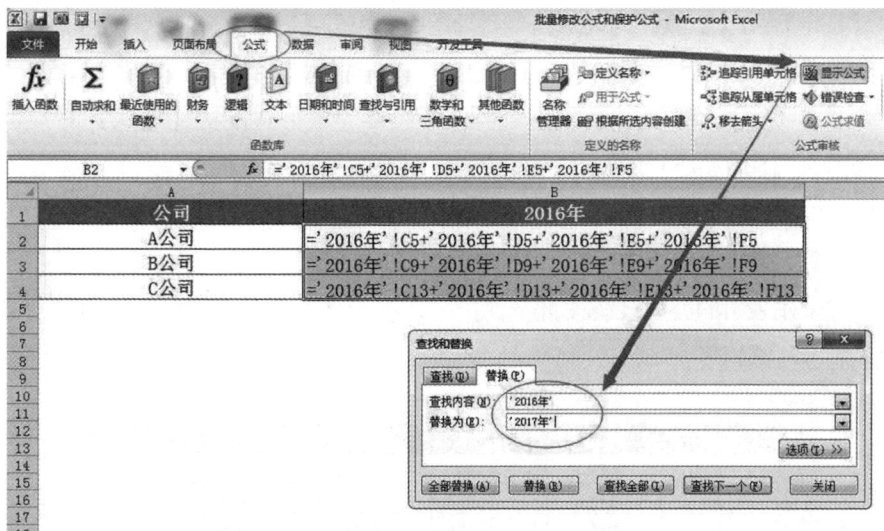

图 5 – 156　批量修改公式为 2017 年数据

图 5 – 157　公式更新为 2017 年数据

公式的批量保护

对于要转发给其他同事填报，由你汇总的表格。公式的保护是非常重要的，如果别人由于不熟悉 Excel，而不小心修改了你的公式，你对表格进行汇总时，就会发生错误，最终造成不好的影响。下面，我们来说一下，怎样对公式进行批量保护。

如图 5 – 158 所示，这是一张已经设置好公式的表格。现在我们要对表格内的公式进行保护，让填写表格的人无法修改公式。

具体操作：

STEP1：按下快捷键【CTRL + A】全选，右键【设置单元格格式】，在【保护】

中将【锁定】和【隐藏】的勾选清空。如图 5 – 159。

STEP2：按下快捷键【CTRL + G】定位公式，右键【设置单元格格式】，在【保护】中将【锁定】的勾选，如果不光要保护还要隐藏公式就把【隐藏】的勾也打上。如图 5 – 160，图 5 – 161。

STEP3：选择【审阅】菜单中的，【保护工作表】，默认选项，【确定】。如果需要设置密码，就设置一个密码。如图 5 – 162。

现在工作表中的公式已经被批量保护了，看看是不是点击带有公式的单元格时已经没有办法编辑了？

	A	B	C	D	E	F
1	公司	月份	东北	华北	西北	西南
2	A	1月	1,430	1,086	1,840	1,073
3	A	2月	1,234	1,420	1,403	1,725
4	A	3月	1,058	1,559	1,840	1,147
5	小计		3,722	4,065	5,083	3,945
6	B	1月	1,028	1,230	1,281	1,992
7	B	2月	1,985	1,568	1,191	1,090
8	B	3月	3,013	2,798	2,472	3,082
9	小计		6,026	5,596	4,944	6,164
10	C	1月	1,948	2,054	1,122	3,138
11	C	2月	2,027	1,426	2,297	1,236
12	C	3月	1,691	3,181	4,513	3,488
13	小计		5,666	6,661	7,932	7,862
14	合计		15,414	16,322	17,959	17,971
15						

图 5 – 158　需要设置公式保护的表格

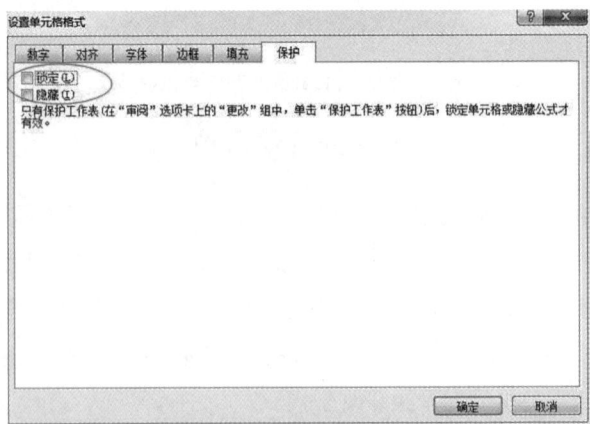

图 5 – 159　取消勾选【锁定】和【隐藏】

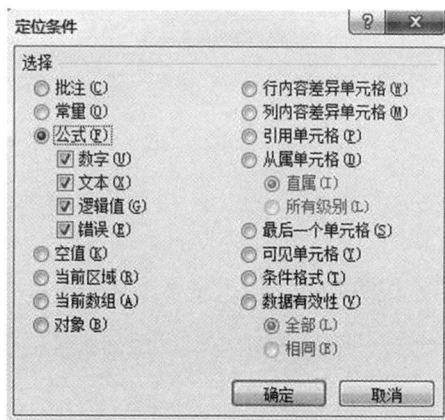

图5-160　定位公式

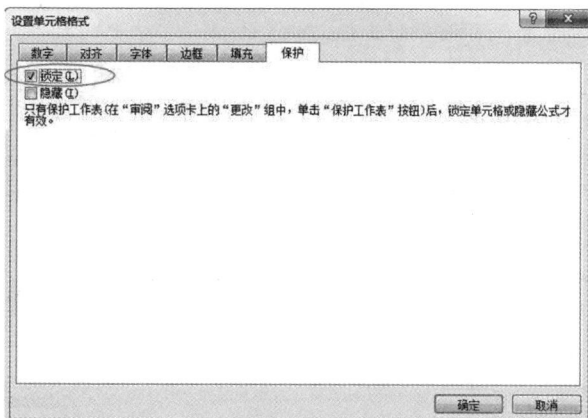

图5-161　对带有公式的单元格勾选【锁定】

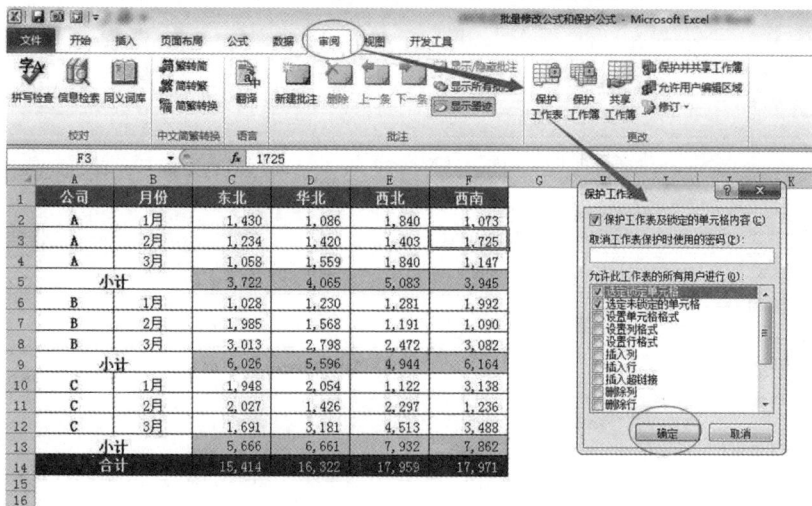

图5-162　保护工作表

第六章　轻松搞定财务报告合并

第 1 节　一个工作簿中结构相同表格合并

对于一个工作簿中结构相同的表格合并，有三种基本方法，分别是：公式法、合并计算法和多重合并数据透视法。下面我们用三个案例，对三种在财务职场中比较常见的表格进行汇总合并练习。

案例 1：对下属 10 个公司的利润表快速汇总

对于结构相同的利润表合并，我们可以用 INDIRECT 构建引用公式的方法来解决。如图 6 – 1 所示，我们首先设计了一张利润表汇总表，10 个公司的单独利润表排列在汇总表的后面，我们要做的就是用公式引用单独利润表相应项目的数据到这张总表上来。要注意的是：汇总表的表头标题中的公司名称一定要与后面单独利润表的名称一致。即单独利润表为"公司 1"，利润汇总表的表头标题中也要起名叫"公司 1"，我们现在有 10 个公司，就写 10 个公司利润表名称在汇总表上。

用公式构建汇总利润表，其实就是告诉公式，我们要在哪张表上找，找这张表哪个单元格中的内容。

具体操作：

STEP1：在利润汇总表的 B2 单元格（公司 1 的营业收入）中先输入公式" = IN-DIRECT（"公司 1！B2"）"，这样就把公司 1 利润表中的营业收入数据提取过来了。

STEP2：接着，要告诉公式在哪张表格中找数据，让其随着汇总表的表头标题查找相应公司利润表的数据。我们把公式改造成" = INDIRECT（B $ 1&"！B2"）"，即用汇总表的表头标题单元格 B1 代替原公式中的"公司 1"，这样就可以用汇总表的表头标题定位我们要找的表格。汇总表 B1 中内容为"公司 1"，我们的公式就可以引用公司 1 的利润表，C1 中的内容为"公司 2"，公式就可以引用公司 2 的利润表。注意这里 B1 要对行固定，在 1 的前面加美元符号。

STEP3：最后，我们要告诉 Excel 找哪个单元的数据。将公式继续改造为" = INDI-RECT（B $ 1&"！B"&ROW（A2））"，这里我们把刚才公式中的 2 改为 ROW（A2）。如图 6 – 2 所示，单个利润表 B 列的数据是各个项目的数据，也就是说，无论引用哪个公司的利润表，在 B 列找数据是永远不变的，变化的只有行号，例如营业收入在第 2

行，营业成本在第 3 行，营业税金及附加在第 4 行，这样我们用 ROW 函数可以返回行数的功能来解决自动对应行号的问题，因为向下拖拽公式时，我们要让 B 后面的数字变成 2，3，4……，如果把 2 替换成 ROW（A2），那公式往下拖拽时，就变成了 ROW（A3）、ROW（A4）、ROW（A5），正好返回的行号是 2，3，4，5……也就是取单独公司利润表的 B2，B3，B4，B5，这样定位单元格的目的也实现了。

公式设置好后，往下拖拽，再往右拖拽，瞬间就汇总了 10 个公司的利润表。如图 6-3。

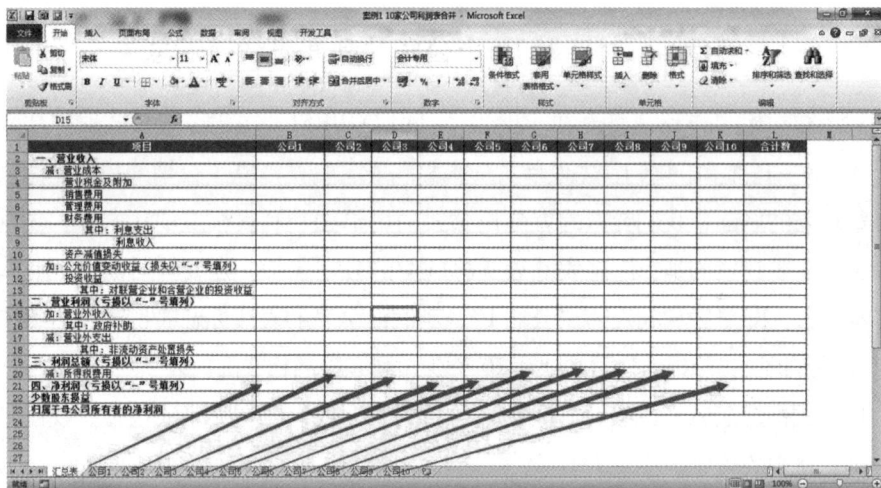

图 6-1 利润汇总表格式

图 6-2 单个利润表格式

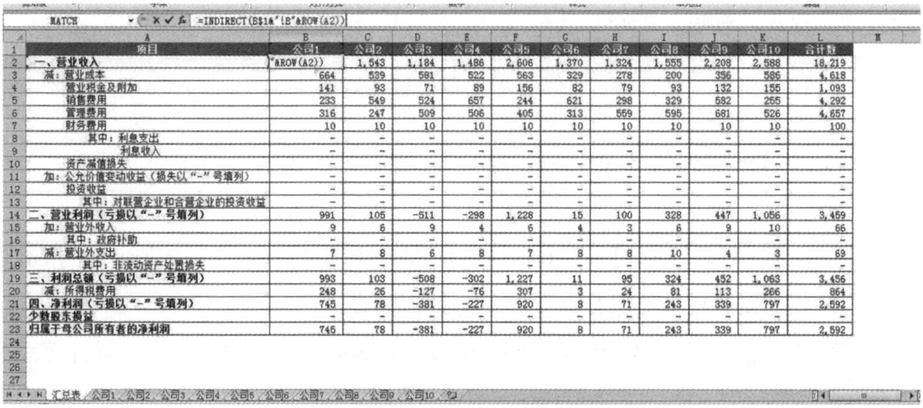

MATCH | =INDIRECT(B$1&"!B"&ROW(A2))

项目	公司1	公司2	公司3	公司4	公司5	公司6	公司7	公司8	公司9	公司10	合计数
一、营业收入	"&ROW(A2)	1,543	1,184	1,486	2,606	1,370	1,324	1,555	2,208	2,588	16,219
减：营业成本	664	539	581	522	563	329	278	200	356	586	4,618
营业税金及附加	141	93	71	89	156	82	79	93	132	155	1,093
销售费用	233	549	524	657	244	621	298	329	582	255	4,292
管理费用	316	247	509	506	405	313	559	595	681	526	4,657
财务费用	10	10	10	10	10	10	10	10	10	10	100
其中：利息支出	~	~	~	~	~	~	~	~	~	~	~
利息收入	~	~	~	~	~	~	~	~	~	~	~
资产减值损失	~	~	~	~	~	~	~	~	~	~	~
加：公允价值变动收益（损失以"-"号填列）	~	~	~	~	~	~	~	~	~	~	~
投资收益	~	~	~	~	~	~	~	~	~	~	~
其中：对联营企业和合营企业的投资收益	~	~	~	~	~	~	~	~	~	~	~
二、营业利润（亏损以"-"号填列）	991	105	-511	-298	1,228	15	100	328	447	1,056	3,459
加：营业外收入	9	6	9	4	6	4	3	6	4	10	66
其中：政府补助	~	~	~	~	~	~	~	~	~	~	~
减：营业外支出	7	8	6	9	7	8	8	10	4	3	69
其中：非流动资产处置损失	~	~	~	~	~	~	~	~	~	~	~
三、利润总额（亏损以"-"号填列）	993	103	-508	-302	1,227	11	95	324	452	1,063	3,456
减：所得税费用	248	26	-127	-76	307	3	24	81	113	266	864
四、净利润（亏损以"-"号填列）	745	78	-381	-227	920	8	71	243	339	797	2,592
少数股东损益											
归属于母公司所有者的净利润	745	78	-381	-227	920	8	71	243	339	797	2,592

汇总表 / 公司1 / 公司2 / 公司3 / 公司4 / 公司5 / 公司6 / 公司7 / 公司8 / 公司9 / 公司10

图 6-3　最终汇总效果

案例 2：对下属公司的税负情况快速汇总

对于结构相同的表格，除了上述的公式法外，我们还可以利用 Excel 的【合并计算】工具来实现。

STEP1：设计一张汇总表。如图 6-4 所示，汇总表只包含各个公司税负表的行标题即可。图 6-5 为单户公司税负表。

STEP2：用【合并计算】功能汇总数据。点击汇总表的 A1 单元格，选中【数据】菜单的【合并计算】功能。在【合并计算】对话框中，【函数】选择【求和】，在【引用位置】中将各单户公司税负表数据区域逐个添加，勾选【首行】、【最左列】及【创建指向源数据的链接】，点击【确定】。如图 6-6 所示。

STEP3：粘贴公司名称。展开汇总表中的 A 列和 B 列，鼠标双击左侧的加号，展开明细数据。在表格空白区域将各单户公司的名称做成竖向列表，然后复制公司名列表。选中 A1：A67，按下【F5】快捷键，定位空值，按下【CTRL + V】，粘贴公司名列表。如图 6-8 所示。最后，删除多余信息 B 列。各公司税负情况表就汇总好了。

在使用【合并计算】功能时，需要注意几个问题：

（1）合并计算的计算方式默认为求和，但也可以选择为计数、平均值、最大值等其他方式。

（2）当合并计算执行分类合并操作时，会将不同的行或列的数据根据标题进行分类合并。相同标题的合并成一条记录、不同标题的则形成多条记录。最后形成的汇总表中包含了数据源表中所有的行标题或列标题。

（3）当需要根据列标题进行分类合并计算时，则勾选【首行】，当需要根据行标题进行分类合并计算时，则勾选【最左列】，如果需要同时根据列标题和行标题进行分类合并计算时，则同时勾选【首行】和【最左列】。

（4）如果数据源列表中没有列标题或行标题，即仅有数据记录，而用户又选择了【首行】和【最左列】，Excel 将数据源列表的第一行和第一列分别默认作为列标题和行标题。

（5）如果用户对【首行】或【最左列】两个选项都不勾选，则 Excel 将按数据源列表中数据的单元格位置进行计算，不会进行分类计算。

（6）如果勾选了【创建指源数据的链接】，则数据源区域更新时，合并计算表也会自动更新。

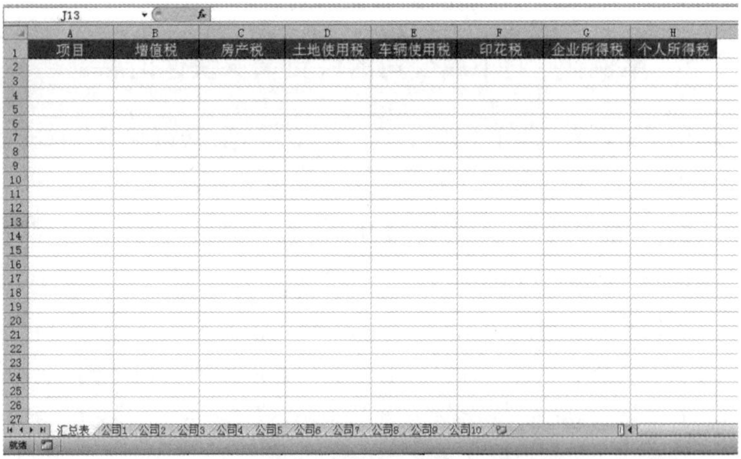

图6-4 设计一张汇总表

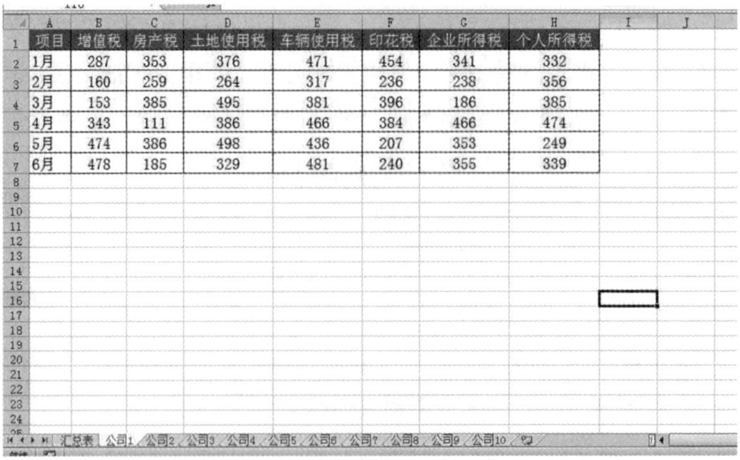

图6-5 单户公司税负表

EXCEL 带你玩转财务职场

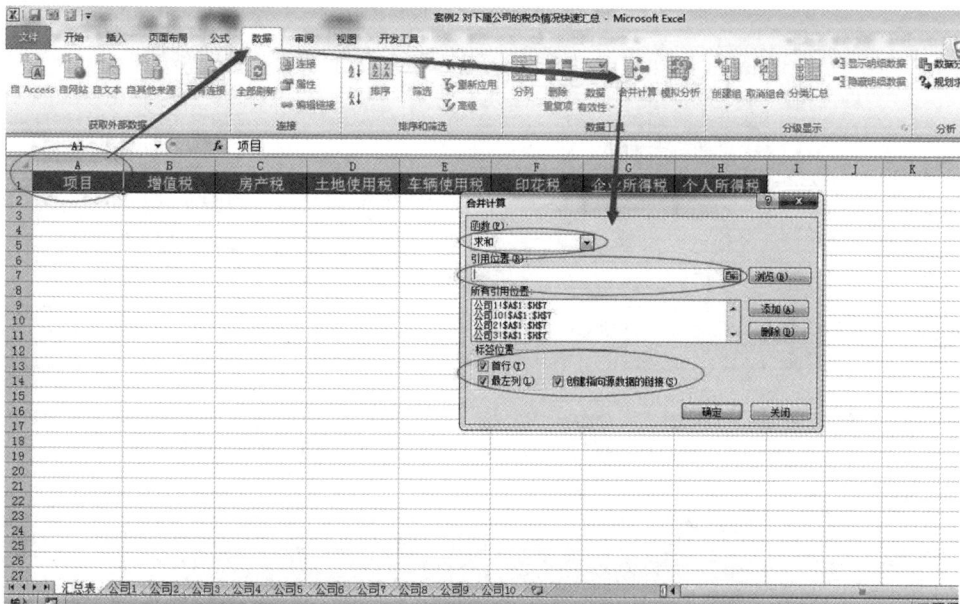

图6-6 对【合并计算】对话框进行设置

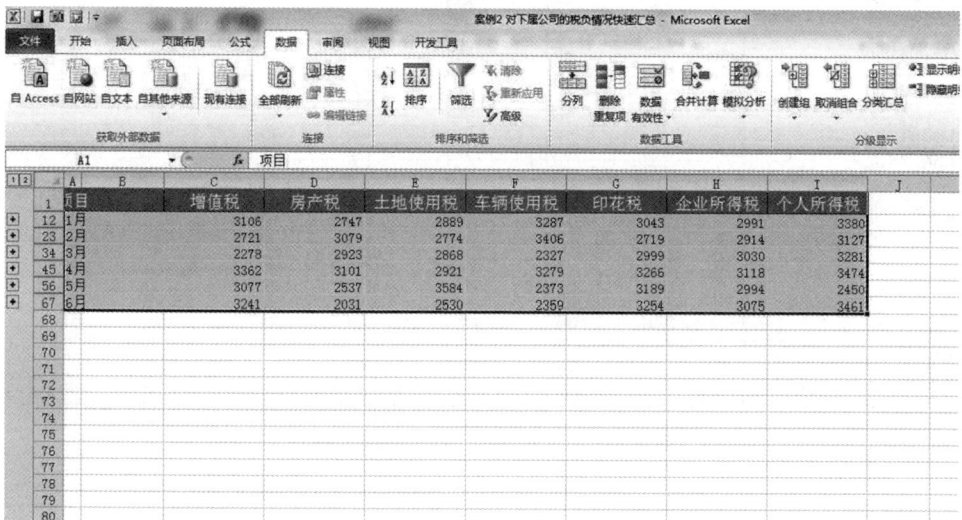

项目	增值税	房产税	土地使用税	车辆使用税	印花税	企业所得税	个人所得税
1月	3106	2747	2889	3287	3043	2991	3380
2月	2721	3079	2774	3406	2719	2914	3127
3月	2278	2923	2868	2327	2999	3030	3281
4月	3362	3101	2921	3279	3266	3118	3474
5月	3077	2537	3584	2373	3189	2994	2450
6月	3241	2031	2530	2359	3254	3075	3461

图6-7 【合并计算】后的初步效果

· 313 ·

图 6 - 8　选中 A1：A67，定位空值，按下【CTRL + V】，粘贴公司名

项目	增值税	房产税	土地使用税	车辆使用税	印花税	企业所得税	个人所得税
公司1	287	353	376	471	454	341	332
公司2	467	239	204	442	104	424	451
公司3	389	234	329	116	343	205	457
公司4	107	127	359	245	320	177	349
公司5	419	244	258	384	402	322	203
公司6	473	463	199	434	315	192	361
公司7	259	146	380	263	261	397	483
公司8	101	201	435	199	434	242	367
公司9	134	366	104	258	117	235	141
公司10	470	374	456	475	293	456	236
1月	3106	2747	2889	3287	3043	2991	3380
公司1	160	259	264	317	236	238	356
公司2	229	342	134	469	345	120	118
公司3	176	155	279	309	472	308	164
公司4	187	347	438	464	293	399	470
公司5	212	480	340	402	277	405	480
公司6	429	249	258	348	387	404	265
公司7	413	309	286	417	132	274	132
公司8	439	424	326	208	239	300	429
公司9	343	219	160	225	181	237	230
公司10	133	295	289	247	137	229	483
2月	2721	3079	2774	3406	2719	2914	3127
3月	2278	2923	2868	2327	2999	3030	3281
4月	3362	3101	2921	3279	3266	3118	3474
5月	3077	2537	3584	2373	3189	2994	2450
6月	3241	2031	2530	2359	3254	3075	3461

图 6 - 9　删除 B 列后，合并计算就做好了

案例3：对多月工资表快速汇总

除了上述的公式法和合并计算法外，用数据透视表的【多重合并计算数据区域】功能，也是对多张结构相同表格快速汇总合并的好方法。下面，我们就拿多月工资表汇总来练下手。

如图6-10所示，我们有8个月的工资表要汇总在一起，进行薪酬分析，下面是具体操作步骤。

STEP1：调出数据透视表并设置对话信息。按下快捷键【ALT+D+P+P】，调出数据透视表。在第一步中，选择【多重合并计算数据区域】；第二步，选择【创建单页字段】；第三步，将1-8月工资表数据区域逐个添加到对话框中；第四步，勾选【新工作表】。如图6-11，图6-12，图6-13，图6-14。

STEP2：修改数据透视表计算方式。将右侧的数据透视表字段列表下方的【数值】计算方式改为【求和】。如图6-15所示。

STEP3：修改页字段内容。将【页1】拉到【行标签】，将【页1】中字段的"项1，项2，项3……项8"逐个修改为"1月，2月，3月……8月"。如图6-16，图6-17所示。

STEP4：美化并调整数据顺序。运用我们第四章讲的数据美化四板斧对数据进行美化。并调整数据列的顺序与单月工资表一致。最终效果如图6-18。

合并计算法和多重合并计算数据区域法各有优缺点，汇总合并时可以自行选择喜欢的方式处理。

	姓名	基本工资	岗位工资	交通补贴	公务补贴	电话补贴	车补	午餐补贴	工资总额	五险一金	其它代扣	应税总额	应纳税额	实发工资
2	王存庭	2,152	1,186	209		200		200	3,947	500		3,447	345	3,102
3	刘守焱	2,333	1,620	496		200		200	4,849	500		4,349	435	3,914
4	邹振海	3,045	1,896	380		200		200	5,721	500		5,221	522	4,699
5	补超	3,222	2,556	441		200		200	6,619	500		6,119	612	5,507
6	李新侠	3,598	2,696	208		200		200	6,902	500		6,402	640	5,762
7	武周国	2,763	1,304	372		200		200	4,839	500		4,339	434	3,905
8	陈晓燕	2,277	2,296	265		200		200	5,238	500		4,738	474	4,264
9	王利锋	3,293	1,181	220		200		200	5,094	500		4,594	459	4,135
10	于桂梅	2,657	2,143	385		200		200	5,585	500		5,085	509	4,577
11	张民道	3,440	1,533	470		200		200	5,843	500		5,343	534	4,809
12	张文东	3,253	1,550	104		200		200	5,307	500		4,807	481	4,326
13	杨丽	3,130	1,450	251		200		200	5,231	500		4,731	473	4,258
14	李伟国	2,736	2,808	290		200		200	6,234	500		5,734	573	5,161
15	李延林	2,702	2,666	218		200		200	5,986	500		5,486	549	4,937
16	张毅	2,526	1,255	357		200		200	4,538	500		4,038	404	3,634
17	郑海高	3,937	2,910	255		200		200	7,502	500		7,002	700	6,302
18	习光国	3,594	2,791	197		200		200	6,982	500		6,482	648	5,834

图6-10　1-8月工资表

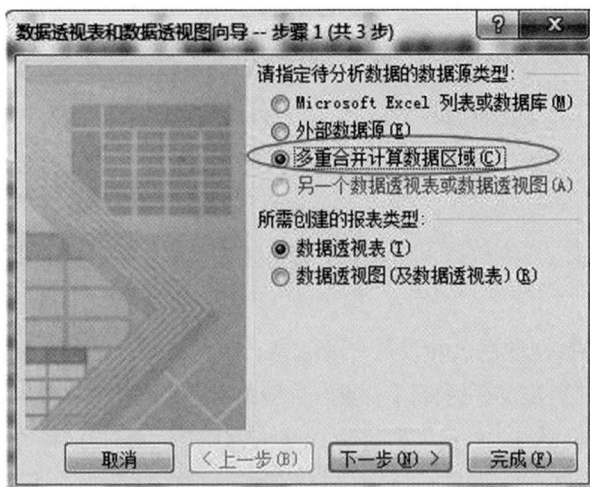

图6-11　按下【ALT+D+P+P】，调出数据透视表，选择【多重合并计算数据区域】

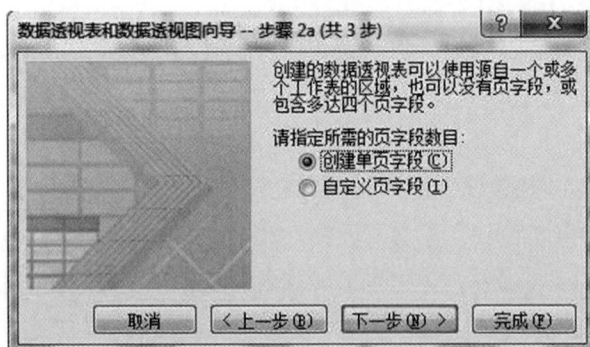

图6-12　选择【创建单页字段】

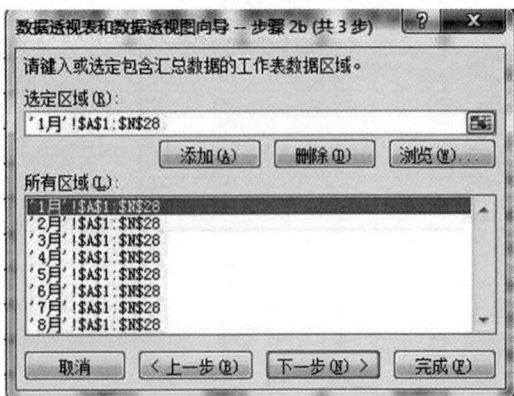

图6-13　将1-8月工资表数据区域添加到对话框中

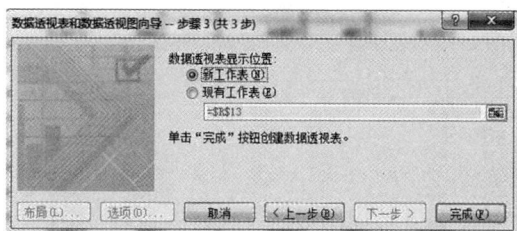

图6-14 勾选【新工作表】

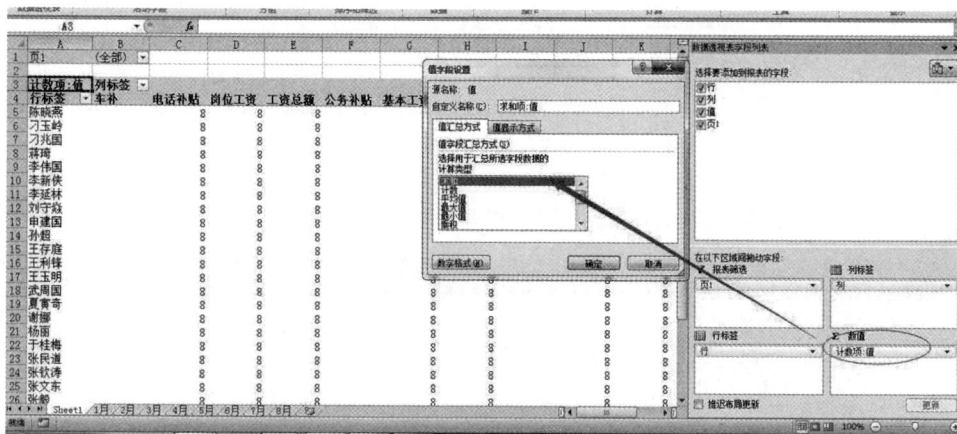

图6-15 将【数值】的计算方式改为【求和】

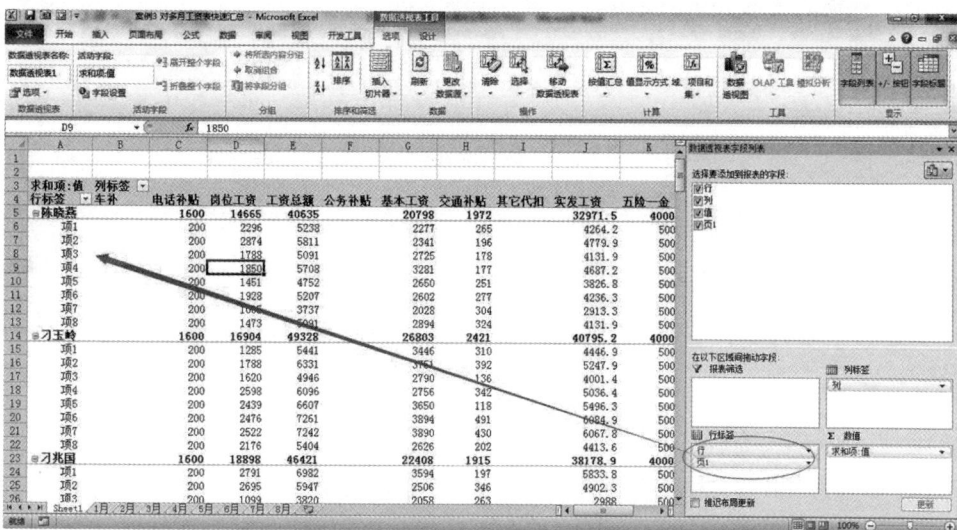

图6-16 将【页1】拉到【行标签】

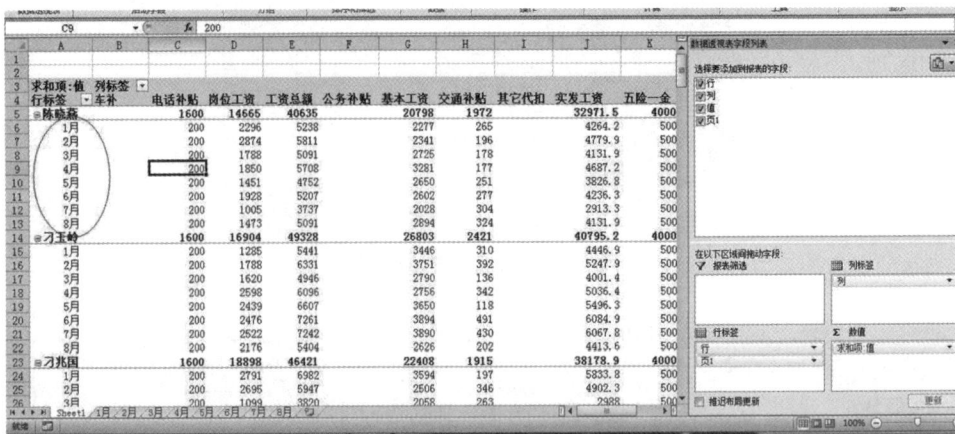

图 6-17　修改【页1】字段的内容为月份

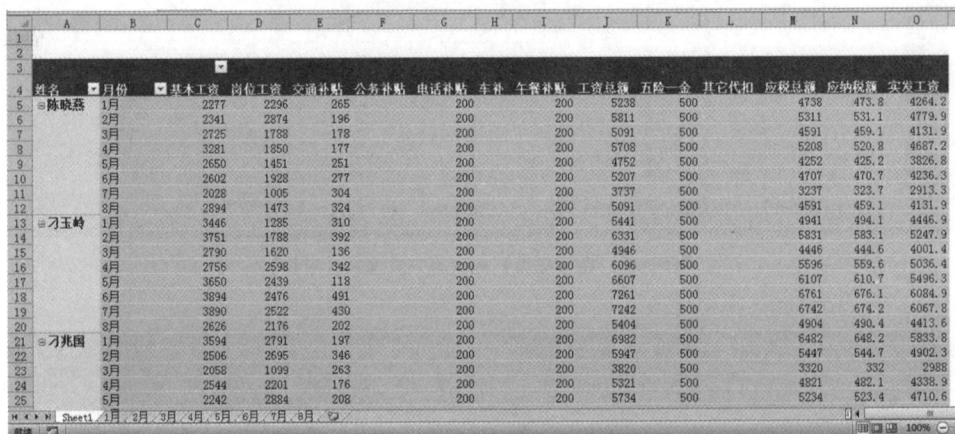

图 6-18　美化及规范列的次序

第 2 节　一个工作簿中结构不同表格合并

对于一个工作簿中结构不同的表格汇总合并，数据透视表的【多重合并计算数据区域】是最有效的方式了，下面我们用业务数据和成本费用数据实操一下。

案例 1：对多个公司业务数据快速汇总

如图 6－19，图 6－20 和图 6－21 所示，现有北京、上海、广州三个公司的业务情况表，三家公司的表格结构和数据内容都不同，我们的任务是将三个公司的业务情况表进行汇总合并。下面是具体操作步骤。

STEP1：调出数据透视表并设置对话信息。按下快捷键【ALT＋D＋P＋P】，调出数据透视表。在第一步中，选择【多重合并计算数据区域】；第二步，选择【创建单页字段】；第三步，将三个公司业务情况表数据区域逐个添加到对话框中，注意，这里三个公司的数据区域范围不同，选择的时候要看清再选；第四步，勾选【新工作表】。如图 6－22，图 6－23，图 6－24，图 6－25。

STEP2：美化数据透视表。用数据美化四板斧对数据进行美化。如图 6－26。

这个案例的操作步骤与上一个案例基本一致，细节不再赘述。

北京分公司业务情况表

	产品1	产品2	产品3	产品4	产品5
1月	745	953	615	872	873
2月	614	778	823	797	919
3月	725	922	685	612	878
4月	934	520	535	645	618
5月	536	783	517	814	865

北京　上海　广州

图 6－19　北京分公司业务情况表

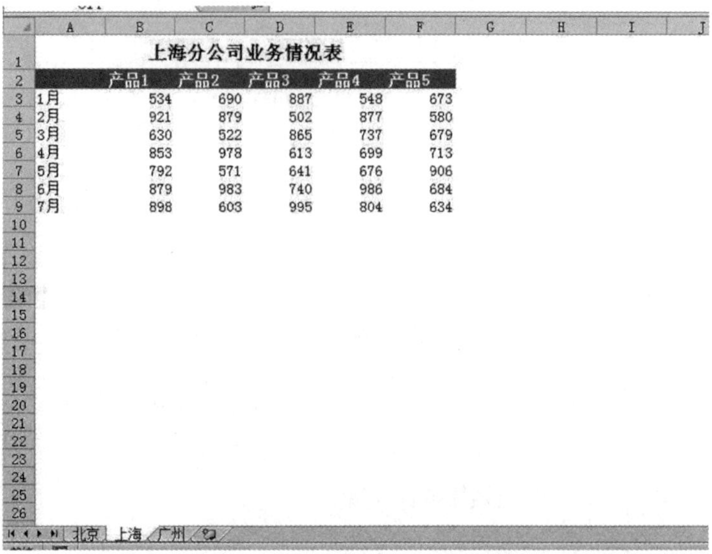

	A	B	C	D	E	F
1		**上海分公司业务情况表**				
2		产品1	产品2	产品3	产品4	产品5
3	1月	534	690	887	548	673
4	2月	921	879	502	877	580
5	3月	630	522	865	737	679
6	4月	853	978	613	699	713
7	5月	792	571	641	676	906
8	6月	879	983	740	986	684
9	7月	898	603	995	804	634

北京　上海　广州

图 6-20　上海分公司业务情况表

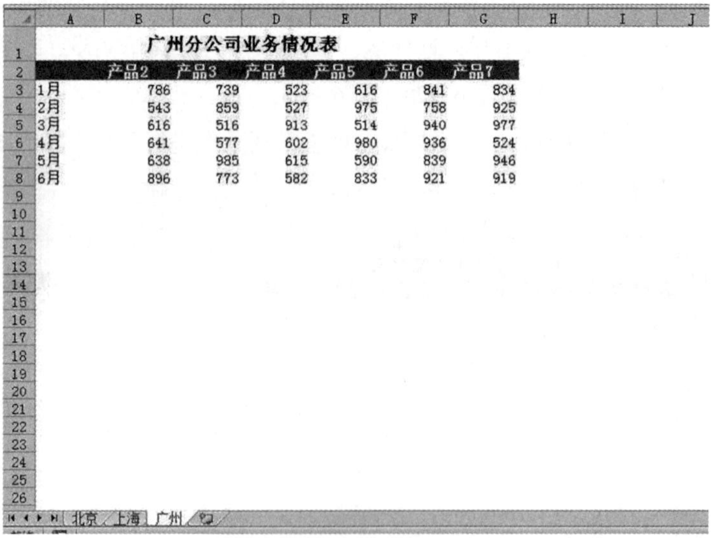

	A	B	C	D	E	F	G
1		**广州分公司业务情况表**					
2		产品2	产品3	产品4	产品5	产品6	产品7
3	1月	786	739	523	616	841	834
4	2月	543	859	527	975	758	925
5	3月	616	516	913	514	940	977
6	4月	641	577	602	980	936	524
7	5月	638	985	615	590	839	946
8	6月	896	773	582	833	921	919

北京　上海　广州

图 6-21　广州分公司业务情况表

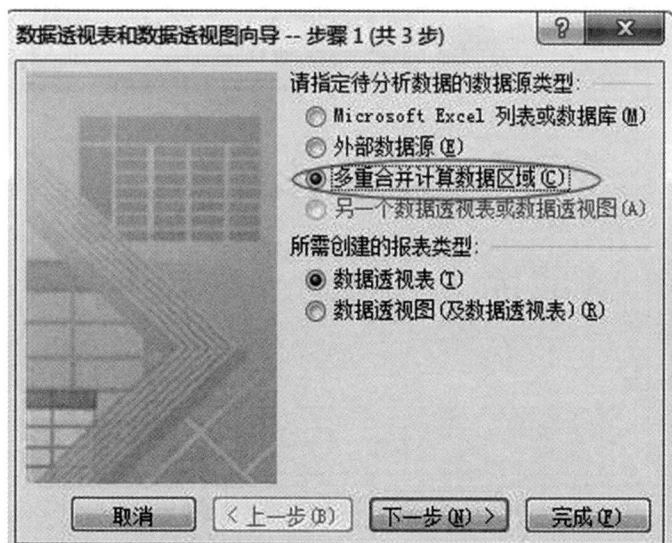

图 6－22　调出数据透视表对话框，选择【多重合并计算数据区域】

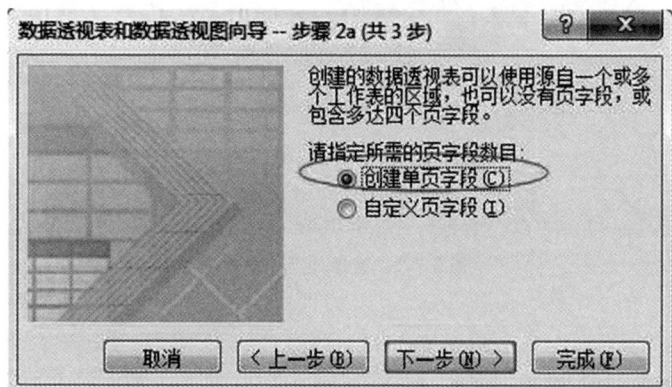

图 6－23　勾选【创建单页字段】

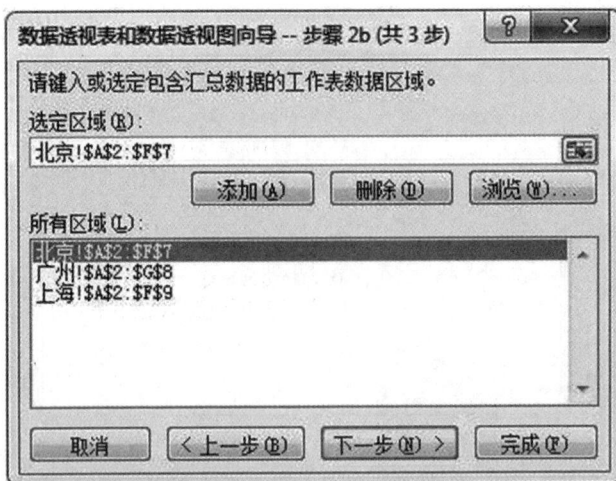

图 6 - 24　添加三个公司的业务数据区域

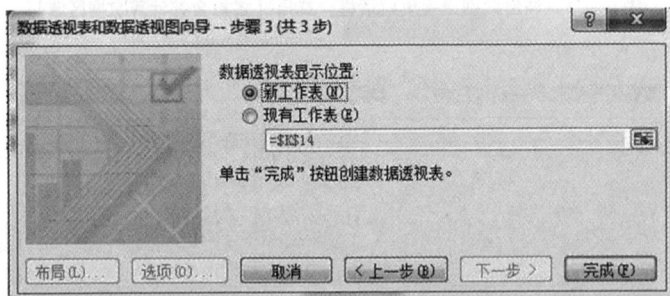

图 6 - 25　选择【新工作表】

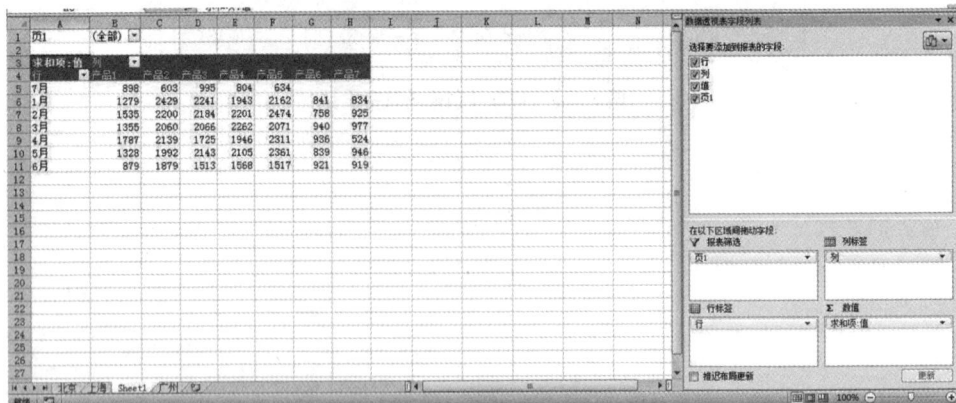

图 6 - 26　三个公司业务情况表已顺利汇总

案例 2：对两年多月成本费用表快速汇总

前几个案例中，我们在使用数据透视表的【多重合并计算数据区域】功能时，使用的都是【创建单页字段】，这里我们再拓展一下，练习一下【自定义页字段】的使用功能。

如图 6－27 和图 6－28，我们现有两年成本费用表要合并，但是仔细观察会发现，2017 年与 2016 年的表格结构并不完全相同，因为 2016 年公司进行了部门调整，两年的部门数量有所不同。下面我们要将 2016 年 1－3 月和 2017 年 1－3 月的 6 张表格进行汇总分析。

1月

职责中心段	办公服务费	接待费	宣传费	差旅费
总裁办	3,341	4,652	1,090	2,681
销售运营部	2,694	4,052	4,371	2,893
售后服务部	4,601	1,101	3,730	1,209
品控中心	2,448	1,673	3,085	4,597
物资采购部	4,844	1,387	4,200	1,027
企业策划部	4,708	4,934	4,263	2,171

2月

职责中心段	办公服务费	接待费	宣传费	差旅费
总裁办	1,600	3,596	1,274	3,864
销售运营部	4,222	3,402	4,053	2,566
售后服务部	1,706	4,852	4,271	2,956
品控中心	1,256	1,303	2,421	2,649
物资采购部	4,282	4,327	2,791	2,451
企业策划部	1,596	2,883	4,590	4,599

3月

职责中心段	办公服务费	接待费	宣传费	差旅费
总裁办	3,303	1,152	3,684	1,681
销售运营部	3,316	1,578	4,869	3,592
售后服务部	1,606	1,793	4,153	3,753
品控中心	2,441	1,995	1,483	1,495
物资采购部	2,970	2,918	2,609	1,513
企业策划部	1,113	1,323	1,039	3,940

2017年 2016年

图 6－27　2017 年各月成本费用表

1月

职责中心段	办公服务费	接待费	宣传费	差旅费
总裁办	3,229	4,564	1,024	1,256
销售运营部	2,061	1,715	4,884	2,618
售后服务部	1,369	4,713	1,677	1,118
品控中心	3,207	2,663	4,532	1,055
物资采购部	2,149	4,876	1,179	1,297
企业策划部	1,444	4,207	3,631	4,229
综合办	2,567	1,437	4,259	1,623

2月

职责中心段	办公服务费	接待费	宣传费	差旅费
总裁办	1,980	3,787	1,990	4,055
销售运营部	1,488	1,126	2,812	4,796
售后服务部	2,711	4,560	1,390	3,326
品控中心	4,636	2,312	4,478	3,436
物资采购部	4,808	4,079	4,739	3,885
企业策划部	2,286	2,077	1,203	2,121
综合办	3,934	4,888	1,647	2,947

3月

职责中心段	办公服务费	接待费	宣传费	差旅费
总裁办	2,444	3,330	1,782	1,971
销售运营部	3,829	4,104	2,104	4,286
售后服务部	1,040	1,366	3,500	2,708
品控中心	2,219	1,453	1,200	3,539

2017年 2016年

图 6－28　2016 年各月成本费用表

下面是具体操作步骤。

STEP1：调出数据透视表并设置对话信息。按下快捷键【ALT＋D＋P＋P】，调出数据透视表。在第一步中，选择【多重合并计算数据区域】；第二步，选择【自定义页字段】；第三步，不要着急添加数据。先勾选【请先指定要建立在数据透视表中的页字段数目】中的【2】，也就是要添加两个页字段，因为我们一会儿是要通过两个页字段来识别表格名称的，例如2016年1月，既有年，又有月，所以将页字段的数目选择【2】；然后选择2016年1月的成本费用数据区域，将其添加，接着在【字段1】中输入"2016年"，在【字段2】输入"1月"，相当于给这个刚刚添加的表格起一个名字，如图6－31；按照同样方法添加2016年2月数据，然后在【字段1】中输入"2016年"，在【字段2】输入"2月"，如图6－32。之后就不用我说了吧？把6个表格全部按照同样方法都添加好；第四步，勾选【新工作表】。

STEP2：美化数据透视表并修改字段名称。使用数据透视表美化四板斧进行美化，并修改字段名称。最终效果如图6－35所示。

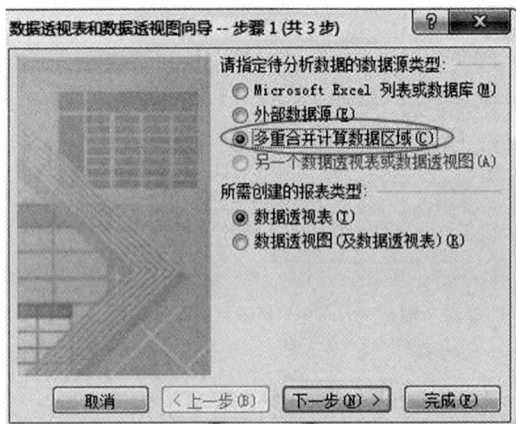

图6－29　选择【多重合并计算数据区域】

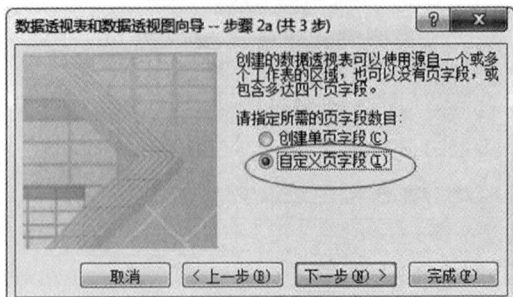

图6－30　选择【自定义页字段】

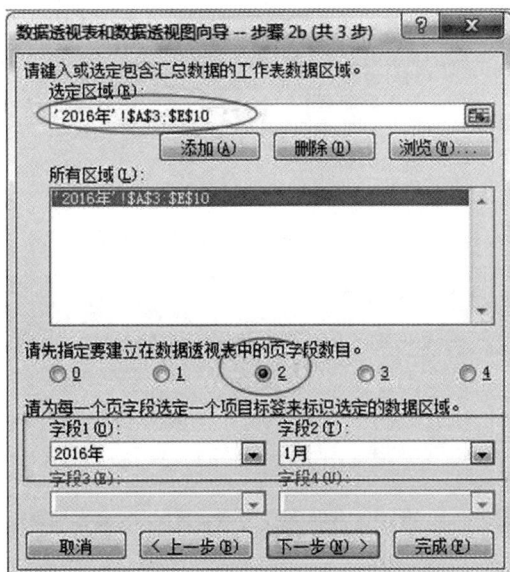

图 6-31　添加 2016 年 1 月成本费用表数据区域

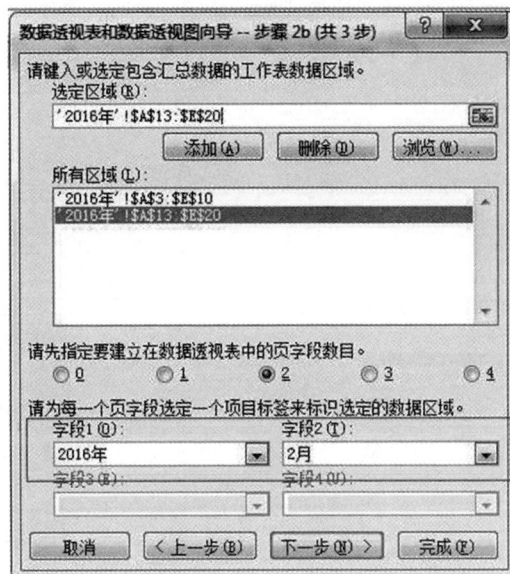

图 6-32　添加 2016 年 2 月成本费用表数据区域

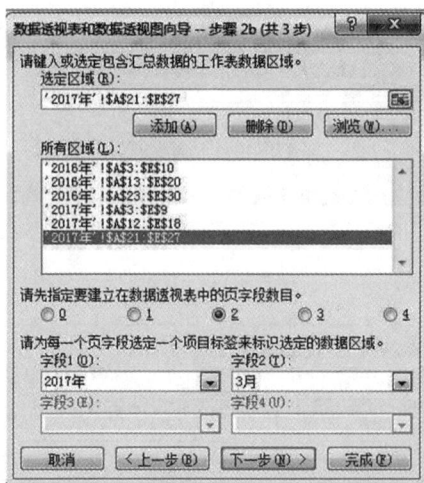

图 6 – 33　将 2016 年和 2017 年成本费用表全部添加完毕

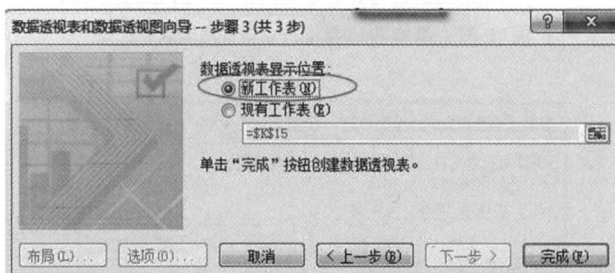

图 6 – 34　勾选【新工作表】

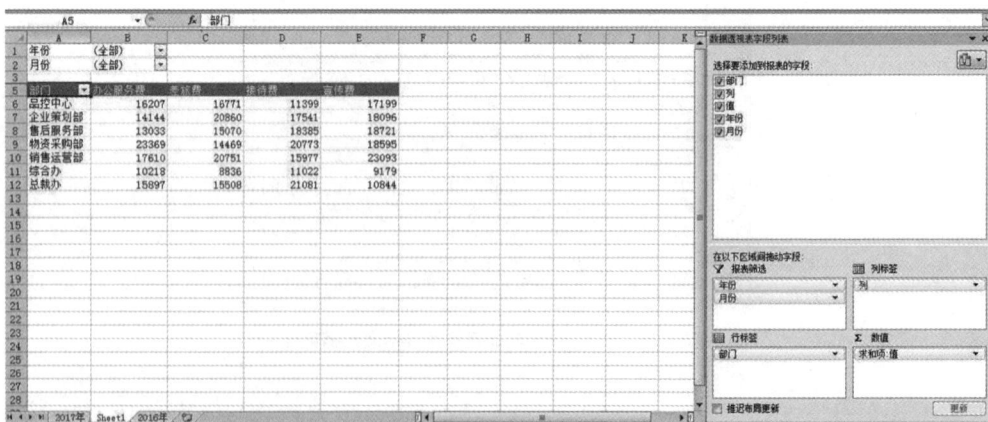

图 6 – 35　美化数据透视表

第3节　多个工作簿的多表格合并

合并财务报表无论是对于财务领域还是审计领域，都是一个让人抓狂的问题，首先抵消分录就已经很头疼了，再加上资产负债表、利润表、现金流量表、收入明细表、成本明细表等的合并，简直就是人家唱歌要钱，合并报表唱歌要命。我们这里不讲抵消分录，主要还是破解合并报表中的表格合并难题。

案例：集团公司合并财务报表实务

如图 6 - 36 所示，我们现有 5 家子公司的财务报表需要合并，当然财务实践中，有的集团有 10 多分子公司，有的甚至有 20 多个，这个倒是问题不大，使用的方法都是一样的，汇总的速度也都是几分钟搞定。我们这里使用的方法是公式法，也就是用 INDIRECT 通过引用指定表格的单元格数据实现汇总合并，但是这里要延伸一下，因为我们要做的是跨工作簿引用，现在我们废话不多说，来实操一下吧。

STEP1：将要汇总的工作簿起好名字，然后放在同一个文件夹中。这里，我们对子公司财务报表工作簿都是以这样的标准命名：公司名 + 月报表。例如，北京子公司月报表，广州子公司月报表……然后文件夹的名字也要规范，这个案例的标准是：年 + 月，例如，我们这个汇总文件夹起名为：2017 年 8 月。

STEP2：根据单户公司表格结构设计集团公司合并报表。

首先，设计合并资产负债表，我们将单户公司的资产负债表项目粘贴在最左边，然后依次按照顺序写好顶端表头标题，例如，集团公司合并，集团公司本部，北京子公司，福州子公司、广州子公司等等。如图 6 - 39 所示。

然后，设计合并利润表，原理与上一致，但是这里要设计两年的，因为这里我们要将利润表要进行同比。如图 6 - 41 所示。

STEP3：设置资产负债表汇总公式。在设置公式之前，要确保所有子公司的财务报表工作簿都被处于打开状态，方法是用鼠标选中所有子公司财务报表工作簿，点击鼠标右键，选中【打开】。

设置资产负债表汇总公式，在 E3 单元格，也就是北京子公司的第一个项目货币资金单元格中输入公式 " = INDIRECT （" ' C：\ Users \ Administrator. PCOS -

1510310432 \ Desktop \ 2017 年 8 月 \ ［"&E＄2&" 月报表．xls］资产负债表'！C"
&ROW（A3））"。

我想大部分的朋友看到这都会晕一下，这个公式怎么这么长？长是长，但是不
难。待我给大家解释一下，你很快就明白了。

首先，公司中最大的加粗字体"2017 年 8 月"是我们刚才设置的放置各个子公
司财务报表的文件夹名称。

后面挨着的斜体文字"［"&E＄2&" 月报表．xls］"，意思是北京公司的月报表，
E2 单元格就是北京子公司，xls 是 Excel 文件类型，当然如果你是以较高版本保存的，
这里你也可以用 xlsx 格式。

最后面画了下划线的内容"资产负债表！C" &ROW（A3）"，是资产负债表的
C3 单元格，也就是单户资产负债表中的货币资金。有的人又要问了，那最前的的那
个很长的是什么？你是说这个"C：\ Users \ Administrator．PCOS－1510310432 \
Desktop \ "吗？这个是我刚才存放 2017 年 8 月文件夹的地址啊，Desktop 就是电脑桌
面。这下是不是全明白了？如图 6－40。

这个公式简单点理解，就是把我放在电脑桌面上的 2017 年 8 月文件夹中的北京
子公司月报表中的资产负债表中的 C3 单元格中的数据提取出来，也就是这个子公司
的货币资金金额。公式设置好后，向下拖拽，再向右侧拖拽，集团公司合并资产负
债表就做好了，是不是非常快？

STEP4：设置利润表汇总公式。在集团公司合并利润表的 E4 单元格提取北京子
公司利润表中的本年营业收入数据，输入公式" ＝ INDIRECT（"' C：\ Users \ Admin-
istrator．PCOS－1510310432 \ Desktop \ 2017 年 8 月 \ ［"&E＄3&" 月报表．xls］利润
表'！C" &ROW（A3））"，原理与上一致。将公式向下向右拖拽。然后，在集团公
司合并利润表的 I4 单元格提取北京子公司利润表中的上年营业收入数据，输入公式
" ＝ INDIRECT("' C：\ Users \ Administrator．PCOS－1510310432 \ Desktop \ 2017 年 8 月 \
［"&E＄3&" 月报表．xls] 利润表'！D"&ROW(A3)），将公式向下向右拖拽。

最后，再对两张合并财务报表中的集团公司合并数设置求和公式，集团公司的
合并资产负债表和利润表就做好了。

等再做下个月的合并报表时，你只需要将文件名称更改，然后对集团公司的合
并报表数据的公式进行批量修改即可，方法是我们在第五章第 8 节讲的批量替换公
式，即把 2017 年 8 月改成 2017 年 9 月就可以顺利完成下个月的汇总工作了。

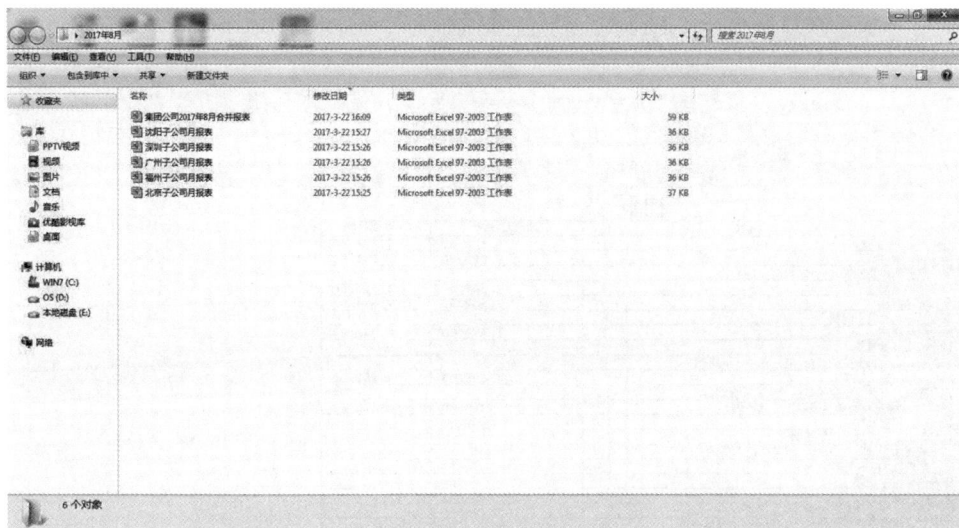

图 6-36　将要汇总的表格规范起名，并放在一个文件夹内

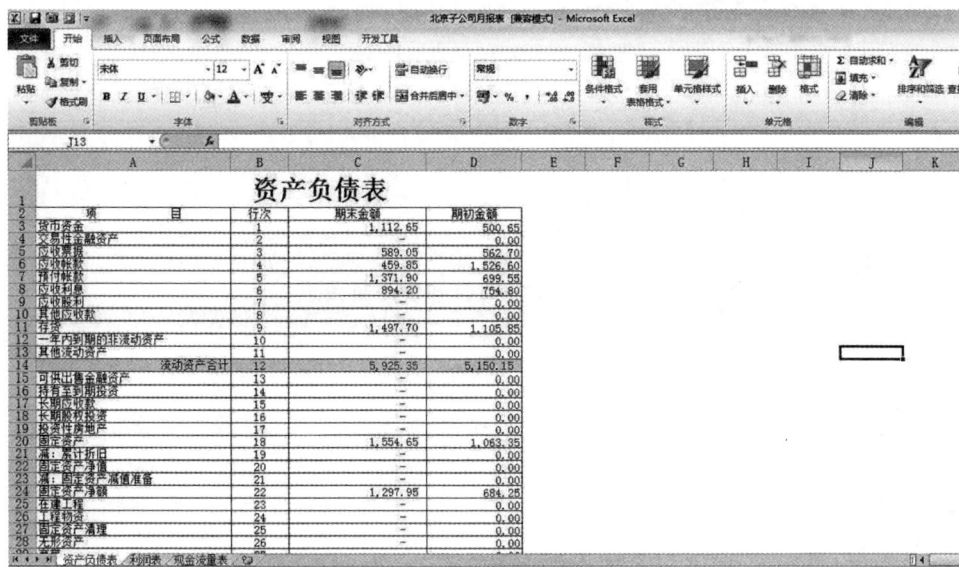

图 6-37　单户公司资产负债表格式

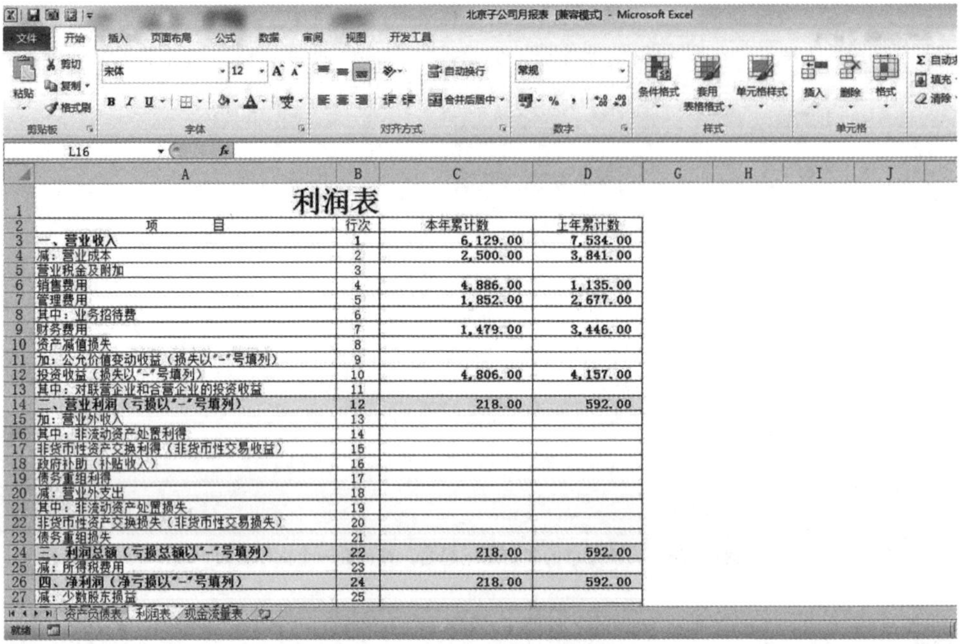

图 6-38　单户公司利润表格式

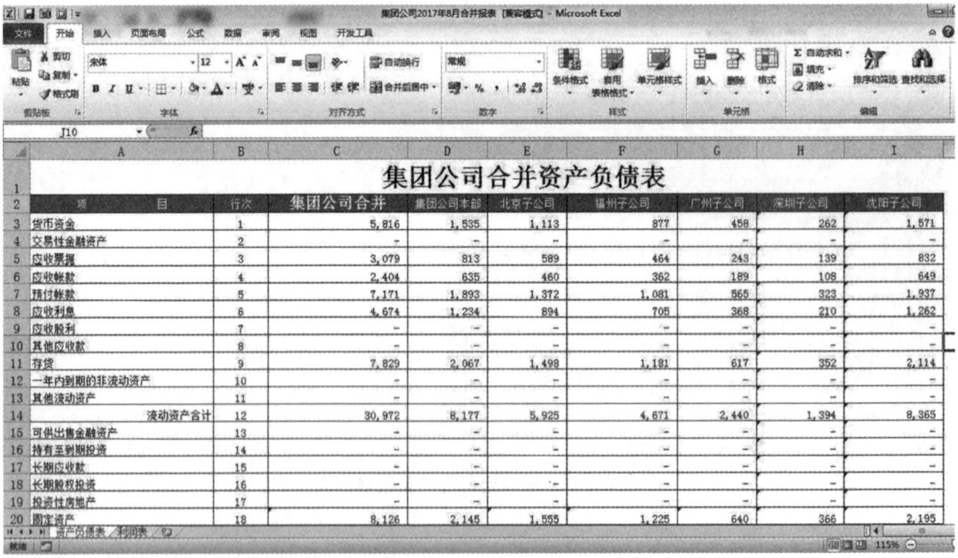

图 6-39　设计集团公司合并资产负债表格式

集团公司2017年8月合并报表 [兼容模式] - Microsoft Excel

MATCH ▼ =INDIRECT(""C:\Users\Administrator.POOS-1510310432\Desktop\2017年8月\['aE$3a'月报表.xls]资产负债表'!C"&ROW(A3))

集团公司合并资产负债表

项　　目	行次	集团公司合并	集团公司本部	北京子公司	福州子公司	广州子公司	深圳子公司	沈阳子公司
货币资金	1	5,816	1,535	"&ROW(A3))		877	458	262	1,571
交易性金融资产	2	--			--	--		--
应收票据	3	3,079	813	589	464	243	139	832
应收帐款	4	2,404	635	460	362	189	108	649
预付帐款	5	7,171	1,893	1,372	1,081	565	323	1,937
应收利息	6	4,674	1,234	894	705	368	210	1,262
应收股利	7	--			--		--	
其他应收款	8	--			--			--
存货	9	7,829	2,067	1,498	1,181	617	352	2,114
一年内到期的非流动资产	10	--			--			--
其他流动资产	11	--			--			--
流动资产合计	12	30,972	8,177	5,925	4,671	2,440	1,394	8,365
可供出售金融资产	13	--			--			--
持有至到期投资	14	--			--			--
长期应收款	15	--			--			--
长期股权投资	16	--			--			--
投资性房地产	17	--			--			--
固定资产	18	8,126	2,145	1,555	1,225	640	366	2,195

资产负债表 利润表

图6-40　对合并资产负债表设置公式

集团公司2017年8月合并报表 [兼容模式] - Microsoft Excel

E4 ▼ =INDIRECT(""C:\Users\Administrator.POOS-1510310432\Desktop\2017年8月\['aE$3a'月报表.xls]利润表'!C"&ROW(A3))

集团公司合并利润表

资产负债表 利润表

图6-41　设计集团公司合并利润表格式

集团公司2017年8月合并报表 [兼容模式] - Microsoft Excel

MATCH — =INDIRECT("'C:\Users\Administrator.PCOS-1510310432\Desktop\2017年8月\['aE$3a'月报表.xls]利润表'!C"&ROW(A3))

集团公司合并利润表

项　　目	行次	集团公司合并	集团公司本部	北京子公司	福州子公司	广州子公司	深圳子公司	沈阳子
				2017年				
一、营业收入	1	40,123.70	7,968	"&ROW(A3))	6202	5626	7294	
减：营业成本	2	14,213.00	3,250	2500	2026	1462	1045	
营业税金及附加	3							
销售费用	4	20,020.80	6,352	4886	2436	2532	2620	
管理费用	5	12,586.60	2,408	1852	1445	1568	2437	
其中：业务招待费	6							
财务费用	7	14,988.70	1,923	1479	3358	2217	4200	
资产减值损失	8							
加：公允价值变动收益（损失以"-"号填列）	9							
投资收益（损失以"-"号填列）	10	26,969.80	6,248	4806	4597	4866	3440	
其中：对联营企业和合营企业的投资收益	11							
二、营业利利（亏损以"-"号填列）	12	5,284.40	283.40	218.00	1,534.00	2,713.00	432.00	1
加：营业外收入	13	-	-	-	-	-	-	
其中：非流动资产处置利得	14	-	-	-	-	-	-	
非货币性资产交换利得（非货币性交易收益）	15	-	-	-	-	-	-	
政府补助（补贴收入）	16	-	-	-	-	-	-	
债务重组利得	17	-	-	-	-	-	-	

图 6 - 42　对合并利润表设置公式

第七章　数据视觉化呈现

第1节　财务分析必备图表

在做财务分析时，有时密密麻麻的文字还真不如一张图来得实在，如图 7－1 所示，是阿里巴巴的财报业绩，如果你用文字说明可能用 200 个字未必能表达明白重点，但是用一张图就生动形象、高效的将业绩进行了展示。

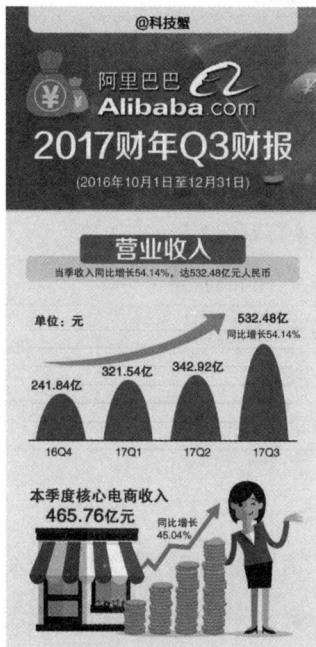

7－1　一张图看懂阿里巴巴业绩

在制作图表时，我们要把握的关键是两个词：专业、精准。专业就是制作的图表看起来不能花里胡哨，像是业余选手临时拼凑一个图上去，做出来的图表无论从配色、布局看起来都得像出自专业人士之手。精准就是图表类型得与你要表达的意思相匹配，不能为了做图表为做图表，图表得能支撑你的观点，表达你的思想。

初识专业图表

第一，如何选择图表。

图表不要着急做，按照我们之前讲的原则，专业和精准来看，图表类型的选择很重要，下面废话不多说，直接上表，遇到要分析的各类场景，按照表 7－1 对照着选择就行了。

表 7 - 1　图表主要应用场景

数据关系	应用场景举例	建议图表
分类对比	本年各产品销售同比情况	柱形图
	业绩排名前 5 名的门店	条形图
	五大业务/财务指标对比	旋风图/雷达图
业务地区分布	东北、华北、西南地区本年销售业绩	地图
时间序列	本年 1 - 12 月水电费变化趋势	折现图
总体构成	公司主要成本占比	饼图
	公司各项销售业务占比	环形图
差异分析	公司预算利润与实际利润差异	瀑布图
	公司本年利润与上年利润差异	
	本年实际利润与预算利润比	双轴柱形图
完成情况	本年收入/利润完成率	仪表盘
关联关系	变动成本与销售量之间的线性关系	散点图

第二，图表的结构和主要元素。

图表的结构和主要元素，请见图 7 - 2 所示。一般来讲，一张图表中，最外面的边框内就是图表区，里面有很多元素，包括标题，数据系列（这里一个柱子就代表一个数据）、数据标签、主要数值轴、分类轴、网格线等。此外，为了表达数据的需要，有时，我们还会额外添加一些图表元素，包括次要数值轴、趋势线、高低点连线、垂直线、涨跌柱等等。

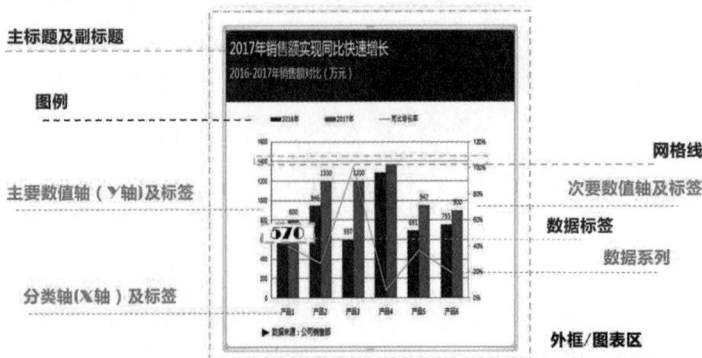

图 7 - 2　图表的结构和主要元素

第三，制作你的第一张专业图表。

下面，我们用来通过实操练习一下专业图表的制作。具体操作如下：

STEP1：选择制图类型。如图 7 - 3 所示，这是一张两年产品销售额的对比表，我们按照本章的表 1 选择柱形图作为目标图表。

图 7 - 3　等待作图的基本表格

STEP2：插入图表。选中 B2：D8 单元格区域，在菜单【插入】的【柱形图】中选择【簇状柱形图】。删除网格线，将图例拖拽至图表上部，将图表横向拖拽填满图表区。

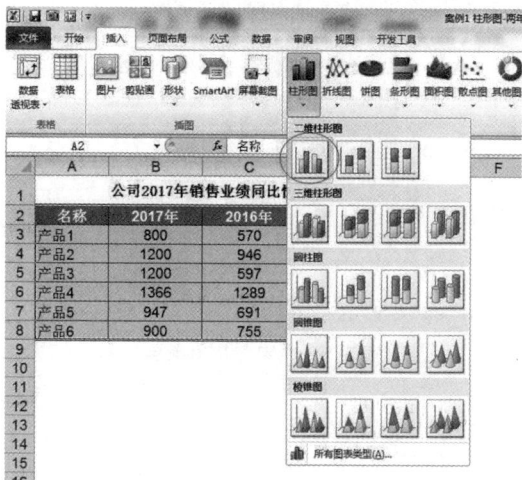

图 7 - 4　选中单元格区域 B2：D8，插入柱形图

STEP3：给图表进行专业配色。随便点击一根 2017 年系列的柱子，在菜单【格式】的【形状填充】中选择【其他颜色填充】，【自定义】对话框中，【颜色模式】选择【RGB】，红绿蓝对话框分别填入数值：239，0，0。如图 7 - 6 所示。同样方法对 2016 年系列柱子填充颜色为：0，59，112。

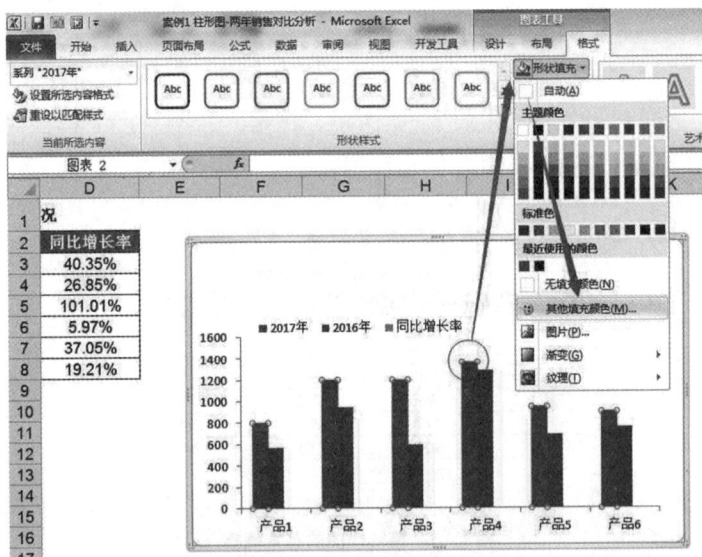

图 7 - 5 选中一个系列的柱子，改变颜色

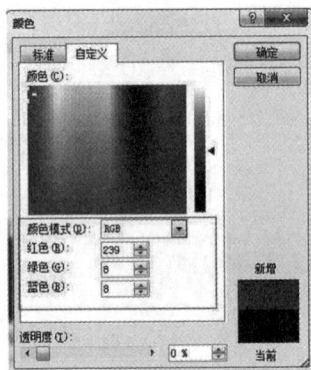

图 7 - 6 自定义 RGB 颜色

STEP4：为图表加标题。选中图表区域，在【布局】菜单中，选中【文本框】，插入图表区作为标题。输入标题，并修改字体为微软雅黑，主标题字号修改为 20 号，副标题为 15 号。

STEP5：显现同比增长率。销售额和同比增长率，在本案例中的区间一个是几百到一千多，另外一个是小于 1 或者 1 以下。所以同比增长率如果与销售额以同一个数值坐标轴作为参照是显示不出来的。必须要将同比增长率放在次坐标轴，单独度量，并以折线图展示增长趋势。操作方法是，在【格式】菜单最左侧对话框中，选择对

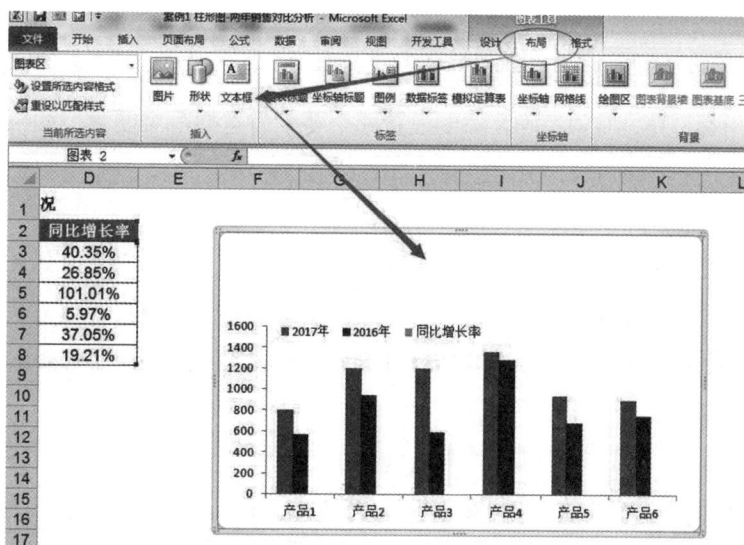

图 7-7　在【布局】菜单中，选中【文本框】，插入图表区作为标题

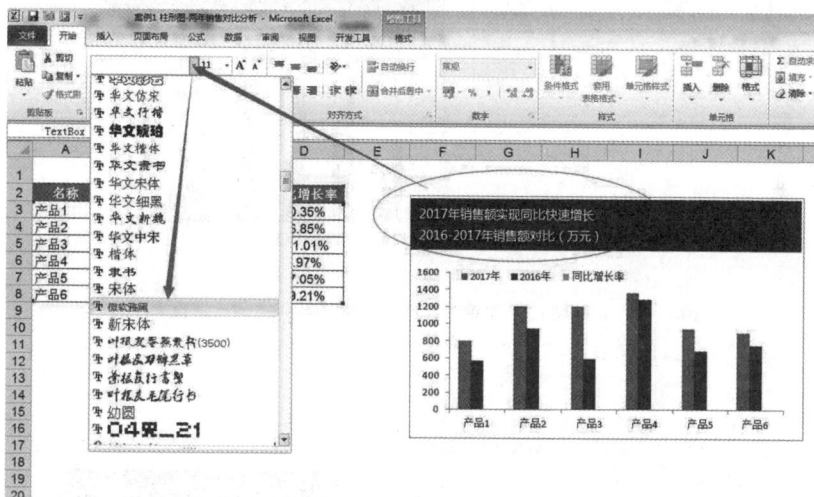

图 7-8　输入标题，并修改字体为雅黑，修改字号至相应大小

象【系列"同比增值率"】，点击下面的【所选内容格式】，将其设置到【次坐标轴】，接着，再选择【设计】菜单中的【更改图表类型】，更改图表类型为【折线图】。如图 7-9，图 7-10，图 7-11。

　　STEP6：细节完善。汉字的数据标签及说明要修改为【微软雅黑】字体，数字的修改为【Arial Unicode MS】，字号均为 8 号字。几个坐标轴都要修改，如图 7-12。最

EXCEL 带你玩转财务职场

终效果如图 7 - 13。

制作专业图表时有几个小技巧：

（1）指哪打哪，对象正确。即要设置哪个要素就选择哪个要素，如果只想选择要素中的某一个单独内容，比如想设置 2017 年系列中的产品 2，则用鼠标点击一下，然后再点击一下就选中了单体。

（2）不要用默认的颜色、字体和字号。Excel 图表默认的颜色、字体和字号都不是特别好看，要想做得更加专业，就必须进行手工调整。颜色我们在下一节中会进行说明；字体分为两类，汉字一般选择【微软雅黑】，数字选择【ArialUnicodeMS】；字号从 8 到 20 号区分内容进行设置。

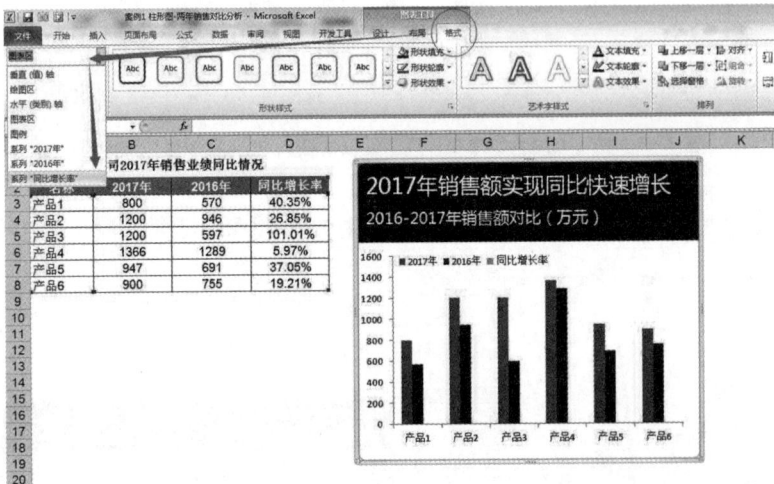

图 7 - 9　在【格式】菜单中，选中对象【系列"同比增值率"】

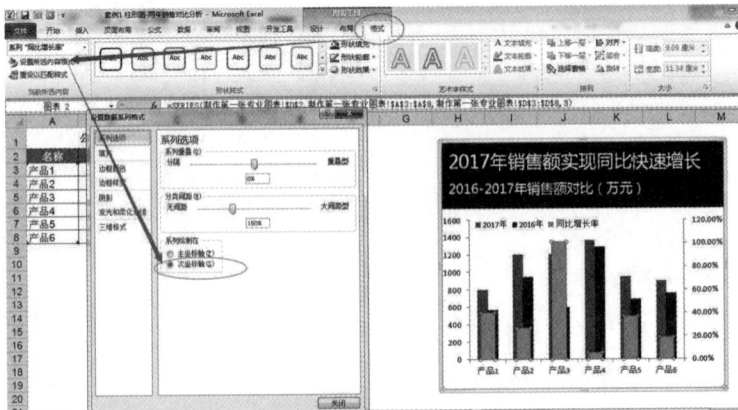

图 7 - 10　将【系列"同比增值率"】设置到【次坐标轴】

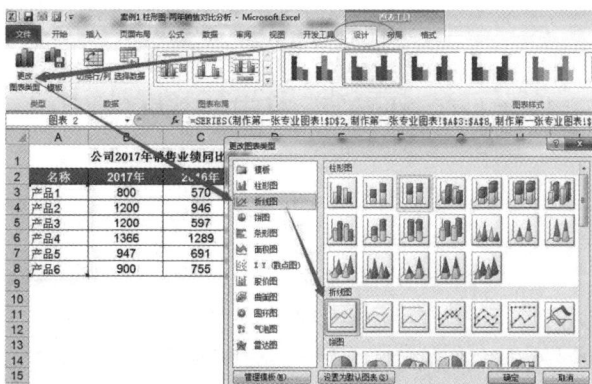

图 7－11　将【系列"同比增值率"】更改图表类型为【折线图】

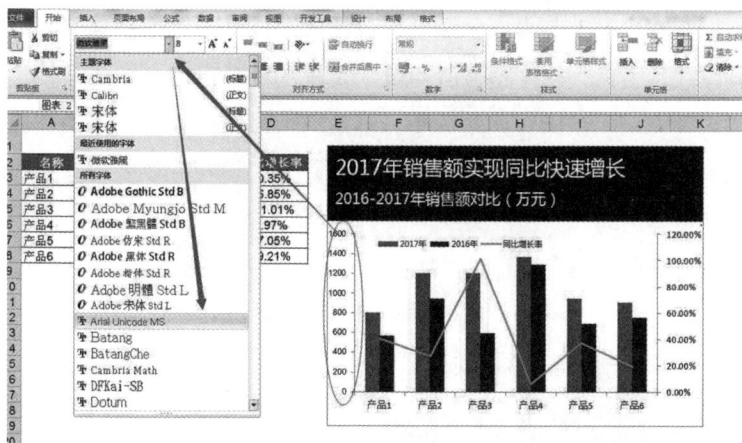

图 7－12　修改坐标轴标签的字体、字号

图 7－13　专业图表最终效果

第 2 节　财务职场常用图表揭秘

别看 Excel 图表有上百种可以选择，其实真正比较适合用在财务实际工作中的并不是很多，有些是其他专业领域用的，有些如立体图等不太适合在经营分析会等场合演示，因为太过花俏。财务职场中的图表属于商务图表，商务图表应尽可能简约、时尚，直接表达观点，与我们的分析文字结合，发挥更大的说明作用。

柱形图 – 对比分析离不开

刚才我们在本章第 1 节中，已经学习过柱形图的画法，但是之前的画法我们只说了自动画图法，还有一种绘图方法叫做手工画图法。自动画图法直接选择制图区域，插入图表就可以了，操作非常简单。但是对于设置了复杂公式的制图区域，再用自动画图会发现无法正常插入想要的图表了。这时，我们就要采取手工画图，这个方法也是非常好用的，一起来实操一下吧。

手工画图制作柱形图步骤：

STEP1：插入簇状柱形图。在距离画图单元格区域稍微 A2：D8 稍微远一点的位置插入簇状柱形图。距离太近插入图表会一不小心带入部分数据，导致错误。

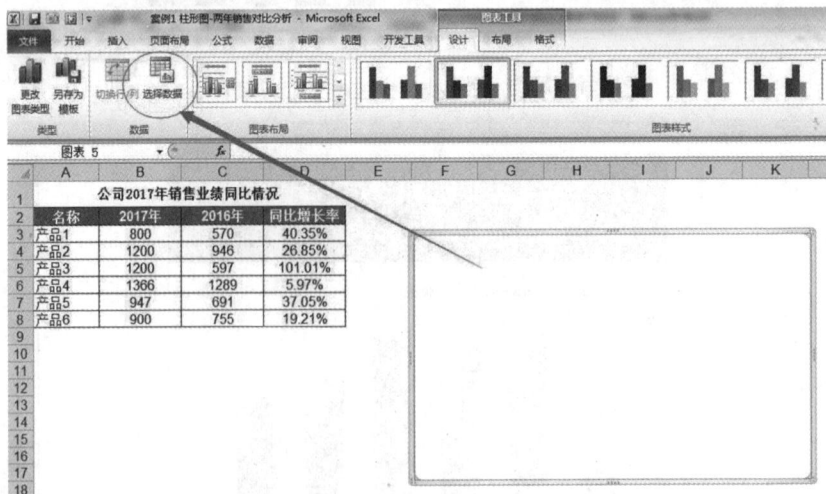

图 7 – 14　插入簇状柱形图，选择【设计】菜单中的【选择数据】

STEP2：添加数据系列。首先添加 2017 年和 2016 年两个数据系列，选择【设计】菜单中的【选择数据】，在【图例项（系列）】中的【添加】。在【系列名称】中，用鼠标选择 B2 单元格（2017 年），在【系列值】中，用鼠标选择对应的数据区域 B3：B8（2017 年的产品 1 – 产品 5 销售额）。接下来，对水平分类轴进行设置，点击【水平（分类）轴标签】中的【编辑】，在【轴标签】中选择对应的数据区域 B3：B8（各产品名称）。

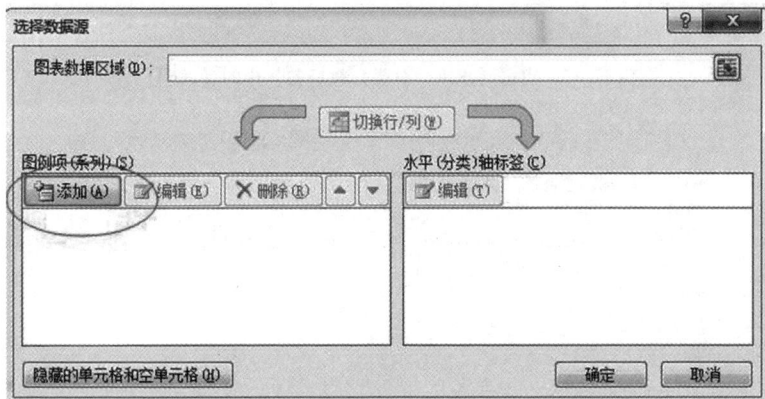

图 7 – 15　点击【图例项（系列）】中的【添加】

STEP3：对图表进行颜值提升。现在的柱形图的柱子有点细，需要调节分类间距，选中 2017 年系列任意一个柱子，点击鼠标右键，将【设置数据系列格式】中的【分类间距】调节为 88%。字体、字号、颜色、标题美化方法与第一节内容一致，不再赘述。

图 7 – 16　对【系列名称】和【系列值】进行设置

绘制柱形图需注意事项：

（1）分类间距要设置合适，一般来讲，默认出现的柱形图，分类间距都需要重

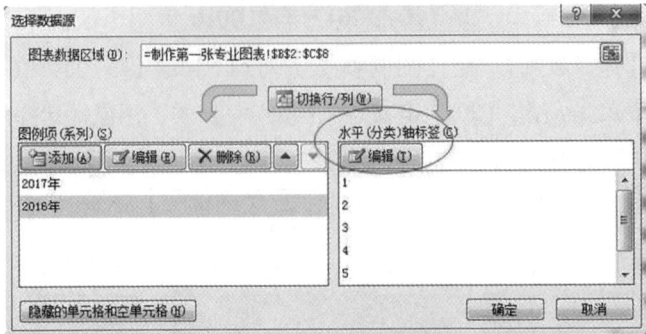

图 7-17　点击【水平（分类）轴标签】中的【编辑】

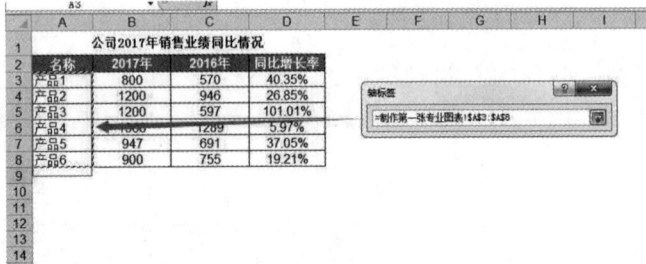

图 7-18　对【轴标签】进行设置

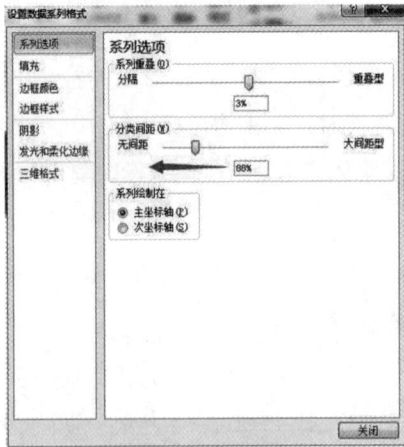

图 7-19　调节分类间距

新设置，否则柱子看起来会非常细，不美观。

（2）一个系列中的项目不要太多。比如这个案例中，如果不止有 5 个产品，而是 20 个产品，那么我们就不要使用柱形图表达，因为柱子太多有点像小森林，不但不美观，而且还无法看清数据趋势。当项目较多时，可以考虑用折线图或者用动态图分项显示来解决。

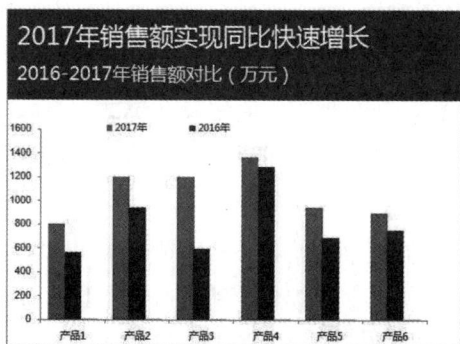

图 7 – 20 最终效果

双轴柱形图 – 预算进度掌控牢

刚才我们用簇状普通柱形图对两年多个产品的同比情况进行了分析，现在，我们要对 5 种产品的年度预算完成进度进行分析，可以用什么图表进行表达呢？我们还可以用柱形图，只不过，这次的柱形图是双轴柱形图。

具体操作：

STEP1：插入簇状柱形图。选中画图单元格区域 B2：H4，插入簇状柱形图。这里我们用自动画图就可以了，操作好后，发现柱形图已经出现雏形。

STEP2：调整实际值系列到次坐标轴。任意选中实际值系列的一根柱子，点击右键，在【设置数据系列格式】中，将其系列绘制位置调整为【次坐标轴】。这个步骤的作用是将实际值系列放在预算值前面显示，即将谁放在次坐标轴，谁就会显示在前面。如图 7 –21。

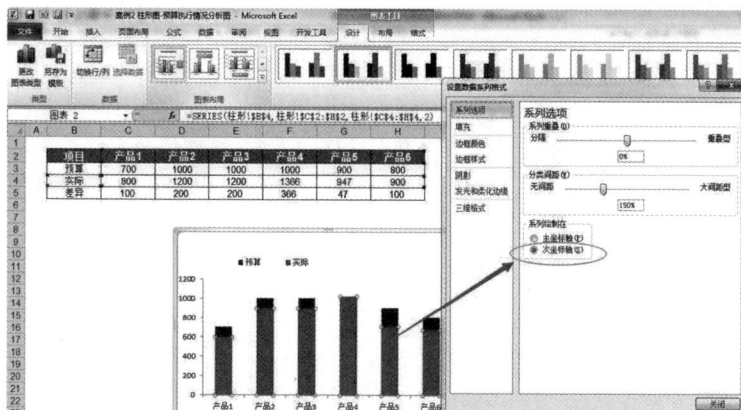

图 7 – 21 调整实际值系列到次坐标轴

STEP3：修改预算值系列的分类间距。任意选中预算值系列的一根柱子，点击右键，在【设置数据系列格式】中，将【分类间距】调整为46%。这个步骤的作用是将预算值系列的柱子变粗，进而将实际值包裹在里面，不让两者左右重合在一起。如图7－22。接着，将预算值的柱子填充颜色修改为无填充颜色，边框设置一个虚线的红色边框线。

STEP4：删除次要数值坐标轴。点击图表右侧的次要数字坐标轴，点击键盘上的DELETE 键，将其删除，这样，两个数据系列就都以左侧数值坐标轴为度量标准了。

STEP5：对图表进行颜值提升。增加标题，修改字体，字号等。

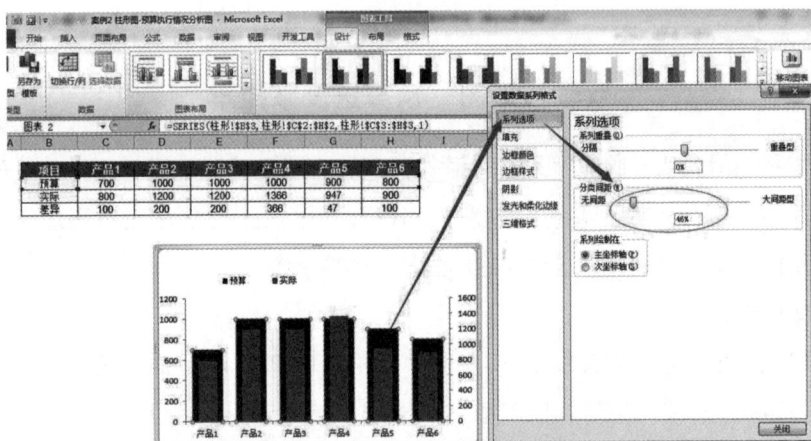

图 7－22　调整预算值系列的分类间距

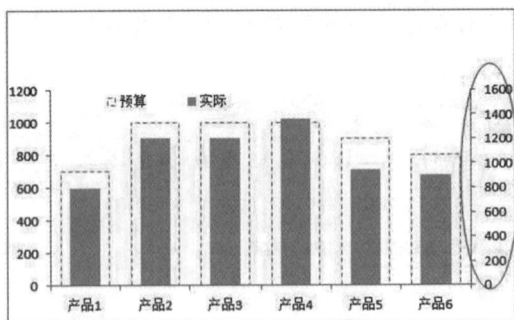

图 7－23　删除次坐标轴

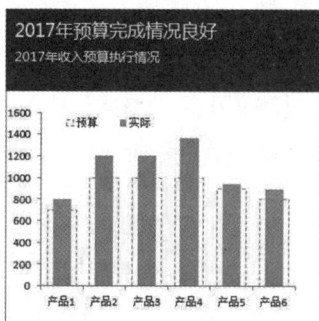

图 7 - 24　最终效果

条形图 - 整齐排名轮业绩

对于销售员业绩排名，库存量排名，成本费用支出排名，收入项目排名等，这一系列的排名图表，我们可以用条形图来展现，在制图前，要记得先对数据做好排序，要不图表中的柱子会杂乱无章，显得很混乱，没有层次感。

具体操作：

STEP1：插入条形图。选中画图单元格区域 A2：B17，插入簇状条形图。这时，条形图已经出来了，如图 7 - 25。

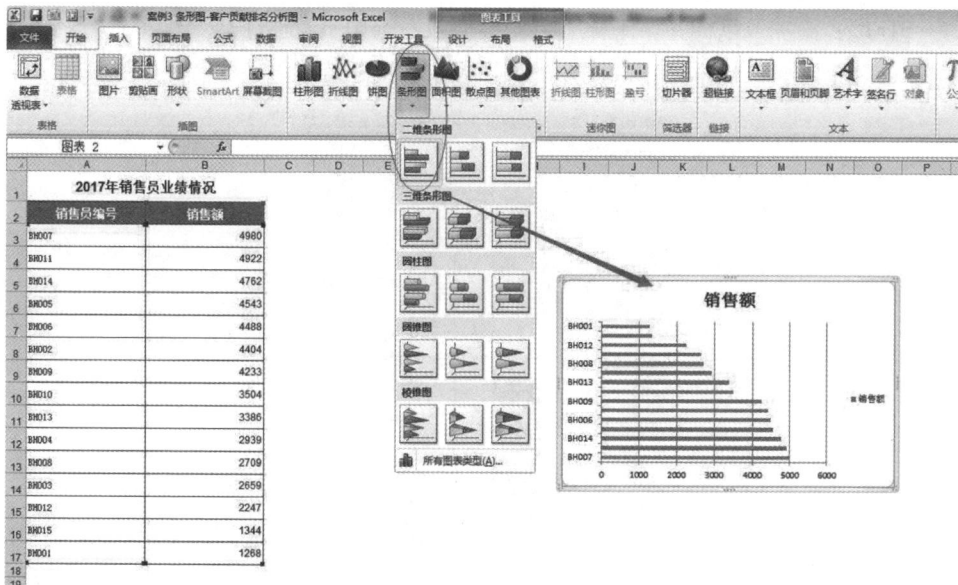

图 7 - 25　选择制图区域，插入条形图

STEP2：调整条形图显示顺序。仔细观察，我们会发现，条形图中横条的顺序与画图单元格数据区域的数据顺序是相反的，如何让其按照正常的顺序显示呢？选中左侧的主要数值轴，右键，在【设置坐标轴格式】中勾选【逆序类别】，现在条形图的数据展现顺序是不是与单元格区域的数据顺序一致了？如图 7 - 26 所示。

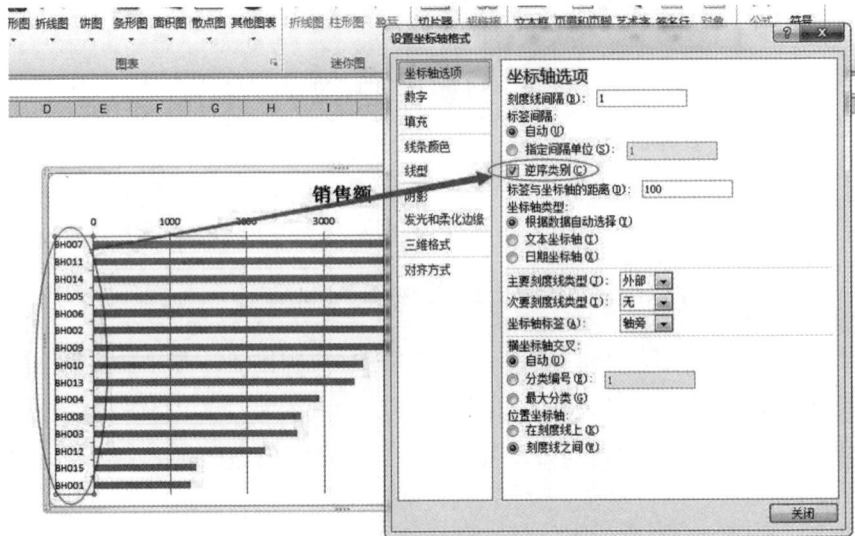

图 7 - 26　勾选【设置坐标轴格式】中的【逆序类别】

STEP3：添加数据标签。任意选中一根横条，选中【布局】菜单中的【数据标签】，再选中【数据标签外】。这时，数据标签已经显示出来了。如图 7 - 27 所示。

图 7 - 27　添加数据标签

STEP4：对图表进行颜值提升。增加标题、修改字体、字号、修改分类间距等。

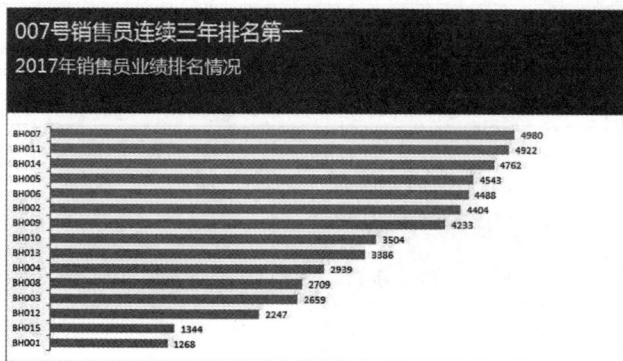

图 7 - 28　最终效果

绘制条形图需注意事项：

（1）绘制前尽量排序好。条形图的数据如果不事先进行排序，会给人造成非常凌乱的感觉，所以要对数据事先排好顺序，让图表看起来更加规整。

（2）及时调整数据展现顺序。插入条形图后，第一件事就是记得一定要勾选【设置坐标轴格式】中的【逆序类别】，将其显示顺序调整为与绘图区域的数据顺序一致。

（3）分类间距要设置合适。与柱形图一样，条形图也要对分类间距进行适当调整，让条形的粗细看起来更舒服。

饼图 & 环型图 – 项目比重定重点

对于结构的分析，例如公司成本结构、各产品销售额占比、某个项目盈利占总利润比重等，这类的图表表达，可以用饼图或环形图来展现。

这里需要注意的是：

（1）饼图的项目不要超过 5 个，多余的部分可以汇总后起名为"其他"代替。如果非要展现 5 个以上的项目结构，可以用复合饼图来表达。

（2）环形图在使用时，一般每个项目的占比用一个环形图表达，即一张图表达一个项目的比重，如果有 5 个项目，环形图就做 5 个，横向排列展示。

（3）饼图在绘制时，最大项目的扇区边界起始位置设置为 12 点钟方向（0 度），

饼图的具体操作：

STEP1：插入饼图。选中画图单元格区域 B2：C8 区域，插入饼图。如图 7 – 29。

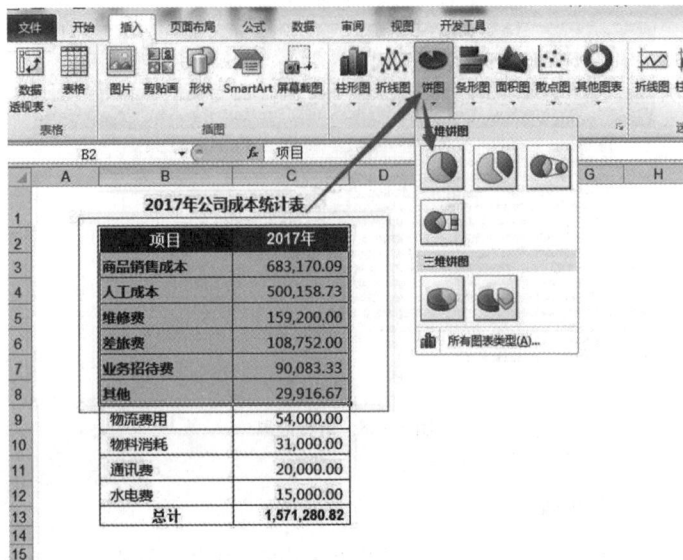

图 7 – 29　选择制图区域，插入饼图

STEP2：旋转扇区。选中饼图，点击鼠标右键，选择【设置数据系列格式】，将【第一扇区起始角度】调整为 202 度。即正好是将最大项目的扇区边界起始位置设置为 12 点钟方向（0 度）。如图 7 – 30。

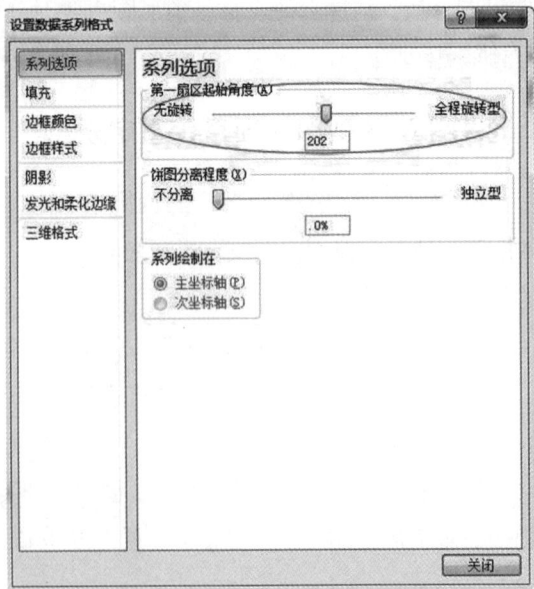

图 7 – 30　旋转饼图，将最大项目的扇区边界起始位置设置为 12 点钟方向（0 度）

STEP3：添加数据标签。选择【布局】菜单中的【数据标签】，再选中【其他数据标签选项】，勾选【类别名称】和【百分比】。这时，类别名称和各项目的百分比就被显示出来了。如图 7 – 31，图 7 – 32。

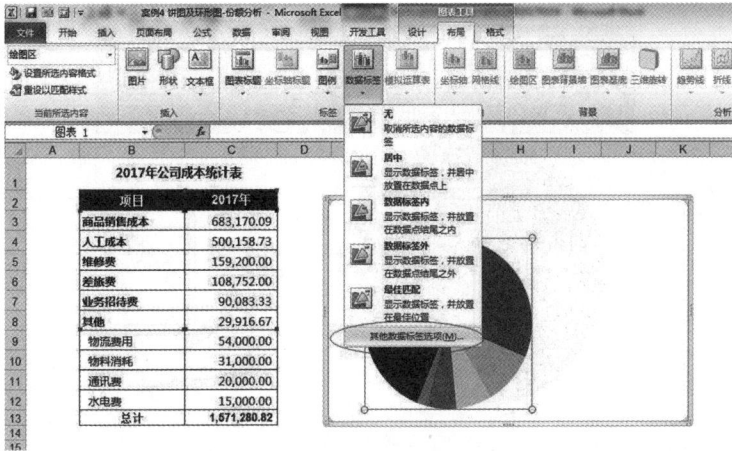

图 7 – 31　选中【布局】菜单中的【数据标签】，选择【其他数据标签选项】

图 7 – 32　勾选【类别名称】和【百分比】

STEP4：对图表进行颜值提升。增加标题，修改字体，字号、插入一个修饰图片等。

项目超过 5 个时，如果有必要进行全部展示，可以考虑使用复合饼图进行绘制，即一个大饼图带一个小饼图。这里我们需要有一个提前的设计，就是要考虑把什么内容放到小饼图中，这个案例中，我们打算把所有小于5%的数据放在小饼图中显示。

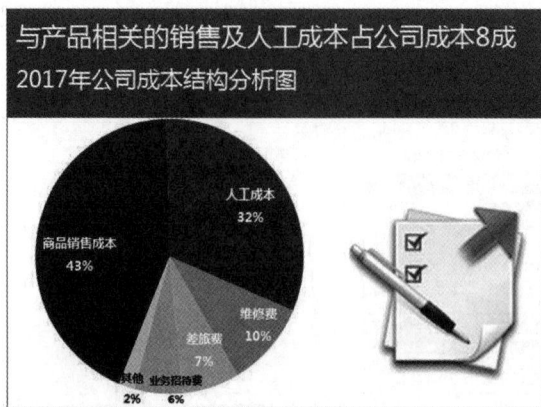

图7-33　美化图表后的最终效果

复合饼图的具体操作：

STEP1：插入饼图。选中画图单元格区域 B1：C10 区域，插入复合饼图。如图7-34。

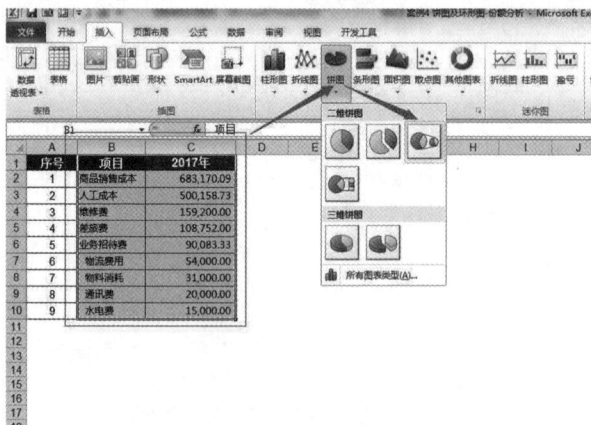

图7-34　选择绘制区域，插入复合饼图

STEP2：设定第二个饼图包含的数据内容。选中饼图，点击鼠标右键，选择【设置数据系列格式】，将【系列分割依据】调整为百分比值，【第二绘图区包含所有小于该值的值】设置为5%。如图7-35。

STEP3：添加数据标签并对图表进行颜值提升。方法与前一致，不再赘述。

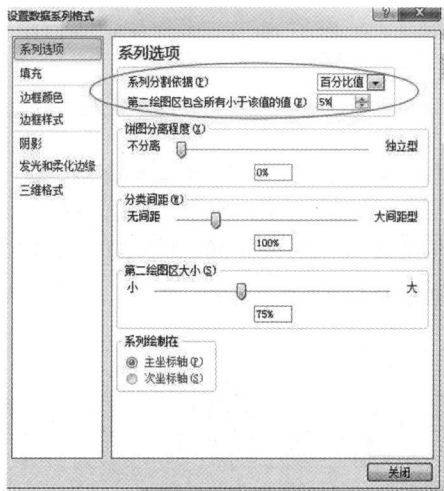

图7-35　调整系列分割依据和小饼图包含的数据范围

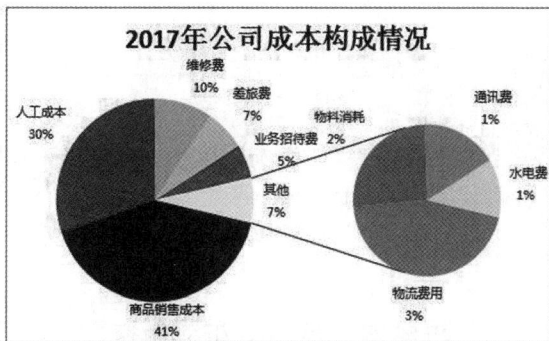

图7-36　复合饼图最终效果

环形图的具体操作：

环形图在绘制时，最好将每个项目的占比单独绘制成一个图形，然后横线排列，视觉效果会得到提升。

STEP1：插入饼图。选中画图单元格区域D2：E2区域，插入环形图。如图7-37。

STEP2：添加数据标签并对图表进行颜值提升。

STEP3：再按照上述方法制作其他三个环形图，然后排成一排。如图7-38。

这里有个快捷的制作相同图表的方法，即复制一张环形图，然后粘贴至空白区域，选中这个环形图，这时环形图选中的数据会在绘图区域中被框选，用鼠标移动框选位置至新的绘图数据区域，即可完成一个环形图的制作，用这个方法处理相同图表的绘制，非常方便。

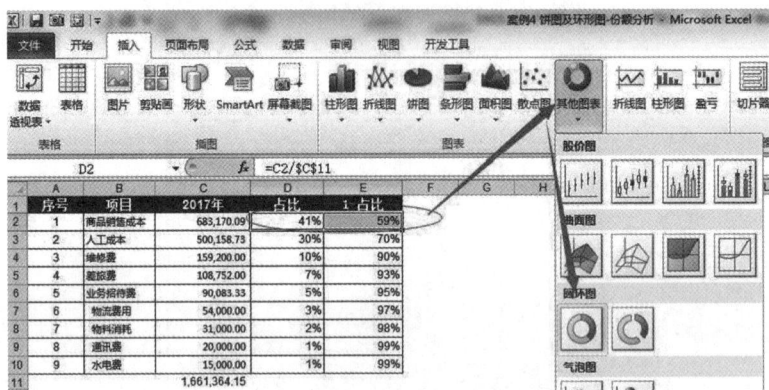

图 7-37　选择绘图区域，插入环形图

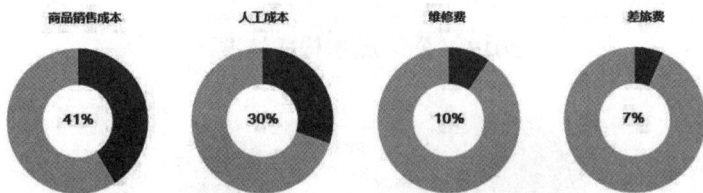

图 7-38　将环形图排成一排展示

折线图-趋势分析要做透

折线图主要是对项目的时间变化趋势进行分析。例如，通过查看某产品一年12个月销售额折现图，可以清楚地观察出该产品哪个月是淡季，哪个月是旺季等等。折线图的数据系列不易过多，最多不能超过5条折线，否则看起来会非常凌乱，影响对数据的解读。

具体操作：

STEP1：插入折线图。选中画图单元格区域 A1：M4 区域，插入折线图。如图7-39。

STEP2：对图表进行颜值提升。添加标题和主要网格线，方法都是选中图表后，在菜单【布局】中添加。然后对字体、字号、颜色等进行调节。

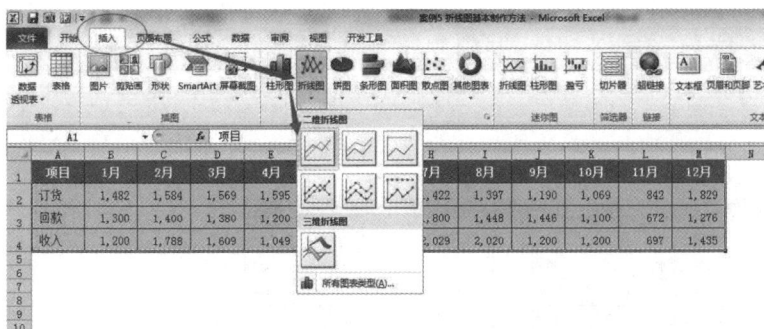

图 7-39　选择绘图区域，插入环形图

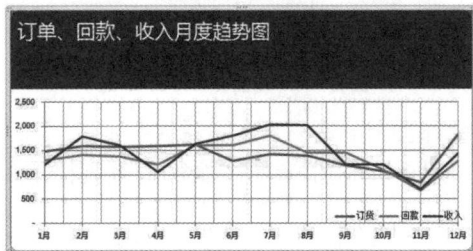

图 7-40　折线图最终效果

瀑布图－差异原因弄清楚

瀑布图是经营分析工作中的常见图表，一般用来解释一个数字到另一个数字的变化过程。比如，2017 年利润同比增加了 3000 万元，这 3000 万元是由于营业收入增加了 2000 万元，变动成本减少了 1000 万元导致的。同比利润的增加原因是由什么造成的，实际收入较预算收入减少是由什么原因造成的等等这样的情景解释，我们都可以用瀑布图来表达。

具体操作：

STEP1：设置辅助绘图区域。如图 7-41 所示，我们在原始数据区域下面绘制一个辅助绘图区域，用来画图用。金额列中，收入的增加用 2017 年营业收入减去 2016 年，成本的增加用 2016 年的成本减去 2017 年；起点列中，最上和最下两个单元格都输入 0，在第二单元格内（C9）输入公式 "=D8"，拖拽公式填充剩余区域；终点列中，将起点和金额汇总即可，即在 D8 单元格输入公式 "=B8+C8"，然后往下拖拽至底；中点列中，对起点和终点求平均数，即在 E8 单元格输入公式 "=（C8+D8）/2"，然后往下拖拽至底。

STEP2：插入簇状柱形图。选中辅助绘图区域 A7：E14 单元格，插入簇状柱形

项目	产品1销售收入	产品2销售收入	产品1变动成本	产品2变动成本	固定成本	利润
2017年	5000	3000	3000	1500	600	2900
2016年	4000	3500	2000	1300	500	3700

辅助绘图区

项目	金额	起点	终点	中点
2016年利润表	3700	0	3700	1850
产品1收入增加	1000	3700	4700	4200
产品2收入增加	-500	4700	4200	4450
产品1成本增加	-1000	4200	3200	3700
产品2成本增加	-200	3200	3000	3100
固定成本增加	-100	3000	2900	2950
2017年利润	2900	0	2900	1450

图7-41 设置辅助绘图区域

图，并调节分类间距，使柱子变宽。点击"金额"系列柱子，按 DELETE 键将其删除。如图7-42，图7-43所示。

STEP3：更改图表类型。将三个系列的柱子全部更改图表类型为折线图。如图7-44。

STEP4：添加涨/跌柱线。选中任意一根折线，在【布局】菜单中，点击【涨/跌柱线】。之后，将三条折线的【形状轮廓】设置为【无轮廓】。如图7-47。

STEP5：添加数据标签。选中"中点"系列，在【设计】菜单中的【选择数据】对话框中，将其【水平分类轴标签】设置为金额区域。然后，回到图表，在【布局】菜单中，对中点数据系列添加【数据标签】，标题包含【类别名称】。如图7-48，图7-49所示。

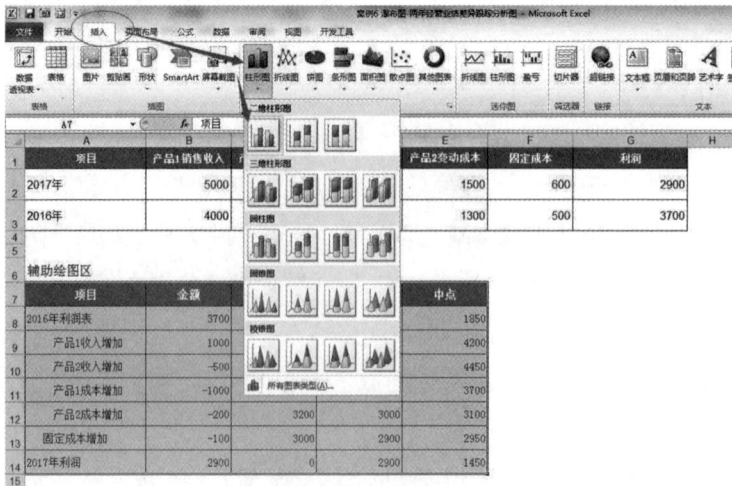

图7-42 插入簇状柱形图

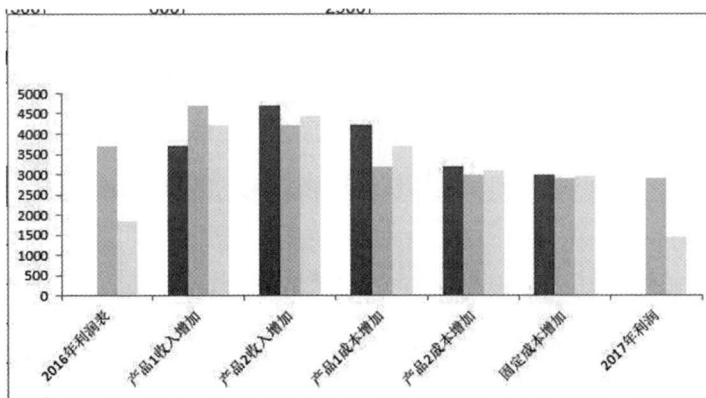

图 7 - 43　删除金额系列的柱子，保留剩下的三个系列

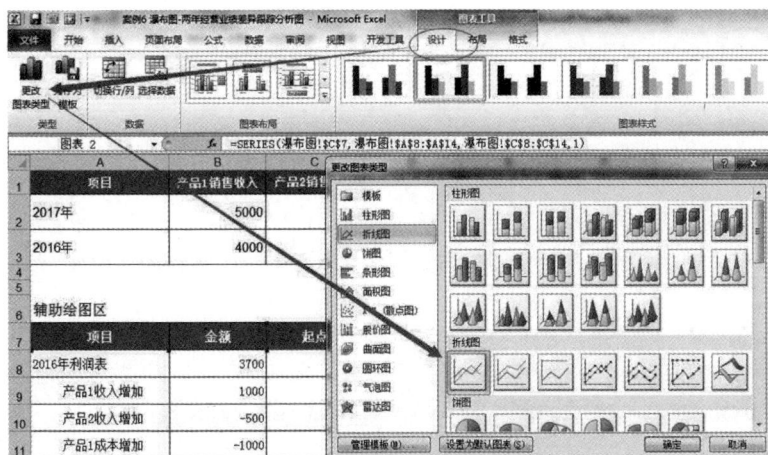

图 7 - 44　将三个系列的柱子都更改为折线图

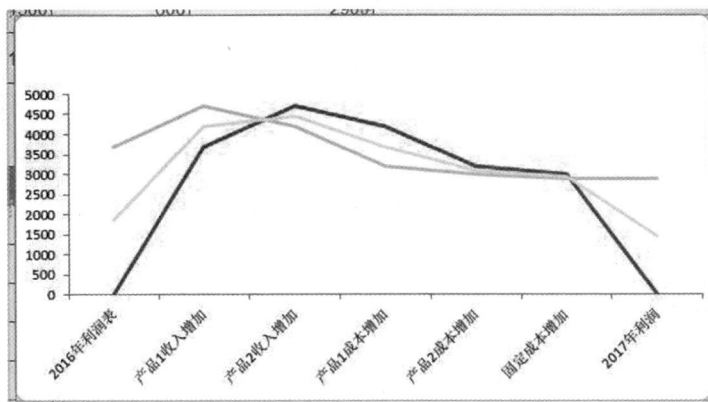

图 7 - 45　调整成折线图后的效果

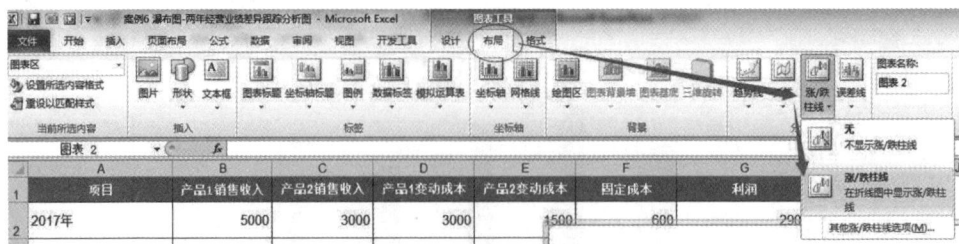

图7-46 添加【涨跌柱线】

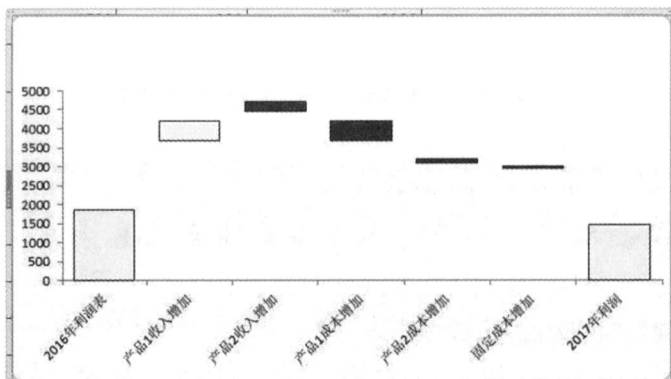

图7-47 将三条折线的【形状轮廓】设置为【无轮廓】

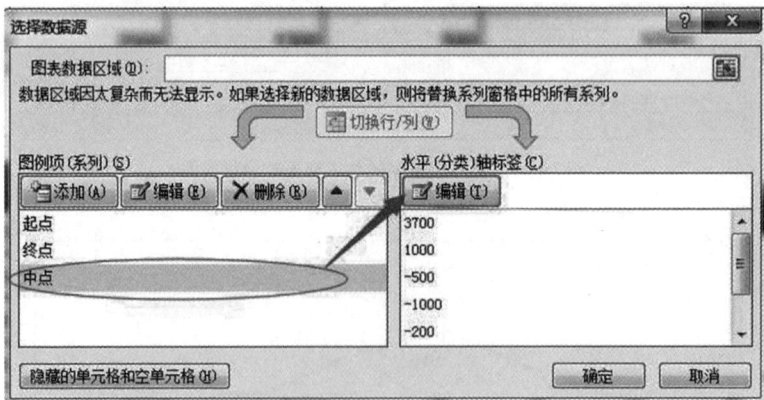

图7-48 将中点数据系列的【水平分类轴标签】设置为金额区域

图 7 - 49　对中点数据系列添加数据标签，标题包含【类别名称】

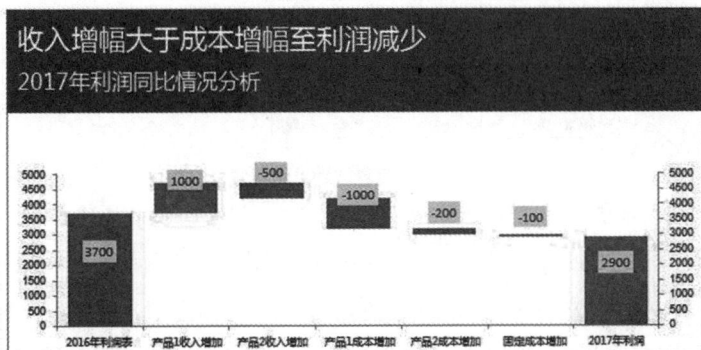

图 7 - 50　瀑布图最终效果

旋风图 - 财务指标对比清

旋风图小名也叫背靠背图，是由堆积条形图变形的，类似两个条形图组合在一起的效果，对于各项指标的同比对比非常直观。需要注意的是，在选择要对比的指标时，一定要确保各指标之间的值不要相差过大，例如把入职率和员工人数一起分析，势必会造成有的柱子巨长，有的柱子太短显示不出来。所以，在对比时，要选择数量级别相当的指标。旋风图对于经营分析中财务指标同比、各部门（岗位）员工人数同比、主要业务同比等情景的展现都非常直观。

具体操作：

STEP1：设置辅助绘图区域。如图 7 - 51 所示，设置辅助绘图区域 B9：E15 单元格，其中，"2017 年"列中 C10 单元格公式设置为"= - C2"，然后将公式拖拽至底部，并对其设置自定义格式为"0.00%；0.00%；0.00%"，意思是确保显示出来的数值全部为正数的百分比形式，负数也要显示为正数；"VS"列为占位列，这里设置为 35%，如果想再宽或窄，就将数值调大或调小即可；"2016 年"列中 E10 单元格公式设置为"= D2"，将公式拖拽至底部。

图 7 – 51　设置辅助绘图区域

STEP2：插入堆积条形图。选中辅助绘图区域 B9：E15 单元格，插入堆积条形图，在【设置坐标轴格式】中勾选【逆序类别】，调节分类间距，使柱子变宽。删除无用的网格线，将中间的"VS"系列设置为【无填充颜色】，加上数据标签，让其标签显示【类别名称】。具体操作在之前的案例中都有涉及过，在这里就不赘述了。

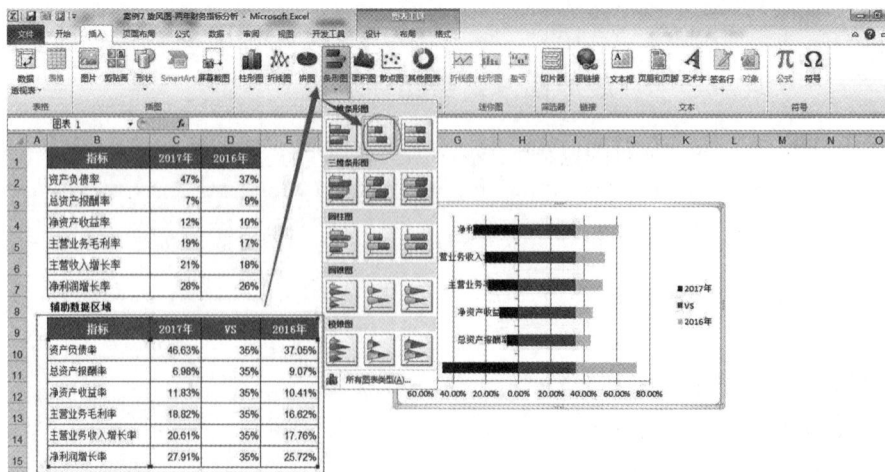

图 7 – 52　插入堆积条形图

STEP3：对图表进行颜值提升。包括增加标题，修改字体，字号等。

图 7 – 53　最终效果

仪表盘 – 商务气息就靠它

在搭建管理者驾驶舱时，仪表盘非常有用，对整个界面可以起到非常强的专业突出效果。仪表盘类似汽车的油表，通过指针对应的数字，可以看出公司指标值的完成情况。主要用于收入、成本、利润等指标预算完成进度等的展示。如图 7 – 54，这是一个用仪表盘和折线图共同打造的预算进度监控管理者驾驶舱。下面我们来学习仪表盘的制作。

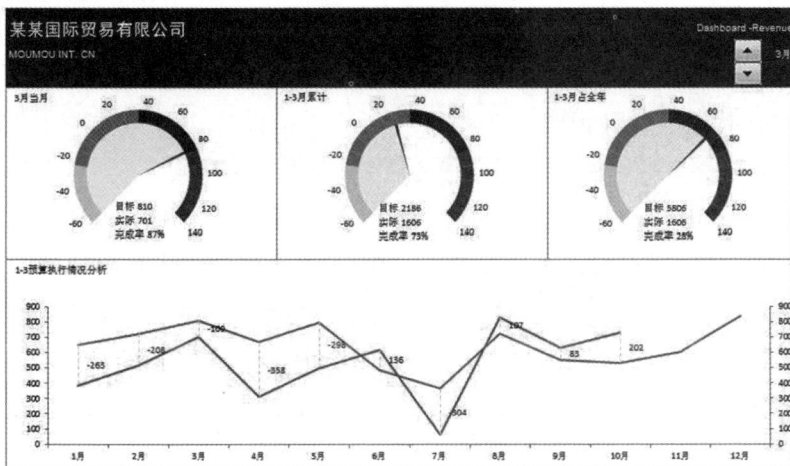

图 7 – 54　预算监控管理者驾驶舱

具体操作：

STEP1：设置辅助绘图区域。如图 7 – 55 所示，这里需要设置 2 个辅助绘图区域。分别是 A1：B45 即表盘区域，另外一个是 D1：F4 即指针区域。另外还有一个区域是标题区域 H1：I5。表盘区域标签是最小为 -60%，最大为 140%，即假设我们进行的预算进度分析，实际数与预算数比最小不可能低于 60%，最大不可能超过 140%。其他设置请参看案例文件。

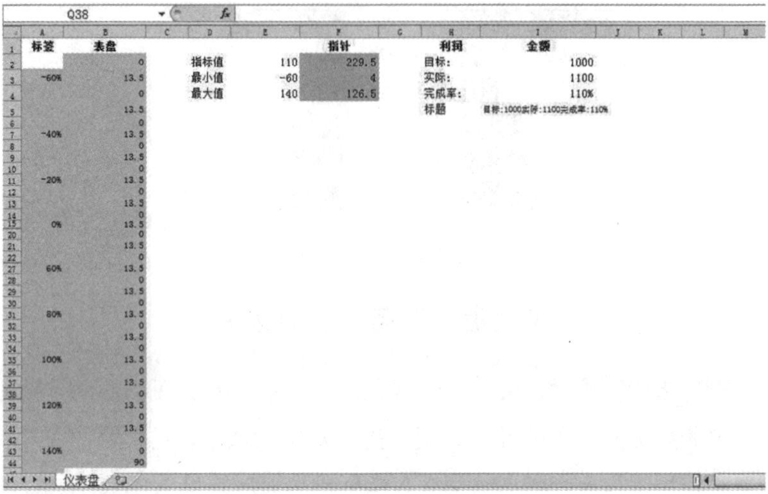

图 7 - 55　设置辅助绘图区域

STEP2：制作表盘。首先对 B1：B44 插入饼图。然后将饼图旋转 225 度，如图 7 - 56 所示。再对饼图插入数据标签，点击饼图，将其【水平分类轴标签】设置为 A2：A45 区域，然后添加数据标签，显示标签内容为【类别名称】，这时，表盘刻度就显示出来了。如图 7 - 57。

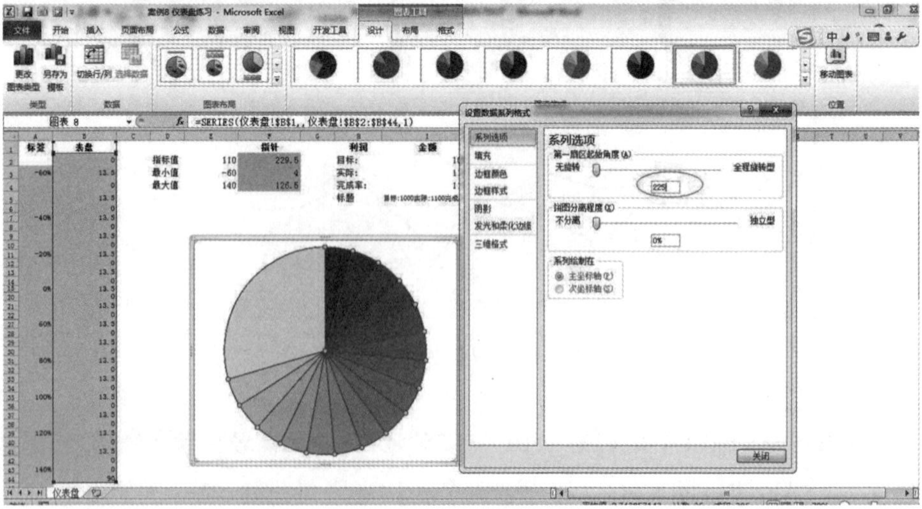

图 7 - 56　将饼图旋转 225 度

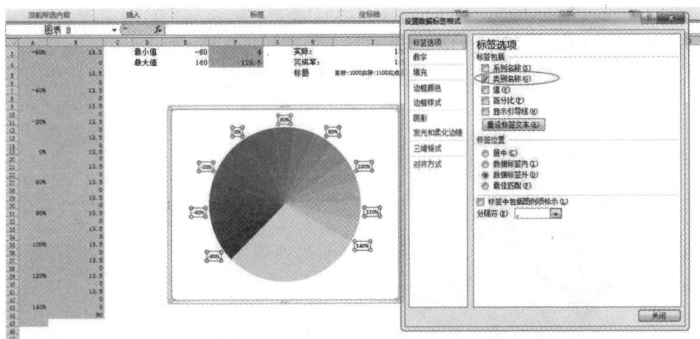

图 7 - 57 数据标签显示【类别名称】，显示表盘刻度

STEP3：制作指针。点击表盘饼图，在【设计】菜单，【选择数据】中手工添加指针饼图区域 F2：F4，然后将其位置移动到表盘饼图的上面，并对其进行设置，将其调整到次坐标轴，旋转 225 度，分离程度为 27 度，然后将分离的饼图的三个部分重新组合在一起，方法是选中饼图的一块单击两下后，拖拽至饼图中心。如图 7 - 59，图 7 - 60 所示。

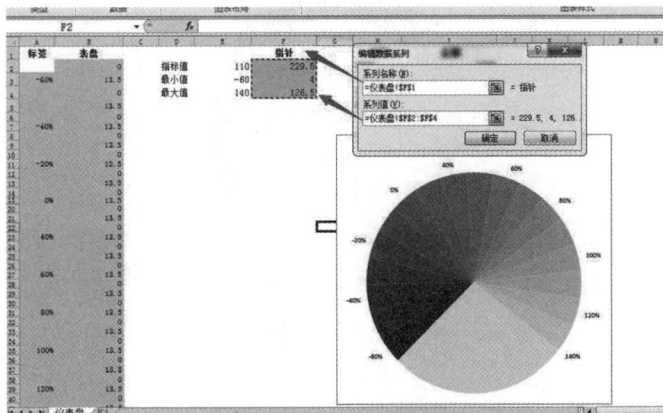

图 7 - 58 加入指针饼图

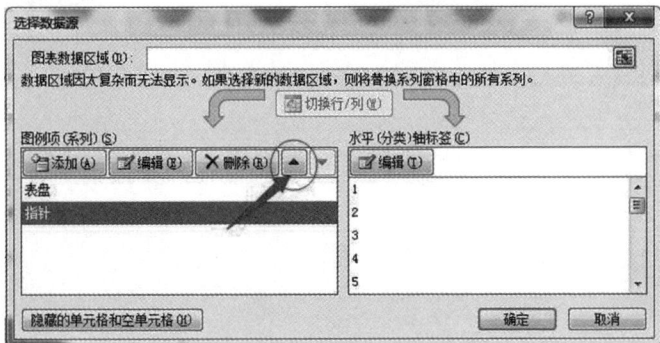

图 7 - 59 将指针饼图上移

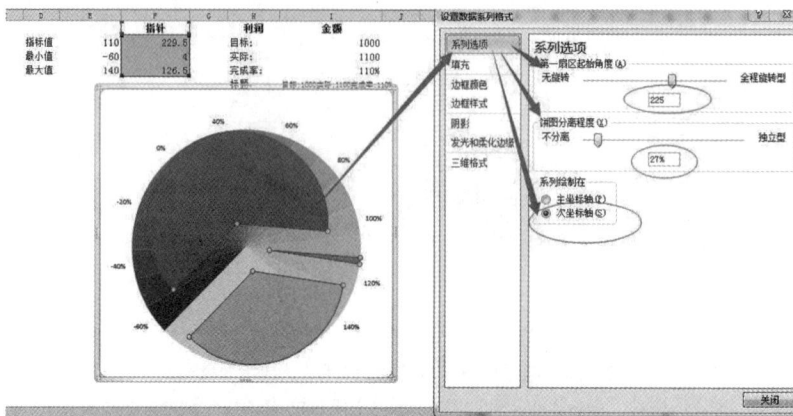

图 7 – 60　调整指针饼图至次轴，旋转 225 度，并分离 27 度

STEP3：细节完善。修改颜色，字体，字号，添加标题等，最终效果如图 7 – 61 所示。

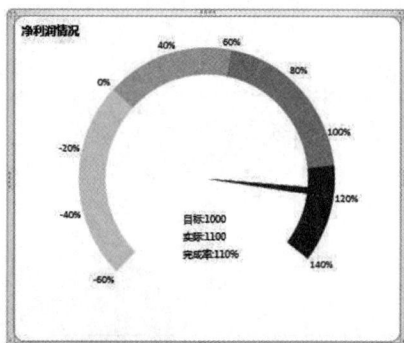

图 7 – 61　仪表盘最终效果

第八章　决策支持、管理者驾驶舱及自动分析报告

第1节　决策支持——快速测算领导想要的数据

随着信息技术的发展，大数据管理、财务共享中心等的出现，财务人员的转型迫在眉睫，很多集团型公司在上线了报账系统、物联网、财务共享中心等信息系统后，工作效率大幅提高，有的企业甚至将普通核算会计裁员一半以上，因为传统的报账业务和记账业务已经可以通过下沉给业务人员以及感应器的自动记录等解决，企业的财务人员只需要集中精力管理真正能够为企业创造价值的业务即可。所以，财务人员若想不被淘汰，唯一的出路就是向管理会计转型，而管理会计最重要的技能就是经营分析和辅助决策，下面，我们做一个业财融合测算的典型案例，主要讲解一下制作的思路。

如图8-1所示，这是我们制作的一张业务数据联动财务数据决策样板。在这个案例中，我们假设的场景是，公司要召开本年的半年经营分析会，现在公司主要商品有5种。上年的各产品销售额已经统计出来了，销售经理、财务经理以及总经理坐在一起探讨今年能否达成公司预期业绩。现在财务经理要同销售经理一起，对下半年的5种主要商品的增长率进行判断，看看各商品需要怎样的增长才能实现我们想要的目标利润。

这里需要解释的是几个要点是：

第一，我们可以通过拉杆对下半年各商品的销售额增幅进行测算，增幅测算好后，下半年的各产品销售额就计算好了，将上半年与下半年产品销售额相加，就可以得出全年预计销售额。预计销售额减去成本费用，就是预计利润。预计利润与目标利润相比，可以看出能否完成业绩。

第二，这里的增长率测算区间是 -100% 到100%，对于是增长还是下跌的方向切换用复选框进行设置。在 G4 单元格输入公式 " = IF（F4 = TRUE， - E4/100， E4/100）"，公式的意思是复选框控制的 F4 单元是 TURE（复选框被勾选上时），计算负数的增长率，如果复选框没有被勾选上，就计算正数的增长率。

产品品牌	发货仓库	2017年1-6月销售金额	调节拉杆		下半年增幅	7-12月销售额	2017年全年销售额
				全年营业收入测算			
紫薇	上海	28,055	◀	▶ □负向调整	5%	29457.75	57,513
雅诗粉黛	北京	281,108	◀	▶ ☑负向调整	-7%	261430.44	542,538
资深堂	广州	90,768	◀	▶ □负向调整	6%	96214.08	186,982
迪迪	南京	118,079	◀	▶ □负向调整	10%	129886.9	247,966
倩威	上海	141,643	◀	▶ ☑负向调整	-3%	137393.71	279,037

	2017年	2016年	同比增加额	增长率	全年预算	预算进度完成	较预算进度增减
				全年利润情况测算			
营业收入	1,314,036	1,200,000	114,036	10%	1,300,000	101%	1%
固定成本	500,000	500,000	—	0%	500,000	100%	0%
变动成本	700,000	600,000	100,000	17%	650,000	108%	8%
利润	114,036	100,000	14,036	14%	150,000	76%	-24%

图 8 - 1 业务数据联动财务数据决策样板

第2节　管理者驾驶舱制作实践

了解管理者驾驶舱

　　管理驾驶舱充分考虑了人性化接收方式，人对图像信息接收和理解程度是最强的。它是企业综合评估指标的建模结果，它让最高决策人员能把注意力集中在关键点上。这种像驾驶舱一样的设备面板和显示器布局，使高层经理能及时判断公司的运营模式是否需要改变，同时也能快速了解公司经营管理过程中存在的问题。

　　上面这个解释有点复杂，我们转换一下，管理者驾驶舱说白了就是对公司重要KPI指标的视觉化监控看板，目的是让一个非财务出身的管理者能够一眼看明白公司运营的态势及经营状态，发现问题，并且能够触发行动，使企业的运行状况良好。

　　基于管理者驾驶舱的作用，我们在设计驾驶舱前，需要回答几个问题：

　　第一，目标群体及定位。

　　用户是谁？管理者驾驶舱给他们带来什么价值？他们需要什么类型的管理者驾驶舱？谁才是管理者驾驶舱的用户？用户需要什么信息？用户已知了哪些信息？用户在使用上有什么偏好？用户希望做出一个什么样子的管理者驾驶舱？

　　第二，实用性。

　　管理者驾驶舱能否帮助管理层定义企业的重点？让高管们晚上能够高枕无忧，一切尽在掌握中？还是当出现问题时能够突出显示异常指标并发出报警？为个人或者团队设定目标和期望值？是否能够让企业员工明白哪些是工作重点？

　　第三，展现形式。

　　真正的管理者驾驶舱应该能够聚焦在最重要的信息，并且能够清晰准确地传达这些信息，根据信息发布的渠道、交互性、时效性以及分析能力等等都会因为具体情况不同而有相应的管理者驾驶舱展现形式。在回答上述问题之后，我们就可以开始着手设计管理者驾驶舱了。我们需要明确的是，一个公司的管理者驾驶舱可以有很多个，因为用户不同，需求不同，解决的问题不同，即总经理可以有总经理管理者驾驶舱，用于掌控全局，财务总监和财务经理可以有财务管理者驾驶舱，重点关注财务绩效的实现，销售总监可以有销售管理者驾驶舱，重点关注项目进度、销售业绩及回款等。

图 8 - 2　针对不同用户可以设计不同的管理者驾驶舱

明白了什么是管理者驾驶舱，以及在设计驾驶舱时需要考虑什么，紧接着就是如何将指标放进驾驶舱以及如何展现了。

如图 8 - 3 所示，管理者驾驶舱指标种类主要分为三大类，分别是结果指标、驱动因素指标及关键业绩指标，这三大类指标涵盖了业务层面、财务层面及管理层面。那么如何对这三类指标进行展示呢？其实搭建好一个驾驶舱跟驾驶汽车类似，驾驶汽车的时候，每秒钟汽车会生成几十万条数据，但是我们关注的只有几项：速度、油量、水

管理者驾驶舱度量指标的种类

指标类别	应用案例
结果指标：衡量运营结果的滞后指标	财务指标：收入、利润、投资回报率 非财务指标：公司股价，安全生产无事故率
驱动因素指标：衡量导致结果的活动的前导性指标	每日收入，每周收入，客户满意度，上座率，空置率
关键业绩指标：公司最高管理者关注的用来衡量对一个企业成功而言至关重要的因素	业务增长率，资产盈利率，销售利润率，现金转化率，市场份额，客户满意度，员工满意度，全员服务效率

图 8 - 3　管理者驾驶度量指标的种类

温、档位、前后左右的视线等等。管理者驾驶舱也是同理，如图 8 – 4 所示，汽车的重要部件与管理者驾驶舱搭建类似，方向盘其实就是领导的决策，仪表盘反馈的是企业经营的成果，回视镜提示风险和机会，导航仪提示实际业绩与目标的差距，汽车发动机的力量是分析师的分析能力决定的，拨档可以用于业务测算是增长还是下跌。

图 8 – 4　汽车部件与管理者驾驶舱指标的相似性

这样，模仿汽车的数据管理方式，我们可以设计自己的管理者驾驶舱图表了，如图 8 – 5 和 8 – 6 所示，这里，我们将汽车的部件转化为图表，进而让老板只要查看管理者驾驶舱的图表反映出的经营态势，就可以像驾驶汽车一样，驾驭好企业的方向。

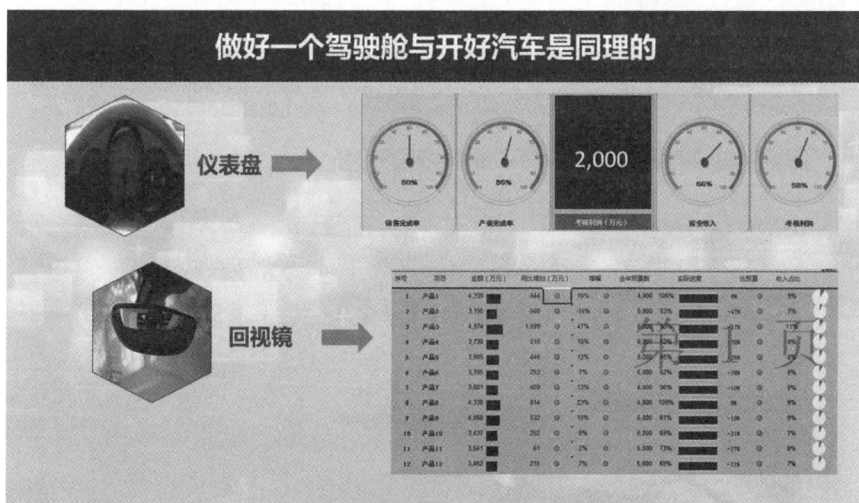

图 8 – 5　将仪表盘和回视镜转化为图表

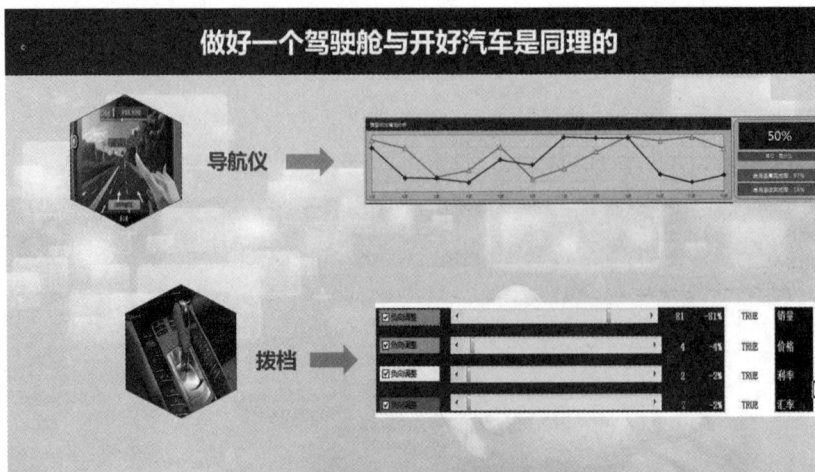

图 8-6　将导航仪和档位转化为图表

搭建你的第一个管理者驾驶舱

第一，确定主要分析指标。

这里，我们确定 5 个重要 KPI 进行重点分析，包括：营业收入；成本费用；净利润；运营资本（现金流）；固定资产投资。

第二，确定图表布局。

图表布局是非常关键的，我们这里将要组建的管理者驾驶舱进行分解，这个驾驶舱主要有四大类组件组成：大小标题、大块数字、图表、表格。如图 8-7 所示，我们对管理者驾驶舱进行分解，一会分别进行制作。

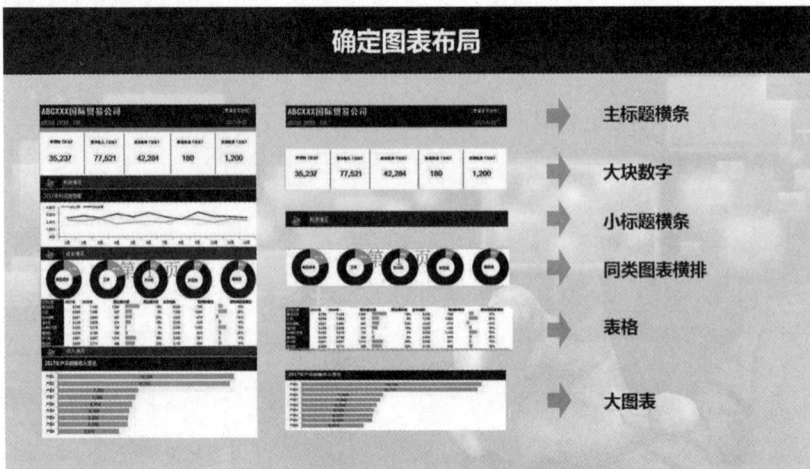

图 8-7　确定图表布局

第三，建立三表。

管理者驾驶是有三个层次的表格构成，分别为：基础数据层、数据处理层、展示层。这三类表格千万不要放在一张表格上，否则数据有修改时会非常麻烦。基础数据层主要是我们刚才确定的重要 KPI 的时点或时间序列数据；数据处理层会被设置一些公式和图表，这里的数据来自基础数据层，基础数据一修改，数据处理层就自动变化；数据展示层就是我们刚才设计的管理者驾驶舱呈现的界面，数据来自数据处理层。

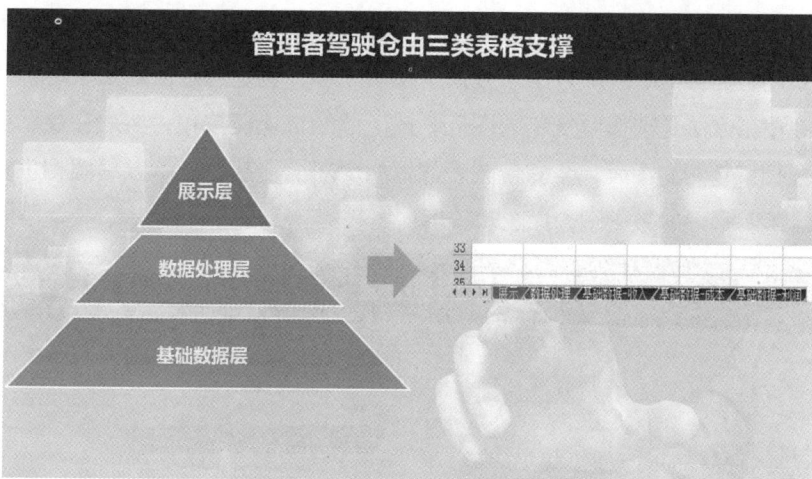

图 8－8　建立三表

第四，填充基础数据层和数据处理层。

这个步骤主要是把财务系统和其他来源的数据填充到基础数据表中，然后在数据处理层设置相关的公式。具体数据和公式可查看本书案例文件。

图 8－9　填充基础数据层和数据处理层

第五，绘制图表。

这里要强调的是，绘制图表需要用手工画图，方法就不赘述了。

第六，图表搭建。

如果想图表搭建成功，这里需要三个重要的技巧：分页预览，锚定和照相机。分页预览主要用于将整个展示表的绘图区域设置为一页纸大小；锚定是将图表固定在指定单元格中，方法是先拖拽图表的左上角至单元格左上角，再同样方法将图表右下角拖拽至单元格右下角，这样单元格一调整，图表也会随着调整，有利于整个版面的布局；照相机的添加方法与数据透视表一样，也是通过自定义快速访问工具栏添加，使用方法是选择要复制的图表，按下照相机快捷按钮，然后在展示层拉开即可，照相机复制的图表，会随着图表数据的更新而更新，之所以用照相机也是为了方便排版。最后的效果图，如图8-10。

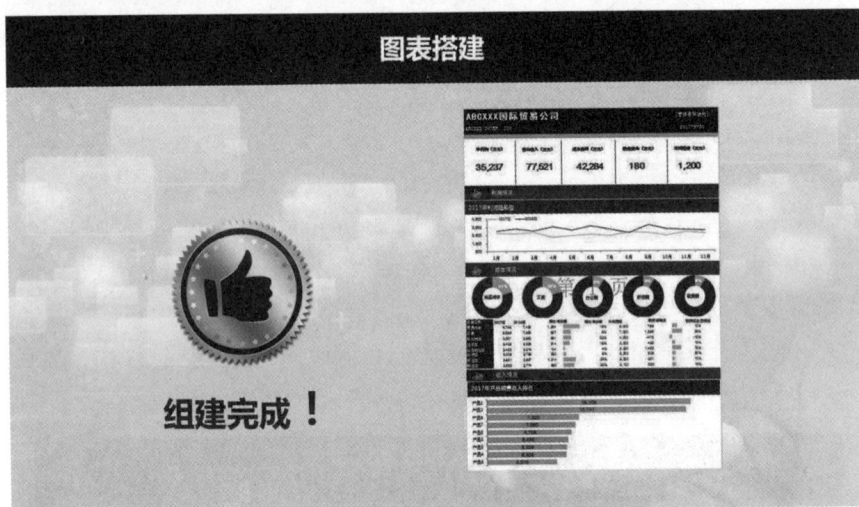

图8-10　管理者驾驶舱搭建完成

如何在手机和平板电脑查看管理者驾驶舱

用 Excel 制作的管理者驾驶舱，不仅可以在电脑上观看，还可以将其另存为 PDF 格式，发到上级管理者邮箱，让其在平板电脑和手机中查阅。

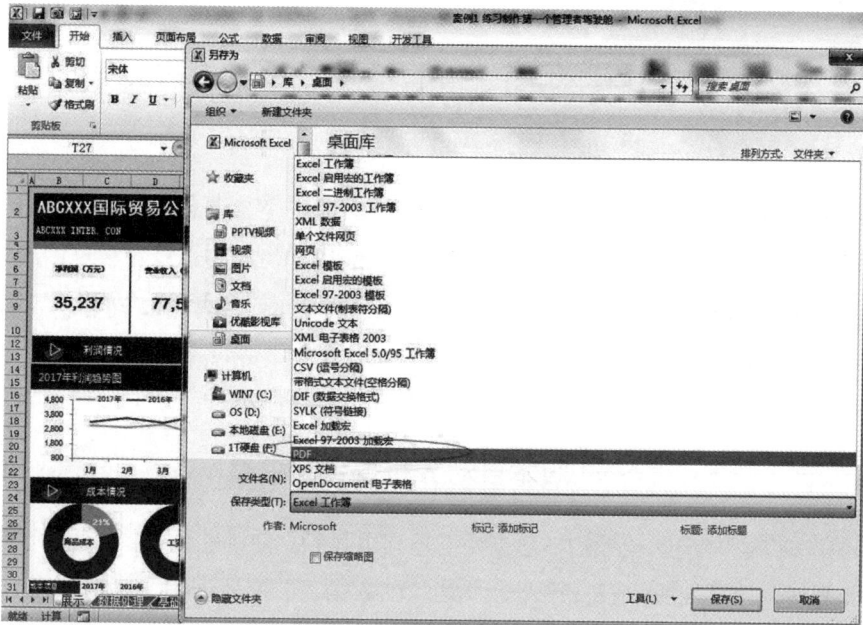

图 8 – 11　另存为 PDF 格式

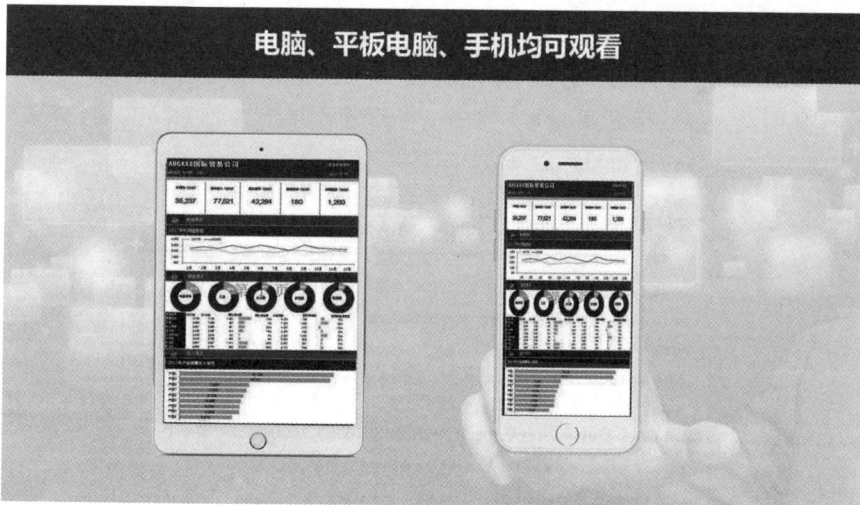

图 8 – 12　可以在平板电脑及手机上查阅

第3节　财务分析自动生成，从此加班是路人

Excel 在文字型的财务分析中，能起到什么作用呢？答案是自动生成！没错，你没听错，财务分析也能自动生成。不过，这里能够自动生成的是针对常规性的结构不变的通报性财务分析，例如，公司本年利润 12000 万元，同比增长 200 万元，增幅 20%，比预算增加 100 万元，较预算进度高 10%。类似这样的通报性的文字性表述，我们其实是不用每个月用手打字到 Word 中的，用 Excel 自动生成就行了。

Excel 版本自动分析模板的搭建

Excel 版本自动分析模板的搭建主要还是利用我们之前讲的公式，首先，我们建立两张表格，一张是展示表，另外一张是基础数据表。展示表用于生成自动分析，基础数据表用于存放基础数据以及生成自动分析的公式。

制作步骤：

STEP1：构思展示表的结构及词句顺序。如图 8 – 13 所示，我们设计分析报告的标题名称为 "ABCxxx 代理公司经营效益分析"，然后在其下面画上边框横线，用于区分标题及正文。接着是日期，第一部分分析名称，接下来为分析正文。正文内容先空着，一会由基础数据表自动生成。

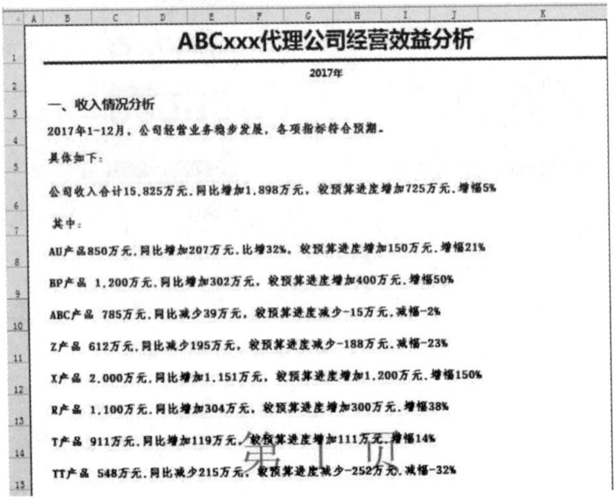

图 8 – 13　自动分析模板展示表

STEP2：构建基础数据表。基础数据表中有两部分组成，一部分是原始数据区域，另一部分是数据转化区域。如图 8－14。

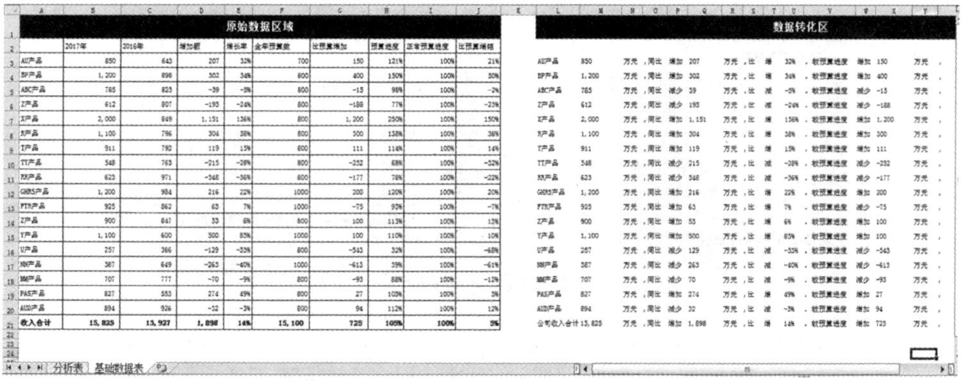

原始数据区域									
	2017年	2016年	增加额	增长率	全年预算数	比预算增加	预算进度	正常预算进度	比预算增幅
AU产品	850	643	207	32%	700	150	121%	100%	21%
BP产品	1,200	898	302	34%	800	400	150%	100%	50%
ABC产品	785	823	-39	-5%	800	-15	98%	100%	-2%
Z产品	612	807	-195	-24%	800	-188	77%	100%	-23%
X产品	2,000	849	1,151	136%	800	1,200	250%	100%	150%
R产品	1,100	796	304	38%	800	300	138%	100%	38%
T产品	911	792	119	15%	800	111	114%	100%	14%
TT产品	548	763	-215	-28%	800	-252	68%	100%	-32%
RR产品	623	971	-348	-36%	800	-177	78%	100%	-22%
GHRS产品	1,200	984	216	22%	1000	200	120%	100%	20%
FTR产品	925	862	63	7%	1000	-75	93%	100%	-7%
Z产品	900	847	53	6%	800	100	113%	100%	13%
Y产品	1,100	600	500	83%	1000	100	110%	100%	10%
U产品	257	386	-129	-33%	800	-543	32%	100%	-68%
NN产品	387	649	-263	-40%	1000	-613	39%	100%	-61%
MM产品	707	777	-70	-9%	800	-93	88%	100%	-12%
PAS产品	827	553	274	49%	800	27	103%	100%	3%
AUD产品	894	926	-32	-3%	800	94	112%	100%	12%
收入合计	**15,825**	**13,927**	**1,898**	**14%**	**15,100**	**725**	**105%**	**100%**	**5%**

数据转化区														
AU产品	850	万元	，同比	增加	207	万元	，比	增	32%	，较预算进度	增加	150	万元	，
BP产品	1,200	万元	，同比	增加	302	万元	，比	增	34%	，较预算进度	增加	400	万元	，
ABC产品	785	万元	，同比	减少	39	万元	，比	减	-5%	，较预算进度	减少	-15	万元	，
Z产品	612	万元	，同比	减少	195	万元	，比	减	-24%	，较预算进度	减少	-188	万元	，
X产品	2,000	万元	，同比	增加	1,151	万元	，比	增	136%	，较预算进度	增加	1,200	万元	，
R产品	1,100	万元	，同比	增加	304	万元	，比	增	38%	，较预算进度	增加	300	万元	，
T产品	911	万元	，同比	增加	119	万元	，比	增	15%	，较预算进度	增加	111	万元	，
TT产品	548	万元	，同比	减少	215	万元	，比	减	-28%	，较预算进度	减少	-252	万元	，
RR产品	623	万元	，同比	减少	348	万元	，比	减	-36%	，较预算进度	减少	-177	万元	，
GHRS产品	1,200	万元	，同比	增加	216	万元	，比	增	22%	，较预算进度	增加	200	万元	，
FTR产品	925	万元	，同比	增加	63	万元	，比	增	7%	，较预算进度	减少	-75	万元	，
Z产品	900	万元	，同比	增加	53	万元	，比	增	6%	，较预算进度	增加	100	万元	，
Y产品	1,100	万元	，同比	增加	500	万元	，比	增	83%	，较预算进度	增加	100	万元	，
U产品	257	万元	，同比	减少	129	万元	，比	减	-33%	，较预算进度	减少	-543	万元	，
NN产品	387	万元	，同比	减少	263	万元	，比	减	-40%	，较预算进度	减少	-613	万元	，
MM产品	707	万元	，同比	减少	70	万元	，比	减	-9%	，较预算进度	减少	-93	万元	，
PAS产品	827	万元	，同比	增加	274	万元	，比	增	49%	，较预算进度	增加	27	万元	，
AUD产品	894	万元	，同比	减少	32	万元	，比	减	-3%	，较预算进度	增加	94	万元	，
公司收入合计	15,825	万元	，同比	增加	1,898	万元	，比	增	14%	，较预算进度	增加	725	万元	，

图 8－14　自动分析模板基础数据表

原始数据区域按照我们需要的数据内容进行填充，包括字段及数据有：本年数，上年数，增加额，增长率，全年预算数，比预算增加金额，预算进度，正常进度，比预算进度增幅。

数据转换区域中要对基础数据区域的数据进行两种方式的处理，一种处理方式是直接引用或输入，即在单元格内直接等于基础数据表中的数据或手工输入文字，例如 L3，M3 这两个单元格中的产品名称和本年销售额数据直接来自基础数据表，N3 和 O3 中的“万元”及“同比，”是连接词语用的，直接手工输入即可。另外一种处理方式是需要公式进行判断和转换的，判断主要是判断数据是增长还是减少，转换主要是将数字格式的数据转换为文本形式。例如 P3 单元格内的公式是“＝IF（D3＞0，“增加”，“减少”）”，意思是如果 D3 单元格（同比增长额）数据为正数，就显示文字“增加”，负数则显示文字“减少”，O3 单元格内的公式是“＝TEXT（ABS（D3），“#，##0”）”，意思是对 D3 单元格内的数据先取绝对值，然后再转换为以会计专用格式显示出来的文本型数字。

这样在数据转换区设置好第一行后，将内容及公式向下拖拽，即可生成自动分析用的数据转换区的所有数据了。

STEP3：创建文字自动分析。如图 8－15 所示。在分析表的 B6 单元格内插入 CONCATENATE 函数，然后将数据转换区的所有数据，按照单元格顺序，一个一个输入到参数中。函数设置好后，所有的文字形成了一个完整的句子。其他单元格也是同样设置，设置好后，就形成了如图 8－13 所示的自动分析展示表。

每个月我们进行分析时，只需要替换基础数据中的数据，所有的文字分析就自动更新了，以后分析再也不用手工做了！

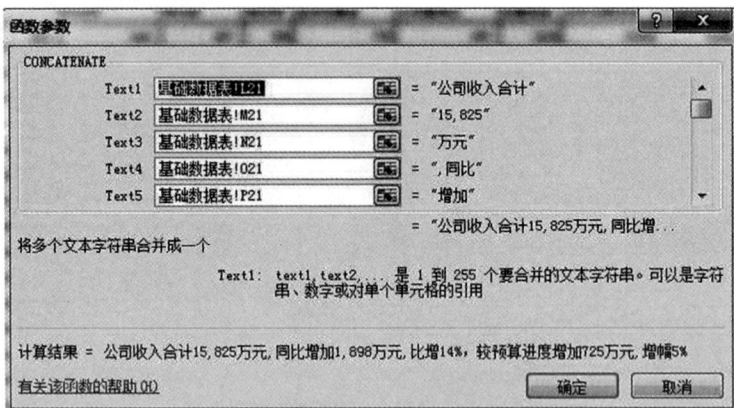

图 8 – 15   在 CONCATENATE 函数中输入参数

Word 版本自动分析模板的搭建

单单一个 Excel 版本的自动分析模板是满足不了我们的日常需求的，有的时候，我们需要将其转换为 Word 版本的分析，那么怎么转换呢？非常简单，只需要两个步骤。

STEP1：设计好 Word 模板。如图 8 – 16 所示，我先设计好 Word 模板，写好大标题及小标题，内容区域空着待用。

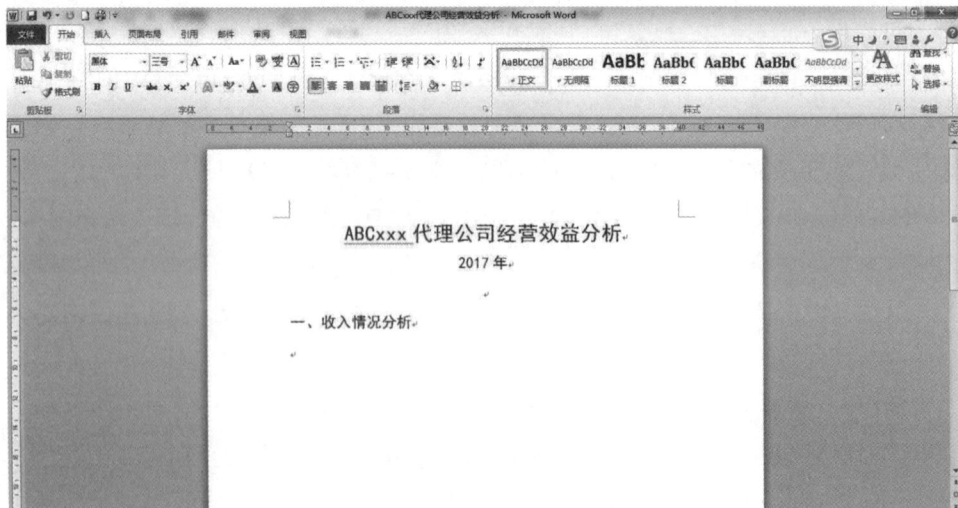

图 8 – 16   设计好 Word 模板

STEP2：复制 Excel 模板内容至 Word。复制刚才制作好的 Excel 自动分析模板中的展示表中生成的文字，回到 Word 中，粘贴，注意：这里的粘贴选项要选择"只保留文本"。然后调整字体字号，最终效果如图 8－18 所示。

图 8－17　粘贴选项选择"只保留文本"

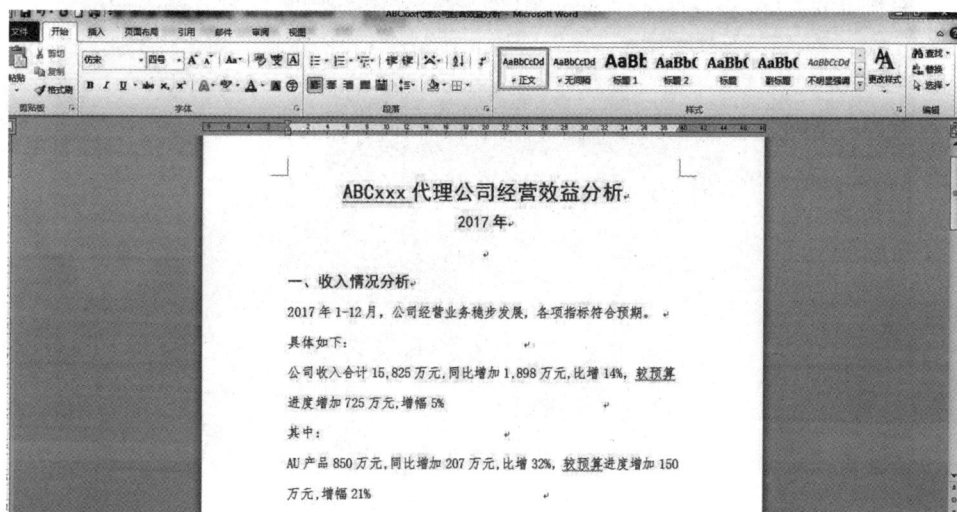

图 8－18　最终效果

第4节　经营分析会中 PPT 的应用

现在已经进入了看颜值的时代，满屏幕都是帅哥、美女、小鲜肉，我们的经营分析会其实也一样，很多商业路演、产品发布会都会配上制作精良，高大上的 PPT。之所以会用 PPT 作为演示工具，主要是因为视觉的感染力往往比语言要强百倍，另一方面，PPT 作为一种数据视觉化工具，也会让信息传递起来更加清楚、高效。

举个例子，我下面汇报这么一段话：广东分公司今年取得利润 1.35 亿元，同比增加 900 万元，增幅 10%，较预算进度少了 400 万元，较预算目标相差 10 个百分点。分公司在集团排名第 9 位，比上年进步了 3 个位次，占集团累计利润的 5.2%。分公司的主要产品有 5 种，其贡献的利润分别为……其中产品 1 占比 10%，产品 2 占比 17%。

这样一通汇报下来，估计比较专业和了解业务的管理者能记住一半信息，如果不是很清楚业务的人，估计什么也没有记住。但是如果我上一张 PPT 就能让听众记住大部分信息，这个 PPT 我打算这么设计。如图 8 – 19 所示，是不是清晰明了多了？

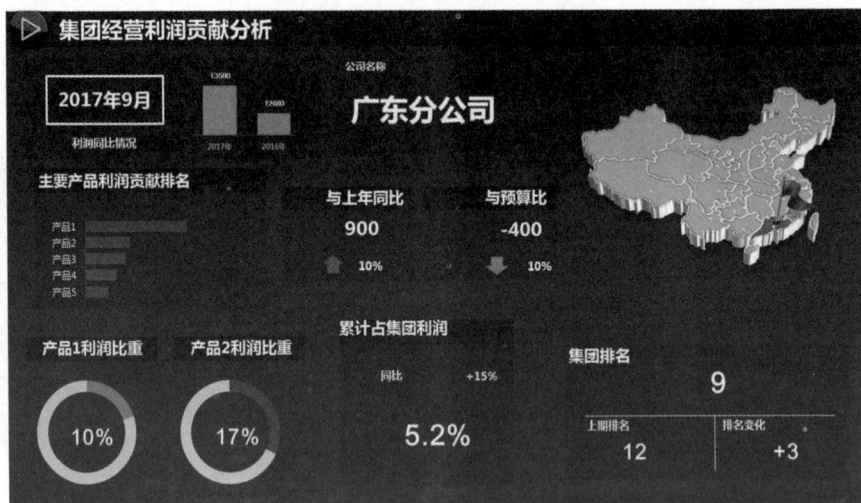

图 8 – 19　用 PPT 展示经营成果

经营分析常见 PPT 架构

经营分析会中 PPT 的架构一般是这样的：封皮 – 目录 – 第一部分过渡页 – 内容页 – 第二部分过渡页 – 内容页……封底。其中，过渡页主要是起到提醒作用，告诉听众我们已经讲到了哪个部分。如图 8 – 20 到图 8 – 29，分别为几个结构的内容页面举例。PPT 中我们摘取了某快递公司的图片以及经过加工后的数据，目的是给朋友们进行一个参考，部分数据不具有逻辑性，朋友们参考 PPT 界面设计即可，对数据逻辑性不必介意。

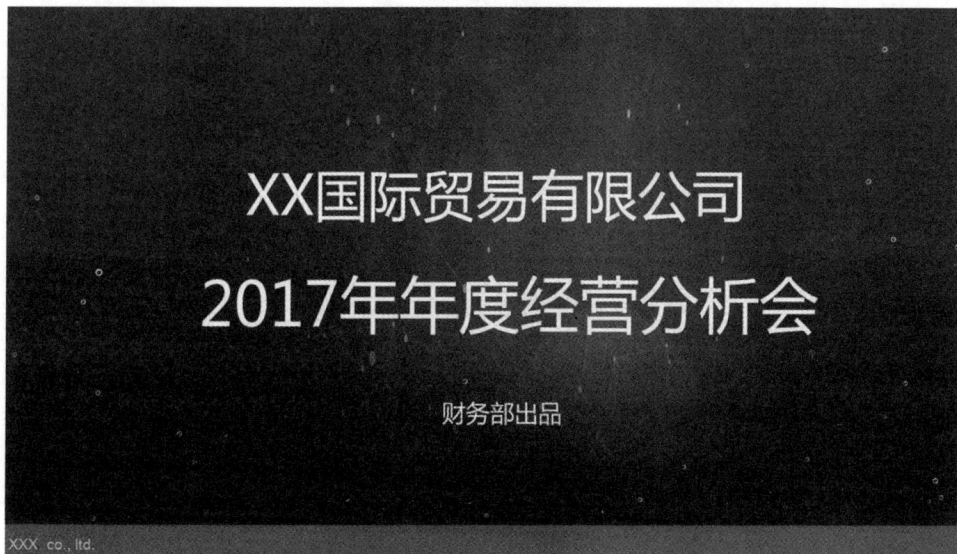

图 8 – 20　封皮

图 8 – 21　目录

图 8 - 22　过渡页

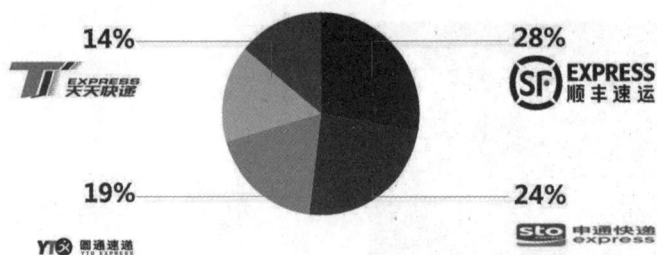

图 8 - 23　内容页

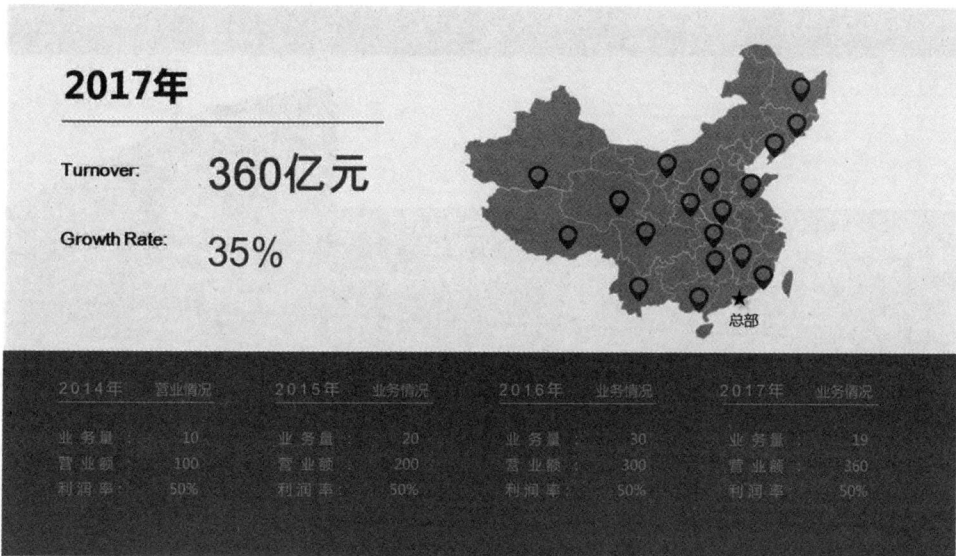

图 8 – 24   内容页

图 8 – 25   内容页

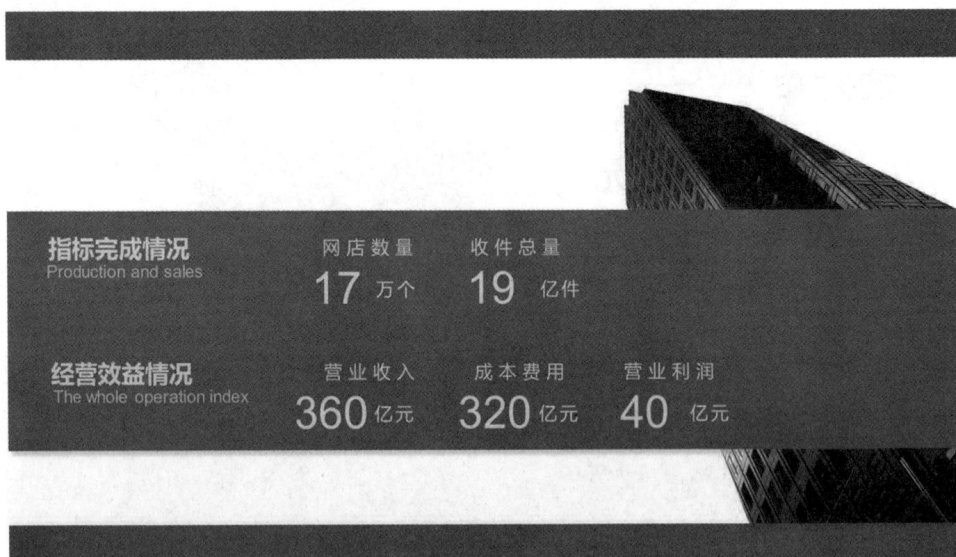

图 8 - 26　内容页

主要财务指标情况
Financial indicators of decomposition

	营业收入	成本费用	营业利润
实际金额（亿元）	360	320	40
增长率（%）	20%	15%	20%
较目标（%）	+10%	-10%	+30%

图 8 - 27　内容页

经营成本方面，近年来公司在抓收入的同时，积极向管理要效益，加强成本控制，收入增长远远高于成本增长。

项目	2017年	2016年	增加额	增幅
营业收入	360	280	40	21%
可控成本费用	120	100	20	11%
业务量	50000	40000	10000	19%

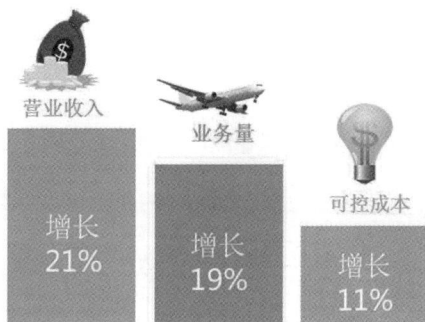

图 8 – 28　内容页

图 8 – 29　封底

作者简介

刘洋

资深财务经理人。

拥有多年大型企业财务管理经验，对Excel、PPT、思维导图等各类办公工具在企业财务中的应用有自己独到且深入的思考，对财务分析、全面预算及业财融合等领域也有大量的实战经验。

想 象 之 外　品 质 文 字

EXCEL 带你玩转财务职场

策　　划 ｜ 领读文化　　　　　　排版设计 ｜ 领读文化

责任编辑 ｜ 孟繁强　　　　　　装帧设计 ｜ 领读文化

更多品质好书关注：
官方微博 @ 领读文化　官方微信｜领读文化